南海百年风云人物　张良福　主编

# 两广总督张人骏

刘天昌　著

海洋出版社

2018年·北京

**图书在版编目(CIP)数据**

两广总督张人骏 / 刘天昌著. —北京：海洋出版社, 2017.10
(南海百年风云人物 / 张良福主编)
ISBN 978-7-5027-9922-9

Ⅰ.①两… Ⅱ.①刘… Ⅲ.①张人骏-传记 Ⅳ.
①K827=52

中国版本图书馆CIP数据核字(2017)第220336号

责任编辑：阎　安　王　滢
责任印制：赵麟苏

海洋出版社 出版发行

http://www.oceanpress.com.cn
北京市海淀区大慧寺路8号　邮编：100081
北京画中画印刷有限公司印刷　新华书店北京发行所经销
2018年1月第1版　2018年1月第1次印刷
开本：787mm×1092mm　1 / 16　印张：27.25
字数：460千字　定价：78.00元
发行部：62132549　邮购部：68038093
总编室：62114335　编辑室：62100038

海洋版图书印、装错误可随时退换

中年时期的张人骏照片

张人骏（右）晚年与陈宝琛、朱益藩合影

张人骏晚年在天津寓所的照片（1926年）

两广总督张人骏与香港官绅合影

张人骏在两广总督住所照片

清末苏州桃花坞制作的年画《清代十帝像》（左上一为张人骏）

1903年，广东巡抚张人骏与属员合影（前排右起第九）

1911年11月9日，《申报》仍在刊登《清廷忠臣张人骏肖像》

张人骏继室夫人陈氏（左二）与香港总督卢押的夫人合影（1908年）

张人骏继室夫人陈氏（中）与张允恺夫妇（后立者）及张允亮（前右）、张允靖（前左）合影（约1897年）

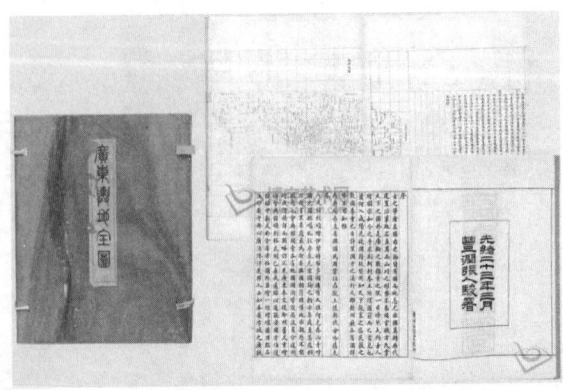

1897年，广东布政使张人骏主编的《广东舆地全图》

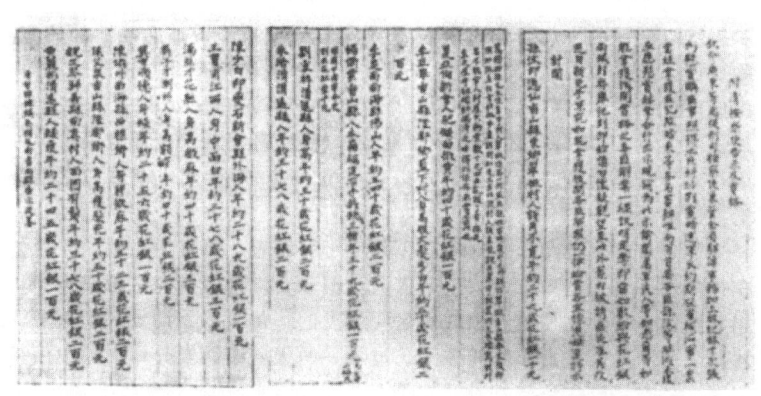

1895年10月，孙中山首次起义失败后广东按察使张人骏所发通缉令及赏格（摘自《孙中山传》第83页）

1902年8月10日，山东巡抚张人骏奏折

1909年，两广总督张人骏签发给内阁中书广东军医总教习郑豪的护照

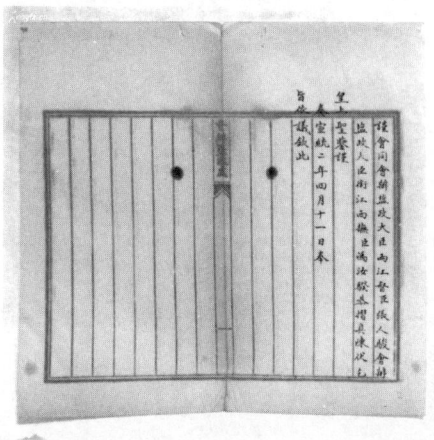

两江总督张人骏奏折（1910年）

张人骏使用过的印章（下方书法为其曾孙张守中先生题跋）　　张人骏书法条幅

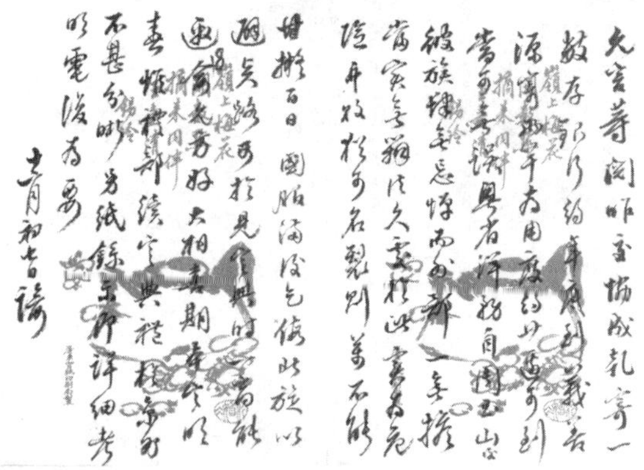

张人骏致长子张允言的书信影印件　　袁世凯致义兄、亲家张人骏的亲笔信（1909年2月5日）

张人骏会试朱卷　　张人骏履历（载于《清代官员履历档案全编》第478页）

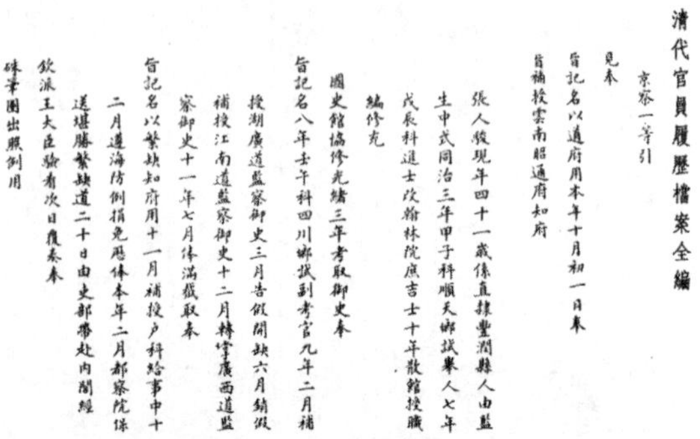

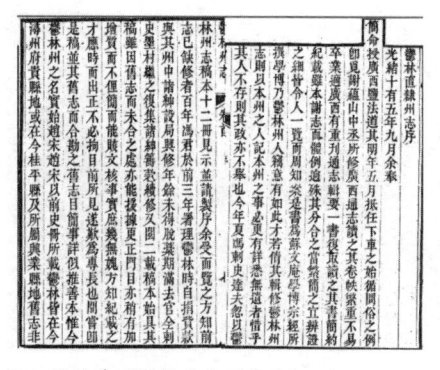

张人骏所作《郁林直隶州志序》　　《当代名人纪略：两江总督张安帅小影》（载于1909年8月16日出版的《图画日报》第一卷第3页）

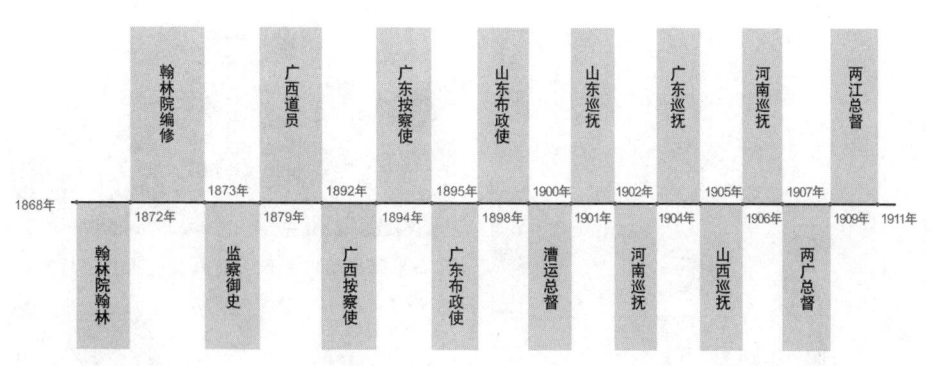

张人骏任职一览表

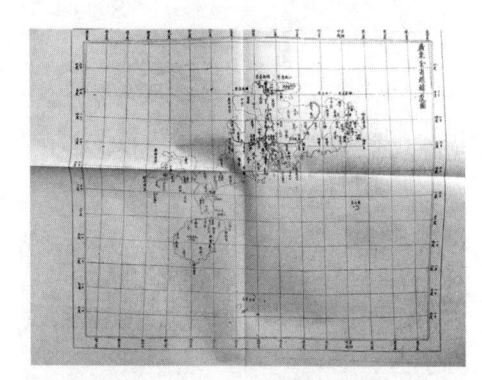

1868年 翰林院翰林 — 1872年 翰林院编修 — 1873年 监察御史 — 1879年 广西道员 — 1892年 广西按察使 — 1894年 广东按察使 — 1895年 广东布政使 — 1898年 山东布政使 — 1900年 漕运总督 — 1901年 山东巡抚 — 1902年 河南巡抚 — 1904年 广东巡抚 — 1905年 山西巡抚 — 1906年 河南巡抚 — 1907年 两广总督 — 1909年 两江总督 — 1911年

1910年，按照张人骏指示编制完成的新《广东舆地全图》中的《广东全省经纬度图》在中下方标有了东沙岛和西沙群岛

台湾"国发会"档案管理局举办的《中华民国南疆史料特展》展出的张人骏、端方致外务部贺电关于东沙岛交涉的电文复本

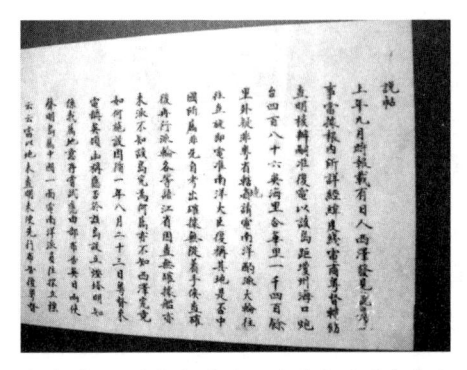

台湾"国发会"档案管理局举办的《中华民国南疆史料特展》展出的张人骏致电外务部汇报与日交涉东沙岛情况的电文复本

张人骏的故乡丰润区大齐坨村

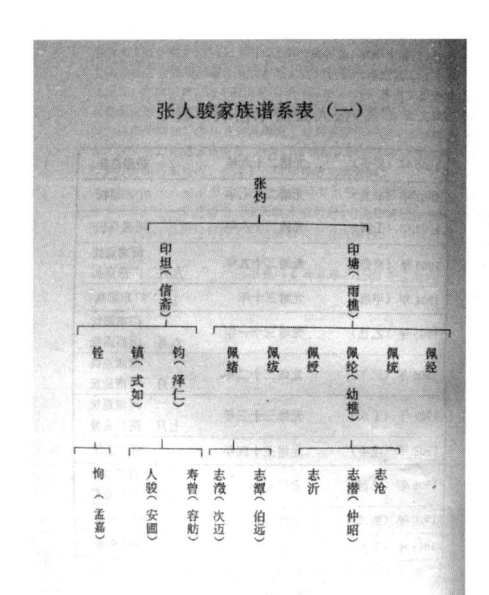

张人骏家族谱系表（张守中整理）

青岛市肥城路四号张人骏旧居（2005年拆除）

天津市英租界戈登路（现为湖北路一号）张人骏旧居

张人骏助资建成的香港大学堂

张人骏创建的香洲商埠（珠海经济特区前身）照片（1910年摄）

以张人骏家乡命名的丰润岛（后改为东岛）

两广总督张人骏建成并题词的广东士敏土厂（后改为孙中山大元帅府）

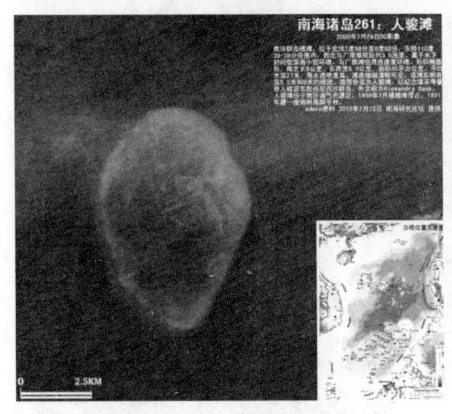

以张人骏名字命名的"人骏滩"海图

两江总督张人骏建成并用于办公的总督府西花厅（后为孙中山临时大总统办公室）

江宁北极阁（辛亥革命张勋挟持张人骏、铁良避兵处）

张人骏在南京主持修建并以家乡命名的丰润门（后改称玄武门）

宣统二年七月初一日出版的《南洋劝业会观会指南》所载正会长张人骏的照片

清代报刊登载的两江总督衙门与张人骏照片合成片

中国首届博览会南洋劝业会所出《南洋劝业会图说（图2）》张人骏（左）与钦差大臣杨士琦（右）合照

1910年6月5日，张人骏在南京举办的南洋劝业会开幕式现场

清代出版的《海军大臣洵贝勒、萨军门本月初五日偕同江督张安帅、苏抚瑞莘帅查勘江阴炮台营全图》连环画

张人骏五子张允亮所撰《先府君行述》手稿首页（1927）

热爱家乡热爱文史深
入挖掘撰写家乡历史为
改革为当今中国文化事
业建设服务
祝天昌同志梦圆
甲午仲冬 张守中

河北省文物研究所研究员，张人骏曾孙，著名古文字学家、书法家张守中为本书题词

丰润张氏家族诸成员在中国近代史、现代史上都曾发挥独特作用，可惜对这一家族的研究始终未能引起学界重视。刘天昌先生以桑梓后生自担重荷，敢开先河，以张氏家族为研究方向，执心定志，搜罗爬梳，积数年之力，终于完成《大清粤督张人骏》一书，作为阶段性成果，确实可喜可贺。望天昌先生持之以恒，继续深入，以期取得更大成就。

王家惠
2015.5.5

唐山市作协主席，著名作家、红学家王家惠为本书题词

2016年10月，作者（右一）应邀到国防大学参与纪录片《南洋策》的拍摄

本书作者于2014年在政协唐山文史大讲堂讲述张人骏捍卫南海主权的故事

2016年7月，作者（右三）举办《张人骏与南海》大型图片展，并与前来参观的我国著名军史专家杨志荣（左一）、许华（左二）、张帆（中间）、杨晓丹（右二）、余翔（右一）等合影，左三为唐山市丰润区文化广播电视新闻出版局局长陈惠良

2016年7月，作者（右一）参与中央电视台大型纪录片《见证南海》录制任务

2015年12月，本书作者（右四）接受江苏电视台大型纪录片《南海纵横》摄制组采访并与全体摄制人员合影

# 张人骏箴言

粤省办理军政，与他省情事迥殊。南疆重地，形势与内地隔绝，东西两千余里，处处滨海。以兵事言，海防重于陆防；就民情言，亦宜海而不宜陆。

——1904年8月4日张人骏奏折

多一官多一需索，其弊更甚于书差。于地方不惟无益，而有损矣。此项新增之费为数甚巨，取之于公，则空虚之余无此财力；取之于民，则宪法未备，民智未开，苟敛适以召乱。

——1906年11月23日张人骏致厘定官制大臣电文

近来所获匪徒，几无一案非军队出身之人。曹州之匪，多是袁军旧部。练兵之效如此，可叹也。而陆军部尚操更番挑练之说，以为如此，则可以通国皆兵。我恐数年之后，将成通国皆贼。一旦揭竿而起，其祸恐不可收拾矣。

——1907年6月2日张人骏致张允言等人的信

大国（注：指英国）夙以文明著五洲，若果不顾公理用强权，则粤无兵无械，讵能与大国抗。然所有者，民耳。炮火所加，甘受不悔。

——1907年11月张人骏与准备率舰队入侵西江的英国水师提督缪华的谈话

西江缉捕系属内政，固不能假权外人。税司责在缉私，亦难兼任捕务。昨据商董陈基建等来辕具禀，业经出示晓谕在案。此事关系主权，本部堂自当力任维持，咨商外务部妥筹办理。

——1907年12月张人骏批湖北补用知县陈继枢禀

年内各处探报，遂有由东洋购济匪械之说。现在案经缉获，确系居澳华商私贩，征诸已事，证以探闻，显系遁饰。日本与国，理应至公办理。乃出其强权，甘作野蛮举动，国势强弱异形。骏虽忧愤填膺，际此主忧臣辱之时，释彼船、惩员弁、鸣炮谢过各节，一纸文书均即办到，原非难事，但此案失败，则条约、关章均成废纸，查缉济匪军火之令立即收回，即不收回亦同虚设，粤事诚不知所以善其后。

——1908年3月6日张人骏致外务部电文

"辰丸"应照关章充公，本部堂始终不顾功名，不惜身命，极力电争，并屡电请由粤办理。乃外务部轻弃条约关章，遽受外人恫吓，竟责下旗之过。不知"辰丸"犯法被获，国旗已无价值。本部堂忧愤成疾，愿电部以功名偿日旗，仍请照关章将船货充公。外部弗许，莫可如何。

——1908年3月24日张人骏在接见上访商董时的谈话

日本之于中国，无事不包藏祸心。中国贫弱，自甲午始。而中外（注：指京城内外）达官迷信崇奉，沉沦不返，一年数千万流入东洋。所谓学成而返，好者，不过目的、影响数百新名词，全无实际；否则，革命、排满、自由而已。而不惜以数千年圣贤授受之学，三百年祖宗创垂之典，尽弃所学而学焉。此固开辟至今未有之奇祸也！间岛、"辰丸"二案，其狡诈之情亦已毕露。于此而犹不醒悟，尚得谓之人类乎！恨！恨！

——1908年4月2日张人骏致张允言等人的信

自九龙属英租界，东道已梗。澳门葡若再任侵占，西路又格。粤中领海，势将尽失主权。事机紧迫，似非速筹对付，无以固此藩篱。

——1908年5月16日张人骏致外务部电文

葡人争界，关系海权。彼日进，则我日退。察其自光绪十三年立约以后背约妄为之举，一见于将廿三年前向在香山完粮之望厦七村强占收租；再见于勒令向在湾仔河停泊之华民渔船领照，否则扣罚；三见于以巡船闯入我国向泊兵船之银坑河面稽查骚扰。我置不理，彼认默许，至欲据为占地之证。

若本月初擅拘华民蚝艇，勒费捕人；并于九滨地方搭厂，添建兵房；俨然以属地管理权自居。如将澳门湾仔对岸河中心之浮标移至湾仔岸边，并于鸡头山外海道添一浮标，皆其阴贼手段之尤著者。"二辰丸"案出，更欲藉日人狡卸私运军火，争执泊界之便，实行其侵占中国领海之志。近因经纬俱在，约指甚明，公论究不可诬。修兵房、拘蚝艇，悍然为之，英外务又为致辞矣。不得助于甲，又求助于乙，履霜坚冰已及众阴将沍之时，失此不争，粤中门户尽去，势将无以立省。骏夙夜焦思，不寒而栗。

——1908年5月18日张人骏致外务部电文

近日改革政治，日新月异，不察民情，不体国势，不计财力之盈绌，不论人才之短长。发言盈庭，要皆道听途说，而朝廷视为奇谋秘略。一事未成，一事又出，大臣藉以固宠，小臣藉以希荣。而此不中不外、不古不今之世界，初尚中国人不以为然，近则各外国亦多非笑。民力已竭，而不知人心已去，而犹期以此为治安之计，恐无是理也。

——1908年6月16日张人骏致张允言等信

宣统元年三月三日，为香山县香洲商埠开埠之期，本部堂亲临观礼，是日商民云集，欢忻同声，甚盛事也。爰进在事诸君而言曰：粤东为滨海奥区，民殷物阜，商务之发达，较他省为尤先。近月萃群力以谋公益者，比比然矣。夫益有广狭之不同。竟已然之利，其益狭，开未然之利，其益广。斯埠也，地势开拓，外滨大洋，内依山岭，轮舟便于停泊，阛阓易于经营，洵天造之商场也。今诸君筹集厚赀，就其地创立商埠，所谓开未然之利，当合群力以谋者。异日交通之利便，商务之振兴，百物云屯，梯航骈集，固可翘足而待。而于归国之华侨，亦得以受廛居肆，咸乐聚处于斯。其为裨益民生，扩充利源，岂不大且溥哉。方今处商战之世，波谲云诡，亟宜各谋自立，恐后争先。今日新埠之辟，诸君既能倡之于前，仍望有以善成于后。大抵维持保护，应由官吏任之。至一切经营缔造，俾他日香洲一埠日新月盛，蔚然为吾粤生色，则在事者之责也，亦在事者之荣也。诸君其勉之哉。

——1909年4月22日张人骏在香洲商埠开埠盛典上的训词

留学欧美各生，自费资斧，远道求学，自属有志之士。徒以学费不继，功废半途，不能精进深造，良为可惜。自应设法筹助，俾遂其向学之苦心。

——1909年7月7日张人骏奏折

兹又查有西沙岛者，在崖州属榆林港附近，……其地居琼崖东南，适当欧洲来华之要冲，为南洋第一重门户。若任其荒而不治，非惟地利之弃甚为可惜，亦非所以重领土而保海权。……臣维西岛之开办，既以杜外患而固吾圉，亦以裕国用而厚民生。

——1909年8月4日张人骏奏折

榆、亚山水环抱，形势天然，地土亦颇饶沃，实擅琼崖之胜，物产则盐为最富。如将该处沙垣尽筑盐田，其利甚大。崖州各属之深林尤极繁盛，林业亦可以振兴。诚于该两港次第设施，收林、牧、鱼、盐之利，为通商惠工之谋，他年琼岛一隅，当可蔚然生色，此又与办理东、西沙岛连类筹及者也。

——1909年8月4日张人骏奏折

凡为学之道，有体有用。立体至大，要端不外先圣先贤之礼教；为用至广，取材必极之人情物理。我国占者，官师合一，庠序学校皆朝廷为之设立，以教育斯民。学堂办法，实仿我国数千年之古制。诸生自幼生长外洋，习闻外洋风俗政理。诸生之父若兄，知祖国礼教之宜尊崇，遣诸生归而就学，诸生当能体会父兄励学之苦心，国家设学储材之盛意。就体段上，立定忠君爱国之宗旨，于入孝悌、励行勤学数端，痛下切实功夫。体之即立，然后出游东西各国，取彼所长，尽其学术技艺，以为我用。我国才俊辈出，加以地大物博，其所成就，必有轶五大洲而上之者。

——1909年9月张人骏在视察暨南学堂时的训词

南方的人民，智识程度已渐提高，政府官吏必须注意民意。

——1909年9月张人骏对新任两广总督袁树勋的嘱咐

吏治修，则民志安，实业兴，则民生厚。内讧不起，外患可弭。及时修明政刑，整饬戎务，未尝不可为善国。操切急进，仆蹶堪虞。

　　　　　　——1910年9月29日张人骏致庞鸿书电文

　　吾本中材，谨慎一生，幸而至此；人寿八十，岂复为短？君子曰终，或庶几乎。汝辈宜体我意，食贫守道，勿隳志气、堕家声。丧葬宁俭，尽礼而已，毋事浮屠。

　　　　　　——1927年2月张人骏临终前对家人遗嘱

　　变法图强，贵师其意而勿袭其迹，不可徇人忘己，徒事纷更也。

　　　　　　——摘自张允亮著《先府君行述》

# 序

刘兄的大作即将付梓，嘱我为之作序，我欣然允之。

我与刘兄相识、相知，是偶然中的必然，因为我们二人一直都在关注着同一个历史人物——张人骏。

张人骏，河北丰润人，是晚清重臣，特别是其在两广总督任内，谈判收复东沙，派遣广东水师提督李准考察勘测西沙，制定系统的东沙、西沙开发规划，将东、西沙群岛正式命名并及时编绘入《广东舆地全图》等，昭示出中国对南海诸岛拥有无可争辩的领土主权。张人骏虽然在捍卫中国南海岛礁领土主权方面做出了一系列的重大历史贡献，却一直鲜为人知。多年来，我在研究南海问题时注意到了这一点。从维护我国南海领土主权和海洋权益的目的出发，我对张人骏产生了很大的兴趣，致力于发掘、搜集更多有关张人骏捍卫我国南海领土主权的史料、事迹。

刘兄是河北丰润人，是张人骏同乡。刘兄以研究宣传家乡文化、家乡仁人志士为己任，多年来广泛搜集有关张人骏的生平材料，并进行了系统、全面的研究和宣传，已经发表了不少文章专门介绍张人骏的生平事迹。

共同的关注，注定我们的相识将是必然的。

偶然的机会，我们联系上了。2015年初，我开始与江苏广电集团合作制作电视纪录片《南海纵横》，带领江苏广电集团的摄制组前往河北省省会石家庄，专程拜访张人骏的曾孙、著名书法家、古文字学家张守中先生。八十高龄的张守中先生热情接待了我们。在我向张守中先生进一步了解张人骏的生平史料时，张守中先生告诉我，在河北唐山丰润，有位对张人骏的生平事迹做了很全面、很有深度研究的刘天昌先生，嘱我与之联系，并给了我刘兄的联系方式。于是回京后，我立即按照张守中先生给我的电话号码与天昌先生联系，他告诉我，他已经完成了《两广总督张人骏》一书的初稿，苦于没有出版社出版。很快,他将《两广总督张人骏》书稿寄给了我,我匆匆看后感到此书颇具历史和学术研究价值,于是主动与海洋出版社联系、推荐,达成了这本书的出版意向,并萌生了主编一套"南海百年风云人物"系列丛书的想法,把张人骏、李准等为捍卫中国南海诸岛领土主权和海洋权益做出的丰功伟绩,介绍给世人,传之于后人。

至此,与天昌先生的电话联系日渐增多,并对其个人情况略有了解。

天昌先生长我两岁,其学问之杂、涉猎之深、阅历之富,令人惊奇。他17岁通过高考进入昌黎农校攻读林果专业,毕业后回到家乡丰润从政,从乡镇团干部做起,直至官至丰润区副处级调研员。从政之余,他笔耕不辍,在省市县级媒体上陆续发表一些新闻、报告文学,并把目光重点投在家乡的风土人情、历史掌故上,以文学创作和历史研究的方式宣传自己的家乡,从一名默默无闻的文学爱好者成长为唐山市政协文史研究员,丰润区作家协会副主席,《唐山文史》编委、《燕山文化》编委。并且独自或合作完成了《张人骏与南海》、三十集电视连续剧《大清粤督张人骏》剧本、《丰润区博物馆展陈大纲》、《丰润旧事》、光绪十七年版《丰润县志》点校本(获国家图书馆收藏)、《唐山市志》(民俗部分)、《丰润古诗词会钞》(合编)、《浭阳名村》(参与)、《丰润文化名人》(参与)、《浭水风流——走出丰润的丰润人》(参与)等著作,参与了江苏广电大型电视纪录片《南海纵横》、中央电视台纪录片《见证南海》的录制。其独自策划并设计的《张人骏与南海》图片展系国内首次,吸引了来自全国各地超过30万人次的参观。

张人骏为清代丰润大齐坨村人,著名作家张爱玲的"二大爷"。他曾任清朝末年的两广总督、两江总督,是一位对国家有杰出贡献的民族英雄。作为家乡名人的张人骏,自然也成为了刘兄认真研究和宣传的对象。长久以来,张人骏的事迹一直鲜为人知,相关资料也非常罕见。刘兄在研究张人骏的过程中,非常注重对史实的细致挖掘和严谨考证,力求做到资料翔实、内容准确。他历经10年,从国内外的历史瀚海中搜集整理出与张人骏有关的上千件奏折、批示、信函、日记、图片和媒体报道,进行认真研读,并将相关研究成果发表在河北省内外刊物杂志上。可以说,刘兄是国内历史学界全面研究张人骏的第一人。

言归正传,还是谈谈对这本书的看法。

现在我们所读的《两广总督张人骏》这本书，对张人骏在两广总督任内的所作所为进行了比较全面、详尽的介绍，特别是对他在维护国家主权、海洋权益方面的业绩进行了全面介绍和阐述，如西江缉捕、谈判收复东沙、系统勘办西沙、澳葡划界等。这些业绩，反映出张人骏作为爱国忠臣，守土有责、守土有方，敢于担当！作为两广总督的张人骏，谈判收复东沙、系统勘办西沙，是张人骏代表中国政府捍卫中国对东沙、西沙、南沙群岛的领土主权和海洋权益，代表中国政府抗击一切侵犯中国领土主权和海洋权益的行径，是中国政府维护南海岛礁领土主权和海洋权益的重大行动！作为两广总督的张人骏，谈判收复东沙、系统勘办西沙，再一次向世人重申了南海诸岛自古以来就是中国的神圣领土，再一次向世人展示了中国政府和人民坚定反对外国侵略中国领土主权的决心与意志。张人骏还是一位开明的边疆大吏，他创建特区，发展地方经济，重视教育，资助成立香港大学等，深得人心，彪炳史册。

我相信此书的出版，将使张人骏维护我国南海领土主权和海洋权益的事迹从鲜为人知变得广为人知，也将为丰富和促进南海问题研究做出一份贡献。书中所涉及的一系列重要史料对研究南海问题非常重要，部分史料系首次公开，可以作为研究南海问题的重要参考。该书也将是开展海洋观教育、爱国历史教育的重要参考读物。

谨此为序。

张海福

2016年12月21日于北京芍药居

# 目 录

引 文 ································································································· 001

第一章 **逐日寇收复东沙** ···································································· 004
    第一节　端方告警　安帅查书 ································································ 004
    第二节　"飞鹰"赴粤　初探东沙 ···························································· 017
    第三节　"飞鹰"再航　东沙取证 ···························································· 019
    第四节　西泽遇险　鸠占鹊巢 ································································ 023
    第五节　安帅请命　四会日领 ································································ 027
    第六节　找到书证　三赴东沙 ································································ 032
    第七节　粤日开谈　日索天价 ································································ 038
    第八节　魏瀚领命　赴岛评估 ································································ 047
    第九节　蔡康赴岛　东沙回归 ································································ 055
    第十节　设置机构　开发固边 ································································ 059

第二章 **勘西沙以保国土** ···································································· 068
    第一节　敬荣奉命　初勘西沙 ································································ 070
    第二节　藩司挂帅　筹办西沙 ································································ 073
    第三节　李准称侄　安帅护才 ································································ 078
    第四节　李准带队　复勘西沙 ································································ 082
    第五节　开发西沙　以保海疆 ································································ 091
    第六节　开发琼崖　接应西沙 ································································ 100

第三章 **驱英舰西江保权** ···································································· 111
    第一节　"西南"被劫　英人发难 ···························································· 111
    第二节　粤督购船　英人插手 ································································ 116
    第三节　粤商结会　率先奋起 ································································ 119
    第四节　民众觉醒　抗议如潮 ································································ 124
    第五节　英军入侵　粤民遭难 ································································ 134

| | 第六节 | 粤督亮剑　缉匪驱寇 | 149 |
| | 第七节 | 英舰退出　西江安宁 | 162 |

### 第四章　扣日船与民同愤 … 167
| | 第一节 | 粤督设伏　日船落网 | 167 |
| | 第二节 | 照峰翻供　日企声援 | 175 |
| | 第三节 | 日使抗议　无耻索赔 | 177 |
| | 第四节 | 粤商发声　民情哗然 | 198 |

### 第五章　护粤民抵制日货 … 219
| | 第一节 | 万众一心　抵制日货 | 219 |
| | 第二节 | 梁公力挺　孙公抽薪 | 244 |
| | 第三节 | 日阁倒台　抵制获胜 | 249 |

### 第六章　反葡寇澳门划界 … 265
| | 第一节 | 安帅上任　恶葡争界 | 265 |
| | 第二节 | 粤关驻兵　强盗受限 | 270 |
| | 第三节 | 银坑派舰　宣示主权 | 284 |
| | 第四节 | 中葡派员　启动划界 | 291 |
| | 第五节 | 谈判开启　无果而终 | 322 |

### 第七章　建特区商战制葡 … 328
| | 第一节 | 选址香洲　谋划商战 | 329 |
| | 第二节 | 一路绿灯　军舰保护 | 342 |
| | 第三节 | 奠基亲临　舰队助威 | 344 |
| | 第四节 | 香洲开业　澳门萧条 | 352 |

### 第八章　办港大西学中用 … 360
| | 第一节 | 卢押上任　倡建大学 | 361 |
| | 第二节 | 筹资困难　求助粤督 | 368 |
| | 第三节 | 港大建成　两督祝贺 | 378 |
| | 第四节 | 百年盛典　重提安帅 | 382 |

**附　件**　张人骏年谱 … 387
**后　记** … 412

# 引 文

光绪三十三年（1907年）六月，开封府城久旱不雨。身为河南巡抚的张人骏，就美国传教士李立生等在鸡公山上违约买地造屋、侵我主权一案，以玩忽职守奏请将信阳州代理知州曹毓龄、徐佐尧革职查办，然后派属下胡蕃、韩国钧、许葆莲等前往鸡公山调查处理李立生等"始藉教名以购地，复售地以图利"的行为，指出其"既违约章，且犯教规"，决定将外国人所买的山地不管是否报税，一概由中国方面出价赎回，并严令鸡公山附近的百姓今后不得再向外国人售地。张人骏还草拟出《鸡公山租屋避暑章程十条》，准备与美方等外国人商定，在原教会区之外划出923亩作为外国人避暑官地，由外国人建房后，经中国方面估价赎回，再租给外国人避暑使用。这总算是为政府争回了主权，挽回了面子。

还未等到该章程签署，忽然，一道上谕将他调离了河南。

原来，一直阴谋搞垮瞿鸿机、岑春煊一伙的庆亲王奕劻、袁世凯、端方等人，在岑春煊四月十七日由邮传部尚书外放两广，路过上海托病久留，意欲观望之际，伪造合成了一张岑春煊与梁启超在上海合影的照片，然后偷偷到慈禧太后跟前参劾岑春煊和维新党人秘密勾结。于是，七月初四日（8月12日），一纸免去岑春煊官职的上谕传出宫廷："岑春煊前因患病奏请开缺，迭经赏假。现假期已满，尚未奏报起程，自系该督病尚未痊。两广地方紧要，员缺未便久悬。岑春煊著开缺调理，以示体恤。"

与此同时，在老上司鹿传霖、义弟兼亲家袁世凯、"清流"好友张之洞、同乡好友端方等人的纷纷举荐下，张人骏意外收获了一份与岑春煊截然相反的圣谕："两广总督着张人骏补授，迅速赴任，毋庸来京请训。钦此。"[1] 袁世凯等人在奏折中称，张人骏曾经担任过广西盐法道、广西按察

---

[1]《申报》，1907年8月13日，第12406号，第2页。

使、代理广西布政使，在广东又先后担任过按察使、布政使、巡抚达七年之久，对两广域情熟悉，人脉牢固，且又"悃愊无华，端重老成""不随波逐流，迎合风气""久为循吏，资望较高"，清廉正直，有强项之谓。

这两广总督可不比河南巡抚。河南巡抚全称为"巡抚河南等处地方，提督军务粮饷，兼理河道屯田，兼兵部右侍郎，兼都察院右都副御史"，掌管着一省九府五州一厅九十五县，只是一个正二品的官员。而两广总督全称是"钦命头品顶戴、吏部尚书兼兵部尚书、都察院右都御史、总督两广等处地方提督军务兼理粮饷、兼管广东巡抚、粤海太平两关事务"，不仅独掌广东的一省九府四州两厅八十县，而且管理着广西省的军民政务，乃从一品官员。同时，两广地区乃膏腴富庶之地，天下税赋有其半，又是和洋人打交道最多的地方，因此，不仅一省的巡抚难比，就是在全国九大总督之中，其位次也仅次于直隶和两江。如果说河南巡抚是封疆大吏，两广总督便是位列三公了。这是许多官员梦寐以求的仕途目标。

况且，此前260多年间，清代已有106人次出任或护理两广总督，其中虽然也有些人政声平平、鲜为人知，但更多的如林则徐、李鸿章、张之洞等则声名赫赫、光彩照人。自己能跻身于这些名臣大吏之间，也算是光宗耀祖、名垂千秋之事了。这怎不令张人骏高兴呢？

只是，考虑到此时自己已62岁高龄，且前两任总督岑春煊、周馥留下的烂摊子不少，因此张人骏还是喜中有忧。在接到圣旨的第二天，他在给长子张允言写的信中，道出了自己的这番心情：

此番得擢粤督，自是天恩高厚。惟粤中近年盗寇充斥，财政困难，诸事殊难着手。吾年已渐衰，尤畏海上风波。初意，能在豫多做一二年，将凤累一清，便做抽身之计。今得此难题，颇虑做不出好文章。升官固可喜，远虑亦不能无，未免中心惴惴耳。[1]

按照以往的惯例，朝廷每有知府以上官员任用，慈禧太后都要召其上金銮殿一见，说是训话，其实不外乎是要觐见者知道"官为谁所赐，心为谁所忠"罢了。可是此时两广总督已三个月出缺，代理其职的广东布政使胡湘林又重病在身，因此，慈禧太后也顾不上显摆自己"天恩高厚"了，要求张人骏迅速交接豫抚一职后，不用进京，直接赶到广州上任。

或许是心有感应，或许是张人骏对古代的占星术深有研究，在没有听闻

---

[1] 张守中编：《张人骏家书日记》，中国文史出版社，1993年版，第103页。

自己要接任两广总督一职之前，张人骏就开始在替两广之事担忧。他在五月二十六日给长子张允言的书信中就写道：

> 日来荧惑入南斗，南方恐不能无事。盖两广分野，似属南斗。今粤东无总督，广西省城山崩地陷，老人峰在臬署墙外忽然崩塌，王府坪大街也塌陷七八处，岂是佳兆？吾深为两广忧之。[1]

如今，见朝廷也有深虑两广之意，且让他尽快赴任，张人骏怎敢怠慢？

于是，他赶紧于七月十一日（8月19日）和继任者林绍年交接完毕，十九日（27日）从开封府起程，带着续弦夫人陈氏、常在身边的几位子侄和他们的家眷，以及忠于自己的亲兵卫队长王有宏等，坐着车轿前往郑州。

二十日上午，张人骏一行由郑州坐火车到武汉，专程拜访刚刚升任大学士、军机大臣的原湖广总督张之洞，然后乘"江新"号轮船由鄂赴沪。

还未等张人骏到达广州，二十五日，孙中山、黄兴、王和顺就在两广组织发动了钦廉防城起义，于是他不得不在途中用电报遥控指挥旧部李准等率军剿灭。李准在其回忆录中曾经记载道：

> 丰润张安圃尚书督粤，急电余收拾廉、钦之乱。余与安帅感情素恰，且其平易近人，不予人以难堪。即日起而视事，并电钦、廉诸将领，并调集夏文炳、李耀汉、邓瑶光、隆世储诸营，乘兵舰星夜赶赴北海，次日到埠。郭人漳、林虎、赵声、宋安枢等，皆喜形于色，愿效死救援各属。当令郭人漳赴防城、东兴，收复失地，令赵声率彭大松、隆世储、宋安枢等援灵山。余率夏文炳、李耀汉，邓瑶光抵廉州，乌家三那，三日抵钦州。王瑚闭城不出，余分遣各队，次第将各处荡平。郭营三日克复防城、东兴等失地。[2]

三十日上午，张人骏到达上海，拜访同乡好友、两江总督端方及总理南北洋海军兼广东水师提督萨镇冰等人。八月初六日（1907年9月13日）从上海起程，换乘"泰顺"号轮船经香港赶赴广州。

八月十二日中午十二时，张人骏在港英当局仪仗队列队欢迎下登上香港卜公码头，然后乘轿前往香港英军三军总司令官邸，拜访驻港英军司令乐活少将，继而前往总督府与港督卢押夫妇共进午宴。下午3时，获邀出席华商会欢迎宴会并致辞。晚上8时，乘原船离开香港前往广州就任。

---

1 张守中编：《张人骏家书日记》，中国文史出版社，1993年版，第101页。

2 李准著：《任庵六十自述》，《民国人物碑传集》，凤凰出版社，2011年版，第196页。

# 第一章
# 逐日寇收复东沙

## 第一节　端方告警　安帅查书

光绪三十三年八月十三日（1907年9月20日），张人骏的官船停靠在了广州的天字码头。在文武百官的簇拥下，坐上红顶皂身的八抬大轿，十一棒锣声开道，威风十足地走进了两广总督衙门。这里是他以前经常进来请令受示的地方，如今自己变成了这硕大建筑群的主人。而他曾经主政的西门大街抚署，已于光绪三十二年变成了官办的高等工业学堂。

*清末绘制的广州两广总督府*

张人骏不顾年过花甲，舟车劳顿，次日即从代理总督一职的布政使胡湘林手里接过了帅印，然后重新增派兵力，组织对钦廉防城起事的革命党人严厉镇压。在李准、郭人彰、赵声等得力军官的围剿下，接任后四五天，武力暴动的革命党人便土崩瓦解，四处逃散。钦廉地区又重新恢复了往日的平静。

张人骏赶在第一时间向朝廷报告了这一大好消息，以便解除光绪帝、慈禧太后对这一地区的挂念之心。

谁知，十几天后，他等来的不是朝廷的称赞和奖赏，而是粤省国土丢失的噩耗。

九月初五日（10月11日），张人骏收到了清政府外务部关于粤属岛屿被日本商人西泽吉次侵占的电报。电文中说：

午[1]访闻，港澳附近与美属小吕宋群岛连界之间，有中国管辖之荒岛一区，正当北纬线十四度四十二分二秒、东经线一百十六度四十二分十四秒，离香港一百零八里。该岛阔围三十七八里，因岛之一端，有大小暗礁，起伏海中，约六十里，华人畏难苟安，人迹罕到，故毒蛇猛兽亦多。近被台湾基隆日本商西泽吉次，纠合百二十人，于六月三十日午后，乘"四国丸"轮船驶向该岛。七月初三登岸，建筑密舍，竖立七十尺长竿，高悬日旗，并竖十五尺响标，详记发现该岛之历史，名为西泽岛，暗礁名为西泽礁，西泽遂据为己有。该岛磷矿极多，树木亦复茂盛，有高四五十尺者。鳞介贝壳甚夥，网采颇易。温度与台湾相彷佛。西泽已采取水陆各种，装运至台，现在第二次运船将到。凡闽粤人之老于航海者及深明舆地学者，皆知该岛为我属地，等情。中国沿海岛屿，尊处应有图籍可稽。该岛旧系何名，有无人民居住，日商西泽竖旗建屋，装运货物，是否确有其事，希按照电开纬度，迅饬详晰查明，以凭核办。[2]

原来，八月十三日（9月20日）的上海《申报》，在十几页版面中一个不起眼的名为"说林"的小栏目里，发表了一条来自日本国内的名为《日本发见太平洋新岛》的新闻。文中介绍日本商人西泽吉次在太平洋中发现并占有了一个无人岛屿的事情，并盛赞西泽吉次的探险行为乃亚洲的哥伦布、麦哲伦。该新闻写道：

台湾基隆港日本商人西泽吉次氏，近在北纬一十四度四十二分二秒、东经一百十六度四十二分十四秒附近，发见一无人岛（一在太平洋非律宾群岛之间），乃纠合同志一百二十人，于六月三十日午后四时，同乘汽船"四国丸"驶向该岛。途中在澎湖岛一泊后，于七月初二日上午十时径至该岛，是日午后二时，结队上陆，即建筑宿舍。测勘该岛周围，约三十七八里。四边有大小暗礁起伏，联缀海中，亘约六十里。岛之陆上，有磷矿石甚多，并

---

[1] 午：对端方的简称。端方，字午桥，两江总督时称午帅或端帅。

[2]《外部致张督电》，张良福编著：《让历史告诉未来》，海洋出版社，2011年版，第12页。

有无数之阿沙鸟栖息其间。海岸则有鱼族群集。暗礁均有贝壳类依附，采集极易。西泽氏等即于岛上卜地竖立七十尺之长竿，高悬日章；并树高十五尺、宽四尺之木标，详记发见该岛历史。即名该岛曰西泽岛，名暗礁曰西泽暗礁。随采磷矿石百吨、各种贝壳类三千余斤，载归台湾。查该岛之度，昼九十一二度，夜六十二三度，与台湾岛无大差异。陆上树木茂盛，其高自十余尺至四十尺不等。惟无人迹，毒蛇猛兽栖息者多。今拟续行探险，将该岛确实占领。第二探险队，定于七月二十一日，运载轻便铁道材料、栈桥材料，装足汽船二艘、孚舟一艘，并携医疗机械等前往云。记者曰：世界强国，有殖民有殖民地，惟英为最；有殖民地无殖民，惟法为甚；有殖民无殖民地，在欧惟德国，在亚惟日本。然有殖民无殖民地，昔日之日本为然，今则据台湾、占朝鲜，前此所无之殖民地亦既有之。而况民族膨胀，学科精进，航海探险家复能开辟天然之殖民地，一恢其拓殖政策耶？观于西泽之发见新岛，若哥仑布，若麦折仑，殆不能专美于欧西矣。[1]

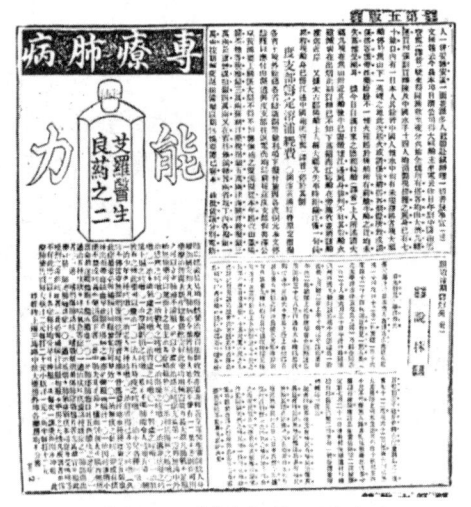

八月十三日《申报》第5页复印件

从这则新闻内"第二探险队，定于七月二十一日……前往"来看，该文当写于七月二十一日之前，距《申报》转发已有二十天的时间了。

八月二十九日，香港《华字报》刊登了日本人西泽吉次在粤属惠州的一个海岛上竖立日本国旗，驱逐中国渔民之事。随后，日本驻香港领事在该报刊文澄清，证实虽有日人占领该处岛屿，但"政府未闻知其驱逐渔船"[2]。

端方大概是从八月十三日的上海《申报》这条新闻中，得知了日本商人西泽吉次侵岛一事的，因为他发给外务部的电文内容与这条新闻所述情形基本相似。《日本发见太平洋新岛》这条消息，之后，四川、重庆出版的《广益丛报》则于九月三十日（11月5日），以"记西泽之发见新岛"为题，文稿

---

1 《日本发见太平洋新岛》，《申报》，1907年9月20日，第5页。
2 王彦威纂，王亮编：《清季外交史料》，第二册，台湾文海出版社，1963年版，第6页。

与《申报》基本相同的发表于第151号第14页上。考虑到端方发现这条消息的日期当在九月初之前，因此可以断定他读到的消息来自上海《申报》。这位以国家为己任、忧国忧民的清廷红人政治灵敏性极强，反应也相当迅速，立即向清政府外务部报告了粤属岛屿被侵一事。这才有了九月初五日（10月11日）外务部发给张人骏的那封电报。

端方（1861—1911年），字午桥，号匋斋，正白旗人，托忒克氏。虽然清代官员档案里说他是满洲双山佐领下人，但实际上，他是直隶丰润县西凹凸村人，汉姓陶，又名陶端方。因为丰润县古称浭阳，故而他又号浭阳，人称浭阳端方或浭阳尚书。与荣庆、那桐时称"旗下三才子"。他于1882年考中举人，捐员外郎，迁候补郎中。历任工部主事、陕西按察使、湖广总督、两江总督、直隶总督等职。1906年，他曾赴欧美考察政治，成为立宪派代表人物。1911年，为平息四川保路运动入川，在资州因手下官兵投身革命而被杀。清室追赠其为太子太保，谥号忠敏。

有人说，端方作为两江总督，却不顾官场上的忌讳去越权插手两广的事情，是因为他的爱国情怀所致。也有人说，端方插手两广是因为两江总督是两广总督的上级，插手之事属于正常现象。这二者的说法都是可信却又是片面的。端方过问两广事务不仅是出于国家利益，而且还因为他和张人骏都是直隶丰润县人，又是朋友和亲戚关系。张人骏和袁世凯是结拜兄弟兼儿女亲家（袁的长女是张的五儿媳），端方的独生女儿则是袁世凯五子袁克权之妻。

别看张人骏的祖父张印坦、父亲张泽仁半生在江浙一带任知县，张人骏算作官三代，而且自幼随宦江南，但他没有一点官宦子弟的挥霍和骄奢。他对国家领土主权的重视，犹如其当农民的先祖们对待一垄田地、一尺墙阴那样珍重和吝啬。接到朝廷的警讯后，他心急如

端方的中年照片

光绪二十四年端方履历

焚，赶紧派人对照两广地图索骥查找。

张人骏对广东省的地形地貌是非常熟悉的，可以说他是一位广州通。因为在他担任两广总督之前，曾经在广东任过职。光绪二十年（1894年）十一月初六日，张人骏由广西按察使调任广东按察使；二十一年十二月初二日，升任广东布政使；二十四年（1898年）七月十五日，平调到山东。光绪二十九年（1903年）三月二十一日，张人骏又由河南巡抚迁任广东巡抚，直至光绪三十一年（1905年）六月十七日调任山西巡抚，一干又是三年。如此算来，他在广东曾经先后待了整整七年的时间。早在广西担任按察使并兼任布政使的时候，他就发现各级政府所绘制的原有舆地图全是传统的示意图，既不准确，也不规范。这对于政府处理边界纠纷、打仗时排兵布阵甚为不利。于是，组织从洋学堂出来的新型人才，按照西方的测绘方法勘测制图，绘制了一套标明经纬度数的新式广西地图，很受时人的好评。到广东担任布政使后，他又采取在广西的做法，于光绪二十三年（1897年）三月绘制出了一套多达120页的《广东舆地全图》，其中不仅有各州县的地图及图表，而且含有其沿革、疆域、天度、山镇、水道、乡镇、官职等内容，是当时中国最全面、最完整、最先进的一套地理图志。

而这次，由于外务部电文中没有说到该岛的中国名称，其提供的经纬度数据与后来查得的真实数据又存在很大误差，故而张人骏让下属的洋务委员和税务司查看自己所绘制的《广东舆地全图》，查得按外务部所说的经纬度测算，此岛所在的位置已远非广东境内。于是，他只得于九月初八日（1907年10月14日），给外务部回电说明情况，并请派南洋水师的大兵轮来粤前去实地核查。其电文写道：

日本人西泽发现海岛一事，据洋务委员会同税司按钧电所开经纬各度细加查考，该岛距琼州海口炮台四百八十六英海里零七十八分，距香港四百七十六英海里零九十四分，以华里伸算，已在一千四百余里之外。遍考舆图，似非粤省辖境。闻该处风浪最大，粤省无大兵轮，难往查探，可否请钧部转电南洋，酌派大轮往查。乞卓夺。[1]

端方作为年轻有为的封疆大吏，曾经在1905年出国八个月考察洋务，属于"海归"类的开明人士。特别是1900年春义和团兴盛之际，当时代理陕西巡抚的端方接到清廷要求"灭洋教"的电令后阳奉阴违，偷偷将分散于全省

---

[1]《张督致外部庚（8日）电》，张良福编著：《让历史告诉未来》，海洋出版社，2011年版，第12页。

各地的一批洋教士集中到西安保护起来，使他们免遭杀戮。事后，西方各国一致认为清廷中端方是一位不可多得的开明、理智的高官，因此很受外国人好评，被西方媒体誉为20世纪"最优秀、最开明的政治家之一"。在得知张人骏等人查找无着后，他立即利用与日本驻南京外交官建立的私交关系，打探出该岛的英文名称和准确位置。

九月二十九日（11月4日），端方致电张人骏，告诉他西泽所占岛屿的确切名称和经纬度，指出该岛确为广东所属，"不可置之不问"。但考虑到日人已占据其地，只有拿出充分的证据与日本官方交涉，才好将岛索回。目前他已从广雅书局所印的《新译中国江海险要图说》中找到了该岛属粤的证据，但由于是新刊印翻译的外国书籍，不足以作为铁证，必须从国内早年书籍中找到一些该岛属于我国的记载，才最有说服力。该电文说：

日商西泽现踞之岛，以外部前电经纬度计之，在一千四百余里之外，自非粤省所辖。现据驻宁日领谈及，实在台湾之西南、香港之东南，距香港一百七十余英海里，并举其经纬度及英名名称。按其所言考之，即系前准贵省咨送广雅书局所印《新译中国江海险要图说》内之蒲拉他士岛，一名蒲勒他士岛，为广东杂澳第十三，在北纬二十度四十二分，东经百十六度四十三分，距香港一百七十英海里。长一英海里半，阔半英海里，高四十英尺，沙质无泥，其形似马蹄，靠西边有一港口，约半海里深。上十年，中国渔船在此港避风，确系广东所辖。上年两江派员所绘海图，亦有此岛。英海部所列海图，亦有此岛。与外部前电经纬度数，并云近于小吕宋群岛之说不符。而外部电内，又有距香港一百零八英海里之说，则颇相类。是外部所访闻度数误而里数无大误也。既是此岛，则确是中国之地，不可置之不问。但日人已踞其地，若贸然派船往查，中外言语不通，恐生枝节，不可不慎。应先将凭据考核切实，先由外部与其公使交涉，再行往勘。但现在所有凭据，仅只数种，均系新测新绘，尚觉未足，若再有早年图志案卷为凭，则尤为切实。乞公于广东省府县各志书、各舆图及公署案卷、私家著述内遍加搜讨，再能举出数证，为此案铁据，尤为周妥。诸希酌裁见复。[1]

端方所提到的《新译中国江海险要图说》，乃1899年陈寿彭根据英国海图官局1894年出版的《China Sea Directory》（译称《中国海指南》或《中国海方向书》）翻译而成的一套15册的地理书籍，定名为《新译中国江海险要

---

[1]《端督致张督艳（29日）电》，张良福编著：《让历史告诉未来》，海洋出版社，2011年版，第12页。

图说》。英人自称这是其花费了50年精力测量而成的。1907年广东广雅书局在取得版权后印制出版。书中之所以称东沙岛为蒲拉他士岛，是因为1866年，英国人蒲拉他士（Pratas）航行到中国南海时，遇风停泊于东沙岛上，他以为是自己第一个发现此岛，于是效仿哥伦布发现新大陆，将其命名为自己的名字。其后，西方国家的图籍便称东沙群岛为pratas Island，清朝国人随之译称其为"蒲拉他士岛""蒲拉打士岛""蒲勒他士岛""布拉达士岛"或"布拉他斯岛""碧列他岛"等。

《新译中国江海险要图说》封面

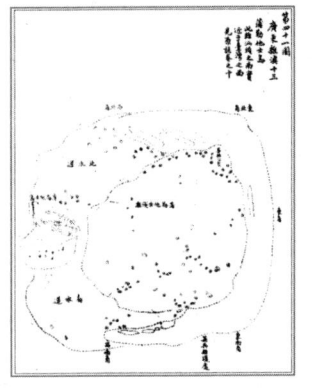

以英语为主命名中国地名，早就为人诟病。光绪二年十月二十四日，随同郭嵩焘出使英国的随员张德彝在其《出使日记》中就曾写道："巴拉赛小岛，中国属岛也。……若华人自古有航海觅得其地者，当各予一名，则无须按洋字还音而呼之矣。"

陈寿彭所译的《新译中国江海险要图说》一书，英国人对我国的东沙岛如此描述道：

《新译中国江海险要图说》附图第四十一图为《广东杂澳十三.蒲拉他士岛》

在北纬二十度四十二分三秒、东经一百一十六度四十三分十四秒（从英伦格林维次子午线）地望，适在汕头正南，乃一小岛，孤悬海外，距汕头约一百六十海里。岛形略如马蹄铁，东北、西北两端凸出，中成凹状，东西长约一迈当有半，南北距约半迈当。地势高出海面四十余尺，西向耸起，中央低下。地质全为积沙而成。掘沙数尺，可得盐水。并无泥土，斯华人称为大东沙之所由名也。环岛四周，殊有沙滩。轮舶大者，不能近岸。航南海者，如天清气爽时，相距九迈当或十迈当，即得于舱而望见之。惟遇东北风与蒙雾大作，则虽与相距五六迈当，亦不得见。甚或白浪腾激，至近岸一迈当，犹不得见，故为险地。又远望之，常疑若两岛并立，则以中央低下故云。岛之中央洼下处，似湖非湖，似澳非澳，水深五拓至十拓（即二丈余至五丈余）。因岛中有此，故中国渔船出海遇风，常驶入岛中以避焉。[1]

1 《广东东沙岛问题纪实》《东方杂志》，上海商务印书馆印行，宣统元年（1909）三月二十五日发行，第六卷第四期，第60—69页。

按当今所测，东沙岛位于北纬20度42分20秒、东经116度43分的我国南海中。北距汕头港260千米，南距西沙群岛450千米，东南距马尼拉780千米，东北距高雄港440千米，西北距香港315千米，西南距海南岛榆林港670千米。它与东沙礁、北卫滩和南卫滩共同组成东沙群岛，是我国南海四组群岛中离大陆最近的一组岛礁。

东沙岛古称"珊瑚洲""月牙岛"，是一个自西北向东南斜向、呈月牙儿形的沙岛，东西长约2800米，宽865米，陆地面积约1.74平方千米，内海面积约0.64平方千米，为珊瑚礁堆积而成。岛上没有土壤，完全是由珊瑚与贝壳碎屑所构成，外观看起来就像一滩沙子堆积而成一样。它也是南海诸岛中面积仅次于永兴岛的第二大岛屿。它平均高出海面约6米，东北面稍高达12米，西南面次高约8米，整个岛屿呈四周高中间低形态。中部低地积水呈湖，湖深1米至1.5米，湖口向西开口。1965年7月，台湾当局在扩建东沙岛时，将浅湖填平，北面沙堤上修建了机场。1982年宣布由高雄市代管，并于1999年划归为高雄市旗津区。因岛屿位于南海战略位置，长期皆有海巡官兵驻守防卫，加上岛上蕴含丰富的珊瑚环礁生态资源，2007年被台湾当局命名为第七座"国家公园"。

东沙岛自古就是中国的领土。早在晋朝，裴渊的《广州记》就记载："珊瑚州，在（东莞）县南五百里，昔人于海中捕鱼，得珊瑚"。元代汪大渊的《岛夷志略》把东沙与西沙、南沙通称之为"万里石塘"。明代郑和的《郑和航海图》亦称东沙群岛为"万里石塘"。清代康熙年间的《指南正法》、雍正年间的《海国闻见录》、乾隆年间的《大清万年一统天下全图》等则称之为"南澳气"。至于何时称之为"东沙"，最早见于航海家谢清高（1765—1821年）所著的《海录》一书。该书记载说："船由吕宋……若西北行五六日，经东沙，又日余，见担干山，又数十里入万山，到广州矣。东沙者，海中浮沙也，在万山东，故呼为东沙"。而张人骏在宣统元年（1909年）闰二月初五日给外务部电文中说，"该岛向名东沙，与附近琼岛之西沙对举"，则是另一种说法。因为东沙群岛"沙矣围抱，作半月形"，所以当地渔民也有称东沙岛为"月牙岛"或"月塘岛"。

东沙岛上，有厚达几米深的鸟粪石。这些鸟粪石通常产于低纬度海岛，主要是海鸟所产生的大量粪便与未被消化的鱼骨等食余，经过极长期的累积所形成。因含有丰富的磷，为制作磷肥的良好原料，经过粉碎处理后，便具有了很高的经济价值。此外，在其岛礁附近的海域里，更盛产各种的鱼

类、胶菜、海人草、珊瑚、玳瑁、海螺等海产品。据1909年第四期《东方杂志》介绍："木类则有油木、紫檀，高辄百尺，大可合抱，到处成林，相传为三四千年故物。矿产则有金沙、磁铁，充塞溪谷，触目皆是，乡人有小金山之称。其它如玳瑁、如珊瑚、如珍珠、如制造火柴之磷质、如可作肥料之雀粪、如取之不尽用之不竭之海藻、石花，所在多有。岛上向多鸷鸟，其羽毛甚珍贵。今因捕捉太甚，鸟皆远去，已无一存。惟海产珊瑚甚富云。"因此，被我国渔民们视为金山银海。

到了清代，东沙群岛及其附近海域更成为中国渔民的主要捕捞区，"沿岸渔船及闽粤渔户到此捕鱼，每年匀计不下数百艘"。此外尚有半捕鱼半捞海之小船，不计其数。每年获利，大船自数百金至数千金或数万金不等。仅据"广安祥"渔船在"东沙岛事件"调查取证时供述，他们每次出海，"约取鱼七百零担，每担约值银七两之谱。胶菜七百担，每担约值银七两零之谱。师醃肉二十担，每担约值银四十零两。玳瑁鳞三担，每担好花值银一千六百元，次些每担约值银千一二百元之谱。晒干玳瑁肉一担值银约四十两。每一次约四个月，得货银约二万元左右。俱驶回澳门发卖，或中途卖与小料船"。并且，东沙岛也是渔民们的落脚之地。他们白天在岛周围捕捞作业，晚上则住在岛上休息。岛上也成为了他们将捕捞上来的海产品进行加工、储存的最佳场所。光绪二十五年（1899年），广安祥渔船股东就曾在东沙岛上"重新建造晒胶菜木寮一间""由澳门成泰木厂承建，连工包料，共用去银四千多元"。[1]

为了祈求海上平安，不知何时，渔民们还在岛上建筑了海神庙，有的记载称该庙为天后庙或大王庙。天后指的是妈祖，大王指金龙大王之类，也就是说该庙内供奉着妈祖和龙王。据"东沙岛事件"发生后广东香山县人梁胜诉称："小的从前自同治八年在同安祥大渔船雇工，前往东沙岛捕鱼为活，……初到岛上，见树木林深，并由小的经手种有椰树三株。又见有大王庙一间，系旧的。小的于（光绪）二十二年签银二千元左右修好。"[2]说明早在同治八年之前该庙就早已存在，该庙坐西北，向东南，"庙之旁，屯有粮

---

[1]《代表人周华社供》，陈天锡编著：《西沙岛东沙岛成案汇编》，商务印书馆香港印书局代印，1928年版，第66-67页。

[2]《梁胜等供词》，陈天锡编著：《西沙岛东沙岛成案汇编》，商务印书馆香港印书局代印，1928年版，第65-66页。

草伙食等物，以备船只到此之所需"[1]。

中国渔民在东沙岛附近捕鱼的过程中，有不少人因病或海难致死后，被同伴们安葬于东沙岛上。仅"东沙岛事件"后"同安祥"和"广安祥"渔船上的渔民供述："自同治十二年起，至光绪三十三年七月止，共死同伴一百三十二人，均在岛上安葬，其死之姓名年月，用簿注明。"[2] 为了祀奉这些安葬在岛上的死难亲人，渔民们还在东沙岛上建起了一间名为"兄弟所"的祠堂。此外，在大王庙的右侧，不知何年渔民们还建有一所土地庙。连英国1855年出版的《印度指南》一书中都有记载，1813年，英国轮船到达东沙群岛时看到中国庙。

1936年《东方杂志》第33卷第6期刊载黄志坚拍摄的重修的东沙岛天后庙

但是，清代以前，由于国人向来以地大物博自居，因此重陆权而轻海权，对远离大陆的无人岛屿多不载于版图。正如宣统元年（1909年）闰二月初五日张人骏致电外务部所说的那样，"我国舆地学详于陆而略于海，偏于考据方向远近，向少实在测量记载，多涉疏漏。沿海岛名，往往只有土名，而未详记图志。欲指天度（注：经纬度）与言，旧书无考"。因此，张人骏等人在查找这个名为蒲拉打士的岛屿时遇到了难题。广东水师提督李准在《任庵自编年谱》中，对这一情形记载道："外部索海图为证，而航海所用海图为外人测绘，名此岛曰布那打士，不足为证。遍查中国旧有舆图各书及粤省通志，皆无此岛名。"宣统元年出版的《东方杂志》为此也撰文，反映查找证据之难："日人现据之岛，在北纬14°间，故在中国界内。但中国舆图未见有绘至此岛者。"[3]

光绪三十三年十月十三日（1907年11月18日），张人骏不得不给好友端方发电，告诉他已翻遍广东的志书舆图，均没有找到东沙岛的历史记载。鉴

---

[1]《渔商梁应元禀词》，陈天锡编著：《西沙岛东沙岛成案汇编》，商务印书馆香港印书局代印，1928年版，第16页。

[2]《梁胜等供词》，陈天锡编著：《西沙岛东沙岛成案汇编》，商务印书馆香港印书局代印，1928年版，第65-66页。

[3]《广东东沙岛问题纪实》，《东方杂志》，1909年第六卷第四期。

于这种情况,是否考虑两种方案:一方面继续派人搜寻资料以便有所收获,一方面派大兵舰前往该岛秘密调查寻找证据。该电报云:

艳电悉。日商西泽前据之岛,按驻宁日领所称经纬线度及里数,似即系蒲拉他士岛,惟遍考粤省志书舆图,均无记载此岛确据。该岛似在闽粤之间,闻风涛甚大,本拟由粤派人前往密探,惟粤无堪往大洋之船,应否由尊处派往,或电闽省细查有无证据,望酌裁。[1]

无奈之际,张人骏还想到了正在为端方筹建江南图书馆的丹徒才子陈庆年(1962—1929年)。该人精于史学又精地舆学,被张之洞评价为"才识开通,学问渊博,于古今战事兵略研求探讨,贯串无遗,洵为杰出";被端方评价为"吐纳九流成一子"。于是,在十三日给端方发出电报之后,张人骏亲自写信给远在南京的陈庆年,请其帮助查找有关东沙岛的资料。陈庆年后来在宣统元年的日记中就曾写道:"安帅自前年十月来电即云:遍考粤省志书,均无记载此岛确据。"[2]"日商西泽占粤辖东沙岛,粤督屡与诘难,必欲我交出志书记载,方能认为我属。浭阳(注:端方)嘱为举证。"[3]按说,张人骏23岁就考中进士二甲第34名,相当于当代高考成绩全国第37名;且身膺翰林,历任编修,不说是学富五车,起码也够才高八斗的了。如今却为了一份书证,堂堂的一品总督屈尊去求一个官职低微、比自己小十多岁的落魄秀才,其虚怀若谷的品格和公而忘私的精神可见一斑了。从后面这段日记可以看到,端方也一直在催促陈庆年为张人骏查找证据。之后闰二月十一日的日记里也有"浭阳前以东沙岛各电见示,嘱陈、刘二仆抄出,对校一过"。

就在张人骏和端方等人为东沙岛主权问题积极查找有关证据之时,两广地区又发生了中国近代史上多起著名的历史事件。一是西江缉捕权事件。当年的十一月初二日(1907年12月

陈庆年遗像

---

[1]《张督致端督元电》,张良福编著:《让历史告诉未来》,海洋出版社,2011年版,第13页。

[2] 己酉年三月二十一日,《上端陶帅书》,明光编著:《横山乡人日记选摘》,镇江市政协文史资料委员会编:《镇江文史资料》第二十五辑,第198页。

[3] 己酉年闰二月初八日,明光编著:《横山乡人日记选摘》,第195页。

6日），英军舰队闯入广东内河西江，以替地方剿匪为名肆意践踏中国主权，引起了两广民众的极大愤慨。张人骏不得不与之交涉，直到十二月初九日（1908年1月12日）英国军舰方才撤出。二是"二辰丸"案。光绪三十四年的正月初四日（1908年2月5日），日本商船"二辰丸"在广州海面走私军火，被广东海军及海关拿获。在铁的证据面前，"二辰丸"反诬广东方面缉私有误，要求赔偿其经济损失、赔礼道歉，张人骏陷入了长达一年的交涉之中。三是马笃山起义。同年的二月二十六日，同盟会领导人黄兴在广东钦州马笃山发动起义，张人骏又被迫组织三千名清军剿灭义军，前后达四十余日。四是中葡澳门勘界事件。面对这些火烧眉毛的事情，张人骏只得将东沙岛被侵一案一放就是十个月。

光绪三十四年八月，英国驻广州总领事傅夏礼（H.H.FOX）致函广东省洋务委员温宗尧，声称1882年和1902年英国曾两次拟在"蒲拉他士岛"修建灯塔，因搞不清该岛的归属，只好作罢。现根据英国外交部的指示，请示该岛是否属于中国所有，以便申请建塔。该函曰：

> 按诸舆图，中国海内，距香港一百七十英里，有一小岛或群小岛，名蒲拉他士。该岛并无居民，显系为无所统属之地。但每年之中，间有中国渔船驶到该岛。于一千八百八十二年及一千九百零二年，英政府提议，究竟应否于该岛建立灯塔，后以不能决断该岛属于何国，应由何人设灯之故，遂作罢议。现奉本国外部谕，饬将该岛情形及属于何国详细复查，等因。用特函请执事，于督署案卷内详细确查，该岛是否为中国属岛，中国政府有无宣布明文，逐一示知，为荷。[1]

傅夏礼的这一公函，再一次将"东沙岛事件"提到了桌面。

八月二十一日（9月16日），张人骏急电外务部，汇报英国驻广州领事提出要在东沙岛上设立灯塔之事。张人骏认为，英国领事的这份公函"似系意存尝试"。因此他建议外务部应以译自英国官方的《中国江海险要图说》为依据，照会英、日两国，宣布东沙岛为中国属岛。同时请两江总督端方"派员前往探明，酌立标志，以杜外人觊觎"[2]。

八月二十九日（9月24日），端方致电外务部，指出英国此举"是盖明知

---

[1]《英领致温道函》，张良福编著：《让历史告诉未来》，海洋出版社，2011年版，第13页。

[2]《粤督张人骏致外部蒲拉他岛系中国地拟立标志电》，《清季外交史料》卷二一七，一九页。

该岛为日人占踞,见中国并未诘问,故为此旁敲侧击之词,暗为提醒,催我宣布,详加筹度。此岛之属中国虽无旧籍可证,好在广雅书局译刻之《中国江海险要图志》即系英国海图官局原本,彼既刊诸中国海内,其非我之私言可知,似可即由大部据此图志照会英日两国,宣布此岛为中国属岛,或先派员持图面晤英使,质证明白,再晤日使"。[1]

八月二十一日《粤督张人骏致外部蒲拉他岛系中国地拟立标志电》

八月二十九日《江督端方致外部请宣布蒲拉他岛为中国属岛电》

九月初八日(10月2日),温宗尧请示张人骏后,立即给英总领事傅夏礼复函,明确告诉其蒲勒他士岛"历年中国渔船均以该处为避风之港",且"前经两江总督部堂派员测绘海图在案,上年闻有一日本人曾往该岛,业经准外务部电查办理"。因此,"所有该岛确系中国所属"[2]。

九月十五日(9日),张人骏致电外务部,声称已经派温宗尧向英国总领事傅夏礼声明东沙岛为中国所属,"英领并无异言。惟派轮往查一节,粤无大轮可往,拟请由午帅酌派兵轮前往查明酌办"[3]。

十月十五日(11月8日),端方根据张人骏的请求,致电总理北洋海军事宜兼广东水师提督萨镇冰,希望他在完成接待到访的美国舰队后,从南洋舰队中酌派一舰,"前往细查确勘"。端方电文中还说:

---

1 《江督端方致外部请宣布蒲拉他岛为中国属岛电》,《清季外交史料》卷二一七,二十页。

2 《温道复英领函》,张良福编著:《让历史告诉未来》,海洋出版社,2011年版,第14页。

3 《粤督电外务部已向英领声明东沙岛属我,英领无异言》,韩振华编:《我国南海诸岛史料汇编》,东方出版社,1988年版,158页。

查此案上年考究该岛经纬度，徐游击振鹏深知原委。现安帅（注：张人骏）续电，以粤无大轮，仍由南洋派舰彻查，自应照办。希俟接待事毕，由尊处酌派一舰，按照外务部电饬各节，前往细查确勘，详晰见复。至祷。[1]

　　十一月初五日，美国舰队结束了对厦门的访问。但萨镇冰并没有马上派军舰来广东协助处理东沙岛问题，而是到了来年的正月才派"飞鹰"号军舰前往广州。

## 第二节　"飞鹰"赴粤　初探东沙

　　宣统元年正月十一日（1909年2月1日），"飞鹰"号军舰停靠在香港码头。

　　"飞鹰"号是大清从德国订购的一艘驱逐舰，排水量850吨，"甲午海战"后才来华入列，是当时中国海军航行较快的军舰之一，舰长为黄钟英。

"飞鹰"号兵舰

　　黄钟英（1869—1912年），号赞侯，福州人。1883年考入船政后学堂，毕业后登北洋水师"靖远"等军舰实习，又进刘公岛枪炮学堂学习，期满后调赴"济远"舰任驾驶官。1902年历任"海琛"等巡洋舰副舰长，1904年晋升为"飞鹰"舰舰长，1907年调任"镜清"舰舰长兼海军部参议，不久任"海筹"舰舰长。

---

1《端督致萨提咸电》，张良福编著：《让历史告诉未来》，海洋出版社，2011年版，第14页。

"飞鹰"号舰长黄钟英

西泽在东沙岛上铺设的轻便铁道
（1909年）

十一日晚上，黄钟英看到天气晴好，海面平静，适于海上航行，于是下令"飞鹰"号军舰生火起锚，由香港前往东沙岛调查。在海上连续航行了十几个小时后，于次日上午到达了东沙岛。在与岛上日人简单问话之后，黄钟英还让手下绘制了东沙岛上房屋、铁路、码头等设置图，并拍摄了8张岛上各处的照片，随后离岛返航。黄钟英回来后向张人骏报告：

"飞鹰"船于本月十一日晚由香港起行，十二日到蒲拉他士岛，即土名之东沙。查该岛日人改名为西泽岛，竖有木牌一面，曰明治四十年有八立[1]。岛上并无中国居民，只有日本男女百余人，盖屋居住。并雇有小工五十余名，结庐为居。均系前年八月到此。初到时，有四百余人，陆续回去，现剩前数，在此寻觅沙鱼、龟鱼，并礁上之雀粪，用作田料，质佳价昂，日人视为大宗权利。该处已设小铁路、德律风、并木码头、小火轮、小舢板等件，以便起运各物。中国渔民前建之天后庙，日人来时，已被毁去，以图灭迹。间有渔船到此，日均驱逐离岛。所有轮艇船只，均由台湾到此。因此处海道险恶，亦多失事。以上所查各节，理合具单呈报。[2]

根据黄钟英首次调查回来的禀报，张人骏赶忙将调查结果及海图、照片等有关资料寄送给外务部，并附上一封信函详细说明赴岛调查的过程。信中说：

查潮州汕头口东南海面，相距约五百华里，有东沙一岛，向为闽粤各港渔船捕鱼聚集之处。并经渔户鸠资建立天后庙，随时寄顿糇粮，为避风之

---

[1] 即为"明治四十年八月立"，明治为日本国纪年，即1907年8月。
[2] 《黄管带报单》，张良福编著：《让历史告诉未来》，海洋出版社，2011年版，第14页。

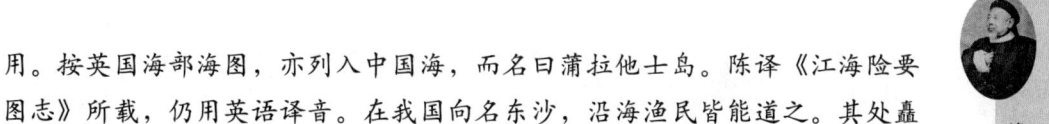

用。按英国海部海图，亦列入中国海，而名曰蒲拉他士岛。陈译《江海险要图志》所载，仍用英语译音。在我国向名东沙，沿海渔民皆能道之。其处矗立大海，风涛甚恶，粤中无出海轮船可往。经商请午帅派船。去年秋冬间，适以预备接待美舰，各兵轮无暇顾及。甫于本月从南洋派到"飞鹰"猎舰往勘。……查日人之经营该岛，实始于前年八月。初时到有四百余人，陆续回去，现剩前数。等情。去秋九月间，曾经广州英领事致函前洋务委员温升道宗尧，询问该岛是否华属，当复以确系中国辖境，英领亦无异言。去秋九月庚电，该升道会同税务司查称，该岛距香港四百七十六英海里，系属错误。兹以英国海图考之，与香港距离实仅一百七十英里。此次"飞鹰"猎舰由香港十一晚开行，次日即到，轮行十余点钟，计里亦与一百七十英里相符，应请更正。现拟复行派员前往勘查。因飞鹰号往勘之时，船弁粤员操英语粤音，该岛日人均谙不解，仅就台湾日籍人用闽音问答，粗得崖略。兹因特委谙习东语之员偕往，以期查询其详。如何情形，除随时电陈外，合将英海部中国海总图、蒲拉他士岛专图暨《中国江海险要图志》，并经于该岛上日人布置各处，摄成影片八页，先以呈请钧核备案。此事应如何办理之处，均候卓夺示遵。[1]

正月二十日（哿日），张人骏和端方一起联名致电外务部，指出日商西泽"私占有据，若不设法争回，则各国必援均沾之例，争思攘占，所关非轻。拟请钧部迅与日使交涉，饬将该国商民一律撤回，由我派员收管，另筹布置，以伸主权"[2]。同时决定，由张人骏再次派一些懂得日语的官员随海关巡逻船赴岛，以便获得更多的详情。

## 第三节 "飞鹰"再航 东沙取证

二十天之后，张人骏又亲自指定了赤溪协副将吴敬荣、福建烽火门营参将尽先副将李田、水师提标右营游击林国祥、试用通判王仁棠、日文翻译田维勋等得力干将为调查委员，组成第二次赴岛调查组，于二月十三日（1909年3月4日），分乘"飞鹰"号兵轮和粤海关执法轮船，从香港前往东沙岛进行

---

[1]《张督致外部函》，张良福编著：《让历史告诉未来》，海洋出版社，2011年版，第15—16页。

[2]《端张两督会致外部咨（电）》，张良福编著：《让历史告诉未来》，海洋出版社，2011年版，第16页。

1909年前往东沙岛的林国祥、吴敬荣、王仁棠现场照

调查。但是，由于"飞鹰"号临时出现故障需要修理，赴岛日期耽搁了五天。

二月十八日（1909年3月9日）晚六点，吴敬荣等人终于成行。他们经过十五六个小时的航程，终于在次日中午十一点到达东沙岛。

几天后出版的《华商联合报》，对张人骏40天内先后两次派军舰前往东沙岛调查一事加以了报道。该文写道：

广东大东沙岛海面险要，为航行孔道。该海岛北距惠州甲子约二百英里，东北距潮州、汕头百四英里，西北距香港百七英里，岛外大沙环之，素为渔船停泊之所。上年，英美两国商请粤督在该岛建立灯塔，因其时粤省无大兵轮，转电南洋大臣商令派船前往查勘，未得要领。至本年续派"飞鹰"至粤，二月中抵该岛，见岛上有日人及台湾人在此极力经营，凡房屋、煤厂、码头、车路以次敷设，中立一木牌，书"明治四十八年立"[1]字样，并驱逐渔船，拆毁大王庙，改建屋宇、道路，竖插日本国旗。该岛素产磷质，获利百万金有奇。现在留住日人二十余名，台湾人四五十名。"飞鹰"船员用英语向该日人询问，日人佯不为解，当即返省据情禀覆。张安帅添派兵轮一艘，并委水师洋务委员王令仁棠、兵轮管带林国祥、吴敬荣、日文译员等偕同前往交涉，并电告外务部矣。[2]

闰二月初七日（1909年3月28日），上海《申报》也对吴敬荣等人前往东沙岛调查一事作了报道，该文写道：

粤督闻有日人寓于惠州迤南海面之东沙，即派员乘炮船及税关船前往查验，刻已禀复，谓炮船等停泊该岛四日之久，果有日旗飘扬空际。又见有铁轨埔头以便落货。土产堆积，待船到运。且屋宇林立。岛出海面约四十尺，该员登岸，见日杆高立，上书"明治四十年八月"，约在十八个月前盖记所到之日也。问岛中日人，谁遣至此，并案取文件阅视，日人不答，惟言是日

---

[1] 应为"明治四十年八月立"，明治为日本国纪年，即1907年8月。
[2]《日人私占广东大东沙岛案之交涉》，《华商联合报》，1909年3月21日，第二期，第58-59页。

人寻得，当属于日本云云。岛上向多秋鸟，其羽甚珍贵，今因捕捉太甚，鸟皆远去，已无一存。惟海产珊瑚甚富。[1]

吴敬荣、林国祥等人登上东沙岛后，见日本商人西泽经过两年多的经营，岛上已初具规模。西泽在岛的南面修建了一座木码头，铺设了小铁轨，还在岛上安装了电话和吸水管等。据说，日本人最初上岛时，岛上"水咸不可饮"。后来，他们建起了一座淡水厂生产淡水。不过，淡水厂此时已被废弃，改为修建水池储存雨水饮用。岛上建起了二三十座日式房屋，看上去好像刚完工不久。岛上竖立着一根粗大的木桩，十分醒目。正面写的是"明治四十年八月"，背面写的是"西泽岛"字样。吴敬荣找来在岛上负责的日本人浅沼彦之丞和两名医生询问情况。他们说，自己是受在台湾的西泽吉次委任，来此经商。他们不知道日本政府对此是否了解，但去年夏天，台湾总督曾派6名官员来过这里。至于这个岛属于哪个国家，他们并不清楚，因为靠近澎湖，便以为是台湾属地。目前，岛上的日本人，包括男女老幼在内，共计101人；另外还有从台湾招募来的工人33人。日本商船每月来岛上一次或两三次不等，为岛上提供补给。吴敬荣告诉他们，这个岛是中国的领土，他们在岛上的开采活动是非法的，应立即停止；已经开采加工的磷质和捞取的玳瑁、海带等，也必须予以封存，不许再往外运。

正在东沙岛晒制螺肉之日本工人（1909年）

在登上东沙岛之前，吴敬荣等人就看到距岛十二三海里处有中国渔船停泊。于是，赴岛调查结束后，利用3月10、11日将近两天的时间，各位委员又分头乘坐海关小火轮前往中国渔船捕鱼处调查取证。3月11日下午三点方才返航。

吴敬荣等人先后调查走访了中国渔船老板梁应元、船长梁带、梁胜，并取得了三人对西泽吉次等人强占岛屿、毁坏设施、强夺渔具、武力驱逐进行控诉的原告证词。

在东沙岛附近捕鱼的香港兴利煤厂厂长、悦隆渔栏老板梁应元诉称：

窃商等向在香港机利文街开张兴利煤厂，并悦隆渔栏。历年均有渔船，来往广东惠州属岛之东沙地方，捕渔为业。于光绪三十三年，忽有日人多数

---

[1]《日人寄寓东沙之状况》，《申报》，1909年3月28日。

1909年调查委员拍摄的东沙岛附近作业之中国渔船

到岛,将大王庙一间拆毁。查该庙系该处渔民公立之所,坐西北,向东南,庙后有椰树三株。现在日人公然在此开挖一池,专养玳瑁。前时该庙之旁,屯有粮草伙食等物,以备船只到此之所需,今已荡然无存。又撤去本号"新泗和带记"鱼船之附属鱼板六只,计每只长二丈,阔三尺,值价银五十元;洋板二只,每只长一丈八尺,阔五尺,值银二百元。本年正月初十日,"新泗和带记"渔船再到该岛,亦为日人所逼,不得已开往西北湾驻抛捕鱼。不料二月十九日日人复来干涉,并斥驱我船离岛。商等因念此岛向隶我国版图,渔民等均历代在此捕鱼为业,安常习故,数百余年,今日人反客为主,商等骤失常业,血本无归,固难隐忍。而海权失落,国体攸关,以故未肯轻意离去。本月二十日,适遇我国"飞鹰"兵轮并海关"开办"巡轮两只前来查勘该岛,商等即将一切情形缮票,恳请代为转详各大宪,力求保护,俾万众渔民不至全行失业,不胜感戴之至。[1]

当时与"新泗和"渔船一起捕鱼的"广安祥"渔船船主梁胜则诉称:

小的自同治八年在广安祥大渔船雇工,前往东沙岛捕鱼为活,是年二十八岁。至光绪二十四年,旧东物故,由新东主李广星等八人,纠本买大渔船一只,改名广安祥,另置舢板四只,蒙东家开小的红股一份,充当船主之职,每年往东沙岛三次。……光绪三十三年八月二十日左右,有大兵轮一艘,载有日本人约二百余,俱西装服色,有无土人,难以分辨,车至小的大渔船,走过船来,有携剑者,有携刀枪者,要赶小的等,不准在此岛左右捕鱼,即刻要小的开行。小的等不允,遂将舢板四只打烂,木料浮于海面。此三四日间,又见兵轮日人登岛,将大王庙、兄弟所尽行毁拆,用火焚化。又见岛上有坟防百余座用铁器掘开,取出各骸骨,将胶菜木棚尽拆,又砍伐岛上树木堆起,将百多具尸骨,架着火棚,尽行烧化,推入水中。[2]

---

[1]《渔商梁应元禀词》,陈天锡著:《西沙岛东沙岛成案汇编》,商务印书馆香港印书局代印,1928年版,第16页。

[2]《梁胜等供词》,陈天锡著:《西沙岛东沙岛成案汇编》,商务印书馆香港印书局代印,1928年版,第65—66页。

吴敬荣等人回到广州后，将调查情况立即汇报给了两广总督张人骏。张人骏亲自阅看了梁应元等人的讼词，从渔民们的悲愤控诉中感到了自身的责任之重。媒体报道说：

某日，粤督张人骏接到商人梁某来禀一道。该商人于日本人到大东沙岛时，尚在该岛营业。来禀指明该商经营之程度，并摄录在该岛营业之数目。又谓日人毁去庙堂两间，华人坟墓约一百八十座，并华人渔舟数艘。日人何时初到该岛，尽能调取证人，为之指证。初次只有少数人到岛中，惟随后有轮船载人续到云云。来禀末节，恳求设法挽回该商营业利权，估计华人所失之利益，要索日人赔偿云。[1]

广东布政使胡湘林也看到了渔民们的诉状，并在"新泗和"渔船船主梁胜的讼词上，亲自作了批示："大东沙岛系属中国领土海权，自宜保守。该民等既向在该岛捕鱼为业，所呈各节是否尽实，候札香山县逐一调查，明确详细，通禀核夺。"[2]

## 第四节　西泽遇险　鸠占鹊巢

那么，西泽吉次是如何来到东沙岛的呢？

原来，日本作为一个岛国，陆地资源非常有限，历史上海洋扩张意识就非常强烈，日本人经常到本土周边的大海中寻找无人岛屿，并试图把它据为己有。明清时期，我国就饱受"倭寇之苦"。日本明治维新后，1879年"废藩置县"，吞并了我国的藩属国琉球王国。随后又发动中日甲午战争，战败的中国被迫割地求和，与日本签订丧权辱国的《马关条约》，台湾及澎湖被日本占领。日本即以台湾为基地，在中国南海肆掠。位于南海东北部、靠近台湾岛的东沙岛首当其冲。

*新发现自日本刊物中的西泽吉次照片*

早在1901年，就有一个名叫玉置的日本人到过东沙岛，并且因为归属不明向本国外务省询问。其驻港领事询问香港官方，英国人认为该岛或者无主

---

[1]《广东东沙岛问题纪实续编》，《东方杂志》，第六卷第五期，第134-138页。
[2]《申报》，1909年5月24日，第13039号，第11页。

或者属于中国。有文件记载此事道：

　　明治三十四年（1901），玉置某某向外务省提交申请，问询一个北纬20度、东经116度的无人岛（普拉塔斯岛）的所属国家。帝国驻香港领事馆报告称，因该馆无法明确判断，于是向香港政厅进行了非正式问询后得到回复，英方认为该岛似不属于任何国家，抑或已被列入支那版图，因此应向清国征求意见。[1]

　　而日本商人西泽吉次侵占我国东沙岛，既有当时日本国内对外侵略扩张大气候的影响，也有一些属于巧合的偶然因素。

　　西泽吉次，又名西泽吉治，是一位颇有经营头脑的日本商人。他于1872年（明治五年）出生在日本福井县鲭江市，青年时代先是在地质调查所一边工作一边上夜校，之后从事伊豆群岛的开发工作。1892年（明治二十五年）患结核病，在八丈岛疗养。甲午战争爆发后，西泽作为向近卫师团售卖日用品和粮食的商人，随军来到过中国，并且发了战争财。甲午战争结束后，他用从中国获取的"第一桶金"，在台湾基隆及日本神户、长崎、东京等地开办了多家商店，店名俱称"西泽商店"。他的次子西泽隆二（1905—1976）是日本共产党创始人、日共总书记德田球一的女婿，日共中央委员。同时也是战前日本无产阶级文学运动的领导人之一，著名诗人。1967年曾经受到毛泽东主席接见。

　　1901年，为了往来日本、台湾运输货物的需要，西泽吉次在本国订造了一艘双桅帆船，规定在台湾基隆的西泽商店交货。这年夏天，该船造成后，由日本起航开往基隆。因船主不善航海，误驶至琉球岛之南鸭依鸭口岛。等到由该岛开行后，又遇飓风，将该船吹送至一个他们不知其名称的小岛（注：实为东沙岛）上停泊了两日。闲暇之时，船主与水手登岸观察，看到岛上有岛沙，于是取了一些岛沙回船，以备不时之需。船抵基隆时，西泽见这岛沙有些异常，便将它拿去化验，结果证明该沙含有丰富的磷质。西泽对此大感兴趣，于是向船主询问该岛位于何处。因船上当时既无罗盘，又无其他测量器具，所以船主未能指明该岛的具体位置和方向。在巨大矿藏的诱惑下，1902年，西泽吉次乘"马都鸦"号[2]双桅船前往中国海域寻找该岛。路经

---

[1]《新领土的发现及获取先例》，村田忠禧著：《日中领土争端的起源——从历史档案看钓鱼岛问题》，社会科学文献出版社，2013年版，第224页。

[2]"马都鸦"为日文"まとや"的读音，只是当时以此读音转译为船名作记。参见《东沙岛经营情形》，陈天锡著：《西沙岛东沙岛成案汇编》，商务印书馆香港印书局代印，1928年版，第53页。

华苏、古都唷、巴泻、伯伦等岛后抵达一岛，据船上水手说，此岛就是前次所到之岛，岛沙即取自此岛。西泽便取了岛沙化验，与前次所带成分相同。于是装满了二百吨岛沙及一些捕捞的各种海产回到基隆，岛沙经加工投放市场后评价极佳。1903年，西泽邀请日本国内著名化学家乘"马都鸦"号双桅船再次前往该岛考察，但因遇到大雾和飓风，"马都鸦"号船受损严重，开往小吕宋岛修理后不得不两手空空回到基隆，一无所得。1904—1906年，由于日俄战争的影响，日本市场冷淡异常，船价、运费又较前加倍，西泽不得不暂时停止其进驻东沙的行动。

光绪三十三年（1907年）六月二十八日（8月6日），西泽吉次在购买了大量的建筑器材，做好了其他的准备工作之后，便开始正式起程实施起他的入侵东沙岛计划，并于七月初三日（8月11日）登上该岛。他在《东沙岛经营情形》一文中详细记述道：

> 1907年夏间，商购备建屋材料器具，以便运往该岛。于8月6号，携同工人一百二十名，及各种器具材料，乘"西古苏"轮船前往。11号行抵该岛。但近岸水浅，须用舢板小船及渔船，拨运材料，阅十四日，始将各物搬至岸上，工作异常为难。商即乘原轮回基隆，嘱令各工人暂立帐蓬小屋居住。一面动工开路，平地建屋。九月中，商运粮食回岛，满以为屋宇建成，讵料工人一百二十名有七十人为毒虫咬伤，其余五十人须为调事，以致未能工作。商此次来岛，虽带有建屋材料，但以无人起卸，迫得折回基隆。但正值飓风之后，海浪大作，"西古苏"轮船误触礁石，极力设法，始得出险。抵基隆后，即将各人受毒虫咬伤者送入医院，并将各项材料起卸。该轮即驶往大阪船坞修理。此后人皆知该岛有此毒虫，相戒不往该岛工作，以致招工棘手。迫得另雇"福都"轮船，往东京之南一百五十英里之喀治五岛招工，幸招得工人三百八十名，旋即到大阪附近之昭苏拉埠，装载日前所订之伐木机器，并往大阪购一小轮船，又往喎治那埠添置各种材料……旋回基隆另购粮食，并聘医生、化学师，以及拨艇等物，于十二月中旬再抵东沙。[1]

西泽侵占我东沙岛之后，便在岛南建起木码头一座，岛中建起由北而南直至码头的小铁路一条。此外，还在岛上安设了电话、吸水管，建立了制淡水厂，积蓄雨水的蓄水池，建起二十多间日本式房屋和办公室，把该岛变成了自己的庄园。然后在岛上立一木牌，一面写"明治四十年八月"，另一面

---

[1]《东沙岛经营情形》，陈天锡著：《西沙岛东沙岛成案汇编》，商务印书馆香港印书局代印，1928年版，第53页。

写"西泽岛"字样。同时把东沙礁改名为西泽礁。在岛中央高高悬挂起了日本国旗。为了毁灭岛上原本有人来过的证据,他还组织工人把岛上已有的中国庙宇、坟墓毁掉,以便将自己说成是无人岛的岛主。

西泽立足稍稳,便马上在岛上开始了疯狂的掠夺。不仅岛上的磷矿被作为优质肥料与日商、台商签订永久合同,规定每年2万吨,每吨21.6银元,利润相当可观。而且每天还可捉得大海龟50只,"龟肉可做药品,日本东北方甚为需用,于是在该岛制造,并请化学名师提取精汁……玳瑁原由南洋运往日本,制造钮扣,而大坂商人专购该岛玳瑁,而肉亦作食品"。对于东沙群岛一带所产的胶菜,西泽也雇人开采。他说:"该处青苔,可制成鱼胶,日本销场甚广。"[1]此外,西泽还雇人采取螺壳、鸟羽毛等。为了把在东沙掠夺到的资源大量运回日本,西泽派遣"福都"号、"大门第三"号、"大门第五"号、"马奴"号等轮船,轮番前往东沙岛,每半月一次,次次都是满载而归。

西泽在东沙岛上竖立的"西泽岛"碑(1909年摄)

西泽在东沙岛上建造的制磷工厂(1909年摄)

在巨大的宝藏面前,西泽自然不希望与他人共享。于是,他对循例来这里捕鱼、采撷的中国渔民露出了强盗般的嘴脸,不仅野蛮地驱逐,而且乘坐轮船带上百十名佩带武器枪支的打手们动用武力威胁,或抢劫、撞毁渔船。力量弱小的中国渔民在势力强大的西泽的威逼下,不得不远离海产丰厚的东沙水域,另谋渔区。一些世代到此处捕鱼为生的闽粤渔民甚至因船只被抢被毁而失去了生计。

为此,不仅日本报纸开始盛赞西泽吉次的探险行为,以至连不明真相的上海《申报》也于1907年9月20日以《日本发见太平洋新岛》为题加以报道。

西泽在东沙岛尝到甜头后,为了求得日本政府的保护,准备禀请日本政

---

[1]《东沙岛经营情形》,陈天锡著:《西沙岛东沙岛成案汇编》,商务印书馆香港印书局代印,1928年版,第53页。

府将东沙岛收归为日本领土。1907年11月2日的日本大阪《朝日新闻》就刊登了有关的新闻。该报道云：

> 广东省三门湾之东北太平洋中，有一无人岛，名蒲拉达斯。目下经营该岛中之事业者，为台湾日人西泽及水谷两人，并南洋客罗连群岛日本贸易商恒信社。恒信社自从前年，由该社所属船"长风丸"（百五十吨）发见该岛以来，叠与驻日清使、驻横滨各国领事、上海关道、英领香港政厅交涉，最后遂确定该岛全无所属，且得日本外务省许可，特于本年夏季，再派"长风丸"前往该岛。近时，"长风丸"在中途与西泽、水谷等之轮船"四国丸"相遇，该船亦系前往该岛者。据最近之调查报告云，该岛之区域，南北计日里一里强，东西二十町。[1]内外，当满潮之时，该岛海岸，高出海面二十五尺左右。岛内之磷矿积层，有达于七尺厚者。此外，海参、贝壳等类，产出不少。近日，恒信社拟禀请日本政府，将该岛决定为日本政府之领属云。[2]

日本政府在得悉相关情况后，当然想划将东沙岛攫为己有，但其误认为英国已经将其纳入版图，因此准备坐等时机再行下手。其一份内部文件记载曰：

> 明治四十年，西村某某[3]及其它两人向内务省提交申请，要求将普拉塔斯岛并入台湾，并且要求租借该岛。内务省向外务省提交照会，外务省回复称，该岛所属国尚未明确，并且鉴于已经被英国海军绘入调查地图，若帝国政府公然实施将其列入帝国版图的行为，恐怕会与英国政府之间发生某种冲突，因此可以让申请者事实上在该岛从事活动，待时机成熟时再纳入帝国领土范围。[4]

我国自古以来就拥有主权的东沙岛，就这样在一步步成为日本人的囊中之物。

## 第五节　安帅请命　四会日领

光绪三十四年二月二十三日（1908年3月14日），张人骏根据手下两次赴东沙调查得到的情况，向外务部及端方发电汇报，并请示下步行动。电文曰：

> 顷据查明，蒲拉他士即东沙岛，由香港轮行十六点钟可到。……日商

---

[1] 日本以六曲尺为一间，六十间为一町，每曲尺合中国九寸五分余。
[2] 《广东东沙岛问题纪实》，《东方杂志》，1909年第六卷第四期，第60-69页。
[3] 可能西泽之误。
[4] 《新领土的发现及获取先例》，村田忠禧著：《日中领土争端的起源——从历史档案看钓鱼岛问题》，社会科学文献出版社，2013年版，第225页。

（四二）两广总督张人骏致外务部电

《清宣统朝中日交涉史料》卷一所载《张督致外务部电》

西泽频年所为，殊属不合，自须商令撤回。应否由钧部与日使交涉，或先由粤向日领询问，俟复答后再作计较。均候钧酌示办。[1]

第二日、第三日，张人骏分别收到了外务部和端方的回电，表示先由张人骏与日领交涉比较妥当。

于是，按照外务部指示，二月二十六日（3月17日），张人骏就东沙岛事照会了日本驻广东领事赖川浅之进，这是二人的第一次交锋。照会中写道：

现查惠州海面，有东沙一岛，向为闽粤各港渔民前往捕鱼时聚泊所在，系隶属广东之地。近有贵国商人，在该处雇工采磷。擅自经营，系属不合。应请贵领事官谕令该商即行撤退，查明办理，至纫睦谊。为此照请查照，并祈见复为荷。顺颂时祺。须至照会者。[2]

对此，上海《申报》也报道了张人骏这次照会驻广州日本领事一事。并声称："日人违约寄居东沙岛一事，最惹粤人注意。兹闻日领事已接到粤督照会云。"[3]

二十七日（18日），日本总领事赖川浅之进来到张人骏督署面见张人骏。濑川称其对日人占领东沙岛一事毫无所闻，但已将情况电告给本国外交务省部，"得复再达"[4]。

同日，日本国内的报纸开始议论东沙岛一事，认为"该岛主权谁属从未明定，谓该岛之树日本国徽三年于兹，日人已游历数次云云"[5]。认为按照国际法理，应属日人占据在先，归日本所有。

---

1 《张督致外部端督漾电》，张良福编著：《让历史告诉未来》，海洋出版社，2011年版，第20页。

2 《张督照会日领文》，张良福编著：《让历史告诉未来》，海洋出版社，2011年版，第20页。

3 《因东沙事与日领交涉》，《申报》，1909年3月30日，第二张第三版。

4 《张督致外部俭电》，张良福编著：《让历史告诉未来》，海洋出版社，2011年版，第20页。

5 《日本对于海岛主权之议论》，《申报》，1909年3月20日，第26页。

与此同时，窃据台湾的日本官员也对东沙岛属于中国一事百般否认。"台湾总督颇欲谋占此岛。引《中日和约》关于割让台湾者曾有一条，指台湾所属岛屿皆属日本。欲指东沙岛为台湾所属岛屿之一。"[1]

台湾民政长官大岛则声称，西泽占据东沙岛一事之所以为世人瞩目，纯属粤督张人骏多事、搅局。《申报》对此报道说：

> 台湾民政长官大岛，在东京语人云：西泽岛即东沙岛，只蕞尔小岛，今竟为日清两国间一大问题，且将惹起国际交涉。然以予观之，只此小岛，即嚣嚣争论，殊失大国民之襟怀。况今不过粤督向濑川抗议，而北京政府与我当局固未公然交涉也。然则此岛将为我领土乎？抑清领土乎？兹姑勿论。唯人或有谓我总督府准西泽吉治开拓该岛，是甚不知事实者也。盖西泽只一个人，别无何等许可。彼之开拓此岛，我督府首尾信系无人岛耳。窃料西泽开拓时，固难保无清国渔人来此渔猎，但据此即断该岛为清国领土，当无是理。况西泽开拓以来，已阅几多岁月，乃绝不有一言抗议，粤督之举动亦可怪矣。至该岛虽一小岛，然磷矿最富，非可冷眼视者。况西泽开拓该岛，投资不少，令该岛果属清领，则对西泽亦应为相当之赔偿云。[2]

中国驻日本公使胡惟德在日本闻讯后，赶紧致电张人骏了解情况，以便在异地协同配合。

二十八日，张人骏致电外务部，汇报与日本领事交涉的结果。同时，给驻日公使胡惟德发电，告知与日领面谈结果，请求由其出面，与日方"商请撤退日商，将岛交还，并将渔业被损要以相当办法"[3]。由于当时的电报价格很贵，可以说是一字千金，为了更加详细地说明情况，电报发出后，张人骏又立即给胡惟德

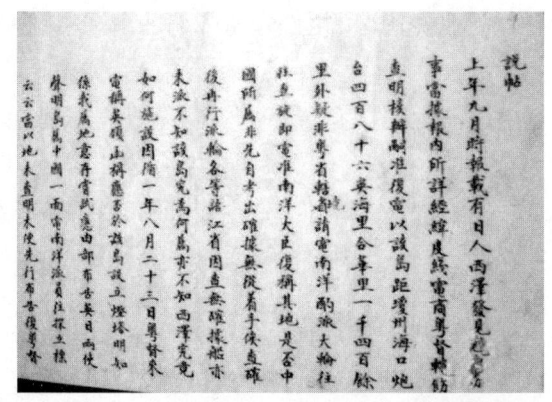

台湾"国发会"档案管理局举办的《中华民国南疆史料特展》展出的张人骏致电外务部汇报与日交涉情况的电文复本

---

[1] 《广东东沙岛问题纪实续编》，《东方杂志》，1909年第六卷第五期。
[2] 《日官论东沙岛之野心》，《申报》，1909年5月1日，第二张第三版。
[3] 《张督复胡大臣佥电》，张良福编著：《让历史告诉未来》，海洋出版社，2011年版，第21页。

公使写了一封长信说明情况。

三十日（21日），日本总领事濑川第二次来到张人骏督署，与张人骏进行见面会谈。这是两人八天里的第三次交锋。濑川声称日方认为东沙岛为无主荒岛，并且，附送张人骏由西泽编写的东沙岛岛志一本，称此岛为日人西泽发现，并且有日志记载，按照万国公约，应归发现国所有。"如贵部堂以为不然，请查现呈某国前编之岛志，有无本岛。"[1]其手里握有西泽编写的东沙岛志，又要求查看中方的书证材料，刁难之心已经显露。中国要想证明主权，要拿出历史证据。张人骏随后给外务部和端方的电文中，汇报了日本领事昨日与其会谈的情况。电文曰：

> 东沙岛事，顷日领来署，谓该岛原不属日，彼政府亦无占领之意，惟当认为无主荒岛。倘中国认该岛为辖境，须有地方志书及该岛应归何官、何营管辖确据，以便将此等证据电彼外部办理。至西泽经营该岛，本系商人合理营业，已费甚巨，日政府亦曾预闻，应有保护之责。[2]

张人骏在电文中还写道，他在与日本领事会谈时当即指出，东沙岛历来属于中国，为广东省管辖范围，并非"无主荒境"。闽粤一带的渔民每年前往东沙岛捕鱼、停泊，并在岛上建有海神庙，作为屯粮、聚集的场所。西泽擅自将神庙拆毁，基石移走，试图灭迹，但庙宇所在的位置现在仍能指认出，这是最确凿的证据。但日本领事坚持主张只有中国志书的有关记载，才能作为有效证据。张人骏认为日方"用意狡谲"，知道中国志书一向"只详陆地之事，而海中各岛素多疏略"，故而一再坚持以志书为证。当天，双方反复辩论，没有结果。张人骏想到东沙岛事件初起时，端方曾说两江以前派员所绘的海图曾有此岛，于是请端方将此图寄过来作为证据。

同日，张人骏再次致电陈庆年，请求其想方设法找到证据。陈庆年在闰二月初八日（1909年3月29日）写给端方的信函中介绍了张人骏这次来信的内容：

《陈庆年文集》

---

1《广东东沙岛问题纪实续编》，《东方杂志》，1909年第六卷第四期。
2《二月三十日张督致外部端督电》，张良福编著：《让历史告诉未来》，海洋出版社，2011年版，第22页。

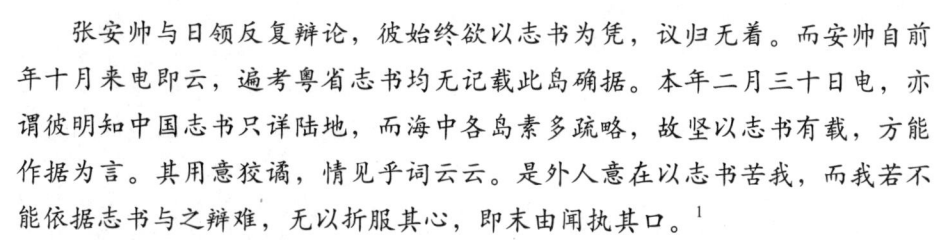

张安帅与日领反复辩论，彼始终欲以志书为凭，议归无着。而安帅自前年十月来电即云，遍考粤省志书均无记载此岛确据。本年二月三十日电，亦谓彼明知中国志书只详陆地，而海中各岛素多疏略，故坚以志书有载，方能作据为言。其用意狡谲，情见乎词云云。是外人意在以志书苦我，而我若不能依据志书与之辩难，无以折服其心，即末由闻执其口。[1]

闰二月初一日（3月22日），广东惠州府归善县的秀才李兆书为东沙岛案特作一函，由邮局寄送给北京的摄政王载沣，"痛陈该岛被占有五害，并历举该地为中国领土有四证。请摄政王饬外部照会日使，刻日开议，以全疆土云云"[2]。

同日，日本领事再次照会张人骏，表示日本政府并不认为该岛属于日本，倘若属于中国，中方应妥善保护西泽的利益。这是两人第四次面谈或照会了。该照会曰：

照得贵历宣统元年二月二十六日来文，内言布拉达斯岛一事，均已阅悉。查此事本领事本月二十一日会晤贵部堂，业经备陈帝国政府之所见，即虽日本政府视布拉达斯为无所属之岛屿，未曾认为帝国领土之一部。倘清国有该岛实属清国之确证，则日本政府必须承认其领土权，固无俟论矣。惟于此时，布拉他斯岛为从来放弃无所属之状体，即我国人善意开办之事业，则清国政府亦当妥为保护。为此照会贵部堂查照可也。[3]

日本政府对东沙岛一案的态度，引起了一些日本民众的批评，一些日人不仅力挺西泽，对日本当局意欲退让表示不满，而且对张人骏的维权举措进行攻击。《东京每日电报》就刊登了这样一篇名为"西泽岛问题"的文章。该文写道："以普通条理言之，现于其地从事事业，与其地有密切关系者，日本人也。以此认为日本之领土，不可不为正当。然我外务当局者，不主张为我国之领土，反认承为中国领土，虽为无大关系之小岛，不欲破中日两国之国交，而不主张正当之主张，从事让步，亦决非吾辈所能同情也。"[4]

初三日（24日），张人骏再次给外务部发电，声称粤方虽然在志书方面仍未找到东沙岛属我国的证据，但是从有关海图、舆书上找到的证据已很充

---

[1]《陈庆年文集》，陈庆年己酉年三月二十一日（1909年5月10日）《上端陶帅书》。
[2]《广东东沙岛问题记实续编》，《东方杂志》，第六卷第五期，第134-138页。
[3]《日领照复张督文》，张良福编著：《让历史告诉未来》，海洋出版社，2011年版，第23页。
[4]《译录日报图占东沙岛之言论》，《己酉大政记》卷十七，宣统元年三月刊印，第1620-1622页。

分。主张对侵占我岛的日人西泽不但不应保护,反而要追究其毁我神庙、偷采矿产的责任。其中一段"查该岛向名东沙,与附近琼岛之西沙对举",是张人骏第一次提到西沙群岛的有关文字记载,也是清朝官方以西沙称谓的开始。该电报写道:

> 顷据驻粤日领照复,日政府视蒲岛为无所属之岛,未认为日领土。中国如有属领该岛确证,日政府必当承认。惟日商因该岛久经放弃,以美意开办事业,中政府当妥为保护,等语。查该岛向名东沙,与附近琼岛之西沙对举,沿海渔户倚为屯粮寄泊,海神庙建设多年,实为华民渔业扼要之区。香港有华商行店转输该处渔利,渔民具控以日人强暴为词。志书虽漏载,而遍查海图及舆地各书,列有此岛均指粤辖,证据已足。西泽擅自经营,毁庙驱船,种种不合,实系日人侵夺,并非华人放弃,似未便与以保护。粤无出海大船,稽察亦恐难周,拟仍持商令撤退之说,并要以毁庙、损失渔业及私运磷质各项之赔偿。应否电胡大臣与日外部交涉,并乞卓夺。祈电复。[1]

当日下午,外务部给张人骏回电,要求其再次确定好东沙岛的经纬度数,再多搜集一些确切的证据,方好与日本人交涉。既然"日人意在索据,仅执神庙旧址及渔船停泊各说,不足以资应付",希望其"设法觅查确证,电部核办"[2]。

同日,端方给外务部及张人骏发电,"由安帅再设法详考证据,以资驳辩"[3],建议张人骏根据已有的《中国江海险要图志》以及英国所刊洋文海图等现有证据先行与日使交涉。

## 第六节　找到书证　三赴东沙

闰二月初五日(3月26日),张人骏欣喜地给外务部回电,告知他已在光绪初年王之春所著《柔远记》一书中的海图上找到了新的东沙岛证据,粤省将以此为依据,再结合中国渔民在该岛捕鱼停靠、建庙囤粮等多项证据,与日本领事交涉。并指出我国旧有志书的不足。"现既查明距粤海界甚近,

---

[1] 《张督致外部江电》,张良福编著:《让历史告诉未来》,海洋出版社,2011年版,第24页。

[2] 《闰二月初三日外部复张督电》,张良福编著:《让历史告诉未来》,海洋出版社,2011年版,第24页。

[3] 《端督复张督江电》,张良福编著:《让历史告诉未来》,海洋出版社,2011年版,第24页。

且有琼海西沙岛对待之称。西沙岛现已派员，仍借用海关轮船往查。"同时，张人骏在该电文中还透露，他已经派属下乘坐海关小火轮，于给外务部发报这天（26日）或前一天，前往西沙群岛勘查巡视了。这是三天之内张人骏第二次提到了西沙岛。该电文如下：

初三日电敬悉，江电谅达。按东沙岛本系我国旧名，沿海渔民称谓相同。其名其地载在《柔远记》海图，甚非无据。建庙屯粮渔业，尤为公法所持。庙本完善，且有存粮，为西泽所毁拆，并非旧址。据九龙税司报告，见有华民"新泗和"渔船尚在该处停泊，控诉被逐情形。查该船系属于在港开设兴利字号之华店，渔船往来该处，可知者近四十年，何得谓华人放弃。……现既查明距粤海界甚近，且有琼海西沙岛对待之称。西沙岛现已派员，仍借用海关轮船往查。加以各项证据，陈译《中国江海险要图》明指该岛为粤杂澳十三，自可决为粤辖，据以与争。钧部查图复有碧列他岛之名，当系蒲勒他士译音之转，日人近且易名西泽矣。鄙意拟执我国向有东沙之名为断。我国舆地学详于陆而略于海，偏于考据方向，远近向少实在测量记载，多涉疏漏。沿海岛名，往往只有土名，而未详记图志。欲指天度[1]与言，旧书无考。所恃者，仍是英国海图。其它确据，现正刻意搜求，要不外于渔业所在、《柔远记》《江海险要图说》所载各端。持此与争，不为无故。统乞主持，无任盼祷。人骏。歌。[2]

《清宣统朝中日交涉史料》所载张人骏闰二月初五日电文

张人骏电文中所称的《柔远记》乃《国朝柔远记》，又名《国朝通商始末记》《中外通商始末记》，近代改名为《清朝柔远记》，是二十卷本的编年体对外关系专史，由王之春在光绪十一年（1885年）刊印发行。《柔远记》前十八卷记述了顺治元年到同治十三年间的对外关系大事，十九卷、二十卷作为附篇，一为瀛海各国统考，一为沿海形势略、环海全图等地图。其所绘沿海舆图中，就明确标有东沙岛在粤属海域，列其位置于甲子、遮浪之间。

---

[1] 意指经纬度。

[2]《张督致外部歌电》，张良福编著：《让历史告诉未来》，海洋出版社，2011年版，第24页。

王之春（1842—1906年），字爵棠，号椒生，湖南清泉县人。历任广东兵备道、署理布政使、山西巡抚、安徽巡抚、广西巡抚。曾出访日本、俄罗斯、德国、法国，多次向朝廷上书自强新政。光绪三十二年卒，诰授光禄大夫、建威将军。

王之春所著《清朝柔远记》一书，成为东沙岛主权之争后的张人骏在国内志书中发现的第一个有力证据。

有了这件至宝，清朝外务部也底气倍增。初六日（27日），外务部给张人骏回电，表示已经据此与日方驻华公使进行照会，"并电胡使与日外部交涉"[1]。

《国朝柔远记》卷二十《沿海舆图》第二十二图　　当代出版的《清朝柔远记》

随后，张人骏又给外务部发函，附上《国朝柔远记》一书，并言明该书第六册图志一书第22页海图上，东沙岛列于甲子、遮浪之间。这与英人在《中国江海险要图志》一书中海图上所绘东沙岛的部位相当。证明该书所载的东沙岛即英人所载的蒲拉打士岛，其属我国领土为先人和英人所公认的。为此，张人骏对日本政府置千百年来中国渔民经营东沙群岛的事实于不顾十分气愤，对西泽吉次"无理侵夺"的行径更为痛恨。他在信中写道：

二月间，曾上一函，论东沙岛事，谅经登鉴。此事日人要索证据，必欲舍现有渔业所在，而求之我国旧有图籍。海中岛屿，当时舟楫，未便风涛，探考多疏。日人知之，故特以此相难。其心颇狡。夫日商西泽，不过以个人营业，其情只等于我粤渔民前往建庙屯粮之举。岂该岛先已发见于我华人者不足据，

---

[1]《闰二月初六日外部复张督电》，张良福编著：《让历史告诉未来》，海洋出版社，2011年版，第25页。

数百十年后一日本商人以无理侵夺，驱华民而据之。彼政府未前知，彼领事未前知，转可认为发现该岛之哥伦布，欲取我国归辖之境，列之无属荒区乎？其岛名东沙，固尝载在《柔远记》旧书，按图内列该岛于甲子遮浪之间，证之英国海图，部位相当。惟方向远近，未能如该图之准确。我国舆图，旧时刊刻各本，向例如此，不足为怪。海图所载蒲拉他士岛以外，其在惠潮一带海面，亦别无另岛可当《柔远记》内之东沙。是蒲拉他士岛之即东沙岛，已无可疑。兹特将《柔远记》一部，并于第六册图志第二十二页签明，呈请察核备案。[1]

初八日（3月29日），张人骏将日本领事约到两广总督衙门，两人第五次见面或照会交涉东沙岛一事。张人骏将《中国江海险要图说》和《国朝柔远记》两书中记载东沙岛属于中国的图籍给日本领事阅看，在这些证据面前，日本领事表示，看在张人骏的面子上，"以该岛属于中国的证据虽未齐备，重以粤督之言，似亦未偿不可承认"。但有附加条件，就是必须对西泽的利益给予保护，"否则，恐政府仍作无主之岛看待"。张人骏询问他所说的"保护"是什么意思。日领说："西泽经营，颇费工本，一旦撤退，必多损失，亦殊可怜。政府势难办到，似应予限数年或数月，从长计议。撤退后，其所营房屋机件铁路等物，必有相当之办法。"张人骏遂质问其西泽驱逐我国渔民、毁坏岛上设施怎么处理，日领事无言以对。张人骏向外务部推测说："日领托为揣词，彼政府似已略授其意，颇可就此转圜。但一经松劲，婪索可虑。彼持商业应保，我据渔业被毁，坚忍和平，力与磋磨，以冀酌中议结。务以收回该岛为宗旨。当求钧部坚持指示，应否电知胡大臣，此案现先由粤与日领磋商，暂缓向日外部商办，以免措词倘有互岐之处。"[2]

同日，张人骏第三次派出手下官员王仁棠、林国祥，乘坐"江大"号兵轮，又一次赴东沙岛调查取证，主要是录取被逐各渔户的供词，及搜集目击西泽等人拆毁庙宇时的各种证据。《申报》对此报道说：

> 粤督派委员王仁棠、林国祥乘"江大"兵轮，往大东沙调查交涉案，两委员已于前日赴港。刻闻此次调查法，拟传集日前被逐各渔户录取供词，及目击日人拆毁庙宇时各证据，以便与日领交涉云。[3]

---

[1]《张督致外部函》，张良福编著：《让历史告诉未来》，海洋出版社，2011年版，第25页。

[2]《张督致外部齐电》，张良福编著：《让历史告诉未来》，海洋出版社，2011年版，第25-26页。

[3]《东沙调查之方法》，《申报》，1909年3月31日，第11页。

初九日（30日），外务部给张人骏回电，声称中日双方政府已经同意授权他与驻粤日领进行交涉。[1]

日商侵占东沙岛之事也引起了广东各界人士的极大关注与义愤。初十日（31日），广东粤商自治会在惠州绅商周孔博的倡议下召开大会，商议东沙岛收回问题。《东方杂志》记载道：

粤东社会，自闻此消息后，亦相与研究其事。闰月初十日，粤省自治会集议澳门勘界案时，由周孔博宣布东沙岛关系国权及国民生计，应行力争理由，请众公议。众议决定三级办法：第一级，速将此事布告中外同胞，公同研究；第二级，联禀政府，切实保护我国渔业，并该岛财产；第三级，如政府放弃，则竭尽我国民之能力以挽救之。[2]

十一日，《申报》刊登评论文章"论日人占据大东沙岛事"，该文叙述了东沙岛事件的详细经过，抨击日本人的强盗行径，指出："日人暴戾暗黑之行为，亦知不堪公诸各国之舆论矣。且其得寸则寸、得尺则尺之侵略野心，正日出而未有已也。然而各国公道之舆论，终不泯。我国之民心，终不死。"[3]

《中央大同报》则刊登了一篇评论性文章"书大东沙岛事件"。该文在详述东沙岛属于我国而被日人侵占的历史之后，认为即刻收回东沙岛有五点有利条件：收回当非难事。"（1）该岛位置依通例应属吾国领海内；（2）西人地图明注有广东地字样；（3）有吾国渔人所立大王等庙之固定证据，纵令谬云荒岛，吾国尚有先占权可主张；（4）日本并未认之为领地；（5）日本政府已发训令于其驻清公使及领事，命公平理处本件。"但是，今后我国类似东沙岛这样的领土仍有再次丧失的可能："（1）吾国人素乏国家境域之观念；（2）吾国人素乏为国家占守领土之志气；（3）吾国岛屿无名者多，且地土无置重名称之习惯；（4）吾国海岸测绘图本向未精密；（5）吾国国民，不受普通地理历史之教育者多；（6）吾国官吏，不解为国尽职者多（如此岛去年曾派船查勘，竟以不得要领了事，是一例也）。"为此作者提出："就以上推测吾国，以此国民而又拥兹广大无涯之国土，譬之纨绔子弟挟巨囊珍宝随处遗失，犹不自觉也。静言思之，谁不危哉。吾书大东沙岛事件毕，窃望全国上下，不必以大东沙岛为忧，但当以大东沙岛为鉴，则此事件之发生，适

---

[1]《闰二月初九日外部复张督电》，张良福编著：《让历史告诉未来》，海洋出版社，2011年版，第26页。

[2]《广东东沙岛问题纪实》，《东方杂志》，第六卷第四期，第68页。

[3]《论日人占据大东沙岛事》，《申报》，1909年4月1日，第3页。

足为警梦之铎，又未必不阴受其益也。"[1]

在华搜集中国情报的日本间谍也注意到了华人对日人侵占东沙岛的不满情绪，他们在向本国反馈情报时写道：

> 西泽岛为琉球南面海上无人岛，以富有硫磺而闻名。有传言称日本人上岛驱逐清人，广东人认为是侵略中国领土，大加抨击，主张此岛为清国领土，交涉移到北京。[2]

十二日（4月2日），端方给张人骏发电，提出《广东通志》第一百二十四卷海防图内的布袋即东沙岛，请其"再详加考订"[3]。

十三日，上海《申报》以"大东沙岛之近闻"为题报道东沙岛交涉进展情况，称经过张人骏指派属下调查，已经证明东沙岛为粤属岛屿，且有粤省渔民长期在此生产，完全不是无人岛。张人骏表示："日人在该岛如何树旗经营，妨碍国家主权之处，俟派员确切详查，再行议办。"[4]

十四日，上海《申报》以"东沙岛交涉近闻"为题发表消息，称经过张人骏与日方交涉，东沙岛已有和平解决的希望。"日本将于交涉结局之际，拟与中国缔结条约，妥定处置该岛日本居民之法。"[5]

十五日，《华商联合报》发表"中日东沙岛问题之详情"一文，表明在张人骏的力争及粤人抗议下，日本政府有了妥协的意向。[6]

与此同时，广东和香港等地因东沙岛事件掀起了抵制日货运动，使日本经济大受影响。上海《申报》报道抵制活动给日本造成的损失云：

> 日人占据粤属大东沙岛一事，久志本报。前者，广东、香港各商，因此问题未得结果，暂停一切交易，以示抵制。所有买入之货品，电致横滨等埠华商，嘱令一概停配。刻据日本商会调查其损失之结果，横滨等处市面大受影响，内中海产物及杂货商尤形困顿。如鲛鳍各价跌落四五元，鲍鱼跌落十元之谱。[7]

---

[1]《书大东沙岛事件》，《己酉大政记》卷十一，宣统元年闰二月刊印，第1151–1154页。

[2]《广东人与西泽岛》，《武昌起义前在华日本人之时事见闻》第二十二期，1909年4月1日。

[3]《端督致张督文电》，张良福编著：《让历史告诉未来》，海洋出版社，2011年版，第26页。

[4]《大东沙岛之近闻》，《申报》，1909年4月3日，第11页。

[5]《东沙岛交涉近闻》，《申报》，1909年4月4日，第4页。

[6]《中日东沙岛问题之详情》，1909年4月5日《华商联合报》，第三期，第52页。

[7]《申报》，1909年5月4日，第5页。

在张人骏及两广民众的力争之下，中日之间就东沙岛主权问题的交涉有了实质性的进展，日本已不再纠缠主权问题，承认东沙主权属于中国，将谈判焦点转移到日商在岛物业的处理问题。

## 第七节　粤日开谈　日索天价

闰二月十七日（4月7日），外务部致电张人骏，告诉他日本政府已同意由日本领事与其谈判，和平解决东沙岛问题，但希望中方将该岛继续租给西泽使用，或将西泽在岛上的投资作价赎回，并请其将磋商的结果随时报告给外务部。电文写道：

东沙岛事，准日使复称，由粤督与日领和平商结，本国政府甚以为然。政府早将办法饬知日领，兹当再行电示。惟有应请留意者，西泽到该岛创始营业，全系善意，此事结局，纵定为中国领地，而对该商平善事业，应加相当之保护。请电粤商善后办法，以昭和睦，等语。尊处既与日领开议，如商有了结办法，希随时电复。[1]

十八日，尚未知道日本政府已经同意东沙岛归中国所属消息的惠州民众，仍在积极为东沙岛属于中国而搜集证据。他们整理了六条证据，并做成布告，广泛宣传，以便人人尽知，为地方、为个人、为子孙力保此岛。该布告写道：

惠州代表布告大东沙岛情形略云：大东沙岛，水陆物产最为繁富，诚为我国天南莫大的金穴。至于该岛鱼业之盛，言之尤足骇人听闻。查日本人未到该岛以前，沿岸渔船我国渔户通年匀计不下数百艘，此外尚有半捕鱼半捞海半采矿之小船不计其数。现在沿海著名富户若陈德利、蔡有三、蔡桂生、周存栈、冯东秀、赖奇头等，或积资数十万，或积资百余万，皆由该岛起家者也。日人第一注意，实在于此。至谓日人将占此以阻我海军，会汛开战之方便，分我同胞经商种植之利权，犹其余事。为地方计，为个人计，为子孙计，固当力筹一最善办法，坚持到底，勿蹈"二辰丸"案之覆辙。至于该岛属我之证据：（一）沿海渔户在该岛所建庙址，为该岛显属我国确据。（二）日本人前后布置该岛，惨逐渔户实情。（三）英美二国公认该岛为我国领土之电告。（四）西人地图，证明该岛属我之确据。（五）本省大吏迭次

---

[1]《闰二月十七日外部致张督电》，张良福编著：《让历史告诉未来》，海洋出版社，2011年版，第27页。

派员查勘始末。（六）分载省港各报，诸君检阅便可了了。愿诸君熟筹之。[1]

同时，顺德人、水师游击梁禹甸，在同光年间，曾经成功破获一起意大利商船在东沙岛被劫案，人货无损。"意领事感激，馈彼国珍物十余事、白金六千为酬，禹甸峻却之。意领事奏报国王，特制黄金时表，以青金镂王冕与名嵌于表上，备文令公使递交外务部，请旨斋粤报焉。"得知张人骏搜集东沙岛证据后，梁禹甸的胞弟梁都唐道员将其事迹及意国赠品、公文作为凭证递呈给张人骏，从而为收回东沙岛再提供了一条有力证据。[2]

二十一日（11日），张人骏按照外务部意见照会日本驻广东领事，要求日本领事将日本政府所说的解决办法详细告知粤方，"以便妥商从速办结"。这已经是两人第六次会面或信函往来了。张人骏照会曰：

案照惠州府属东沙岛一事，前经照请贵领事官谕令该日商即行撤退，并经面商办理在案。兹本部堂接准北京外务部电开，准贵国钦差大臣复称，由粤督与日领和平商结，本国政府甚以为然。政府早将办法饬知日领，兹当再行电

《顺德县续志》之梁禹甸传

示。等语。此事贵领事官既经奉到训条，希将办法详晰照知，以便妥商从速办结。幸勿有迟为要。为此照会，顺候时祺。[3]

很快日本领事给张人骏回复照会并回函，提出了日方的解决条款，主要内容是：西泽经营东沙岛总共投资51万银元，该岛归还中国后，西泽可以停止开采海产和开牧场的计划，但应让西泽继续留在岛上开采磷矿鸟粪，而靠此一项收回成本约需30年。很明显，日方的要求"意在久租不归"。该条款提出：

西泽因经营该岛事业，投出资本，拟立永久基础，已费计五十一万元。西泽在广东计划事业，即一采磷矿鸟粪，二采海产，三开牧场。该岛归中国

---

1 《惠州士民对于大东沙岛之热诚》，《申报》，1909年4月8日，第11页。
2 《梁禹甸》，周之贞编纂：《顺德县续志》，卷十九，十二页。1929年版。
3 《张督照会日领文》，张良福编著：《让历史告诉未来》，海洋出版社，2011年版，第27页。

领土，则关税之外，变永久之计划，不可不为限期之事业，其影响即一磷矿及肥料需要者，不欲为特约，二中止新规制造事业，三中止牧场计划。三十年间，欲收回五十万元之额，一年须得二十万元之利益。[1]

即使日领提出了如此苛刻的要求，据当时的大阪《朝日新闻》报道，仍有在台湾的日本官员反对濑川提出的条件。只是不得不"俯从外务部之议"[2]。

其实，日本政府提出的西泽经营需要30年才能收回成本的论调，纯属无稽之谈。西泽自己在供词中就曾经承认其与台商签订的磷矿永久供货合同每年2万吨，每吨21.6元，每年仅合同销售额就达432万元之多，利润极其可观。其他海产品更是一本万利。《东方杂志》就曾报道说："据闻曾经到过该岛之人云，日人到此仅两年，出口土产，已有五百余万。"[3]

对于日方提出的天价条件，张人骏自然不肯答应。但他也考虑到当时的中国国力衰微、外交软弱的状况，为了以最小代价速战速决，他提出了自己的四条解决办法：

先将东沙岛交还中国；岛上西泽安设各物业，应由两国派员，详细公平估值，由中国收买；岛上庙宇被毁，及沿海渔户被驱逐历年损失利益，亦由两国委员详细公平估值，由西泽赔偿；所采岛产、海产，应纳中国正半各税，应令西泽加一倍补完。[4]

对张人骏在处理东沙岛问题上的四条办法，五月初一日的《吉林官报》也以"东沙岛交涉近信"为题全部加以报道，并称张人骏提出的意见"已照覆日领查照矣"。

而此时，因"二辰丸事件"引起的由广东率先发起的第一次全国性抵制日货运动，给日本经济造成了重创。"二辰丸事件"乃是光绪三十四年（1908年）张人骏部署广东水师和海关在粤属海域查获日本商人走私军火的事件，由于查获后日本商人拒不认错，反而诬陷粤方执法有误，日本政府遂要求中国政府赔礼道歉、赔偿损失、处罚相关责任人，清朝政府被迫接受。消息传来，广州人民在粤商自治会的领导下，于1908年3月20日掀起了抵制日货运动，并且很快波及全国乃至各国华人，短时间内就给日本经济造成了

---

[1]《日领提出办法条款》，张良福编著：《让历史告诉未来》，海洋出版社，2011年版，第27页。

[2]《广东东沙岛问题纪实续编》，《东方杂志》第六卷第五期。

[3]《广东东沙岛问题纪实续编》，《东方杂志》第六卷第五期。

[4]《张督提出办法单》，张良福编著：《让历史告诉未来》，海洋出版社，2011年版，第28页。

重创。2月27日的日本《朝日新闻》为此曾报道说，日本国不要再因西泽一个人的事情惹怒中国，从而损害多数国人的利益，要求政府秉公处置。由此可见，"二辰丸事件"引发的抵制日货运动，是之后解决东沙岛问题比较顺利的一个助推因素。日本《朝日新闻》写道：

东沙岛问题，其始传来我国者，为阳历三月十三日从上海所发电报，以《汉字新闻》所揭载者转电。十五日，又有从香港发来特电，亦同一消息。至十六日，又得香港特电，则言炮舰"飞鹰"号已派遣至东沙岛，其真仍未能确悉。十九日又有自广东发来特电，则言西泽占领广东所属之东沙岛，已成重要问题，惹起当地官民注意，杯葛将再燃，我当局宜警戒云。又昨揭载之广东特电，言张总督对于濑川领事已用公文，述东沙岛为广东所属，照会命西泽退去是岛。而广东人对此问题非常热心，咸注意其解决办法。夫电文而曰占领，不无语弊，然邦人西泽于东沙岛现正从事何等事业，已无可疑。至张总督向濑川领事公然以外交文书往复，再三派遣调查委员于该岛，且就所属问题亦有相当之证据。审是东沙岛问题，今日已不可视同谰言风说，须以外交问题之一而讲究之也。东沙岛问题，非如间岛问题之复杂，此岛果是清国所属与否，立时直可解决。然于广东地方，如辰丸事件之一周纪念，七十二行及自治会颇煽动杯葛之热，一面必就葡萄牙领澳门问题开同志大会，盛倡保全己国疆土。当此人心激昂之际，其气焰之炽，殆不可向迩。而又无端忽起此问题，其利用之以为杯葛煽动口实者，诚实可虞。外务当局宜勉公平无私，调查事实，以速解决之。政务局长仓知亦以为此岛非帝国领土之一部，然则该岛为清国所属已可确证，日本政府承认其领土权，自无待踟蹰。惟此问题既认为清国所属后，而西泽在该岛经营之事业，固不可不计及。然仓知局长既主张政府当保护之，其言固为热心保护邦人，第其对于清国政府，而为退出之西泽请求偿金，是岂计之得者。万一清国不表同情，断然拒绝，将奈之何？若因曲庇一邦人故，而伤日清两国交情，是在南清多数邦人大受损害，断不可也。殷鉴不远，近在"二辰丸"事。[1]

而日本政府眼看广东民众因东沙岛问题群情又起，恐将掀起抵制日货的新浪潮，于是在国内外压力下，被迫在东沙问题上做些让步，以避免出现因小失大的后果。

闰二月二十四日（4月14日），张人骏电告端方，目前正在交涉如何解决

---

[1]《广东东沙问题纪实续编》，《东方杂志》，1909年第六卷第四期。

西泽的问题，"我当拒请撤退，拟在相机办理"[1]。

二十五日（14日），日本领事面见广东洋务处道员魏瀚，提交了一份议价草单。他一方面认为中方收买西泽在该岛之物业出价太低难以接受，一方面否认西泽有驱船、拆庙、掘坟的行为，并表示不同意由西泽纳税。日本领事的草单这样写道：

交还布拉达斯岛之事，非清国收买该岛物业之价额确定，则不能办理。故先要商定左开各项：（一）清国收买西泽物业一事，并无异议。（二）西泽绝无驱逐渔民之事，而西泽到该岛之时，庙宇无存在。（三）该岛实放弃无所属之状体，西泽深信该岛全然无所属之地，投巨资创始永年经营之计，尚未得毫厘之利，而今为撤退，损失更大。实不得纳税，再重损失。[2]

当日，张人骏给外务部发电，汇报了粤日双方先前交涉的进展情况，同时提出，"此案岛为我属，彼已承认，特为西泽袒索厚利，自难轻许。现正设法磋磨，合先电陈"[3]。

在中方已有大量证据且两粤民众开始抵制日货的情况下，日本政府终于败下阵来，承认了东沙岛为中国领土。但并不认为西泽的行为有何不妥，声言在西泽的利益上与中国讨价还价。如日本的《时事新闻》就曾报道说："东沙岛问题，仍由中日官员在广东交涉。中国所出之证据多有可恃，设再调查确实，则日政府即可承认中国该岛之主权。惟无论如何，开拓该岛人锦君（注：西泽之误）之利益，日政府必为保护云。"[4]

三月初六日（4月25日），上海《申报》对张人骏多次与日方交涉后取得的成果进行了报道，并说西泽利益问题成为今后谈判的焦点。该文说："日本人西泽在东沙岛开辟码头，经营事业，迭志前报。近闻粤督与日领事议商数次，日政府颇为坚执，后知该岛实系中国领土，始肯退让。惟西泽在该岛经营事业，已有十月，所费甚巨，故尚须通融办理。"[5]

三月中旬，粤商自治会成员关佐田在一次集会时指出，他曾经到过东沙

---

1 《张督复端督盐电》，张良福编著：《让历史告诉未来》，海洋出版社，2011年版，第26页。

2 《日领交洋务处草单》，张良福编著：《让历史告诉未来》，海洋出版社，2011年版，第28页。

3 《张督致外部有电》，张良福编著：《让历史告诉未来》，海洋出版社，2011年版，第28页。

4 《东沙岛最近交涉》，《申报》，1909年4月23日，第10页。

5 《日人承认中国东沙岛》，《申报》，1909年4月25日，第11页。

岛，亲眼见到过岛上的天后庙和华人坟墓。并且他收藏有二三十年前南海廪生胡维桐上书给政府要求关注东沙岛战略地位的呈文原件。与会者也指出了前福建同安县人陈伦炯所著《海国闻见录》中记有东沙岛的内容。上海《申报》刊登了有关这次会议的新闻：

陈伦炯著《海国闻见录》

> 粤省自治会集议时，有关君佐田宣言，彼于东沙一带亲历其境。二三十年前，有南海廪生胡维桐上书当道，详言该处一带岛屿极关紧要。该票原文，彼尚可以搜出。岛内埋有华人之骨骸甚多，天后庙亦建立已久，均有实据可寻。从前海洋剧盗张宝仔横行一时，即以此岛为巢穴。时座中又有言，前福建同安县陈伦炯所著《海国闻见录》，已曾记有东沙形势，与今日政界所查大同小异。此书出版在数十年前，更可为证。今日人恃强蛮夺，不特应行取回，即此数年之损失，亦应向之索赔。[1]

三月二十日（5月9日），陈庆年也在雍正八年台湾总兵陈伦炯所著《海国闻见录》一书中的《沿海形势图》中找到了东沙岛的记载，这为张人骏争回东沙主权提供了一条新的力证。不过，从发现的时间上来看，陈庆年的发现晚于张人骏发现《国朝柔远记》一个半月，甚至比粤商自治会某位成员发现《海国闻见录》并见报的日期还晚上两天，且此时日方在《中国江海险要图志》《国朝柔远记》等书证下已经基本承认东沙岛为我国所属。陈庆年当天在给端方的信函中写道：

> 日来在舍间检阅所有海道各书，见陈伦炯《海国闻见录》《沿海形势图》惠州甲子港之西，明有东沙一岛，其东北为田尾表岛，西南为南碣岛；当碣石镇之南海中即其位置所在。是日人所占之东沙，确为华属无疑。陈伦炯之父以习于海道，从施琅征澎台，事定，擢碣石镇总兵，伦炯为侍卫。时圣祖曾示以《沿海外国全图》。后于雍正初年又自台湾移镇高雷廉，故于闽粤一带海岛最所熟悉。东沙一岛，既西人所谓扑勒特斯岛，检英人金约翰《海道图说》，谓是岛形如圆环，而伦炯是图于东沙岛即绘一小圈，与西人圆环之说适合。西人之来斯岛探此处深浅，据金书始于嘉庆十八年

---

[1]《东沙岛属中国之铁证》，《申报》，1909年5月6日，第11页。

间，而伦炯此书成于雍正八年，其遍探海岛又在先世，则西人未能或之先也，何况东人乎？是书自刻之本，庆年未见，仅见于《艺海珠尘》"史部地理类"中。近人所著《柔远记》后有"沿海舆图"三十页，于页末题曰：光绪七年六月，清泉王之春谨绘。其实即伦炯之图，毫无一字差异也。谨即从王书别订成册，奉呈精鉴。故书雅记有益于国际交涉如此！[1]

按陈庆年给端方的信中所云，《柔远记》中的《沿海舆图》与陈伦炯《海国闻见录》中的《四海总图》"毫无一字差异"。陈伦炯在《海国闻见录》之《四海总图》中，不仅明确标有四大群岛的地名和位置。而且在文字描述中将东沙岛称"南澳气"、西沙为"七洲洋"、南沙为"石塘"、中沙为"长沙"。其对"南澳气"介绍道："南澳气，居南澳之东南。屿小而平，四面挂脚，皆峻岵石。底生水草，长丈余。湾有沙洲，吸四面之流，船不可到，人溜则吸搁不能返。隔南澳水程七更，古为落漈。北浮沉皆沙垠，约长二百里，计水程三更余。"这与东沙岛的地形地貌极为相似，足可为东沙岛属于我国的又一铁证。

不过，李准在其《任庵自编年谱》中，不知是何缘由，却将发现《海图闻见录》的功劳记在了王秉恩名下，李准在该年谱中写道，"王雪岑观察博览群书，以康熙间有高凉镇总兵陈伦炯著《海图闻见录》中有此岛之图，因送外部与日公使，证明为我国版土，交还中国，仍名为东沙岛"。

至此，张人骏手上已经有了《中国江海险要图志》《国朝柔远记》《海国闻见录》、梁禹甸金表等多条铁证，东沙岛属于中国领土的证据链已经完

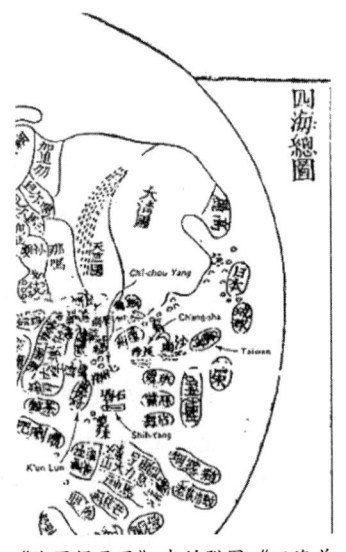

《海国闻见录》中的附图《四海总图》中，明确标有四大群岛的地名和位置

《海国闻见录》之"南澳气"

---

[1]《上陶端帅书》，许进、徐苏主编：《陈庆年文集》，南海出版公司1996年版，第241页。

全形成。

二十四日，香港总督卢押鉴于东沙岛已经明确为中国领土，再次"电请驻京英使朱迩典转达中政府，请准在东沙岛设立无线电报局"[1]，以便观测、报告台风。而这一提议是由普乐爵士提出的。

与此同时，张人骏考虑到南海上的西沙岛也和东沙岛一样，既没有详细的经纬度数和海图资料，也没有中国的管辖标志。因此，于四月初一日（1909年5月19日），派遣广东水师提督李准带领吴敬荣及测绘人员、工程技术人员等177人，乘坐"伏波""琛航""广金"三艘军舰，历时20天，巡视西沙琛航等15座岛屿，勒石升旗，宣告为中国领土。

经张人骏与日领反复磋磨，自觉理亏的日本政府，基本上接受了张人骏提出的解决东沙岛问题的办法。四月二十四日（6月11日），日本领事照会两广总督称，日本政府同意两国派员到岛，第一对西泽在岛上的设施进行估价，以便中方按价收购；第二调查庙宇存在之事及渔户被西泽驱逐之事，拟出西泽赔偿之额。第三关于出口税一事，本来西泽没有纳税义务，"惟念贵部堂统御广东民人之深意，由收买价额内，割一小额，附之出口税名义支出。即因如此办法，两国互相妥协，以结本案。则实属适合事实"[2]。

二十五日（6月12日），张人骏向外务部报告了日本认输这一大好消息，他在详述完日方与他和魏瀚交涉的过程后，言明中日双方已经议定不日前往东沙岛现场评估西泽资产，但粤省无大兵舰可用，因此请朝廷从北洋水师调拨一艘"海筹"级大军舰来粤听用。该电文写道：

> 伏念该岛虽属弹丸，而界居潮州、惠州外海，于辖土海权不无关系，始而考求图志经纬，继而访察查勘。在我证据既足，乃与日本领事开议。彼坚执无属荒岛以相抗，几经辨难，甫认我辖，而借口保商，思索重利，持之又久。幸托朝廷威信，渐就范围。现在论议粗定，正待勘估，以为结束。该处海面，时有飓风，著名险恶，粤舰万难前往。……现在东沙定由两国派员往勘，势既难缓，又非急促可了，可否请旨饬下北洋大臣，于"海容""海筹""通济"三船中，酌派一号，克日来粤应用，以三个月为限，事竣即行遣回。是否有当，乞圣鉴训示。请代奏。[3]

---

[1]《英拟在东沙岛设无线电》，《申报》，1909年5月15日，第6页。

[2]《日领照会张督文》，张良福编著：《让历史告诉未来》，海洋出版社，2011年版，第28页。

[3]《张督致军机处、外部有电》，张良福编著：《让历史告诉未来》，海洋出版社，2011年版，第29-30页。

同日，早已被张人骏委任为西沙筹办处负责人的王秉恩在致湖北按察使梁鼎芬的信中，介绍了日粤双方谈判达成一致的消息，并称赞张人骏"东、西沙同时并举，颇费筹商也"。该信函写道：

今晨安帅传见，面告东沙日人已允退还，安帅所拟四条办法，均已遵办。一、赔修大王庙；一、赔偿渔船损失；一、已运去肥料完纳中国正税；一、日人所修机器房屋，公估价值收回。以现在国势得此，甚为可惜。现奏调北洋海船一只来粤差遣，派员前往，会同日人点收。东、西沙同时并举，颇费筹商也。专函奉闻，翕上。[1]

二十八日（6月15日），朝廷下旨，由直隶总督、北洋大臣杨士骧派船赴粤。

就在中日双方就东沙岛一事激烈磋商之际，五月十一日（6月28日），清廷任命端方接替已经去世的杨士骧的直隶总督一职，任命张人骏接替端方的两江总督兼南洋大臣职务，山东巡抚袁树勋接任两广总督一职。在袁树勋未到任之前，由广东布政使胡湘林护理两广总督一职。

袁树勋是个贪官。朱德裳所著《三十年闻见录》载："袁树勋，天姿刻薄人，由小吏起至总督，大抵以金钱行。闻由上海县宰升天津知府，贿小李（注：李莲英）30万；因为上海道，六年致资600万，当时湖南富家举无与比。巡抚山东时尤刻薄，去之日，鲁人赠以联曰：二分村气二分喜，半为功名半为财。"

袁树勋照片

不明真相的《申报》还对袁树勋的接任赋予了厚望，认为他在处理东西沙岛问题上必不负众望。该报甚至专门发表评论说："以袁海帅之才大心细，而张督因南洋需人又须去粤，则环顾诸疆臣中，除别有原因未便调移外，其足以胜两广繁剧之任者，度无出袁氏之右……此次之升署粤督，在朝廷固因其才堪胜任，而粤人之对于海帅，或亦欢迎也欤。"[2]

调任两江总督，对于张人骏来说又是仕途上的一大进步。两江总督全称是"钦差大臣办理南洋通商事务、两江总督，兼管理两淮盐政、陆军部尚

---

[1]《王秉恩关于东沙岛交涉的信》，摘自谷林著、止庵编：《上水船甲集》，中华书局，2010年版，第36页。

[2]《申报》，1909年6月30日，第3页。

书、都察院都御史"，从头衔上就可知其权力之大。正如两江商界代表在欢迎张人骏接任江督时所说："考近来各省政治之设施，大抵扬子江以北，视北洋大臣为转移；扬子江以南，奉南洋大臣为圭臬。则南洋一席，虽曰仅领三江，实不啻川、滇、黔、粤、桂、湘、鄂、闽、赣、浙、皖、吴十二大都会之领袖也。是故昔之公一省戴之，今之公十二省仰之。则知公之荩筹硕画，必更将大异于往日；而禄位名寿，亦必日进而未有已也。"[1]因此在接到上谕之后，他略作谦让，便准备赴任了。五月二十五日（1909年7月12日）的《申报》刊登了朝廷对他在两广期间的评价：

> 原任粤督张安帅，此次奉调两江，实出摄政所特简。当时京中执政因直督出缺，多有议拟端督将调任北洋，未有拟及张督调任南洋者。即现充大清总银行监督、安帅之子允言，先期亦未探知。至十一日即见明谕。安帅接电后，即以南洋责任重大，电致枢府力辞。旋电（接）枢府电复，略称：公镇静老成，经权兼裕，向蒙监国询两粤人员，均以善办交涉相推重，故蒙特简重任。两江为交涉重地，非公莫办，请毋用推重让，应即趱行料理赴江。公负此硕望，想当有以副朝廷倚重任寄之至意。安帅接电后，遂定二十四日交卸，并候初一二招商"广大"轮船到后，即启节赴宁。又安帅因两江为南洋重镇，需员臂助，日昨札行藩司略云：本部堂钦奉上谕，调补两江总督，应即调员前往差遣。兹查有广东候补道李哲濬，候补直隶州知州郑瑞骏、吴增源，分省补用直隶州知州刘兆榕，广东大挑知县虞汝钧，试用知县李崇儒，拣选知县吴房龄，均应调往差遣。[2]

但是，由于胡湘林身患重病，难于代理粤督一职，张人骏只好于六月十四日（7月30日）离开广州赶赴南京之前，代行总督职权。因此，五月十一日至六月十四日这一个多月里，收复东沙岛等事仍然是由张人骏坐镇指挥的。

## 第八节 魏瀚领命 赴岛评估

五月十九日（7月6日）张人骏给外务部和水师提督萨镇冰发电，要求速派"海筹"号军舰来粤，准备派员和日方代表一起，前往东沙岛对西泽资产进行评估。电文写道：

> 东沙岛事，日人已派船，闻二十一日可到，由驻粤日领会同粤员前往勘

---

[1]《沪上绅商学界欢迎张安帅纪事》，《申报》，1909年8月8日，第18页。
[2]《张安帅移节两江续闻》，《申报》，1909年7月12日。

估。迭电萨军门催"海筹"速来。昨询，据烟台道电复，该船须俟派验火药洋员到验后，尽本月内开粤。等语。此事系两国商定派员会勘，日舰越国前来，我船转致后期，按之交际交涉均非其道，关系邦交。现无战事，其重要似非验火药可比。请钧部迅催萨军门立电"海筹"即刻起椗，兼程来粤，毋令外人远言，牵动东沙议案全局。切盼电复。骏。效。

从这封电报的日期来看，说明张人骏在卸任两广总督八天后，开始以两江总督的身份处理东沙岛一案，反映出他冒着越权的风险、不计个人得失，以国家利益为重的爱国之心。从语气上看，他对萨镇冰手下借故拖延的做法非常不满，一反往日的温和作风，语气变得有些严厉起来。

不久，"海筹"号就来到广州待命出发。

"海筹"号兵舰，是1896年5月清政府在德国伏尔铿造船厂订购的3艘相同型号的穿甲快艇之一，另两艘为"海容"号和"海琛"号，每艘造价16.3万英镑。于1897年12月1日竣工，1898年8月24日抵达天津大沽，由直隶总督裕禄验收后加入清朝海军舰队。三艘军舰船身长314尺、宽40.8尺，排水量2950吨，吃水19尺，7500马力，航速19.5海里，配备克式十五生炮3门，十生的半炮8门，六生的2门，哈式三十七密里炮4门，马式八密里炮5门[1]，鱼雷管一个，载煤量580吨，载水量270吨，全船配兵员263名。其以体型大、航速快、火力强，与"海圻""海天"舰一起，成为清末海军的五大主力战舰。

此时，"海筹"号巡洋舰的舰长为原"飞鹰"号舰长黄钟英，他曾到东沙岛进行过调查。这或许也是本次派"飞鹰"号来粤的原因之一。

二十二日（9日），张人骏照会日本领事，告知中方已决定由海关道道员魏瀚担任赴岛评估委员。而此前日本政府已经确定，以广州领事赖川浅之进为日方赴岛评估委员。

---

[1] "十五生"意即150毫米，"十生"意即105毫米，"六生"意即60毫米，"密里"意即毫米。

"海筹"号兵舰

魏瀚（1850—1928年），原名植夫，字季渚，福建侯县人。以船政前学堂第一届学生中第一名的成绩毕业，留在福州船政做技术工作，后成为中国第一批赴海外考察和留学的海军军官。法国留学期间，在学得造舰技能的同时，兼学法律，获得法学博士。回国后，出任福州船政"总司制造"，组织研制了中国第一艘巡洋舰"开济"号，此舰被称为"中华所未曾有之巨舰"。中法马江之战，魏瀚作为张人骏堂叔张佩纶的爱将，和张佩纶一起成为败将。1905年，魏瀚调往广东，主管广东水雷局、鱼雷局、黄埔船局，还兼任黄埔水师学堂总办、黄埔水师鱼雷学堂总办、黄埔水师兼办工业学堂总办，记名海关道二品顶戴。1906年，任邮传部"丞参上行走"，因处分尚未"开复"，到部不久便被派充广九铁路总理，故人称京卿。1910年任海军部制船总监。1912年任福州船政局局长。1928年卒后葬于上海万国公墓。

六月初一日（7月17日）上午十点，魏瀚带领中方人员王仁棠、廖维勋、总管轮张斌元、船局监工潘俊华一起，乘"江巩"轮到香港。然后，于晚六点换乘"海筹"号兵舰前往东沙岛。这也是张人骏第四次派人前往东沙岛调查情况了。

上海《申报》对此撰文声称，魏瀚等人此次急着赶赴东沙岛评估，乃是张人骏想在离任两广前了结此事。由此可见，东沙岛的领土主权问题，已成了张人骏的一大心结。

海关道魏瀚的照片

该报道云：

魏京卿瀚，于初一晚由哈德安船抵港。并不登岸，即由小轮过"海筹"兵轮。越一句钟久，动轮出口，向东沙进发。其急速之故，因张督亟欲清了经手事件，然后前赴新任。闻日本兵轮"明石"亦随后启行，驻省日领与在该岛营谋之西泽等，亦附该轮前往。[1]

次日早八点，魏翰等抵达离东沙岛十四五里浅水处，乘坐小轮船上岸。日本领事和西泽吉次则于当日中午十二点到岛。双方见面之后，岛人打开库房及各屋大门，请双方官员查点物资。双方共同清点完毕后，晚上五点回到兵舰，初三日下午五点回到黄埔港。当魏瀚等登上东沙岛时，日本国旗仍然高挂在旗杆之上，让魏瀚心里颇感不快，他本想正告日方既然已经承认东沙岛属于中国，就应该撤下日本国旗才是，但由于担心因抗议而耽误清点时间，因此只好作罢。只能在回省后如实向张人骏汇报，请其交涉。

经过现场勘查，双方对现存磷矿砂的采掘费、敷设轨道并凿井费、房屋工场埠头建筑费、小轮船一只、货船7只、圆木船10只、渔船及舢板10只、铁路轨钢、枕木、气罐及附属品、钢管、电话诸具、船舶附属品一切、车辆、采矿诸具、屋内诸什物、库中存储器具、贮水池等十八项物资设施，进行了评估和磋商。日方做出的评估价格为三十五万零九百元日元，而魏瀚等人代表中方所做出的评估价格仅为十万零九百元广东毫银（而当时一广东毫银约合一点五日元），双方在评估价格上存在着巨大的差异。此外，日方还索要修路费及垫平房屋费、开拓荒岛费、遭难品、中日委员调查费、工人遣散费等三十多万日元，被魏瀚当场回绝。魏瀚回到广州后向张人骏汇报时提出，他之所以"勘估十万六百元，系酌照内地情形勘估。倘日领求增无已，情不可却，即多给二三成，以补水脚，亦属在理"[2]。

上海《申报》之后对魏瀚等人的东沙岛之行加以了报道，并介绍西泽声称其岛上物业价值五十万银元。该报道曰：

粤东洋务局员魏京卿瀚，于上月二十九日，由省附"播宝轮"往港，次日即乘"海筹"兵轮往东沙，与日领事濑川有西泽会勘该处产业。日本亦派一炮船前往。据西泽声称，该处所营建产业约值银五十万元左右。[3]

---

[1]《魏京卿会勘东沙之急速》，《申报》，1909年7月26日，第10页。

[2]《魏道呈粤督节略》，张良福编著：《让历史告诉未来》，海洋出版社，2011年版，第31—32页。

[3]《会查东沙岛日商产业》，《申报》，1909年7月23日，第11页。

同时，《申报》还报道，从东沙岛归来的日商西泽吉次，不但矢口否认驱逐中国渔船及毁庙等事，而且尽情夸大自己在东沙岛兴办的产业和功劳。《申报》对其言论刊登如下：

> 日商西泽氏前赴东沙引勘评价返港后，西报访员面询一切情形，西泽言一千九百零一年初到该岛，旷无居人，只一小庙及一旧池。迨零七、零八两年重到，而庙已毁于火，并非我毁之也。遍行调查，并无人踪，惟见马甲海颈处，存半段烂船，细视之，则英炮舰"理刺"也，其余尚有三洋船遗迹。又在沙滩掘获小舟，中有一尸，视之，则日人、日物也，即将其改葬。使当时见有华英人在此，必不在此营业。吾意日后必能获利之，故不惜巨资，装造舟艇，雇集工人六百余名从事各业。计此二年间，吾所费已数十万元。日前，二国官员乘坐"海筹""明石"二舰往勘，见陆地开有井，并询悉初开时水色黑，几经整理，方清洁合用。又有轻便车路环过该处之半，有货仓，又有工厂，有医院，有机厂，有铁厂，并有小轮船、大驳艇。各项小舟有十五只，系以新法捕玳瑁，每日必有所获。而岸上存积屋宇、车路之材料甚多，并鸟粪约一万五千吨，磷质约八九万吨，盖二年来所经营至此，方欲运销，各物即被华人夺回也。又有拖船一艘，载有胶菜，约重百吨。而岸上有琉球工人约一百七十名，均携有家眷居此，故每次轮船运来粮食，约值二千元。则吾所索偿，并非过滥，虽华官亦以吾为开道之骅骝，宜优与赔偿也。访员问曰：经营就绪，猝尔丧失，君能无慊乎？西泽答曰：吾尚寻得三荒屿，未加经营，一俟中国赔偿议妥，吾即顾之，他仍可展我长才，不虞再有掣肘，吾何慊之？[1]

听了魏瀚等人从东沙岛返回后的汇报后，针对西泽的狡赖行为，张人骏决定委派熟悉矿产森林的专家再次赴岛勘查作价。《申报》对此报道说：

> 东沙岛交涉一案，派魏京卿等会勘，各情已纪本报。现悉京卿已将勘议大致情形电禀，并派王委赶回请示一切。闻因该商所索珠玳、磷质、矿产、森林、建置各款过奢，而所毁渔船、杉板及存储大王庙各物件又委卸不认，现闻大宪拟即派熟悉矿产森林之员驰往确核明晰，只可按照实数酌予补偿，万不能任其索取。至所毁杉板、存物、庙宇，亦应核值偿抵。且当日被毁各物，有"泗和"等鱼户见证，应即查明，知照该领事，以昭核实订定。[2]

---

[1]《西泽自诩经营东沙之成绩》，《申报》，1909年8月3日，第11页。
[2]《日人擅毁东沙物产之谈判》，《申报》，1909年7月28日，第11页。

在张人骏的一次次交涉下，西泽不得不承认了驱逐中国渔船及毁庙等事。张人骏为此对西泽提出了三条赔偿方案。《东方杂志》后来记载道：

> 据粤报言，大东沙岛交涉一案，闻日本领事移文，已认为中国领土。其驱逐中国渔船，及拆毁天后庙之事，亦认为西泽所为。惟云西泽在该岛营业，前后共费去五十一万余元，所得物产，仅值一万余元，应由中国补回。张督（注：张人骏）驳之，略谓（一）须西泽赔偿渔船损失；（二）须西泽建复庙宇；（三）须另行调查西泽运去该岛物产，实值若干。责令西泽交回，并补缴出口税。[1]

同时，针对魏瀚等人登岛评估时日本人在岛上升起日本国旗一事，张人骏以护理总督胡湘林的名义，于六月初五日、初十日、二十二日三次照会日本领事，对岛上日人的行为予以谴责。日本领事则分别于本月初七日、十五日、月底三次照会胡湘林予以解释。

上海《申报》对中方勘测评估情况作了报道，并称赞张人骏对于日人升旗侵我主权之事"颇能坚持"。该报道说：

> 东沙岛交涉，业经勘明，惟补置特价，尚须磋议。闻各委勘得存物及房栈等所值无几，建设一项以事务所为最着，然亦无甚贵重之料，按之该日人索偿八十万元之数，大相悬殊。现大吏已将勘明情形电陈政府，请示办理。闻张督对于东沙一案，颇能坚持。于将次启程时，尚电致政府，以该岛纯然为我属境，乃日商现坚立商旗，殊属蔑视，应请知照该使即日撤去，以免淆混，而重主权。[2]

张人骏六月十四日（7月30日）离开广东后，魏瀚按照张人骏的嘱托，继续与濑川进行谈判，双方交涉得十分激烈。《申报》曾刊登日本人对此阶段的评价云："据日本《泰晤士报》载称，东沙岛交涉，现仍由广州日本总领事与中国委员魏瀚在广东磋商，大约本月月杪尚难议结。日本虽已放弃要求，而中国要求日本赔偿损失一节并未就绪。盖中国不特不承认日本之意见，且向日本要求赔偿焚毁该岛圣庙及攫采磷石之之损失，为数甚巨。此案悬久不结，全因中国官场固执之故。闻该岛现尚存有矿质物，约值日洋二万元上下。"[3]

七月十九日（9月4日），袁树勋在途经南京向张人骏专程请教后到任广

---

1 《广东东沙岛问题纪实续编》，《东方杂志》第六卷第五期。
2 《东沙岛交涉近闻》，《申报》，1909年8月6日，第11页。
3 《日报纪东沙岛交涉事》，《申报》，1909年9月10日，第10页。

州。按照张人骏的部署，他仍然派魏瀚与日方继续就补偿的具体金额进行谈判。中方认为，西泽岛上资产价值不过十几万元，如果日方坚持索要高价，中方将聘请第三方国家作为公证人赴岛重新评估，结果这一建议被日方拒绝。最后，日本政府不得不压迫西泽作出让步，与中方达成协议，中国收买西泽在东沙岛物产之价，定为广东毫银16万元；西泽赔偿及补税数额，定为广东毫银3万元。这样，中方实际只付给西泽13万元。也就是说，中方如果扣除西泽实际在岛的资产所值10万元，仅仅多付给西泽3万元，也就是魏瀚曾经设想过的二三成水脚钱（广东话"回程路费"之意）。

八月二十八日（10月11日），两广总督袁树勋与日本驻广州领事濑川浅之进在收回条款上签字画押。《收回东沙岛条款》内容如下：

1909年10月11日，宣统元年八月二十八日，明治四十二年十月十一日，广州。

一、中国收买在东沙岛西泽物业之价定为广东毫银十六万元。

二、所有西泽交还渔船、庙宇、税项等款定为广东毫银三万元。

三、中国收买物业定价，西泽将该物业及现存挖出鸟粪照从前勘验清单逐一点交中国委员之后，于半月内在广东交付日本领事。

以上议立条款缮汉文、东文各二纸，画押盖印，各存二纸，以昭信守。

　　　　大清国署理两广总督袁
　　　　大日本国广东驻在总领事代理濑川
　　　　大清宣统元年八月二十八日
　　　　大日本国明治四十二年十月十一日[1]

九月初七日（10月20日），上海《申报》以"东沙岛交涉议结"为题报道了签约内容，并称"西泽氏定章本月二十五号（即华历九月十二日）将各物产交出"[2]。

两广总督袁树勋也立即将收回东沙岛一事的谈判结果上报给朝廷。九月十八日（10月31日），《申报》对此报道说：

粤督致外务部电称，东沙岛交涉一事，由魏道自前月初旬至今，与日人磋议三次，现将收购该岛事项议妥三事，拟照所订议结。一面由善后局筹资拨给交付，并另委妥员前往会同接收。兹将定议事项大略电陈钧鉴：（一）

---

[1] 王铁崖编：《中外旧约章汇编》，三联书店，1959年版，第605页。
[2]《东沙岛交涉议结》，《申报》，1909年10月20日，第13187号，第11页。

东沙岛务照原议,由粤省收回管辖,自行兴辟。(二)东沙岛物业由粤省收购,自订议交价后,该岛原雇台、日工人,一律离去。该岛另由粤省自派专员,督率工师、工人接办。(三)指定收购之楼房、场厂、运道、工程对象等,由粤省备价十六万元向日商购回,订期一次交清。其在该岛折毁庙宇及渔民散失产业,除订明现存房舍照数给还,不再索修费,其余散失无着之产业,应照给赔偿公共产业费二万元、私家产业费一万元,该费即在购价内扣除。[1]

东沙岛赔款付清后,香港"兴利"号渔民梁应元等曾经找到广东劝业道,要求将西泽吉次的赔款兑现给他们。魏瀚在请示了粤督袁树勋后,答复渔民们说,所谓的西泽赔款,只是从粤省赎款中少给了西泽3万元,粤省实际并未得到分文现金。看在赎回东沙岛后,国家和粤省渔民今后都会从中受益,粤省绝不会再从国库中掏钱赔付给受损渔民,只能请渔民们顾全大局。"该商等既系出海捕鱼为业,则是该岛情形,以及风涛沙线,必较熟习,应准条陈妥善办法,禀候核夺,以兴实业而浚利源。所请给领赔偿损失之处,应毋庸议。"[2]

西泽吉次在从东沙岛退出之前,又看中了琉球某岛,声称"已查得该岛物产不亚于东沙,实一无主岛云"[3],准备带工人到那里继续开发。

为了做好接收东沙岛及其之后的管理、开发工作,袁树勋不仅安排"宝璧"兵轮管带王仁棠、水师总管张斌元,会同日本副领事及日商西泽前往点收,而且还饬令广东劝业道对驻岛官兵进行遴选,对其所需经费予以妥筹。《申报》对此报道说:

粤省东沙岛,自前月将银十三万元交给日领等后,粤督即委"宝璧"兵轮管带王仁棠、水师总管张斌元,会同日本副领事及日商西泽前往点收,并以东沙岛所存物业为数甚多,现既议定收回,一经接收,即须有员驻岛管理,方免损失。其西泽采存未运磷质等物,如何招商前往销运;未

---

[1]《粤督电陈购回东沙岛情形》,《申报》,1909年10月31日,第10页。
[2]《东沙岛旧日渔商条陈办法》,《申报》,1910年1月18日,第11页。
[3]《申报》,1909年8月15日,第11页。

取磷矿，如何招商开采；驻岛员役、工人，如何接运粮食，均应详细妥筹办理。因即札劝业道会同善后局，刻日妥议详复。一面先行遴选干员，酌带勇役，会同王仁棠等，前往该岛，以便接收后，驻岛妥为看守。惟驻岛员役一切薪费等项，务使诸从节省，以节糜费。仍令将遴派驻岛委员衔名及兵役人数具报。[1]

## 第九节　蔡康赴岛　东沙回归

九月初九日（10月22日），中方接收委员"宝璧"船管带王仁棠、水师总管张斌元及广东善后局劝业道指定的补用知府蔡康、试验场委员伦敦大学化学毕业生利寅、黄埔船坞绘图生魏道和及几名护勇，偕同日本驻广州副领事掘义贵、日商西泽，乘坐广东海军的"广海"号军舰及海关的"开办"号轮船准备前往东沙。由于"广海"号临时坏损，加之飓风突至，他们不得不在香港停留了许多天。九月十六日（10月29日）的上海《申报》对此加以报道说：

> 东沙岛交涉已与日领议妥，定于十一日将偿款给收易回领土。兹悉粤中大吏特派"宝璧"兵轮日前由省到港，订于初十日载运华官数人前往东沙岛，如约点收该岛。昨午飓风初至，该轮正当其冲，即行去锚驶过九龙停泊。[2]

据陈天锡所著《西沙岛东沙岛成案汇编》一书记载，蔡康等中方人员赴东沙岛的接收费用，一共花费了一千零三十二两一钱四分两厘八毫，其中包括接收后留岛人员的工资、粮食、药物、器具等。

这次蔡康等人前往东沙岛，袁树勋为什么没有向北洋或南洋借用大兵舰呢？原来，在交涉东沙岛过程中，张人骏就考虑

李准著《清末遗闻》片段

---

1 《东沙岛收回后之整理》，《申报》，1909年11月4日，第11页。
2 《东沙岛交涉之结果》，《申报》，1909年10月29日，第11页。

到了今后开发该岛的问题。为了今后专门往返于东西沙岛,为管理和开发南海诸岛运送物资的需要,张人骏和李准在1909年7月左右,就决定购买一艘大型商船,经过一番考察和谈判,10月左右,终于购成了"广海"号军舰。"广海"舰原为日本政府1894年为因应甲午战争军运之需自英国紧急购入的14艘丰桥级商船之一,战后交予日本邮船公司营运,淘汰后由广东政府买下作为广东海军的运输舰。1918年5月,广东军阀莫荣新擅自以90万元代价出售本舰予外商,北京政府外交部曾紧急出面通令各洋商此为中华民国财产,不得购买。可见张人骏当时购买时花费了巨资。这显示了张人骏对于开发东西沙岛、维护我国海洋主权的信心、远见和决心。

广东水师提督李准在后来撰写的《清末遗闻》一书中曾经写道:"广海一艘,载重五千吨,长三百八十英尺,速率十二海里,是张安帅督时余与之会商购置,以为练船者。"不仅比原来借用的"飞鹰"号、"海筹"号大得多,而且船上的无线电、探照灯及各种仪器都非常先进。

"广海"号军舰

直到十月初一日(11月14日),蔡康一行才趁天气稍好勉强起航,初二日(11月15日)黄昏抵达东沙。这是中方官员自西泽霸占东沙岛后,第五次来到东沙岛。而这次赴岛与往次不同的是,在时隔两年零三个月后,东沙岛即将回到祖国的怀抱。

经过四天多的盘点交接,十月初七日(11月19日),中日双方将岛上的物产悉数点收清楚,西泽的代表富成小十又临时递交了一份未经列册的物品清单,也逐一进行点收。蔡康亲自签写收据,当面交与日本副领事掘义贵收执,东沙岛的接收手续就此完成。当天中午,中方在东沙岛上举行了简单而庄严的接收典礼。广东水师的"广海"号军舰"燃贺炮二十一响,以伸庆贺"[1]。阵阵礼炮声中,黄龙旗在东沙岛上冉冉升起,迎风飘扬。被日本非法占据两年多的东沙岛,终于在这一天又回到了祖国怀抱。远在南京的张人骏,也终于松了口气。

初八日(11月20日),蔡康留下2名司事和4名"护勇"驻岛守护,然后与王仁棠及日方人员等一同乘"广海"舰回返广州。

上海《申报》报道了蔡康等人赴东沙岛接收的情况,并介绍其初七日在岛上高升龙旗,鸣炮致贺,然后于次日回省。该报道曰:

> 粤省候补府蔡康等乘"广海"兵轮,初二日到东沙岛,点收各屋宇物业后,即于初七午高升龙旗,同时由"广海"兵轮升旗、鸣炮二十一响致贺。岛长约七里,阔约四里,所产磷质,遍地皆是,虽数十年亦取之不尽。并有玳瑁、螺壳、海草、鱼鸟等,出产甚富。树木亦多。房屋约有二十间,均以木造。该岛孤悬大洋,风涛险恶,此次回航时,日夜遇风,行船三十余点钟,始抵香港云。[2]

飘扬在东沙岛上空的龙旗

1909年12月1日《申报》刊登东沙岛接收消息

就这样,经过张人骏和端方、袁树勋等人的不懈努力,清政府以区区13万元银两收回了东沙岛。清政府向日本交涉收回东沙岛,是中国政府坚定维护中国对南海岛屿领土主权的一次重大行动。晚清之际,国运颓败,在这种情况下,以两江总督端方、两广总督张人骏这两位丰润人为代表的清朝官

---

[1]《接收日期及情形》,张良福编著:《让历史告诉未来》,海洋出版社,2011年版,第38页。

[2]《收回东沙岛物产之真相》,《申报》,1909年12月1日,第11页。

吏，通过艰苦的实地勘查和多次走访，获得大量的历史和现实证据，理直气壮地与日方进行不卑不亢的交涉和谈判，最终使日本政府不得不承认东沙群岛属于中国的事实。这是他们对祖国和民族做出的历史性贡献，值得后人敬仰与铭记。故而1909年9月底张人骏以江督身份视察安徽芜湖时，芜湖人民称颂道"闻公督粤时，整纲饬纪，百度维新。而于'二辰丸'、东沙岛等交涉，尤能以公理折强权，而力维大局。此粤人所为感激衷慕，亦举国之称颂而不能忘者也"[1]。

宣统二年九月十五日（1910年10月17日），革职留任署理两广总督袁树勋上奏朝廷，请求对收回东沙岛有功人员给予奖励，至此，东沙岛交涉事宜完全告终。该奏折云：

东沙岛系粤省辖境，光绪三十二年日本商人西泽招集工人数百，前往该岛建房居住，……光绪三十四年，前督臣张人骏派员与驻粤日本领事严切交涉，饬令日商退出，将岛交回。乃日本领事谓：日商在岛经营一切，所费甚多，希图要索巨款。经派洋务委员、记名关道魏瀚等前往该岛，将日商所造铁路、房屋、轮船暨采存磷质等物，切实估价，实只值银十余万元。于是再与磋磨，并要以合请第三国人赴岛公估。日领事知难滥索，始允减至银元十六万元，作为收买日商在岛建设一切物业之价。其日商采运磷质漏完中国税项、并私毁岛中华人旧建庙宇一所，估计共银三万元，在应付日商款内扣除。于宣统元年十月初七日，派员赴岛点收清楚，以上两案关系国权领土，固应稍失即贻误匪轻。经张人骏及臣先后督饬各员悉心筹划，相机布置，幸能次第议结，就我范围。……鉴各该员在事出力，始终不懈，实属卓著勤劳，拟从优给奖，不足以昭激励。兹按向章，择已满三年者九员，分别异常寻常劳绩，酌拟奖叙。谨缮清单恭呈御览……谨恭折具陈，伏乞皇上圣鉴训示。[2]

张人骏在宣统元年四月底，就组织人员编印绘制了新版《广东舆地全图》，将东沙岛绘入其中。这是中国政府首次对东沙、西沙经过地勘查后正式列入我国版图。宣统二年（1910年），李准又主持编写了《广东水师国防要塞图说》一书，将东沙、西沙群岛的地形地貌、自然状况、物产等写进了该书之中使之成为南海诸岛属于我国的又一例证。这是首次对东

---

[1]《颂张制台》，《申报》，1909年9月26日，第26页。
[2]《两广总督奏请奖励收回东沙岛有功人员》，韩振华著：《我国南海诸岛史料汇编》，东方出版社，1988年版，第156-157页。

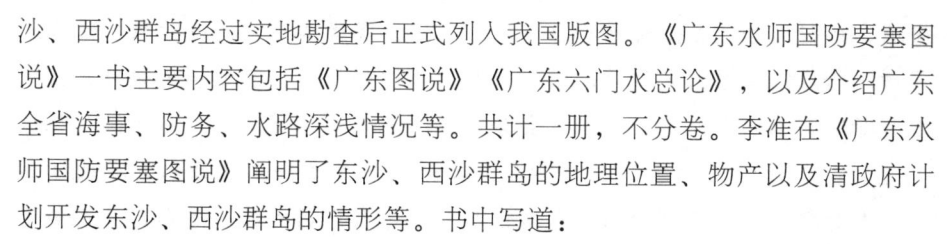

沙、西沙群岛经过实地勘查后正式列入我国版图。《广东水师国防要塞图说》一书主要内容包括《广东图说》《广东六门水总论》，以及介绍广东全省海事、防务、水路深浅情况等。共计一册，不分卷。李准在《广东水师国防要塞图说》阐明了东沙、西沙群岛的地理位置、物产以及清政府计划开发东沙、西沙群岛的情形等。书中写道：

> 东沙岛孤悬海外，……东西长约七里，南北宽约三里，岛上出水高达三丈，潮水涨落为五尺。居香港之东南，距约六百里。岛产磷质矿砂极丰，遍地皆是。掘土一二尺即见其质，三尺至六尺不等。十余年当采不尽。此外尚有龟壳、螺壳、海草、鸟毛甚多。[1]

## 第十节　设置机构　开发固边

张人骏在东沙岛即将收回之际，就已经开始考虑将东沙岛开辟为商埠，"既以杜外患而固吾围，亦以裕国用而厚民生"[2]。所谓商埠，在清代即为人口聚集、经济文化繁荣、对外开放的城镇。由此可见，张人骏对开发南海有着极其深邃的谋略和远见。《申报》对此报道说：

> 东沙岛交涉，张前督（注：张人骏）迭与日领商酌，提出勘定收购之议，随又拟定收回办法，将该岛开作商埠，准令外商及现在该岛日商均可任便营业，由粤省该岛设署、巡警、税关、审判厅，管理保护外人、征收口税各事。派定魏道瀚会同日领前往该岛勘查，已纪前报。兹悉魏道当日提议各项，照录如下：（一）应购房屋器具，定价后即行交出，由中国委员接管；（二）购置产物定议后，所有在该岛经营事业先行停办，原有之日本工人、台湾工人，应照议陆续离去该岛，将一切居住房屋交出，并由中国委员自树中国龙旗，将日本旗帜换去；（三）勘定后，所有在该岛已取未运之矿产、森林、雀粪、肥料、海产鱼类等，均一律截留，分别定期交回纳税各事；（四）应购房屋器具，由日商开出价值详单，送交委员核明，照现勘情形，与日领磋商定价，订期收回，至赔偿大王庙及渔户损失，由委员开明数目清单，送交日领核明，转饬经营日商议定应赔实数，其款即于购价内扣除；（五）该岛收回后，由中国自行垦辟开作商埠，拟准外人通商。俟另订商埠

---

1　李准著：《广东水师国防要塞图说》，1910年印制，第11页。
2　《粤督奏报西沙岛物产之富饶》，《申报》，1909年8月2日，第4页。

专章，再行通告遵办。现第一、第二、第三、第五各项，均经日领事认允。第四项，应购房屋器具价单，由日商开送；应赔房屋、渔业损失数单，亦由委员开送。惟以所开价值单内，会分列某项应需购价若干，核与所勘计值相去甚远，合计所需购价百万，委员估计仅值四分之一，故日来尚在逐项指驳，未有定议。内又有外国工人所住房屋，本有系属渔民建造者，虽略加修饰改造，应照例交回渔民，不能取值。至所赔渔民损失，俟购价确定后，即接续订约照扣云。[1]

等到东沙岛主权收回之后，广东劝业道派人实地勘查，初步确定仅西泽开采后移交给中方的磷矿石就有两千吨左右，而岛上未开采的磷矿石储量就价值600万元，鱼类资源更是当以亿元计。于是计划利用该岛丰富的磷矿资源和水产资源，招商租赁，进行开发，尽快收回13万元购岛费用及取得更多的经济效益。为此，在新任劝业道陈望曾的直接负责下，东沙岛专职委员蔡康等人立即着手向中外绅商发出招租信息。

截止到宣统二年（1910年）正月十五日（2月24日），劝业道共收到中外绅商报名者37人。二月十八日（3月28日）中午，蔡康率领化学师利寅及港商余玉芝、日商正三等19名有承包意向的中外商人乘坐"广海"号军舰，由黄埔港起程前往东沙岛考察，他们十九日抵达，二十二日返回。蔡康等人登岛后，发现岛上"热气郁蒸，吁喘汗流，求一滴淡水以解渴，竟不可得。兼之腐尸臭气扑鼻，风来咸惊惶骇走"。原来，蔡康于去年11月初八日接收东沙岛后留岛驻防的7名司事、兵勇，已经4个月零8天无人过问了，"由于水土转劣，食水缺乏所致"[2]，杨、宋两名司事及3名兵勇病故，另外2名兵丁也已病情危重。见此惨状，蔡康新带去的司事及兵勇全部吓得要求请假离岛，所去商人也立刻灰心，招商事宜不得为之不告吹，蔡康一行无功而返，重病的两名兵丁也只得带回省城治疗，东沙岛上空无一人。

上海《申报》对蔡康等人带队去东沙岛考察一事有过报道，对东沙岛的开发前景仍极其看好：

广东劝业道日前派员，会同化学师利寅，往东沙岛察勘一切，昨经回省。闻该岛面积约十方里，乏淡水源，惟虫类及磷质极富，约价值六百余万，然犹是有穷之利。若能将岛口修筑，船易湾泊，则水产各物利难亿计，

---

1 《收回东沙岛争持详情》，《申报》，1909年8月9日，第11页。
2 陈天锡著：《西沙岛东沙岛成案汇编》，商务印书馆香港印书局代印，1928年版，第91页。

又能使该岛积成广袤之区，可求种植利源。现岛上有轻便铁路三里许，有铁门熬炼厂一所，皆向日人购回者。[1]

《申报》还报道了广东渔业公司派专业人员随同蔡康赴岛进行考察的情形，同时介绍劝业道已经批示，凡有渔民到达东沙岛，驻岛官兵均应"妥为招待"，但渔民"倘须在岛居住及建筑等事，必须禀经官厅许可方能准行"。该报道写道：

东沙岛所产磷质，业经运省销售。惟其间各出产品，现经渔业公司推举书记员辛同桢、携同惠州渔师罗仁初等，会同委员蔡守，前往该岛。查得地处热度，鱼类繁多。岛内磷质极富，遍地皆是，掘土一、二尺即见，其质厚三尺至六尺不等，十余年当采取不尽。此外，玳瑁、龟、螺壳、海草、鸟毛等，均须用素善水性之人采之。其采取玳瑁、鸟毛以春夏之时为宜，螺壳、海草则秋间亦可采取。至冬间，则从事采取磷质。昨特具禀劝业道立案。兹奉批云：该岛旧日惠州渔人每年至岛捕鱼，愿请通饬出示晓谕，沿海渔船赴海捕鱼，以兴水利等情，自可照准。至所请建复庙宇之处，并听民便。惟该岛系经官厅备价收回，现正拟禀开办，如果渔船出海捕鱼，或因避风或有事故到岛，自应饬令员司妥为招待。倘须在岛居住及建筑等事，必须禀经官厅许可方能准行，以示限制而防流弊。仰即遵照。[2]

为了保障东沙岛的顺利开发，蔡康此行还做出了派员测制东沙岛航海图、派兵舰每月赴岛巡视、开辟军港、竖立岛碑等计划。《申报》对此报道云：

渔业公司日前以派员考察东沙岛情形，具禀劝业道。当奉批云：此次赴东沙岛考察事宜，该公司曾派书记员章国桢会同委员蔡守前往，查得该岛一片平沙，纵七里横三里，沙之外十二米至十五米海线有暗礁沙石如长堤围绕三面，或隐或现，不能行船。岛无泥土，泛淡水，气候比省港高至十度，每晨必雾，三日必风等语。察核所呈，尚足资印证。至称经营该岛，必备专行木质轮船岛期来往一节，所议亦不为无见。查轮行航路，全恃测绘图说为标准，该地航路图说系十年前测绘，为日已久，风涛沙线不无变迁。业已详奉督宪批准札行九龙关税务司派船前往详细测探，重绘新图，俾经航道无所障碍。一面并已商准水师提督李军门签派"广海"练船月往一次，以便巡视而资运输。该公司现已成立，备有出海轮船，能否展棹前往，为各渔户之先道，亦望体察情形禀承办理。屯煤之说，应候海军办有成效，开辟军港以

---

1 《察勘东沙岛之内容》，《申报》，1910年4月13日，第12页。
2 《振兴东沙岛之计划》，《申报》，1910年5月16日，第12页。

后，再行此议。撰刊碑记竖立岛上，本官厅应办之事，俟即撰刊竖立，俾张海权而垂久远，仰即遵照。"[1]

蔡康回省之后，在新任劝业道陈望曾的批准下，从惯于山居、最能吃苦的客籍兵勇中，以每人每月口粮10.8两毫银的优惠条件，重新招募了10名驻岛兵勇。同时以每月口粮15.12两毫银的条件，选聘队长1名，于三月二十二日（5月1日），用"广海"兵轮送到东沙岛上重新驻扎。

宣统二年三月，钦廉道道员郭人彰鉴于合浦县积压犯人太多，人满为患，建议从中"择其轻罪狡供者"发配到东沙岛上充当苦力。结果被劝业道陈望曾以设施尚不完备为由予以否决。

宣统二年四月二十八日（1910年6月5日），张人骏到任两江总督后举办的具有世界性质的中国第一次博览会——南洋劝业会在南京开幕时，就有多种用东沙岛磷矿制成的中国最早的化学肥料作为广东省选送展品送到了博览会参展。1913年6月出版的《南洋劝业会报告》一书，便详细记载了东沙岛磷矿质原料加工成的9种专用肥料参展南洋劝业会的有关情况，书中的《广东全省化分矿质所矿产品说明书》一文甚至有东沙岛磷矿含有的各种化学元素的比例分析。该文写道：

肥料矿。产出地方：广东省东沙岛。用途：磷矿可制肥料，提出磷质用以制火柴者为最多，亦间用之为化学药料及医药品。沿革：东沙一岛，在北线二十度四十二分，偏京师中线东一十四分二十六秒，居香港之东南，为中国海权所系。经前两广总督、部堂张（注：张人骏）与日领磋商，始于宣统元年十月将全岛收回，以保领土。附记：此矿每百斤含磷二养五（注：五氧化二磷）六斤十一两五钱，净磷二斤十五两，淡（注：氮）三两六钱。[2]

《南洋劝业会报告》一书中的"广东农事试验场人造肥料说明书（十六种）"[3]一文，还详细记载了九种采用东沙岛所产磷矿原料人工制成的水稻、麦子、旱稻、豆类、棉花、桑等专用化肥的配比和使用方法。

宣统二年（1910年）四月中旬，劝业道任命花翎三品衔候补知府蔡康为办理东沙岛委员，并授予其"办理东沙岛委员之关防"印章一枚，办公地点

---

1《官商合力经营东沙岛近况》，《申报》，1910年5月18日，第11页。

2《广东全省化分矿质所矿产品说明书》，鲍永安主编：《南洋劝业会报告》，上海师范大学出版社，2010年版，第235页。

3《广东农事试验场人造肥料说明书》，鲍永安主编：《南洋劝业会报告》，上海师范大学出版社，2010年版，第254-261页。

暂时租住在河南跃龙里民房一间，于六月十二日（7月18日）正式启用公章办公，全面负责东沙岛招聘技师、工人，谋划开发方案等。由此东沙岛有了知府级别的正式管理机构。蔡康作为办理东沙岛委员月薪为150两，下设东沙岛、香港、九龙关三个分支机构，每个机构由司事负责。整个办理东沙岛机构包括蔡康共计62人，其中东沙岛设驻岛总稽核兼会计司事一人，月薪50两；驻岛医生一人，月薪30两；驻岛日本总技师（专任化验师兼教授采集水产）一人，月薪144两；驻岛日本工师（专任采矿及教授）一人，月薪72两；驻岛磅手一人，月薪14两4钱；驻岛小轮船舵工一人，月薪18两；驻岛小轮船水手三人，每人月薪12两；驻岛机器匠两人，一名月薪43两2钱，一名21两6钱，专司修理小轮船及岛上机器；驻岛木匠两名，共计月薪30两；驻岛泥水匠两名，共计月薪26两；驻岛打铁匠一名，月薪14两4钱；驻岛厨师两名，共计月薪17两2钱；驻岛杂役两名，共计月薪14两；驻岛采挖磷矿工人40名，每人月薪8两6钱4分；驻香港书记一名，专管东沙岛矿产、水产转运、销售情况文牍报告之事，月薪24两；驻香港司事一名，月薪18两，专管东沙岛矿产、水产转运、销售及记账；驻九龙管栈司事一名，月薪18两，专管收发磷矿矿产及记账。

蔡康去任后，原司事洪念宗升任管理东沙岛委员之职。1911年洪念宗报告该岛的管理情况时写道："广东东沙岛原系为广东劝业衙门主司所管，向派委员一名，管理该岛事务。又管工一名，勇目一名，医生一名，护勇十三名，看守东沙岛上物业。每月由该管理东沙岛委员禀知劝业道，行文知会水师军门李，饬派'广海'兵船前往载运粮食赴岛，以应驻岛人员之需用"[1]。

东沙岛对外租赁失败后，港商余玉芝草拟了试办草章15条，请求试办一年，如无利可图，即行退办。如果采得物产尚有可为，拟请专利50年。当日收回给过官款13万元，分作20年摊还，不计利息，并请免缴报效，及免出口税五年。试办期内，每月派兵轮前往一次。陈望曾以其所拟条件太苛，因即决定取销招商承办定议，饬令蔡康议拟官办章程十条。蔡康曾于宣统元年冬间，派司事洪念宗前赴日本，亲自向西泽吉次讨教经营办法，并逐条记录呈报在案。蔡康据此拟出十条官办章程，并得到粤督袁树勋的批准。这十条官办章程内容主要为：（一）遴委专员。（二）量予权限。（三）宽定瓜期。（四）设立局所。（五）分设屯栈。（六）拨用轮只。（七）延聘技师。

---

[1] 陈天锡著：《西沙岛东沙岛成案汇编》，商务印书馆香港印书局代印，1928年版，第210页。

刊登《核准照拨东沙岛试办经费》的《申报》

（八）拨筹银款。创办之始，道远事繁。领款须时，必多窒碍。拟请筹备六个月经费，预算银八千三百七十两。又开办经费五千两，内备修理存岛小轮及货船厂屋，以及购备药品、添置一切器具粮食等用。计共银13 370两，以资应付。（九）优给薪工。所有在事之员司匠役，应领薪工数目，拟请比较内地格外从优，务使维系其心，实力任事，扫除弊混，成效自彰。（十）预算经费。

宣统二年十一月初，《申报》报道了清廷正式批准广东省由官方试办东沙岛磷矿开采业务的消息，并云规定试办期为6个月，拨给试办经费用银一万二千七百三十四两八钱。由此可见，东沙岛的开发行为是一种国家行为。《申报》的此报道如下：

粤省东沙岛，自备价向日商西泽收回后，经劝业道以该岛出产磷矿并海上渔业等事均属营业性质，原拟招商试办，因港商余玉芝所拟试办草章要求备至，无可提议，此外又无商人过问，由藩运二司等会同核议，拟由官试办六个月，委员派轮，雇用技师，前往试办。如果采取磷质，配合得法，便于营销，有利可图，不难继续办理。否则一经筹办有效，商人亦可不招而至。即或办无成效，届期停止，另筹办法，亦不终于废弃。预算试办六个月，经费银七千七百三十八两八钱，又开办经费银四千九百九十六两，共银一万二千七百三十四两八钱。由该司等联衔列折，票奉粤督批示，在于藩运两库各半分筹。由藩司在税价项下筹拨一半银六千三百六十七两四钱，运司在新筹项下筹拨一半银六千三百六十七两四钱，移解劝业道查收支用在案。日前，由粤督咨部查照，已奉核复准其开支矣。[1]

宣统二年六月二十三日，蔡康亲自带领司事洪念宗、日本技师及工匠共62人乘坐"广海"号兵舰前往东沙岛，正式开始了政府开发东沙岛的工作，洪念宗为驻守东沙岛的负责人。蔡康在岛上待了十天，待一切工作步入正轨后，才于七月初四日晚上才乘坐"广海"号回往广州，并带回四百包磷矿粉

---

[1]《核准照拨东沙岛试办经费》，《申报》，1910年12月4日，第12页。

作为样品送给港商代销。蔡康到达香港后，在香港租下康乐道第74号两层小楼一栋，作为东沙岛产品经销处，门口挂上了"东沙岛局"和"东沙岛磷质及土产销售处"两块牌子。东沙岛经营了两个月后，谁知蔡康委托日华洋行藤井正三介绍来的两名日本技师，均为久居香港、不懂得技术的日本骗子。为此于九月十四日照会日本领事馆，动起了国际交涉。而东沙岛的磷矿开采和海产捕捞由于费用太高反而赔钱，不得不于九月底将人员撤离，开发中止。

宣统二年十二月，山东日照地区有日本人窥伺。由于有东沙岛之鉴，国人警惕性提高，从而避免了重蹈东沙岛覆辙。《申报》对此报道云：

山东渤海北岸，本与南满相毗连，现在某国人之势力既充塞南满，又拟挟其余威以图山东。近来，沿海一带，东至桑口湾，西至芙蓉岛，其间屡有该国渔船私来捕鱼，以侵我海权。在诸城之南界，东接胶州，西连日照，中约数百里有无数岛屿，如星罗棋布，岛内之森林甚富，岛外之海产亦异常丰饶，惟居民鲜少，仅至春夏之交，有多数渔人麇集于此。该国窥伺该处已非一日。日前，又有该国人三数名，借卖药为名，遍历各岛，所至之地，必详细勘测图绘，在各岛勾留多日。昨有陈某闻遇，见其踪迹跷蹊，遂加意盘诘。该数人言语支吾，继以不晓中语托词，仓皇而去。查该处各岛屿，并无买药之人，而该数人乃周围践阅，其用意之叵测，不问可知。说者谓恐该国之意，不但拟侵占岛外之渔业，并拟攘夺岛内之林业云。[1]

宣统三年春天，九龙关税务司按照新任两广总督张鸣岐的指示，指派巡工司额得志带领有关人员，对东沙岛航线进行了测绘，历经三月终于完成，为中国船只前往东沙岛提供了航行指南。

建立无线电台及灯塔事宜正式提上了日程。宣统元年十月二十五日（12月7日），英国公使朱尔典会晤大清外务部，要求在东沙岛设立"无线电机与香港通信，既便来往船只，并可藉示该岛为中国领土"[2]。外务部随即致电粤督袁树勋，请其办理。宣统三年正月，粤督批准了在东沙岛设立电报局一事。闰六月初，粤省已经就东沙岛无线电设备采买一事，和得力风根及怡和洋行达成了意向，"查此项机器，价值至二千余镑之巨"[3]。

宣统三年二月二十七日，在日本领事濑川的介绍下，广东政府与日本大泽商会的桥本雅良签订了在东沙岛采取螺壳的合同，四月十六日日方带领29

---

[1]《大东沙第二将出现山东》，《申报》，1911年1月18日，第10页。
[2]《东沙岛拟设无线电信之陈请》，《申报》，1909年12月7日，第11页。
[3]《两广官报》，1911年8月20日，第十一期，第169页。

名工人前往东沙岛，在经营了半年之后，日商反而亏损了6300多元，于是不得不于十月底终止了合同。

宣统三年闰六月初十日（1911年8月14日），《申报》发表了一篇题为"东沙岛产物准由日商兼办"[1]的新闻，报道广东劝业道与日商修改东沙岛螺壳代销合同一事。从中可见在东沙岛官办开发失败之后，劝业道将该岛的部分海产品开发权租赁给日本大泽商会之事。

从上述事实来看，清末东沙岛的开发进度虽然不快，但也是有了一些成效的。只是因为辛亥革命，东沙岛开发才停顿下来。1913年6月16日的上海《申报》就曾报道说：

> 东沙岛前为日本所占据，渔业之利次第兴辟，已在该地设有轻便铁路，以便交通。前清时，经几番辨论，始得用重资收回。清劝业道陈望曾在任时，曾遣人往该岛作工，当时派往之人，皆选择其无家属而极贫者，许以重资作工金，每月专派轮船往该岛运粮食以资接济。其用意，固甚善也。迨反正[2]，时任实业司者，视该地若不甚重，轻此地无人过问久矣。今岁，有商界某君，率带二十余人，呈请政府前往开垦，经实业司用轮船装载，并配带各项粮食器具，以备久居。惟抵埠时，见田园荒芜，岸白骨累累，岛原有洋房数座、器皿尚全，但亦殭卧数具枯骨。目击之下，不禁恻然。查前清时，原有百数十人在岛作工，因反正后，无轮船前往接济，故皆饥毙岛中。某君追念前辙，遂不敢留垦，迫得原船返粤。惟实业司因此事用却公款十余元，竟得如此结果，昨特将各人暂留，再察情办理云。[3]

李准于1933年8月10日刊发在《大公报》上的"李准巡海记"一文中曾经写道，东沙岛"交还后由劝业道经营，仍留管事及工人在彼，采取各项出产品。每月余派'广海'舰送伙食至岛，运各物回省。改革后，党人只知占地盘、谋权利，遂不以此岛为意，留岛之人绝粮而死，可哀也。我虽不杀岛人，岛人由我而死，余滋愧内疚于心矣"[4]。文中所述的东沙岛留岛之人绝粮而死之事可能就是《申报》此文所报道之事。

而张人骏五子张允亮在其父1927年去世后，所写的《先府君行述》，里面涉及东沙群岛一案：

---

1《申报》，1911年8月14日，第11页。
2 注：辛亥革命。
3《申报》，1913年6月16日，第6页。
4《李准巡海记》，张良福编著：《让历史告诉未来》，海洋出版社，2011年版，第55页。

东沙者,居惠州东南海外,距汕头百五十海里,一小岛也。沙积数十里,半环之,产玳瑁,无居人,每岁闽粤渔舟百数十渔猎其间。日人西泽觊其地多磷矿,潜往取焉,继乃建屋宇,设轨道,毁我古庙,逐我渔人。事旋露,府君据国籍与争。日人初执无主荒岛之说,已而见府君持之坚,鉴于"二辰丸"之事,恐互市之永不可复也,乃一旦听命,认其地为中国领土,补纳已取之矿税,偿渔人及庙宇损失之资。东沙之事既定,于是勘及西沙。[1]

　　综上所述,张人骏收回东沙岛一事,不仅在当时有着重大的经济价值,而且给清政府在海洋权益方面做出了重要的提醒,对清政府海权观念、领海观念的发展具有直接的先导作用,甚至促使了中国领海制度的诞生。1908年8月,清政府决定对沿海七省岛屿进行测绘,"作为中国领海定线,即向各国宣布,一律公认"[2]。"嗣后我国勘定各岛,无论何国均不准以无名荒岛任意侵占……并咨沿海各省督抚,随时饬派军舰巡视,以免损失海权"[3]。1909年,《海军》杂志记载:"中国应绘完全领海全图,前由江督倡议,拟行联合划一办法,已由陆军部核准定议,并咨商各省筹办一切。现部中提议,领海界线关系国家主权,现值扩张海军,振兴渔业,应将界线划清,绘列精确详图,宣布中外,共相遵守。惟查中国沿边领海,由奉直起,计中经鲁、苏、浙、闽以至极点之广东,绵长三千余里,欲行详绘全图,自应从测量、研究、编撰入手。惟与其由各省分办,散漫迟延,而不能统一,仍不若在适中地方专设局所,由一处承任,分途测绘办理。"[4]"自东沙岛交涉议结后,又有日人寄栖渤海东南面之刘公岛,德人测绘东海道要塞之田横岛……"[5]"外部以渤海湾交涉迄未议结,此系我国领海,岂可任人侵略,亟应派委精于测绘人员实地勘测。凡中国领海权内,所有华侨殖民各岛及大小荒岛均须绘具图说,标立石址,咨部核定,以便照会各使,嗣后凡中国勘定各岛不得任意侵占,并咨沿海各该督抚随时饬派军舰巡视情形,俾免损失海权,以维护邦交而资保护[6]。"

　　这些足以证明,张人骏对国家海洋主权的贡献,远不局限于仅仅收复一个东沙群岛本身。

---

[1]《先府君行述》,张宇中著:《方北集》,河北美术出版社,第43页。
[2]《交涉录要》,《外交报》第二百一十七期,1908年8月11日。
[3]《外务部测绘领海荒岛之计划》,《外交报》第二百四十期,1909年5月4日。
[4] 海军编译社:《详商合办七省领海全图之法》,《海军》第1号,1909年6月1日。
[5]《划清海权之筹备》,《外交报》第二百七十六期,1910年5月23日。
[6]《外务部测绘领海荒岛》,《申报》,1910年8月2日。

# 第二章
## 勘西沙以保国土

南海各岛自古就是我国的领土。但是，由于"中国向不以领海为重，故于海面之岛屿，数千年来并无海图、任外人之侵占而不知也"[1]。以至于连张人骏自己在1897年三月组织绘制的一套多达120页的《广东舆地全图》，也没有南海各岛的标记。

正因为如此，张人骏在处理东沙岛被日人侵占的过程中，绞尽了脑汁、费劲了口舌，而且耗时两年才获收回。

实际上，光绪三十一年（1905年），状元张謇在给两江总督端方的建议中就曾提出，应该及早把东、西沙群岛等地确定为中国海岛并对外声明，以免外国人觊觎。可惜也未能实现，从而未能避免东沙岛被日本人侵占的后果。张謇在信中写道：

海权界以领海界为限，领海界以向来渔业所至为限。据陈辑《事略》，一千八百三十六年英法议立渔约，此国渔船不得入彼国浅水外低痕三海里之限。五十四年英美定北墨洲渔约，权限相仿。今英国捕鱼路已展至二千五百海里矣。中国向来渔业，南海直至爪哇及林康岛、树岛、蒲拉他士岛，东海直至马鞍岛、桃花岛，此皆英国海军海图官局所编《中国海方向书》之言，其为外人公认即此可见。亟宜早自声明，立渔业公司者，声明之证券也。[2]

信中提到的林康岛即为西沙群岛之东岛，蒲拉他士岛即东沙群岛，《中国海方向书》即《中国海指南》之另一种叫法。

也正是在交涉东沙岛过程中，张人骏注意到了西沙群岛。宣统元年（1909年）闰二月初三日（3月24日），张人骏在给外务部发电中，称蒲拉打

---

[1] 《李准巡海记》，张良福编著：《让历史告诉未来》，海洋出版社，2011年版，第54页。

[2] 《呈南洋大臣议略》，《张謇全集》，第108页。

士岛"向名东沙,与附近琼岛之西沙对举"[1],当是我国官方迄今所见最早使用西沙这一名称的历史文献。

西沙群岛位于我国南海的西北部,北纬15°40′—17°10′、东经111°—113°,距海南岛东南310千米,是我国南海诸岛四大群岛之一。它由宣德群岛、永乐群岛、华光礁、东岛、中建岛等构成,共有22个岛屿,7个沙洲,另有10多个暗礁暗滩。西沙群岛在我国清末以前先后被称之为千里长沙,万里石塘,国际上称之为帕拉塞尔群岛（Paracel Islands）。

宣统元年闰二月初五日（3月26日）,张人骏在给外务部发电时再次提到西沙,并且透露他已经派属下乘坐海关小火轮,于给外务部发报这天之前,已前往西沙群岛勘查巡视了。

而导致张人骏派人巡视西沙的原因,既有可能如其所云:"窃粤疆滨临南海,大洋中,洲岛甚多。只因险远难通,遂致终古荒废。而外人之觊觎者,转不惮穷幽涉险,经营而垦辟之。东沙岛之近事,其明证也。查日人占据东沙岛,经臣与日本领事据理力争,彼已认为是中国属土。刻正派员前往会勘,不久即可将该岛收回。兹又查有西沙岛者,在崖州属榆林港附近,……其地居琼崖东南,适当欧洲来华之要冲,为南洋第一重门户。若任其荒而不治,非惟

宣统元年闰二月初三日《两广总督张人骏致外务部电》

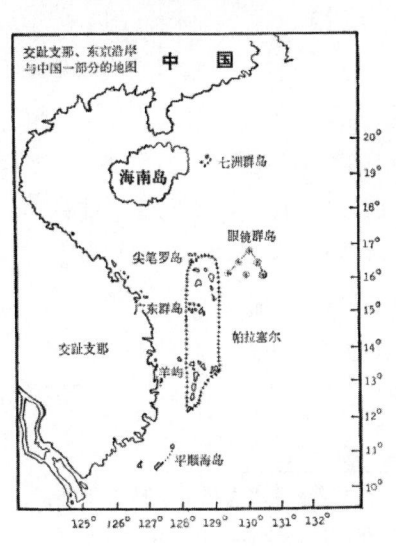

约翰·沙利《航海记》（1613年）中的西沙群岛海图

---

[1]《两广总督张人骏致外务部电》,宣统元年闰二月初四日到。《清宣统朝中日交涉史料》卷一,二十。

地利之弃，甚为可惜。亦非所以重领土，而保海权"[1]。还可能缘于一条外国军舰停泊在西沙岛意欲侵占的传闻。

宣统元年闰二月初十日（3月31日），上海《申报》就刊登了这条外国兵轮勘测西沙岛的传闻：

> 粤督日前接某员电禀，谓风传现有某国兵轮泊于西沙岛，派兵上岸测勘。所闻如是，未知确否。（按：西沙岛在东沙岛之侧）。[2]

于是，便有了张人骏两次派手下官员勘查西沙群岛的壮举。

《申报》刊登的《西沙测勘之风传》

## 第一节　敬荣奉命　初勘西沙

张人骏第一次派出勘查西沙群岛的是水师副将吴敬荣、水师提标左营游击林国祥、广东补用通判王仁棠等人。

张人骏在《张督之奏报》中已经提到由吴敬荣带队，"先经饬据副将吴敬荣等，勘该岛十五处，内分西七岛、东八岛"[3]。陈天锡著《西沙岛成案汇编》中也写有"自吴副将敬荣等前往西沙查勘后，张督即于宣统元年三月间，札委致函咨议局筹办处总办……筹办经营西沙岛事宜"[4]。

吴敬荣（1864年—？），字健甫，安徽休宁县人。1874年，入选清政府选派的第三批官学生出洋留学，被派往美国学习。回国后，派往北洋水师，积功至蓝翎五品军功补用千总。1889年，升精练右营守备，充任"敏捷"练船帮带大副。1892年4月，调任广东水师"广甲"快船帮带大副。1892年12月，

---

[1]《张督之奏报》，陈天锡著：《西沙岛东沙岛成案汇编》，商务印书馆香港印书局代印，1928年版，第22页。

[2]《西沙测勘之风传》，《申报》，1909年3月31日，第11页。

[3]《张督之奏报》，陈天锡著：《西沙岛东沙岛成案汇编》，商务印书馆香港印书局代印，1928年版，第22页。

[4] 陈天锡著：《西沙岛东沙岛成案汇编》，商务印书馆香港印书局代印，1928年版，第3页。

升"广甲"管带,旋赏加都司衔。黄海海战后,吴敬荣被"革职留营,以观后效"。1903年出任"建安"鱼雷艇管带。1906年任"宝璧"练舰管带、游击衔。1908年12月任"江利"炮舰管带。因为其懂得洋务,不久被张人骏提升为署赤溪协副将。

与吴敬荣一同前去的人员还有林国祥、王仁棠和一些海关船员等。因为李准的《任庵自编年谱》中写有:"查广东之西尚有西沙十五岛,距香港约四百海里,距琼州之榆林港约一百二十海里。经吴敬荣、林国祥、王仁棠先会同粤海关船员往探,当会商安帅亲往探明,绘成海图,以便呈鱼师、海港、军部、内阁立案,免又如东沙之覆辙,待有外人占据始为交涉为其计。安帅极然某说。"[1]

吴敬荣的照片

吴敬荣三人在东沙岛交涉中曾多次前往东沙岛,具有航海和勘测、调查的经验,又一向为张人骏所器重,因此首勘西沙,张人骏选中了他们。

吴敬荣查勘西沙的时间大约在宣统元年闰二月初五日(1909年3月26日)或初四日(25日)。因为在初三日(24日)这天,张人骏在给外务部发电时第一次提到了西沙岛,但并未说其派员前往,而时隔一天,闰二月初五日张人骏在发给外务部的电文中就有了"西沙岛现已派员,仍借用海关轮船往查"[2]之句,显示初勘人员此时已经起程,但出发时间应在初四、初五两日。初三日也有可能,但可能性不大。

李准等人第二次复勘西沙群岛所用的时间二十天左右,而吴敬荣等人初勘花费的时间与之要少,因此,其返回广州的时间可能在闰二月二十五日(4月15日)之前。1921年法国印度支那总督府政务和土著局的公函中,也可证明4月初有一段时间吴敬荣等人还在西沙初勘之中:"1909年4月,中国派了官员到那里(注:西沙群岛)进行勘探,结果自吹发现了丰富的磷矿,并认为有开采的可能性。"[3]

---

1 李准著:《任庵自编年谱》,第196页。

2 《张督致外部歌电》,张良福编著:《让历史告诉未来》,海洋出版社,2011年版,第24页。

3 韩振华主编:《我国南海诸岛史料汇编》,东方出版社,1988年版,第538页。

1909年4月的《洛杉矶时报》刊发大清特遣队指挥官吴敬荣画像

吴敬荣等人前往勘察，应该是一个先遣队的性质。主要任务是摸清西沙海域所有面积较大的岛屿数量及其准确位置。由于他们乘坐的是借用海关的小火轮，因此乘员少、时间短、危险大，不大可能登岛详细勘查，基本上是走马观花就行了。这也是为什么他们没有留下详细资料的原因。美国的《基督教箴言报》当时有过报道说，大清特遣舰队的"吴司令"建议朝廷向所有可居住的南海岛屿尽快移民。美国的《洛杉矶时报》甚至还罕见地为官阶并不很高的吴敬荣刊登了画像。[1]

吴敬荣等人的首次勘察，基本掌握了西沙群岛的岛礁分布情况和地理位置，确定了需要复勘的岛屿个数，并且拍摄了一些照片。这为张人骏第二次派人勘查西沙提供了第一手资料。

当年五月出版的《东方杂志》报道了吴敬荣初勘西沙岛一事：

近者外部鉴于大东沙岛覆辙，风闻有外人在西沙岛经营，特电请张督派员查勘。当经粤督派员查明，该岛向无外国兵轮登岸测勘，并查得出产甚丰，可以生利。现特札委土、李两道，设局筹办。略言前闻有西沙岛在崖州陵水县属榆林港附近，经派员吴敬荣等驾轮前往查勘，兹据勘明，复称西沙岛分为十五处，西七岛、东八岛，并将各岛摄影呈缴前来。查西沙各岛，既据勘明情形，自不可荒而不治，任其废弃，应即派员设局，妥筹办理，以重疆土而保主权。

又粤省大吏，前曾派委各员，前往查勘粤东沿边各岛，是否有德、日等国人民旅于其间。当经查得巴剌沙（注：西沙群岛）诸岛，并无洋人，只有中国渔人，在各岛支搭篷寮，捕鱼为生。询诸渔人，果有洋人在于诸岛否，皆答无有，只有某国之代表人，曾到各岛测量。又谓海南岛之南部，现有洋人一班。迨后委员按地往查，果见有德人二名，日人一名，并马来人数名，悉系到该处查勘矿产者。巴剌诸岛，木产甚丰，大树上刻有洋人名字者，此可为有洋人曾到该岛之明证。各委员当由海南到港，取道返省，向大吏禀报

---

[1]《龙旗插上东沙岛》，雪珥著：《国运1909：清帝国的改革突围》，陕西师范大学出版社，2010年版，第215页。

各情。闻政府立意,将沿边所属中国之岛屿,绘画形图,使人分居其地,保守中国利权。并窥探洋人到各岛游历者之举动,按期派兵轮前往巡查,以免再有东沙岛被日人营业之事云。[1]

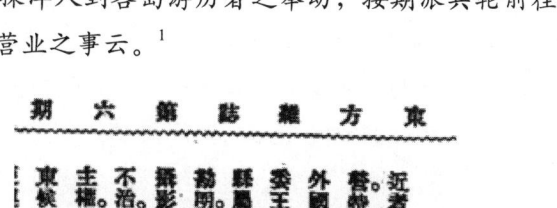

《东方杂志》第六卷第六期《记粤省勘办西沙群岛事》

从这期《东方杂志》的报道来看,吴敬荣初次巡视时西沙群岛并无外国人的踪迹,"只有中国渔人,在各岛支搭篷寮,捕鱼为生。询诸渔人,果有洋人在于诸岛否,皆答无有,只有某国之代表人,曾到各岛测量"。这也是西沙群岛属于我国的一个铁证。

## 第二节 藩司挂帅 筹办西沙

吴敬荣等前往西沙查勘归来后,三月二十一日(5月10日),张人骏即任命"咨议局筹办处总办直隶热河道王秉恩、补用道李哲濬,会同筹办经营西沙岛事宜"[2]。这就是后来简称的"筹办西沙岛事务处"(以下简称筹办处),三月二十一日也就成了筹办西沙岛事务处成立的纪念日。张人骏为什么要用这两个人为筹办处会办呢?原来,这两人不仅因为才华横溢而深受张

---

1 《记粤省勘办西沙群岛事》,《东方杂志》,第六卷第六期,第170-172页。
2 张良福编著:《让历史告诉未来》,海洋出版社,2011年版,第46页。

人骏喜爱，并且他俩一个精通地图测绘，有利于未来将南海诸岛的测绘结果精确绘入版图之中，一个精于经济开发，有利于制定海岛的开发规划。

王秉恩（1845—1928年），字息存，一作雪岑、雪澄，号茶庵，四川华阳人，同治十二年（1873年）举人。光绪十五年，任广东省舆图局坐办，于光绪十七年完成广东舆地图编绘工作后该局撤销。后任钦廉道。光绪三十二年清廷传谕各省开办陆军测绘学堂，由督练公所参谋处主持其事，当时身为广东省参谋处总办的王秉恩遂自兼总办，并推荐自己的老朋友罗照沧为学堂总理。光绪三十三年学堂开课初期，学生仅学算术、代数、几何、英文、罗盘用法、绘图、体操等。不久，从日本士官学校毕业回来的姚鸿法兼任总办，立刻改为新式教学，从日本聘请田浦安静来教三角测量、御厨健教地形测图、福岛鏸教制图。安排罗照沧为后勤管理员，管理学堂杂务。调新军营军官胡光国等组成了制图股，光绪三十四年八月第一期学生毕业那天，两广总督张人骏曾亲临训话。不久王秉恩才改任咨议局筹办处总办。后任广东提法史、广东按察使。

李哲濬（1875—1920年），字子川，定海普陀勾山人，光绪十一年拔贡，光绪二十二年捐户部主事、花翎五品衔，二十七年七月二十四日在顺直赈局报捐道员，二十九年分发广东任四品衔广东候补道。张人骏调任两江总督后，曾五次奏请李哲濬任江苏补用道、江宁劝业道，可见对他的喜爱和器重。李哲濬还与景学钤在宣统二年合著有《中国商业地理》一书，由商务印书馆出版，里面就有东沙、西沙岛的论述。

筹办处还设有三名具体工作人员，分别为"同知邵述尧为坐办，巡检黄济康为文案委员，县丞袁武安为庶务委员"。这些人员的办公场所，暂时设在咨议局筹办处院内。"所需开办经费由广东善后局及两广盐运司库分别筹拨"。

为了引起广东布政使衙门和两广盐运司对筹办处工作的重视，成立不久，张人骏又"加委"广东布政使胡湘林、后任布政使沈增植和盐运使丁乃扬会同王、李共同办理。这样，等于将筹办处由"道"级提升为省级的规格。由此可见张人骏对开发西沙、保卫西沙的重视程度。

五月出版的《东方杂志》也登载有"筹办处"成立的消息，所述内容与民国初年陈天锡所著《西沙岛东沙岛成案汇编》基本相似：

查广东咨议局筹办处总办直隶热河道王秉恩、广东候补道李哲濬，办事干练，堪以派令前往筹办。该员即便遵照，刻日迅将开办西沙岛事宜，妥定经营之策，一面逐一前往覆勘，拟议章程，详情核办。现该道等及各员办事

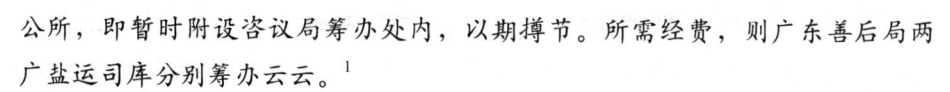

公所，即暂时附设咨议局筹办处内，以期撙节。所需经费，则广东善后局两广盐运司库分别筹办云云。[1]

筹办处成立后，首先是谋划第二次前往西沙岛勘测的方法、步骤、目的，其次是确定参加复勘的人员，其三是确定复勘所需携带的物资设备及经费开支。

为了确保万无一失，张人骏和王秉恩筹办处官员一起谋划制定了《复勘西沙岛入手办法大纲十条》。该大纲主要内容是：（一）测绘各岛。对西沙群岛各岛的经纬度、地势、广袤、面积、内外沙线、水泥深浅、明暗礁石、潮水涨落，以及四季风候、各岛出入所经航路、各岛之间距离，逐一详细履勘实测，并绘制地图。（二）勘定各岛，择其相宜，修造厂屋，并筑马路、安活铁轨，以资利运。西沙各岛既无淡水，又无粮食，轮船无避风之所，要以榆林港为各群岛事务的根据之地，"实力经营，逐渐开路通道，安设无线电报、活铁轨，添办轮船往来环岛东西各口，应期消息灵通"。（三）勘察磷质矿藏，采取各岛鸟粪矿沙，分别化验，以定优劣，为开采作准备。为此要带去麻袋三千条，以便分类盛装鸟粪样品。同时勘察海底资源，采取海底珊瑚和各种海石。勘察海产资源，采取玳瑁、龟、蚌及各种鱼类。要分别列册，考察详细。（四）修筑盐场试晒海盐。闻西沙产盐质优，由丁乃扬派盐务郝继业、陈晋庆二人及盐工数人同往，进行试验。（五）察验土性，以备种植。拟带一些熟悉农业种植之人查勘每个岛的土性、适宜种植的作物，或桑棉、或五谷，或番薯、苡米等杂粮，或蔬菜水果，以及椰树、咖啡、八角、甘蔗、橡胶、菠萝等项，随其所宜，以备试种。（六）同往勘查员役、工匠的确定。（七）置办目前应用各项器物。（八）同行人员连同仆从、工匠等，共约一百余人，在路伙食即由轮船供给。根据有关规定，委员上人每人每日四角，随从等人每日二角。（九）携带木匠、泥瓦匠，勘定厂屋地址，计算好所需多少建筑材料，以备施工。（十）拟派"伏波""琛航""广金"兵轮一同前去，并借海关小火轮悬挂兵轮，以便岛内往来便捷。[2]

经筹办处人员集思广益，确定复勘西沙所需工具、器物为：（1）探地钻一具（农工路矿公司借用）；（2）红毛泥十三桶（无烟药局借用，以为储

---

[1]《记粤省勘办西沙群岛事》，《东方杂志》，第六卷第六期，170-172页。

[2]《复勘西沙岛入手办法大纲十条》，陈天锡著：《西沙岛东沙岛成案汇编》，商务印书馆香港印书局代印，1928年版，第4-6页。

水柜之用）；（3）长柄洋式大铲一百把；（4）十字锹一百把；（5）洋式锄头一百柄（宽窄各五十把）；（6）夹帐篷二十架（以上五种军械局领用）；（7）白洋布一匹（备写条标各种肥料磷质之用）；（8）针线；（9）麻包三千个；（10）五福七纱大龙旗二十面（均昌隆买）；（11）臭水臭丸（香港买）；（12）绘图蜡、纸布（香港买）；（13）罐头食物（香港买）；（14）外洋装红酒木桶（香港买，运淡水之用）；（15）安乐水（注：汽水）二百打（香港买）；（16）大号用手抽沙漏一个（香港买）；（17）瓦茶壶三十把；（18）粗茶盅二百件；（19）挑水木桶二十副；（20）粗细麻绳索二百条；（21）洋洗衣木桶四只；（22）洋肥皂一小箱（香港买）；（23）铁锅六十个（大二十、小四十）；（24）粗细碗筷二百副；（25）大小沙煲一百件；（26）大小碟子四百件；（27）厨刀十把；（28）锯子四把；（29）竹竿（二丈长）一百支（三亚买）；（30）五色旗纱五匹；（31）日记簿（连铅笔）二十本；（32）大小雨竹帽各一百顶；（33）大茶桶四个；（35）杉木板（长一丈、宽六分、厚五分，长一丈、宽五分、厚五分）五百块（省城买）；（36）玻璃手灯四十盏；（37）生油三百斤；（38）草席一百床；（39）小杉木（四寸径一百棵，五寸径五十棵）各长一丈二尺一百五十条；（40）大洋三千元；（41）西沙岛总、分图各二张；（42）洗身盆四只；（43）竹箩边挑绳索一百具；（44）有盖木饭桶二十只；（45）洗碗桶十只；（46）砧板十块；（47）棉绳五斤，灯芯用。

  前往复勘人员，总计达177人。其中既有西沙事务筹办处官员李哲濬、邵述尧、袁武安，省藩司、运司衙门有关人员郝继业、陈晋庆，广东水师将领李准、吴敬荣、林国祥，还有香港商人、测绘学生、化验师、工程师、医生及各种工人。他们分别是水师提督李准，广东补用道李哲濬，署赤溪协副将吴敬荣，尽先副将李田，水师提标左营游击林国祥，广东补用知府丁乃澄，广东补用知府裴祖泽，广东补用同知邵述尧，广东补用通判王仁棠，广东试用通判刘镛，浙江候补知县王文焘，广东补用盐经历郝继业，广东补用盐大使陈晋庆，候补县丞袁武安，候补通判赵华汉，总商会调查员试用通判郑继濂，管带雷虎雷艇尽先都司张瑞图，龙骧管带刘启唐，安太管带潘镇藩，广安管带梁朝彝，尽先拔补把总郭朝升，尽先把总陈仕平，港商韦雪斋、李惠林、苏汇泉，海军测绘学生4名：萧广业、邱世堃、孙承泗、梁宝琳，测绘委员4名：孙金汉、刘乃封、赖鹏、陆振，测绘学生8名：吴应昌、韩国英、王钦、洪禹懋（均琼府人）、赖国琛、彭道宗、谭景洽、杨基。化验师2人：

无线电工程师布朗士，礼和洋行化验师孙那（以上二人为德人），农工路矿公司探钻工程师2名：钟饰、钟英，军医生2名：陆锡藩、胡国镇，庶务随员谭开宗，照相人2名（连器具华芳去），木工2名：朱生、伍嘉、朱胜、香基（每名每日工银五毫，落船之日起算，饭食在外），泥水2名（均冯润记带），修盐漏工4名（榆林港等处雇）。种植工2名（林管带觅），洗衣工2名，小工100名（在三亚榆林港万县陵水一带雇募，现近四月，渔船均不出海，拟即雇此项工人，兼作引水），测绘员生随从12名。舰艇上随行的水师官兵不在其数。

复勘人员之所以由各方面人员组成，张人骏是考虑到赴岛勘测各项技术及今后开发甚至招商的需要。比如确定海口电报委员刘镛随行，就是为了在西沙群岛设立无线电而刻意安排的。四月十四日（6月1日），《图画新报》就刊登了张人骏批准在西沙群岛设立无线电，并安排刘镛随行的消息：

时任广东水师提督李准

> 奉派筹开西沙群岛事务李道等，日前谨呈大吏，略以西沙群岛面临大海，与崖州各属水道相隔，向恃海船交通。现在筹议开辟，凡筑造、垦田、种植、畜牧、采矿、捕鱼各项，应行交通者甚多。该处风浪极大，来往船只时多阻隔，必须添设电报，以便传递消息。查西沙对岸，即为崖州万县陵水各处，该处原已安设电线，现带同海口电报委员刘镛，随往详查辟岛事宜，应即责成在中岛地方……接通内地崖州电线。至拟设之无线电，拟以中岛设机一具，在西群岛各设一具，庶几彼此信悉灵通。等情。现已由大吏核准照办矣。[1]

根据筹办处所列的物资采买计划和复勘派出人数，测算出此行所需全部经费为3614.89两白银，张人骏自然是照批不误。

三月二十八日（1909年5月17日），筹办处召集复勘人员到筹办处开会，部署复勘准备事宜。《东方杂志》对此报道如下：

> 开辟西沙岛事宜，业经大吏札派王雪澄、李子川两观察，前往筹办。惟开办一切事宜，亟需人襄理。已由两观察遴选各项专门人材，充当随员，分股办事。并将张督发下之西沙岛图，照印多份。凡一切关于西沙岛图籍，均

---

[1]《核准建设西沙群岛电信办法》，《图画新报》，1909年6月1日。

携带前往,并酌带测绘学生数名,带同测量器具,以便测勘一切。旋定期四月初间启行。特于三月二十八日,传集各随员学生,到咨议局筹办处,会商一切办法,禀请大吏札行云。[1]

从复勘西沙的人员组成来看,由广东水师提督李准亲自带队,若干道府官员参加,又是一个正省级的规格。这除了进一步显示张人骏对海洋主权的重视程度外,还因为他和李准私人间的"铁杆"关系。

## 第三节 李准称侄 安帅护才

张人骏和李准此时是二十多年的叔侄关系了。1914年冬季,一同住在天津英租界戈登路的李准送给张人骏篆书四条屏《归去来辞》,落款是"安帅年伯大人训正,甲寅冬侄李准学",就说明了二人的这种关系。

李准为什么称张人骏为"年伯"呢?原来,封建社会称同一年考取进士的人为"同年"或"年兄",后辈称与父辈同一年考上的人为"年伯"。张人骏同治七年(1868年)二十三岁考中进士,李准的父亲李征庸光绪三年(1877年)考中进士,张人骏比李征庸早九年。张人骏出生于1846年,比李准的父亲李征庸(1848—1902年)大两岁。因此,无论是从进士的先后还是从年龄上讲,李准称张人骏为年伯都是应该的。

李准这个年伯还真不白叫。二十多年来,张人骏无论是对李征庸,还是对李准,真可谓是处处关照,对李准更是爱其才华,步步提携。张人骏去世后,其五子张允亮在《先府君行述》一文中写道:"李准两世宦粤,明习粤事,府君任粤抚日,识其才,言之总督岑春煊,岑春煊上诸朝,遂以道员膺异数,署提督,授总兵,故极尽力。"[2]

李准出生于1871年,张人骏比李准大了整整25岁,李准出生时,张人骏不仅早就考中了进士,而且是两个孩子的父亲了。1894

张守中先生收藏的李准赠给张人骏的篆书《归去来辞》

---

1《记粤省勘办西沙群岛事》,《东方杂志》,第六卷第六期,第170-172页。
2《先府君行述》,张守中著:《方北集》,河北美术出版社,第42页。

年12月2日张人骏由广西按察使调任广东的三品按察使时，李准的父亲李征庸还只是他属下揭阳县的一个七品知县，李准也还是随父就学的一介书生。1895年12月张人骏升任广东布政使前，李征庸已带李准调任南海县。并在十一月二十日因瞒报三起南海县城白日抢夺案而被撤销了职务、降一级候缺使用。不久，针对他的一些上访就接踵而来了。有人告发他在担任香山县知县时，该县有一刘姓寡妇的巨额财产被小叔子侵占了，这位刘姓孀妇告到县衙，李征庸因为收受了其小叔子的五百两银子的贿赂，硬是把财产判给了其小叔子，致使刘寡妇自尽身亡。又有人参他在南海县任内，无论案情大小都先取保候审，然后指使下人去案犯家里讨价还价，花钱了事。还有人告他被参撤职后仍下乡征粮征税，中饱私囊；冬天里私自放出犯人八十余名，得贿数万；更有人告其在揭阳县时，其子李准人称"虎李大少"，乃高衙内式人物，不仅出外招摇串索，还强奸了一位林姓妇女，并将其丈夫治罪入狱，施以酷刑。光绪二十三年（1897年）三月初五日，案子上达天听。朝廷闻报，下令严查。布政使张人骏、按察使魁元成了专案组组长。经过一段时间的调查取证，张人骏终于为李征庸父子洗脱了罪名。

由于没有了嫌疑，李征庸才得以于光绪二十四年（1898年）四月签掣为山东沂州府水利盐捕通判。七月，被乙未状元骆成骧等举荐办理四川商务矿务，最后官至三品四川矿务商务大臣，追赠内阁学士兼礼部侍郎衔。李准则于1898年出任广东钱局提调，翌年兼任广东海防善后提调和厘金局总办。

到了光绪二十九年三月二十一日，岑春煊接任两广总督，张人骏升任为广东巡抚。岑春煊年少时号称"京城三恶少"，中年时人送绰号"官屠"，与"士屠"张之洞、"人屠"袁世凯并称为"清末三屠"。因庚子年勤王有功，平日里嫉恶如仇，吏治甚严，态度蛮横，毫无情面。上任广东总督后，将1400名官员撤职回家，一时大小官员皆谈"岑"色变。岑春煊由广西赴广州上任后，命令时任广东巡防营统领兼巡各江水师的李准限期一个月内剿灭西江匪首区新，并且只拨给他一些老弱残兵。李准千方百计活捉匪首区新后，岑春煊仅以犒赏各军3万元了事。还是张人骏出面与岑春煊沟通，"李准依期殄除巨股，当有以旌之"，并与岑联名上奏，最后才得到上谕："李准着交军机处存记，但遇有道员缺出请旨简放，并赏赐'果勇巴图鲁'名号"，其他有功人员也得到了应有的赏赐。[1]

---

[1] 李准著：《任庵六十自述》，《民国人物碑传集》，凤凰出版社，2011年版，第166页。

随后，岑春煊又命李准马不停蹄，前去剿灭了盘踞在肇庆、阳春、罗定、东安的西山、阳春、罗定、云雾山等地的土匪李北海部，最终使得李北海率千余匪徒投降。之后，岑春煊又命李准剿灭了活跃在香山、顺德等地的龙凤堂匪首林瓜四部。即便有此战功，李准仍然得不到岑春煊的好脸色，依旧受其排挤、打压。甚至袁世凯要将李准调到自己的手下提拔重用，岑春煊也以各种借口阻拦。在这种时候，又是张人骏出面保奏，李准才于光绪三十一年（1905年）四月进京召见，并奉上谕："简放道李准着开去道员，以总兵用，署理广东水师提督"。李准上朝谢恩时，慈禧太后对他说："本来袁世凯、周馥保你到江北，因岑春煊电奏，一定要你回广东，你就去好好地帮岑春煊，就当是帮我一样。岑春煊忠心卫国，我跟他分属君臣，情同母子。庚子那一年，不是岑春煊，咱们母子那里还有今天（言时面向光绪帝，光绪帝为之颔首）？就当我多养了他这么一个儿子罢了。你到广东去给他说，叫他不要那么性急，什么事要从从容容地办，不是一天办得完的，他若是把身子急坏了，那就了不得了。有什么事你帮着他办，他也可以少着点急。"至此，李准以为只能在岑春煊麾下干事，怨恨难消。李准沮丧地回到广东，本以为有张人骏帮衬，还可以勉强得过。谁知"是月（注：六月十七日），粤抚张安帅以裁缺调任山西巡抚。准蒙承青睐，今将去任，不禁依依之念，且恐以后无主持公道者，四顾彷徨，莫知所措，惟有谨慎，将事尽心力而为之，祸福听之"[1]。李准在《任庵六十自述》诗云："丰润张安圃，量移晋中丞。不尽依依念，难得公道人。"同样反映了他对张人骏的这种依依之情。

正当李准认为自己将难见天日之际，1906年9月，岑春煊在奕劻和袁世凯的排挤下，以云南片马民乱需要其处理为由，将岑调任云贵总督，周馥出任两广总督。李准一下子又有了转机。哪知仅仅过了半年，岑春煊又杀了个回马枪，于1907年5月第二次出任两广总督。好在李准这次是有惊无险，岑春煊由于对此次任命心怀不满，途经上海时称病不就职。七月初四日，慈禧太后下旨将其开缺，任命张人骏为两广总督。这对于李准来说，可谓是"盼到了深山出太阳"。

话说岑春煊在四月赴粤之前，向慈禧太后辞行，适逢慈禧问及李准在粤表现如何，岑春煊奏曰"本来很好，都给周馥纵坏了。必稍加裁抑，乃可玉成大器"等语，于是太后听从他的意见，于六月下旨李准降级外调："以江西按察使秦炳直署广东水陆提督，署广东水陆提督李准署北海镇总兵官，并

---

[1] 李准著：《任庵自编年谱》，见于四川邻水李准研究专家包述安先生博客。

会同署廉钦道王瑚办理廉钦清乡善后事宜。"此时，李准刚刚平定完孙中山发动的黄冈起义。

李准平乱有功，但反而再次遭到了恶报，心中万念俱灰。于是他一面请假到北海的外国医院养病，一面"即催秦炳直速来接篆，将从此脱离宦海，避居海外，作世外人矣"。他手下的将领见主帅无辜降职，也都纷纷告病离开了军营。

李准和妻子儿女合影

恰在此时，"廉钦之乱再起。防城失守，宋大令全家殉难。东典相继失陷，钦州被围，王珊率济军两营守城霍荪亦被围，仅关福昌一营守城。廉州合浦戒严，连电告急"。正在临时代理两广总督的广东布政使胡湘林急忙求李准带兵解廉钦之围，情词急切，甚至要给他下跪，可是李准坚决不肯。

到了七月初四日，朝廷任命张人骏出任两广总督的消息一出，胡湘林赶紧电告给李准。不一会儿，张人骏也给李准拍来了电报，告诉他自己的任命，并让他迅速出兵，解救廉钦之围。李准闻命立即行动，先电告在廉钦的各军振军以待，即日调集亲军隆世储、江云卿、马镛柱、李耀汉、邓瑶光等营，以夏豹均太守文炳统之，以吴宗禹、秦子质留省，以豹伯调集兵舰，并雇商轮即日出发，次日即抵北海。各将领见到李准，欢喜异常。李准打趣地问："你们不是都有病请假了吗？"属下说："大帅无辜被降，我们更不知继续干下去该有何下场，因此不得不请病假了。今天见大帅复出，我们一下子病就全好了。大帅就请下命令吧。"李准乃遣郭人漳率林伟邦等收复防城、东典等处，令赵声率彭大松、隆世储等即日由廉州趋武利以援灵山，自己则率夏文炳、李耀汉等营趋合浦。不几日，防城、东典相继占领，革命党多退往广西边界。李准亲率各军击乱党七八千人于太平墟、那线十五山等

处，击毙生擒无数。至此，同盟会起义将士被基本剿清。

当年的十月二十四日（1907年11月29日），张人骏在给张允言等儿子们的书信中写道："钦防之乱，实系革命党为之，现已搜有实据，孙文党无疑。郭道骁勇敢战，自是将才，近日三凝西万两战，悍匪歼毙不少。李准调度皆能听我约束，亦皆有法，乘此时机，若不易将，则肃清指日可期。"[1]可见，他对李准的表现是放心和满意的。鉴于此，这年十二月，在张人骏的保荐下，朝廷对李准的任命再次发生了变化，"广东水师提督着萨镇冰补授，仍着李准署理"。

广东水师提督署旧址

光绪三十四年（1908年）正月，李准在天平街水师行台隆重地接过了水师提督大印。张总督破例每月给其1200银两办公费，这在前任是一毫没有的。虽然还是代理，但毕竟官职又恢复到原来的级别，因为工作关系又到了张人骏手下。从此，李准才过上了顺风顺水的日子。

## 第四节　李准带队　复勘西沙

宣统元年四月初一日（1909年5月19日），李准一行正式出发了。

根据《西沙岛成案汇编》记载，当时"前往西沙岛复勘考察人员，分乘'伏波''琛航''广金'三兵轮。由宣统元年四月初一日由省起行，是月二十二日（6月9日）回省"[2]。

---

[1] 张守中著：《张人骏家书日记》，中国文史出版社，1993年版，第106页。
[2] 陈天锡著：《西沙岛东沙岛成案汇编》，商务印书馆香港印书局代印，1928年版，第16页。

四月初二日，《东方杂志》报道了李哲濬等人随同李准前往西沙群岛考察之事，并声称粤省准备拨款一二十万元，用于开发西沙。该文写道：

闻王李两观察奉札后，经议得该处东西各岛，沙石甚多，未易开辟，内东三岛，西二岛，俱属产盐之处。近海一带，尚有余地，可以开辟盐田。又东西九岛中，均以浅滩中出产各种海物，应即就该处扩张捕鱼事业，岛中土质，暖而不润，虽有淡水，可供饮料灌溉，然只宜于辟治各项种植，如椰、榆、槟榔、棉、蔗、花生之类。农田耕种，是否相宜，尚需另行详察计办。当即拟定，先由善后局拨款一二十万，计办各岛种植垦辟渔业事项；由运司拨款巨万，计筹各岛盐田垦辟事业。各司道会同妥商后，即将各情详复大吏。昨已一面加派委员，再往该岛，布置一切。准于秋间，将该东西十五岛一律开办云。[1]

"广金"号军舰

"伏波""琛航""广金"三艘炮舰都隶属于广东水师。

"伏波"号炮舰由福建船政局于1871年建成，为木壳炮舰。舰长66.5米，宽10.7米，吃水4米，排水量1258吨，主机580马力，航速10节，装炮7门。中法战争马江之役中，该舰作为张人骏堂叔张佩纶的属下，负伤后溯闽江上驶，搁浅于江边，后经修理转给广东水师。这次张人骏让其参加了西沙群岛巡视勘查，一扫马江海战的旧恨。

"琛航"号运输舰由福建船政局于1874年建成，同是木壳运输舰。舰的大小、排水量、动力、航速等均与"伏波"相同，装炮8门。也是张人骏堂叔张佩纶的属下，中法战争马江之役中，该舰被击沉，后捞起修复，转给了广东水师。

"广金"号炮舰较小，乃广州黄埔船局于1890年建成的钢壳炮舰，舰长45.72米，舰宽7.32米，吃水2.9米，排水量650吨，2部主机共500马力，航速10.8节，装炮5门。

---

1《记粤省勘办西沙群岛事》，《东方杂志》，第六卷第六期，第170-172页。

大概由于"广金"号比"伏波""琛航"号吨位小得多，所以被张人骏和李准在有关文件中忽略未记。但从筹办处及其他见到的有关文件来看，"广金"号参与了二次勘查西沙是确定无疑的。

按照出行前的预先安排，筹办处购买了20个日记本和铅笔，用来记载复勘中的所见所闻。估计带队出行的10个左右的道员以上的官员都被赋予了沿途记录的职责。可惜，到最后交到筹办处的，只有李哲濬、郝继业等人。而且李哲濬的日记几年后又"已无可考"了。[1]

至今，我们只能从《西沙岛东沙岛成案汇编》中，看到郝继业的记载原文：

卑职等遵于四月初一日，附随军门督宪李准乘坐"琛航"轮船，由省动身，至香港、琼州、海口均有耽延。初七日抵距琼州、海口六百余里崖州属之榆林港，随即上岸，调查该处产盐事情，得悉大略。后因在该处避风十日，逐日带同由高州关来编户人等，遍历该港，详细询问。查得港内水面长二十余里，宽八里余，水深二三丈不等，四面高山，民黎杂处，地皆平坡，均以捕鱼种椰树为业，烟户寥寥。尝试水味，卤实浓厚。屡勘地址，沿岸各处，据场工人等报称，可筑盐场四五百工。港西平坡六里余，度一小岭，名三亚港，居民二三百家，均属蓬茅庐舍，有崖州巡勇驻扎。此港绕山沿海，有已成盐田，约百余工。询之土人、盐户耙晒之法，与西场同，色味亦相仿，天晴晒水三四日成盐。计该港盐田，每年约产盐三万余包，运销钦州一带。该处二十两为一斤，每斤现价八九文之间。惟民贫地僻，所筑盐田，皆由高州及外来商户资本，雇佣土人耙晒，询及筑价，须视地之高下，如基少田多，工价较省，约计每工盐田需洋六七百元之谱。并云：该处非遇洪水飓风，甚少淹灌。此顺道查勘榆林港之情形。十七日，由榆林港展轮，十八日，抵西沙，即《西沙志》所云罗拔岛（注：甘泉岛）。十九日，至大登近岛（注：琛航岛）。二十日，至地利岛（注：树岛）。均于各岛近处泊船，随同各宪涉水冒砂，巉岩叠石，势颇险峻。登岛遍览，海道环回，沿岛探测，暗礁甚多，洋潮汹急，异常汹涌。岛内满生栲树，矮小成林，既无烟户，又少产物。惟其中湾环岛宇，天然形胜。至于开筑盐场，似需该岛开港兴堠，筑堤平石，垒土淘沙，庶可相措置。礁石既平，盐舶乃能使运，将来一经成埠，盐利想亦甚薄，盖其水味卤质与榆林港相并，只湾泊运道稍遥

---

[1] 张良福编著：《让历史告诉未来》，海洋出版社，2011年版，第48页。

耳。卑职等愚意，以榆林港已有盐场，但须宽筹资本，将未开之地，接续兴筑，其利较近。西沙岛为开辟盐场，经划得宜，详审有方，收成须俟日后。至应如何展拓兴修，或发帑项，或招商承，或由官督办，愚昧之见，未敢妄拟。[1]

"琛航"号军舰

郝继业文中提到的《西沙志》，乃一位德国航海家所写，并收入在德国1885年《海道测量及航海气象年鉴》第12册第12页至30页，题目叫作《西沙岛》。这位德国人为了出版一册权威的航线图，曾经在此之前到过西沙群岛勘查测量。大约在1900年，有位华人发现该文后译成中文收藏起来，1910年时那位译者大约是看到了李准等人勘查西沙之事，于是才拿出来发表在《东方杂志》第六期上，"足备调查该岛之一助也"，题目叫作《广东西沙群岛志》。在该文中，这名德国人将西沙群岛划分为东西两个群岛，东面的群岛称作奄非地拉群岛（译言残剩），包括活地岛（华言木岛）、乐忘岛（华言石岛）、地利岛（华言树岛）、北岛、中岛、南岛。西面的群岛称忌厘先群岛（译言新月），此名是昔日一西管驾名罗士所号，故今航海人仍用其名。共分为六岛，"一曰大登近岛，二曰小登近岛，三曰杜林门岛，四曰八杜罗岛，五曰罗拔岛，六曰文尼岛"。除了奄非地拉群岛和忌厘先群岛，西沙群岛还有地列顿小岛、怕苏茄小岛、连可伦岛三个小岛及地士加花利礁等一些海礁、海滩。整个西沙算起来较大的岛屿也正好是15个。《广东西沙群岛志》不仅对西沙群岛的各个岛礁的植被、地貌、水文、海产等详细记载，还记载了乐忘岛有"海南渔人，出海取鱼，常到此"。地士加花利礁有"海南

---

[1] 张良福编著：《让历史告诉未来》，海洋出版社，2011年版，第50页。

渔人,每岁正月至五月,到此取鱼"。连可伦岛"岛上尽小矮林,中有枯椰树一株,侧有井,是海南渔人系以滤咸水者"。那乎利乎石排(译言北石排)"尝闻人言广州之南有珠池,中生巨蚌,出美珠,而水程极险,疑即诸石排"[1]。这些都是西沙群岛自古属于我国的力证。

"伏波"舰照片

但是,《广东西沙群岛志》发表在郝继业等人复勘西沙群岛一年之后,郝继业何以在复勘前就看过这篇文章呢?虽然,宣统元年五月上旬广州出版的《砭群丛报》上,也刊登过《广东西沙群岛志》一文的摘录部分。但是,这仍在复勘西沙之后。所以,最有可能的就是,郝继业等人在前往西沙前干脆就曾向译者借阅过这篇文章,因为郝文中所用岛名均与《西沙志》相同。

此外,宣统二年第七期《地学杂志》也刊登过一篇《粤东查勘西沙岛小记》,作者疑似参与复勘西沙的人员。文章也很简单:

西沙之罗弼岛,系鹅卵形,长约三里,高出海面三十尺,中有清水井一,矮林甚密,多礁石环绕。西北方有毕杜劳岛,岛上有大椰树一株,可为指引路途之记号,下有济水井一,岛之南有沙滩可登岸。又登近岛,即现改名之魔壳岛也,该岛分东西二岛,东岛稍大,高十三尺,其南有大椰树一株,旁有井。西岛亦有大椰树一株,岛高十尺。又本岛现改名"琛航",西沙以此岛为最大,长约三里许,岸边多沙滩,有渔船停泊该处。群岛十余处,以东北三岛为稍大,西南亦有一岛,均可开作商埠。惟四岛间之无礁石阻碍,可以畅行轮船者,仅得二处,此外并无可行驶轮船之岛,且岛屿面积

---

[1]《广东西沙群岛志》,《东方杂志》,宣统二年第七卷第六期,第49-53页。

甚小，不宜开埠，因暂将东面一二岛经营开埠事务，其余则一律兴办种植实业，渔业盐田。[1]

李准复勘归来后著有《巡海纪事》一册，可惜于辛亥革命中不幸遗失。1933年，中法之间发生了南海九小岛岛屿之争，李准到《国闻周报》社与记者陈述当年去西沙巡视的经过，证明自古西沙就属于中国领土。1933年8月21日的《大公报》专门连载了数期根据李准对《巡海纪事》追忆所形成的《李准巡海记》，流传甚广。不过由于系李准晚年回忆的，个别地方的叙述有误。

> 地學雜誌 第一年 第七期
>
> 粵東查勘西沙島小記
>
> 節錄
>
> 西沙之羅弼島係鵝卵形長約三里高出海面三十尺中有清水井一矮林甚密多礁石環繞西北方有畢杜務島島上有大椰樹一株可爲指引路途之號下有清水井一島之南有沙灘可登岸又登近該島即改名之魔壳島也該島分東西二島東島稍大高十三尺其南有大椰樹一株務有井西島亦有大椰樹一株島高十尺又本島現改名琛航西沙以此島爲最大長約三里許岸邊多沙灘有漁船停泊該處羣島十餘處以東北三島爲稍大西南亦有一島均可開作商埠惟四島間之無礁石阻礙可以暢行輪船一處此外並無可行輪船之島且島嶼面積甚小不宜開埠因暫將東面一二島經營開埠事務其餘則一律興辦種植實業漁業鹽田。
>
> 吉林物產

粤东查勘西沙岛小记

前往西沙岛复勘考察人员、水师官兵170多人，由广东水师提督李准率领，分乘"伏波""琛航""广金"军舰于宣统元年四月（1909年5月）初一日，由广州起行到西沙群岛巡视，是月二十二日回。在巡视期间，测绘地图，查勘岛屿15座，逐一命名，勒石竖旗。

李准亲自登临并命名了伏波岛、甘泉岛、珊瑚岛、琛航岛、广金岛五个岛屿并竖旗、鸣炮，李准等还对另外十个岛屿进行了勘查，并根据勘查人员中职务较高的官员的家乡之名，命名了这十个岛屿，如以李准的妹夫、补用知府裴祖泽的家乡安徽霍丘命名了霍丘岛，以补用知府丁乃澄的家乡命名了归安岛，以沈季文的家乡命名了乌程岛，以李哲濬的家乡命名了宁波岛，以林国祥的家乡命名了新会岛，以候补知县王文涛的家乡命名了华阳岛，以通判刘镛的家乡命名了阳湖岛，以吴敬荣的家乡命名了休宁岛，以汪益元的家乡命名了番禺岛。特别需要指出的是，因为张人骏是此次出行的设计师兼总指挥，所以李准他们将一个原名为林肯岛的西沙岛屿，以张人骏的家乡丰润县改名为丰润岛（1947年，民国政府内政部审定地名时将丰润岛改为和五岛，现为东岛）。

---

1 《粤东查勘西沙岛小记》，《地学杂志》，宣统二年第七期。

1921年，法国印度支那总督府政务和土著局的公函中，对李准此行这样描述道：

  1907年，日本人对东沙表示绝望之后，广东总督就对这个天国的沿海岛屿重申拥有权，其中包括帕拉塞尔群岛（西沙群岛）。1909年4月，中国派了官员到那里进行勘探，结果自吹发现了丰富的磷矿，并认为有开采的可能性。1909年6月，派第二批官方人员到岛上。他们在其中两个主岛上隆重地升起中国旗，并鸣炮21响。这样，他们就代表自己的政府确立了对整个帕拉塞尔的占领。[1]

李准等人尚在途中，《东方杂志》就发表消息，称张人骏待李哲濬等人复勘回省后，就将决定西沙群岛的开发办法：

  近日大吏特派王、李两道，筹办西沙群岛，即会同李水提及吴、李副将，并率带委员测量员生等，趁轮前往测绘所有计办事宜。闻拟将该处大小一十五岛，一律开辟。先由大吏特派专员，在该处设立局所，并由司局筹办款项数十万，专办该埠事务。又于各岛中，择其地面宽阔，形势绝佳者，开作商埠。又由官商分设兴商劝业银行，以维持辟埠事务。均经大吏与司道再三筹议，约俟此次王李两道将该处群岛勘明回省后，再酌拟办法云。[2]

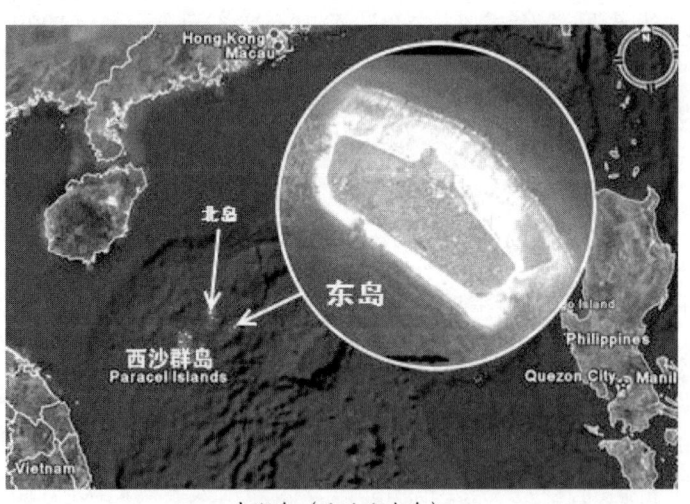

丰润岛（后改名东岛）

李准一行二十三日到达广州。四月二十九日（6月16日），《申报》对李

---

[1] 韩振华主编：《我国南海诸岛史料汇编》，东方出版社，1988年版，第538页。
[2] 《记粤省勘办西沙群岛事》，《东方杂志》，第六卷第六期，第170-172页。

准等人复勘西沙凯旋一事作了报道，也可证明李准回省日期为农历二十三日。该报道说：

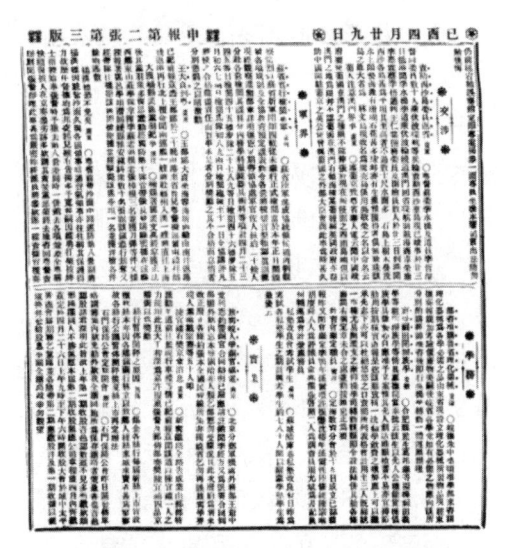

> 粤督前委李水提及道员李哲浚督同委员数十人，乘"伏波""琛航"等兵轮查勘西沙群岛，现已竣事，于廿三日抵港。闻李水提、李道乘"伏波"轮绕道澳门回省，"琛航"则载港商韦荣康、李惠霖、蔡季梧、通判王仁堂、盐务委员及测绘员数人于廿三日到港。闻西沙各岛甚为平坦，其至高不过数十尺，水面多石，岛上树木叠茂，水土颇热。海产有珊瑚、石花甚多，珠蚌亦有生产，惟获得者俱无珍珠。该岛之最大者为林文岛，现改名为魔壳岛，系用吴敬荣之名以命名云。[1]

刊登《查勘西沙岛委员返省》之《申报》

李准回到广州，立即将详情汇报给张人骏，并禀请张人骏开发西沙，张人骏"惊喜欲狂"。可见其"重领土""保海权"的主权意识之强烈。《李准巡海记》最后写道：

> 将经过、情形一一为安帅述之，安帅惊喜欲狂，以为从此我之海图，又增入此西沙十四岛（注：应为十五）也。所拾得奇异各物，陈列于厅肆中。同寅中及士绅争来面询，余口讲指划，疲于奔命。所历各岛，皆令海军测绘生绘之成图，呈于海陆军部及军机处存案。此次之探险，以极旧行不过十海里之船，数百人之生命，付与林瑞嘉之手，实乃天幸，非尽人力可致也。[2]

李准等人回省后的第三天（四月二十五日），张人骏便趁向外务部报告东沙岛交涉进展情况之际，捎带汇报了自己派兵复勘西沙这一消息，他在奏折中写道：

> 月初，派勘榆林港外西沙各岛，系用"伏波""琛航"驶赴，该两船年

---

[1]《查勘西沙岛委员返省》，《申报》，1909年6月16日，第二张第三版。
[2]《李准巡海记》，张良福编著：《让历史告诉未来》，海洋出版社，2011年版，第61页。

久朽瘝，机器陈旧不灵，遇风几遭覆没。[1]

很快，广东参谋处测绘科制图股遵照张人骏的指示，在张人骏光绪二十三年编制的《广东舆地全图》的基础上，根据复勘西沙群岛时随同王秉恩前去的八名优秀测绘生对西沙诸岛的勘测结果，仅用了两个月的时间，就于七月份重新编制完成了一套七册的石印本《广东舆地全图》。书中第一页《广东全省经纬度图》就郑重收入了带有东沙群岛和西沙群岛地名、精确经纬度及地形地貌的海图。这是近代以来，东、西沙岛为止正式列入了我国省级并报中央政府的版图。这套新的舆地图册中，不仅精确绘制了李准等人实地勘测过的宣德群岛、东岛、永乐群岛、中建岛，还有李准他们未曾提及的玉琢礁、华光礁、浪花礁和盘石屿等。此书至今国家图书馆、广东中山图书馆、台湾中研院傅斯年图书馆皆有收藏，这是张人骏毕生在维护我国南海主权方面留下的铁的证据和重大贡献。

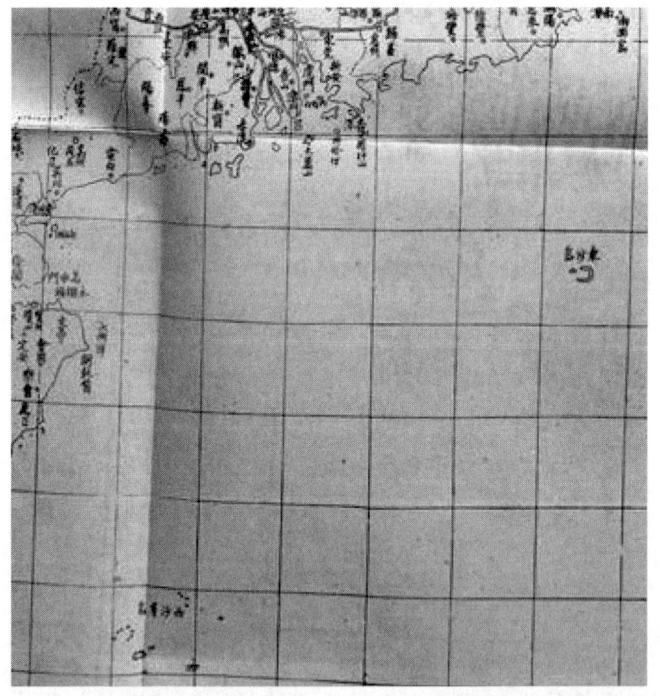

宣统元年七月新编《广东舆地全图》中标有东、西沙岛的《广东全省经纬度图》[2]

---

[1]《张督致军机处、外部有电》，张良福著：《让历史告诉未来》，海洋出版社，2011年版，第29-30页。

[2]《广东舆地全图》，清宣统元年七月广东参谋处测绘科制图股印。

宣统二年（1910年），李准也主持编写了一本《广东水师国防要塞图说》，一并将西沙群岛和东沙群岛一起写进了该书之中，书中写道：

西沙岛，在琼州陵水县榆林港之东南，星罗棋布，延袤直自纬北一十五度四十六分至纬北一十七度一十七分五秒，横自经东一百一十一度一十四分至经东一百一十二度四十五分。共岛十五处，分为西七岛、东八岛，水深一十三拓至二十拓不等，岛产磷质雀粪极多。宣统元年，张前部堂派员查勘，现拟招徕华商，承办岛务，官为保护维持，以重领土而保利权。[1]

## 第五节　开发西沙　以保海疆

开办西沙筹办处的李哲濬、邵述尧等人从西沙群岛勘查回来后，仅用了十来天的时间，就给张人骏写出了书面报告，提出了开辟西沙群岛的八条开办大纲。原文如下：

一、查西沙各岛分列十五处，大小远近不一。居琼崖之东南，适当欧洲来华之要冲，为中国南洋第一重门户。如不及时经营，适足启外人之觊觎，损失海权，酿成交涉。东沙之事，前车可鉴。今绘成总分各图，谨呈帅鉴。应请宪台进呈，并将各岛一一命名，书立碑记，以保海权而重领土。将来东沙岛收回，亦请一律办理。二、西沙岛产有矿砂，为千百年来动物质所积成，西人命为爪挪，一作阿鲁，可作肥料。用西法化验，内含各种磷质肥料，外洋销售颇广。日人在东沙岛采取，获利甚丰。拟即招工采取，以收天然之利。一面养畜牧、兴树焉，以为久远之谋。三、西沙各岛孤悬海外，既无淡水、又无粮食，轮船并无避风之所。必须择一妥善之地，籍资接应。窃尝勘查地势，惟榆林、三亚两港，相距仅一百五十余海里，旦暮可达。应即开辟两港，为西沙之接应。查榆林港口宽约半里，港内直长二十余里，横宽八里，水深处二三丈不等。约可泊中号轮船十余艘。旁通三亚港，四面众山环抱，土地肥沃，林深草密，海水斥卤，产盐甚富，实因榛莽未辟，道路不通，任其放弃。前督宪张，曾开辟十字路，因无继其事者，功遂中辍，良可惜也。今拟启其山林，广筑盐田，以兴地利。平治道路，开辟商埠，以资交通。一面设立西沙分厂，派员驻扎，经营各事。并筹备西沙应用物料、招工等事，源源接济，是西沙各岛，应以榆林、三亚两港为根据地也。四、专派

---

[1] 李准著：《广东水师国防要塞图说》，1910年印制，第11-12页。

轮船，以资转运。西沙开辟后，工役众多，拟于岛上搭盖蓬庐，以便供人住宿。并筑蓄水池、蒸水机，制造淡水。至粮食等项，每月分两次就近由榆林港用轮船转输。将来采存磷质肥料，亦随时由轮船运回，招商承购。拟请派广海（兵轮）为西沙各岛运船，并请添拨兵轮，巡阅各岛。五、安设无线电，以通消息。各岛皆相离为远，一切公牍风信，非电不能迅传。拟请在西沙岛设无线电一具，榆林港设无线电一具，东沙岛设无线电一具，省城设无线电一具，轮船上设无线电一具。以期呼应灵通。六、派员分办，以专责成。拟分东沙岛为一股，西沙岛为一股，榆林、三亚等处为一股，每股以事之繁简，定用人之多寡。惟事属创始，跋涉风涛，侵冒瘴疠，辛苦异常。应请量才器使，不拘常格。俟有成效，再请宪台择优褒奖，以示鼓励。七、辨别磷质，必先化验。拟用外洋高等化验师，将所采得肥料矿砂随时化验，以便评定价值。则本利即可预算，款项不至虚废。八、酌拨经费，以资开办。现在榆林、三亚两港购民地、筑盐田，岛上搭盖蓬庐，以及员工薪资，在在需款，一时未能预算。拟先由善后局拨款十万两，本署运司拨款十万两，作为开办经费。一俟磷质肥料出售，即行拨还。[1]

《详筹开辟西沙岛商埠近情》

五月初四日（6月21日），《申报》报道，对李准、李哲濬一行勘查回来后，建议首先将西沙群岛魔壳岛、伏波岛建成商埠，修造马路，兴辟通商：

粤省李水提会同李道前往查勘西沙情形，已志前报。现悉李提、李道将所查事宜先后详告大吏，对于筹议兴辟各有意见。惟均以近东之伏波岛，及近西之魔壳岛最合兴辟商埠之用。该岛皆横长形，伏波面积约四五里[2]，长径二里半，直径里许。魔壳面积约七里许，长共六七里。惟该岛分两截，不相联络，可以筑造桥梁交通两地。详查西岛形势，如兴辟通

---

[1]《筹办处原文》，张良福编著：《让历史告诉未来》，海洋出版社，2011年版，第48-50页。

[2]"里"为非法定计量单位，1里=500米。旧时没有"平方"这个概念以里代之，相当于现在的平方市里。文中说的"面积约四五里"，即四五平方市里，按此换算，1平方市里=0.25平方公里。

商，魔壳一岛仍较伏波岛为合宜。因伏波岛淡水甚稀，不足供多数之饮，料其近岛海边暗礁、沙石四处环绕，大号轮舶甚难舒畅行驶，不若魔壳岛地势略平，可以仿照香港式修造马路两条，其海旁浮沙滩地亦可建筑堤岸通行车道。拟即先就该魔壳岛兴辟一切，其次再及于伏波各岛。此外群小岛屿皆非商场所宜。现大吏核据所查各情，即饬司道按照查明情节，会议兴辟办法。仍分岛分图，逐项条议，以便即行核明咨奏立案。[1]

很快，张人骏就开始实施了一系列西沙群岛的开发计划。

五月十八日（7月5日），上海《申报》报道，张人骏准备按八条开办大纲的计划，由德国洋行购买一艘商轮，专门用于东、西沙群岛之间的交通运输，并派李准前去察看该轮情况。该消息称：

> 粤督张安帅因开辟东、西沙岛必须有专轮往来，以便交通，本省现有兵轮又不敷用，拟向沙面德国洋行购买商轮一船，以为往来东、西沙岛之用。该轮现泊白鹅潭，已由水提李军门亲莅该船察看矣。[2]

这艘商轮并没有买成。不久，张人骏和李准就购买了一艘日本退役的大型军舰，并命名为"广海"号。也就是后来前往东沙岛接收时升旗鸣炮的那艘军舰。

七月初四日（8月19日），《图画新报》刊登了《西沙岛与广东赌饷》一文，透露了开发西沙的资金来源。[3]

七月十九日（9月3日），新任粤督袁树勋决定根据自身财力，先行开采西沙磷矿，然后靠赢利逐步开发西沙。并拟制定了开发章程。《申报》云：

> 西沙一岛，前经勘明开辟，现大宪已选邀司道妥筹。无如该岛离省窎远，需款浩繁，自非逐渐经营，实属无此财力。现拟先招各属耐劳诚朴之乡民，派委干员，延聘外国矿师及化学师，广置汽机，先行从事采取磷矿等项，运省销售，即以余利及筹拨官款陆续经营，以期先立基础，逐谋进步。特札行司道妥拟章程办法，以凭刻日举办。[4]

七月二十五日（9月9日），创办不久的《新宁杂志》也发表消息称《西沙岛已决定来月开辟矣》，披露八月份西沙群岛开发就要正式开始。[5]

---

1 《详筹开辟西沙岛商埠近情》，《申报》，1909年6月21日，第二张第三版。
2 《订购商轮往来东西沙岛》，《申报》，1909年7月5日，第11页。
3 《东西南沙群岛资料目录》，国立中央图书馆台湾分馆，1974年5月。
4 《经营西沙岛之着手》，《申报》，1909年9月3日，第二张第二版。
5 《东西南沙群岛资料目录》，国立中央图书馆台湾分馆，1974年5月。

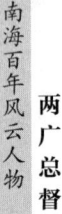

可惜，就在东沙岛、西沙岛、海南岛开发建设刚有起色之际，五月十一日（1909年6月28日），清廷任命张人骏接替端方的两江总督兼南洋大臣职务。张人骏于六月十七日赴任。两广总督由山东巡抚袁树勋接任。

六月十七日（8月2日），张人骏离开广州，经香港乘轮船到上海，再乘火车奔南京。临行之时，张人骏对西沙等南海岛屿之事仍然十分牵挂，为了让朝廷了解自己关于西沙群岛开发的设想及其对主权保护的重大意义，以便继任者延续进行，张人骏专门于离开之日上奏了一份奏折予以汇报。该奏折不仅得到了朝廷的认可，而且宣统皇帝还亲下圣谕，"着袁树勋妥筹接办"。《申报》对此报道说：

粤督张安帅奏云：查日人占踞东沙岛，迭经臣与日本领事据理力争，彼已认为中国属土，刻正派员前往会勘，不久即可将该岛收回。兹又查有西沙岛者，在崖州属榆林港附近，先经饬据副将吴敬荣等勘得，该岛共有十五处，内分西七岛、东八岛。其地居琼崖东南，适当欧洲来华之要冲，为南洋第一重门户。若任其荒而不治，非惟地利之弃甚为可惜，亦非所以重领土而保海权。爰派藩、运两司，暨现调广东高雷阳道王秉恩、补用道李哲濬，会同将开办该岛事宜妥为筹划，面移商署水师提督臣李准，督派兵轮，由该道李哲濬带同文武员弁等，前往覆勘情形。兹据分别勘明，将各岛逐一命名，以便书碑，并绘具总分图，呈核前来。查西沙十五岛，大小远近不一。距崖属之榆林、三亚两港仅一百五十余海里。岛产则有矿砂，为多年动物所积成，可作肥料之用。化而验之，内含磷质，此项销用颇广。日人之在东沙岛，即因此致获厚利。而西沙产砂尤富，若一律开采，实足以浚厥利源。且粤人工作于外洋者，动遭他族之欺凌，欲归又苦无生计，该岛开辟以后，需用工役必多，招徕而安集之，尤为殖民之要策。惟各岛孤悬海外，淡水与食物均为难得，即轮船亦无避风处所。必须就近择地，藉资接应。幸与榆亚两港均近，拟即在岛内设厂，先从采砂入手，派员驻于该处，经理其事，并聘西人之精于化学者，随时化验磷质等物。而于榆、亚委员设局以为根

《申报》刊登的《粤督奏报西沙岛物产之富饶》

据之地，一面派轮船往来转运，俾得接济。一切俟东沙收回后，亦即并筹办理。至榆、亚山水环抱，形势天然，地土亦颇饶沃，实擅琼崖之胜，物产则盐为最富。如将该处沙垣尽筑盐田，其利甚大。崖州各属之深林尤极繁盛，林业亦可以振兴。诚于该两港次第设施，收林、牧、鱼、盐之利，为通商惠工之谋，他年琼岛一隅，当可蔚然生色，此又与办理东、西沙岛连类筹及者也。臣维西岛之开办，既以杜外患而固吾圉，亦以裕国用而厚民生。今已一再勘明，自应及时区画，其大要如两港设局，各岛设厂，轮船之经费、饮食之储备、员司工役之薪费，当此创始之初，款尚难预算。已由臣行令盐、运、善后局暂行酌拟银两，以资兴办。惟海南一带夏秋飓风无定，轮船未便驶行，且现未修建厂房，无可栖止。拟俟八月后，再派员前往经理。臣去粤在即，一切未尽之事，不及统筹，应由新任督臣，谕饬该司道等随时禀商核办。[1]

1927年，张人骏去世后，其五子张允亮在《先府君行述》一文中，追忆张人骏一生的业绩，其中有关西沙群岛一段写道：

西沙在琼崖东南海外，距榆林、三亚两港百五十余海里，东西列岛十五，当南洋要冲，磷矿尤富。府君念欲保海权、重领土，非因地利不为功，不第东、西沙岛急宜开辟，即榆、亚二港盐产之丰沃、崖州各属林木之森繁，亦宜及时经营，以收林牧渔盐之利。又念粤民佣工海外，每受欺陵，欲归则苦无生计，兴办两岛需工孔多，招徕而安集之，亦为殖民之善策。乃上言于朝，先辟东西沙岛，开采矿沙，其余各地以渐设施，凡所以浚利源而厚民生也。[2]

但是，正如俗话所说，"一个师傅一个令，一个和尚一个磬！"张人骏对开发海岛、保卫海权的宏伟大业，却并未被放羊牧牛出身、贪财好色的袁树勋所认同。袁树勋上任后的第一板斧竟然砍向了西沙筹办处。八月下旬，他在给筹办处下达的文件中说：

照得前因筹办东西沙岛事宜，先经张前部堂札委该道等设局办理，兹查西沙岛筹办之事，尚未切实举行，李道业已赴宁差遣，王道现办咨议局筹办处，事物甚繁，亦难兼顾。所有前设筹办东西沙岛局，应自本月份起，即行裁撤。改由广东劝业道会同善后局办理。以后经费，除分行遵照外，札局即便遵照。将该局前购器具，并一切文卷，移送劝业道接收。[3]

九月初十日（10月23日），西沙筹办处清理工作完成，正式撤销。从

---

1 《粤督奏报西沙岛物产之富饶》，《申报》，1909年8月2日，第4页。
2 《先府君行述》，张守中著：《方北集》，河北美术出版社，2014年版，第43页。
3 张良福著：《让历史告诉未来》，海洋出版社，2011年版，第53页。

此，东、西沙群岛的开发业务转交广东省劝业道负责。而截止到这时，干了许多大事的筹办处才"用银一千六百三十七两二钱五分八厘"。撤销西沙筹办处，这对刚刚红火起来的东、西沙群岛开发筹建工作虽然有一定影响，但清朝对其开发的脚步并没有停止过。

十五日（28日），《申报》刊登消息，宣称粤省已经根据西沙海水富含盐分，"水存沙上，经风日即可成盐"[1]的特点，议定由运司派陈、郝两委员前去西沙考察试验晒盐情况，以便在那里兴筑盐田，发展盐业。

宣统二年四月二十八日（1910年6月5日），张人骏在南京举办的南洋劝业会期间，不仅有李准从西沙带来的珍稀物品参加了展览，还有一篇介绍西沙岛各种矿质所含有的各种化学元素的比例分析的专业文章。该文写道：

（一）珊瑚状肥料。产出地方：广东省西沙岛。用途：其钙质、磷质均由动物之骨变成，以火烧之，发出一种有机质臭气，地学家即以之为考据之一助。沿革：西沙岛在崖州陵水县属榆林港附近，共有岛十五处，地居热带，水土恶劣，海面恒多飓风，附近各岛又多暗礁，船难安泊。宣统元年，经前两广总督、部堂张（注：张人骏）派员乘轮前赴该岛巡视，饬议开采。附记：此矿每百斤含生石灰八十七斤十两，水及有机物十二斤六两。

（二）磷质。产出地方：广东西沙岛水际。用途：同上。附记：此矿每百斤含磷二养五（注：五氧化二磷）二斤十五两四钱，净磷一斤十四两八钱。

（三）鸟粪。产出地方：广东西沙岛。用途及价目：此矿之不溶者，多是生灰石；其溶于水之磷二养五（注：五氧化二磷），为天然之肥料。照农学家用骨制磷之法，若制得磷二养五（注：五氧化二磷）六斤二两八钱，须用生骨一百二十斤，净硫强水十四斤八两，约值银十元零五角；若制得净磷二斤十一两，约值银十二元九角。附记：此矿每百斤含磷二养五（注：五氧化二磷）六斤二两八钱，净磷二斤十一两四分。[2]

宣统二年十二月初二日（1911年1月2日），《申报》刊登了《实业部查开辟西沙岛详细办法》的消息，称实业部要求粤省研究制定开辟西沙岛详细办法，比如"该岛所产矿砂，除磷质外，尚有几种矿产，定每处矿产应备资本若干，如何采掘镕炼。开辟农渔各项，应分几等及划定区域，宜于何项种植"，待具体方案出来后，再报实业部审批。

宣统三年二月二十九日（1911年3月29日），农工商部批准了粤省开发琼

---

[1]《筹议振兴西沙盐利》，《申报》，1909年10月28日，第12页。
[2]《广东全省化分矿质所矿产品说明书》，鲍永安主编：《南洋劝业会报告》，第235页。

州、海口及西沙群岛的计划。《申报》报道云：

> 琼州海口，拟清沙碛，以为振兴西沙之计。当经咨呈农工商部准复后，由大吏将沿海空阔地址及浚除沙碛、开通港口办法咨部察核，略谓琼岛孤悬海口，自应亟谋兴辟，惟沿海人烟稀少，地方苦款巨难筹，只能就力所能者，先行办理。至西沙群岛，已另案详筹兴办，等情。现准该部来咨，以所拟办法极为妥善，应准如议，赶紧举办。其余琼属各地，应俟该岛商务渐充，物力稍厚，再行体察情形，实议兴办。[1]

东岛主权碑

次日，《申报》刊登文章，要求利用东西沙岛磷矿、盐业、林木、海产资源丰富的特点，规模开发，修建道路，建设商埠。该文章说：

> 东沙岛产磷之富俯拾即是，前向日商购回，曾由公家从事经营，辛以财力不支中途停辍，此事为中外观瞻所系，实未可悠忽置之。西沙共十五岛，分为西七岛、东八岛。前经派员查勘，岛中产有矿砂，内含磷质，可作肥料，外洋销场甚广。又海水斥卤产盐极多，复有桄榔、椰子之木，珊瑚、玳瑁之类。岛之附近则有榆林、三亚两海港，为轮船湾泊天然之所。是东、西沙岛实大有可为之地，苟能建设商埠，修筑道路以利交通，启其山林，输其出产，以兴地利，其裨益于吾粤者，曷可胜言。此拓殖东、西沙岛之利也。[2]

宣统三年五月，新成立的广东省咨议局提出发行500万元公债，专为筹设种养殖业及储蓄银行之用，以开发东西沙岛等地。五月十五日（1911年6月11日）出版的《两广官报》刊登了此项议案的详细条文。但可惜议案未来得及通过，清朝政府就已垮台。

辛亥革命胜利后（1911年），广东省政府重新对外宣告，西沙南沙群岛属于海南崖县所辖。

东、西沙群岛的开发计划，虽然未能如张人骏所愿，但张人骏谈判收复东沙、派兵巡视命名西沙，是中国政府在近代行使对南海岛礁领土主权管辖的铁证，具有重大的历史和法理依据价值。况且，如果没有张人骏捍卫和保

---

1 《部覆赞成兴辟西沙地利》，《申报》，1911年3月29日，第12页。
2 1911年3月30日《申报》，第10页。

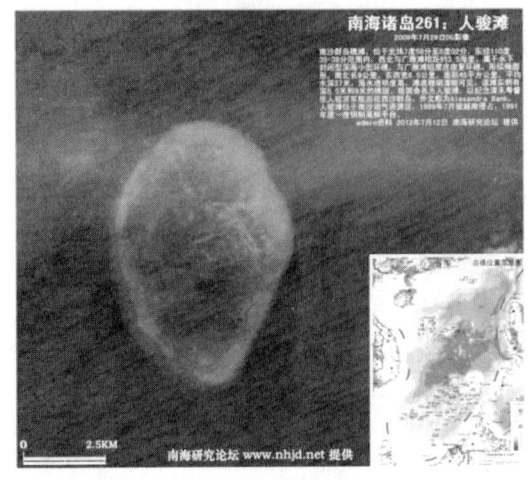

人骏滩海图照片

护了以东沙、西沙群岛为锁匙的我国南海第一重门户，又何谈位于第二三重门户的中沙群岛和南沙群岛的主权问题呢？

为弘扬张人骏的历史功绩，1935年，中华民国政府水陆地图审查委员会编印的《中国南海各岛屿图》中，将南沙群岛西部位于北纬7度58分到8度02分、东经110度35分到38分，南北长约9千米、东西宽约6.5千米的一个珊瑚暗礁命名为"人骏滩"。此一地名沿用至今。1947年，民国政府内政部仍将该滩命名为"人骏滩"，1983年，中国地名委员会受权公布南海诸岛标准地名，"人骏滩"名称不变。这是历代中国政府对张人骏的最高褒奖。

张人骏组织的西沙勘测，也为我国宣示南海主权提供了无可争辩的证据。1975年11月24日，《光明日报》刊登了中国科学院地理研究所钮仲勋以史棣祖笔名撰写的长篇文章《南海诸岛自古就是我国领土》，文中就提到张人骏派员巡视南海说，1907年日本帝国主义侵占东沙群岛后，两广总督张人骏一方面与日本驻粤领事交涉，收回东沙群岛，并于1909年5月派水师提督李准、副将吴敬荣、刘义宽等率170余人，分乘"伏波""琛航"等军舰，前往西沙群岛，查明岛屿15座，命名勒石，并在永兴岛升旗鸣炮，公告中外，重申南海诸岛为中国神圣领土，当时岛上尚有中国渔民多人。25日，《人民日报》又予全文转载。1980年1月31日，《人民日报》在第1版刊登由新华社1月30日播发的中华人民共和国外交部文件《中国对西沙群岛和南沙群岛的主权无可争辩》中强调指出："宣统元年（公元1909年）5月，两广总督张人骏派遣广东水师提督李准率领海军官兵170余人，分乘'伏波''广金''琛航'3艘军舰巡海视察西沙群岛，查明岛屿15座，命名勒石，并在永兴岛上升旗鸣炮，重申主权。"1980年4月7日，《人民日报》发表《西沙群岛和南沙群岛自古以来就是中国的领土》一文中，也指出"1909年，两广总督张人骏派水师提督李准等人前往西沙群岛查勘，在岛上命名勒石……"1980年4月30日，《解放军报》发表《中国对西沙、南沙群岛主权无可争辩》一文，其中也有"清宣统元年（1909年）四月，两广总督张人骏派广东水师提督李准率领海军官兵170余人，乘军舰巡视西沙群岛，查明岛屿15座，命名勒石，并在永兴岛上升旗鸣炮，重申主权……"1980年第4期《红旗》杂志刊登《从国际法看中国对西沙群岛和南沙群岛的主权》一文，其中也写有"清末广东水师提督李准奉两广总督（张人骏）之命，率舰三艘于1909年巡视西沙群岛，在岛上升旗鸣炮，命名勒石，向世界重申西沙群岛为中国领土……"甚至，1921年，法国印度支那总督府政务和土著局的公函中也说："1907年，日本人对东沙表示绝望之后，广东总督就对这个天国的沿海岛屿重申拥有权，其中包括帕拉塞尔群岛（西沙群岛）。1909年4月，中国派了官员到那里进行勘探，结果自吹发现了丰富的磷矿，并认为有开采的可能性。1909年6月，派第二批官方人员到岛上。他们在其中两个主岛上隆重地升起中国国旗，并鸣炮21响。这样，他们就代表了自己的政府确立了对整个帕拉塞尔的占领。"1921年8月22日，连法国内阁总理兼外长白瑞安在西沙群岛问题上也承认："由于中国政府自1909年已确立自己的主权（按：指张人骏派李准巡视西沙群岛事），我们现在对这些岛屿提出要求是不可能的。"

一百多年之后的2012年7月24日，海南省三沙市正式挂牌成立，圆了张人骏百年前的一大梦想。三沙市管辖西沙群岛、中沙群岛、南沙群岛的岛礁及其海域，是我国最南端的一片蔚蓝的国土。在壮美的三沙市地名碑背面，镌刻着一百多字的《三沙设市记》。这篇碑文里，历数千年，字字激昂，特别提及张人骏派遣水师提督李准巡视西沙群岛的历史功绩。

2015年10月18日，习近平总书记在对英国进行国事访问前夕，接受路透社采访时指出："南海诸岛自古以来就是中国领土，这是老祖宗留下的。任何人要侵犯中国的主权和相关权益，中国人民都不会答应。"习主席在这里所指的"老祖宗"，张人骏无疑占有极大的分量。

晚年的张人骏

## 第六节　开发琼崖　接应西沙

　　海南岛古称琼崖，位于雷州半岛南部，与雷州半岛北隔琼州海峡相望，横卧在碧波万顷的南海之上。海南岛东北至西南向长约300余千米，西北至东南向长约180千米，总面积32200平方千米，是我国仅次于台湾岛的第二大岛。据史书记载，早在2000多年前，海南岛就以出产珍珠、玳瑁等奇珍异物而出名。汉武帝元封元年（公元前110年），就在海南岛建立了珠崖、儋耳两郡。从此，海南岛正式纳入我国版图，成为我国的神圣领土。据说，之所以称为珠崖，是因为"崖岸之边产珍珠"的缘故，而儋耳之名则缘于源于当地古部落男女均有佩戴银饰大耳环习俗（耳朵上戴有装饰用的大耳环下垂至肩，仿如担身一般）而得名。从明朝开始，海南岛隶属于广东省，治所在琼山县（即今海口市琼山区府城镇），管辖全岛。西沙、南沙群岛正式划归海南岛管辖。清朝末年，在张人骏的策划下，海南岛改为三州十三县。"琼为都会，居岛之北，儋居西陲，万居东陲"。因而，海南岛又有琼岛之称。又由于此岛孤悬南中国海域中，因而得名"海南岛"。历史上，海南岛由于"孤悬海外"，地处偏僻，气候恶劣，瘴气严重，黎民生野，被称为"蛮荒之地"，其生产和生活水平与大陆相差较大。那里甚至长期成为降职官员和犯罪分子的流放之地。

《琼州史话》明朝时的海南岛地图

1858年，天津条约定立后，虽然海口成了对外通商的口岸，但是外国人并没有像大陆的青岛、广州、上海等通商口岸那样建设开发。根据1930年的调查显示，居留在海南岛的外人总共才有美国49人（传教士和医护人员）、法国20人、日本3人、英国1人。1887年5月，曾在南洋经商的张廷钧与候补道杨玉书，一起上书时任两广总督的张之洞，第一次提出了开发海南岛的设想："今日请开港，实为筹海计也。港门两岸宜筑炮台控制之，内立埠头，中可容轮船数十艘，通黎山之出产。张主事（注：张廷钧）愿觅外洋咖啡、吕宋烟麻、甘蔗、胡椒各种，每年销售外洋，似足为穷黎开衣食之源。其港口较埠头为胜，与香港不相上下……此外一开埠头，则崖东南西三路源头皆活，实为富琼第一要策。"可惜这一建议因张之洞的调离而没有结果。

历史上真正对海南的大规模开发，是在张人骏担任两广总督初期。其并非产生于西沙筹办处建立之时，而是在他到任两广之后就已经成熟，并经过了一年多的尝试和探索。

清末新政出台后，1907年8月2日，慈禧太后下旨命各地兴办实业，"凡有能办农工商矿，或独力经营，或集合公司，其确有成效者，即各从优奖励。果有一厂一局，所用资本数逾千万，所用人工至数千名者，尤当破格优奖，即爵赏亦所不惜"。于是，当年10月26日，农工商部右侍郎杨士琦奉旨前往南洋各国考察商务。在新加坡，杨士琦拜见了侨居马来西亚的福建永定县客家人胡国廉和《南洋总汇报》主笔欧渠甲等爱国侨商。

胡国廉（1860—1921年），字能忠，号子春，著名侨商，有"锡矿大王"之称。在清廷"招徕侨商、大兴实业"政策的感召之下，热爱祖国的胡国廉有了回国投资、开发海南的想法，1907年春，胡国廉和欧渠甲等人曾专门前往海南考察，在遍查琼岛的基础上，胡国廉提出了"一纲十目"的具体构想。所谓"一纲"，即创办琼州劝业总银行。"十目"则依次为：兴矿业、清荒地、广种植、讲畜牧、兴盐务、长森林、重渔业、筑马路、设轮船、开商埠。"一纲"举则"十目"张。

从"一纲十目"的内容来看，与张人骏后来提出的《经营榆林港应行筹办事宜十一条》大致相当，只是胡国廉"一纲十目"中的发展种植业和渔业，在张人骏的十一条中变成了禁赌和发展

胡国廉照片

电讯业。胡国廉从商人的角度，注重的是经济和效益，张人骏从政治家的角度，除了经济效益还有全局问题和维护主权与海权。应该说，张人骏的开发设想是在胡国廉的设想基础上完善补充起来的。

光绪三十三年十一月十九日（1908年12月23日），《申报》就报道了胡国廉开发海南的计划已经成熟，准备来年春天回国兴办的消息：

广东琼州矿务，近日胡商子春已电催代表人区道昭仁向当道商妥矿章，一俟来春，即回国兴办。[1]

光绪三十四年三月初八日（1908年4月8日），刚刚从南洋考察商务归来十几天的杨士琦就迫不及待地上奏了《筹议华商创兴琼崖地利折》，将侨商胡国廉的"一纲十目"计划如实奏上。[2]

《农工商部奏筹议华商创兴琼崖事宜酌拟办法折》

朝廷看到此折后，感到此乃筹边殖民要政，思路缜密可行。农工商部也认为："琼崖全岛为古儋耳、珠崖等郡，地多炎瘴，山海崎岖，数千年来，未经垦辟。然其地，内屏两粤，外控南洋，与香港、小吕宋、西贡等埠，势若连坞，隐然为海疆重镇。而土脉膏腴，农矿饶衍，尤为外人所艳称。未雨绸缪，诚为急务。""胡国廉雅负物望，精擅商才。原单内所列各条，及此函陈办法，均属胸有成竹，切实可行。"

为了鼓励和支持开发海南这一"志业伟大"的创举，农工部还特别提出，"富国善策莫如振兴矿务"，拟将琼崖全岛各矿，俱归胡国廉公司勘采，或由该公司转招他商承办，除出口税、关系正款仍饬令照章完纳外，其他照费、年租、出井税等款，均可按之给照年限一律豁免，以资鼓励。清荒地一项，由两广总督严饬

---

[1]《琼州矿利将兴》，《申报》，1907年12月23日，第12页。
[2]《一项华侨华人创兴海南宏大计划的夭折》，《海南日报》，2008年11月11日。

劝业、琼崖两道，督同该管州县，会商该公司，将全岛荒地，分段查勘，分别官荒民荒，妥筹办法，总以厘正经界，毋扰居民为主义。一俟查勘完竣，"即由该众公司承领开垦，并测绘详图，拟订章程，具报臣部及两广总督，会商核夺。庶几疆场可正，沟洫可治，阡陌可通，物宜可办，而农利乃可言矣。"广种植、讲畜牧一项，提出棉花、草麻、甘蔗、萝卜、洋薯、树胶、椰子、胡椒等在琼崖土性适宜的品种，先从琼、澄、临、儋、定安境内试验种植。畜牧则先选购牛羊良种，选择水草肥美处开办畜牧场，然后搞皮毛加工，赚取效益。兴盐务一项，由胡国廉设立的侨丰公司开辟盐田，并经张人骏批准给于专办专营30年的优惠。

这一全套的开发海南计划，很快得到了清政府的批准：

农工商部奏筹议华商创兴琼崖地利事宜酌拟办法一折，着派三品卿衔胡国廉总理琼崖垦矿事宜。其有关涉地方他项商民利害事务，应会同地方官妥商办理。余依议。[1]

在谕准胡国廉总理琼崖垦矿事宜之后，七月二十九日（1908年8月25日），农工商部奏请颁给胡国廉关防，以资信守。奏折说：

查琼崖全岛，地居形要，物产丰饶。臣部奏准华商设立总公司，俾鸠集农工，创兴各项地利，以殖民之策，为固圉之谋，兹奉明诏，特派三品卿衔胡国廉总理其事。内则莞摄公司，外则会同地方官妥商办法。造端宏大，事务殷繁。凡文牍簿籍等项，非钤用关防，不足以昭慎重，拟请刊刻木质关防一颗，文曰：'总理琼崖国矿事宜关防'颁给钤用，俾资信守。[2]

在农工商部以及粤督张人骏的大力支持下，胡国廉在海南开发一事进展快速。1908年11月5日，胡国廉等在完成招股200万元后，正式成立了侨兴总公司和其下属的侨丰公司。侨兴总公司在儋县设办公楼，悬挂龙旗，以示奉旨来儋

圣旨存件

---

1 《一项华侨华人创兴海南宏大计划的夭折》，《海南日报》，2008年11月11日。
2 《一项华侨华人创兴海南宏大计划的夭折》，《海南日报》，2008年11月11日。

开办实业。开发海南的计划从此进入了正式实施阶段。侨兴总公司利用先行招得的100万元股金,先办起了垦殖公司种植橡胶、咖啡。天然橡胶原产于南美洲亚马逊河流域,1876年开始人工种植,属热带雨林乔木树种,把北纬15°以北和南纬10°以南称为"非传统种植区"。而儋州位于北纬19°31′、东经109°34′,气候属热带季风型,比较接近南美洲的地理环境。1902年,番禺华侨曾汪源曾偷偷从国外带回橡胶种子在广东省的英德县试种,结果失败。而据区佐卿的曾孙区进在《中国橡胶引植探源及祖辈投资追记》中说:侨兴有限公司利用从国外偷运回的橡胶种苗,"终在那大镇侨南乡界种植橡胶成功,开创了中国栽培橡胶的纪元"。陈光良教授在《海南经济史研究》一书中也说,其"使海南橡胶业的商品化种植和经营,迈出成功的第一步"。之后大批华侨也来到海南垦荒植胶,使儋州成为我国橡胶的主要产地。儋州市那大的侨南乡界成为中国引植橡胶成功的第一块宝地,它开创了中国栽培橡胶的新纪元;儋州作为全国橡胶业的主要基地,在100多年的中国橡胶发展史上,面积、数量、产量,一直名列前茅。引种橡胶成功后,胡国廉、区佐卿等人又于1908年首次从国外引进咖啡在那大地区栽培,到1914年已植咖啡三十余万株,年产咖啡二千斤,被国人誉为"咖啡普罗米修斯"。

随后,侨兴总公司又办起了畜牧养殖、银行汇兑业务,并在儋县那大开采了锡矿。

宣统元年二月三十日(1909年3月21日),吴敬荣等人初勘西沙还未成行,当天出版的《华商联合报》就登载有《筹开崖州商埠》一文,这说明在尚不知西沙群岛具体情况时,张人骏就已经有了开辟琼崖的想法。该文写道:

琼州开埠一事,兹闻部中与张督详细商议,以琼州北面当开海口一埠。崖属滨临大洋,驶行南洋、欧洲各埠商轮皆经由此处,航线实为扼要之所,似应详查该处情形。[1]

当年吴敬荣等人从西沙初勘归来后,张人骏让手下制定了《西沙岛八条开办大纲》,其中的三、四、五、六、八条均涉及在海南岛开发商埠、设立无线电、建成西沙岛根据地的内容,决定经营海南,开发西沙,以确实维护中国南海岛礁主权与海权。

这是因为西沙群岛距离广西的合浦县、广州湾直线距离在300海里左右,而距离琼崖岛则只有180海里左右。这在舰艇吨位较小、抗击风浪较差的清

---

[1]《筹开崖州商埠》,《华商联合报》第二期,1909年3月21日,第50页。

末，要开发建设西沙，海南岛无疑是西沙群岛最理想的桥头堡、补给线和根据地。

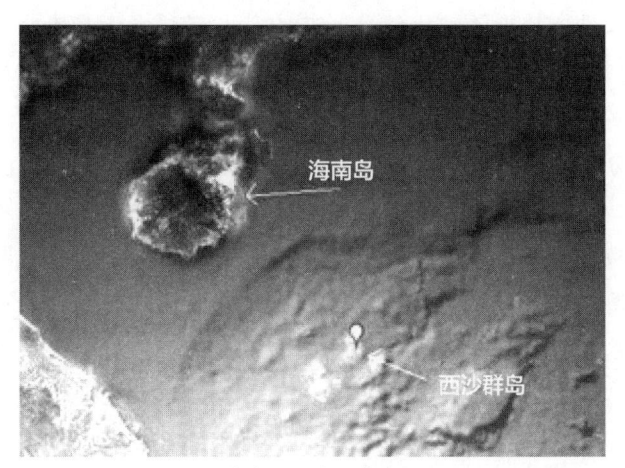

海南岛、西沙群岛海图

继出台了《西沙岛八条开办大纲》后，筹办处又拟定了以榆林港为中心的《附带经营榆林港之计划》，提出了《经营榆林港应行筹办事宜十一条》。全文如下：

一、开辟西沙各岛，以崖州属之榆林港为根据地。港离各岛，远则一二百海里，近则数十海里，服食器用，在在当取给于斯。盖此港为琼崖全岛第一安平境地，峰峦环绕，海岸平铺，苟立商埠，有自然基址，无穿凿艰难，且泉甘而易取，港内可停大号商轮十余艘，寻常海艇渔舟可泊千百号，脱有风涛无虞激荡，人货上落，仍可自如。且此港开埠殊易，昔年有崖州已革举人林绪统出洋提议招致公司，闻赞成者甚众（谨案林革举颇为乡里所信服，惜其人近于疯疾，往往与地方官相持，致遭挫折。然钱塘汪督学宪激赏之，今老废矣）。缘琼州属之文昌、乐会、会同（即今之琼东县）以及琼陵民人之在南洋各岛谋生者，多至十余万。一闻故乡有此美埠营运居奇，实为便利，招徕绥耕，效可立证。商市即成，人民既聚，然后就地招工，经营各岛，措施自易。否则荒凉瘴疠，从事似难应手也。二、开埠可筹巨款。榆林海岸甚广，且甚平正，未发表前，委熟悉情形人员会同崖州牧清丈地亩，官荒本公家自有，民荒即照市价赎买，约沿海边一二千亩，一律编号立契，由官立案收执，俟开埠时，发售商人盖造房屋，价可增至十百千倍。设嫌与民争利而弃之，适以资奸商之垄断耳。三、开埠后，可设伐木局，以收大

105

利。琼崖全岛古木甚多，大可数十围，所在多有，然以琼陵两属所产为最美。惟沿海处探伐已尽，亟宜督饬补种，以修森林之业。内山路甚崎岖，木既多而运极难，拟办活动小铁路一二十里，以利运输。彼处木类甚繁，价值甚廉，若到江南，利益倍获。四、开埠亟需修路。榆林西至崖州一百一十里，东至陵水县一百八十里，再东至琼州府城五百余里，即所谓东路是也。此路本不十分艰险，惟一听其草木群丛，桥梁腐败，于是登山涉水，跬步惊心。其实略加修整，便成孔道，所费当不甚巨。若开筑三数丈阔之马路，自非巨款不为功。然果善用黎人之力，亦可减费十成之五。路政图于交通，固不当视为缓图也。（谨案光绪二十九年，岑督宪莅粤，奏立黎人学额二名，是年取入陵水县黎生员二人，一名王义，系县属实停司人，颇为明悍。闻数百里生黎，俱遵约束，有用才也）五、开埠后，亟需整顿盐法。查彼处统筑盐田，出盐甚美，价值甚平。全岛盐课，不过三千余金。并无盐官管理，向由地方官带课。近受奸商之愚，听其运盐纳课，不与民间食盐相争，试问其开办以来，新筑盐田若干亩，另出新盐若干包，运销外埠若干处，缴过盐课若干两？有无票报在案？如其并无票报，则篡取民间食盐，任意私售，其情立见。彼处市价，向来熟盐每斤十文左右，生盐每斤七八文。近闻价已涨近一倍。蠹国病民，莫此为甚。非亟令撤去，由官设立督销局，收买发卖，酌量加价，以裕税源，不足以握利权而纾民食也。六、开埠后，大可广开牧场，以利军用。崖陵向亦产马，惟无处销售，以致牧事不修。然牛猪之属，每年出口多至无算。马与同类，孳生之易，确有明证。现在新军至黔滇等处采办，舍近就远，费繁而缓不济急。何如自起有功？讲求畜牧，以资军用之为得也。七、开埠后，与南洋各岛侨民声气相通，彼族九居外洋，深知矿利，且多娴于矿术之人，海南矿产之饶，据土人所能言者，如崖州永宁司属椰温峒之铁矿，回风岭一带之金银矿，乐道岭之铁煤矿，红岭之铁铅矿，乐安司属抱铁岭之铜铁矿，儋州属那大之锡矿，临高县属南丰之金矿，定安县属五坡之银矿，是皆历历可数。将来纠合公司，或官商通力合作，获利可操左券也。八、开埠后，当规复旧时电局。查琼崖原有电局五处，光绪十六年始将内地各局裁撤，留海口通商埠一局，并道署内一报房。现在时局日新，须消息通灵，办事方能应手。似亦当务之急也。九、开埠后，必须禁堵。此时赌即承饷，当官出入，忌惮毫无。无论乡镇村落，只需有户口三数十家，则必有赌桌一二张，伺共陷溺。彼处本是穷乡，再经此多方搜刮，往往丧其一饱。于是有勾串生黎出外劫抢之患。此时海南盗风实甚，率皆蘖于上闻，养痈一溃，嫁祸愚黎，多杀无章，奇冤莫诉。所得甚少，所伤实多。妨害治安，莫此为甚。是不能不为茕茕者呼号请命耳。（谨按海南赌饷七万五千元筹补，似甚有法）十、经营开埠，必先开官银钱分局。崖陵市风最坏，平日通用法兰西银元，近则参用日元，中国银元转须抑价，甚至小银元不用。若官银钱局成立，于官用既资接济，又可以齐圜法而挽浇风。上以尊主权，下以系民志。于治化所关非细也。（谨案开官银钱分局，只需成本数千金，为开张时之应付，其实以销通钞票为主义，所以抵制利权外溢也）十一、开埠后，经营各岛，必须有一专轮输运，现在法人在海口地方开一小轮公司，专行琼崖西路，绕到榆林港为止。托名传递书信，其实琼州内地洋人无多，并无书信可传，且闻法国政府每年津贴该轮经费巨万，其命意所在，已可概见。如果执约章与之理论，原可令其停止，然与其多费唇舌。而旷日相持，孰若乘此时机设一专轮，暗为抵制，且接济各岛食用服务，亦为必不可少之需。虽不免津贴经费，然所关甚大，不容惜此区区也。[1]

上述十一条，基本可以概括为：一、招商引资，二、开发地产，三、发展林业，四、修筑马路，五、整顿盐业，六、发展畜牧，七、开采矿山，八、恢复电讯，九、严禁赌博，十、开设银行，十一、开办航运。通过这十一条方案，我们不难发现，这和1988年我国中央政府在海南建立经济特区后的开发思路是何其相似乃尔。我们不得不钦佩张人骏这位先贤百年前的智慧和卓识。

为了实现开发海南的这一设想，张人骏还制定了军港带动战略，提出将榆林港建设成"中国之第一海军港"的口号。《申报》就此报道说：

粤省榆林港，邻近琼州海口地方，最占洋面形势，并欧洲由南洋来中国之扼要孔道。近陆军部已将设港情形访查明晰，定为中国第一海军港。昨电来粤，请速派员将该港地形水线再行逐一详细查勘，绘列精图，咨覆，以便筹议兴辟各事宜。[2]

张人骏提出的建设中国第一军港的想法，也得到了陆军部的支持和赞成。特别是他将榆林港描述成"地当冲要，为外轮入中国必经之路"，非常具有战略前瞻性。宣统元年闰二月，陆军部行文张人骏，请其派人对榆林港

---

[1]《经营榆林港应行筹办事宜十一条》，张良福编著：《让历史告诉未来》，海洋出版社，2011年版，第46-48页。

[2]《中国之第一海军港》，《申报》，1908年4月3日，第11页。

选址之处详加勘查，以备兴建。《申报》也有报道如下：

> 前陆军部因调查军港咨行到粤，当经安帅将榆林港形势查报，该港形势，于建设军港一事，虽不无欠缺，惟地当冲要，为外轮入中国必经之路，入口处两面山岭可以建筑炮台，水深十二三寻，亦敷战船驶泊，惜港口宽至十三四里，毫无遮护，最为缺点。内港则四面高山，形势甚佳，惟仅容一舰出入，亦不免过窄。现经大部详细复核，以该处形势虽未完全，惟地居海疆要点，且当此速筹振兴海军之际，完善军港亦不多觏，究竟能否酌量变通，改建船坞之处，应派谙练海军人员覆加详勘，等情。咨复来粤查照矣。[1]

当时的《吉林官报》就刊登出《粤省开榆林港，配合西沙岛》一文。说明了开发海南与开发保护西沙群岛的关系：

> 粤省大吏筹开辟西沙岛，以榆林港为合办之地。决意经营该港，以为犄角。惟绅民禀称，琼崖沿海港岛甚多，不得不饬地方镇道细加详查。昨据查明禀复称，琼崖海口各处港岛虽系不少，其中如临高县之合和港湾、儋州之田头十里、昌化县之富丰、感恩县之南客、崖州之九港、陵水之大港及赤溪厅澄迈县一带之岛，形势虽属不一，大都无山蔽障，不甚相家。仍以榆林为最合格云。[2]

到了光绪三十四年春天，海口商埠已经建成，而其他地方拟建的商埠在张人骏建议下暂缓实行。《申报》对此报道说：

> 部饬粤省大吏将琼州、海口开辟商场一事，兹经粤督咨覆，谓琼州地方甚为瘠苦，商务不甚畅旺，民间生计各事亦多未兴办，暂时实难开辟。且开辟商场必须测量水势、地势，并审度于海岸防务有无关系，方可着手。现琼州商埠已有海口一处，以外各地正在筹添防备，并测量海道形势，设建海军独立港。所有开埠一事，按照该处现情，应暂从置议。[3]

正因为张人骏将开发西沙群岛与开发海南融为一体，成为一个庞大的系统工程，使得海南的地位日益提高。

很快，胡国廉的侨兴总公司又利用再次招得的100万元股金，在总公司下设立了"侨丰公司"，专门办理盐务，侨丰公司经张人骏核准，并与广东盐运司议妥，允许该公司在海南专利运盐30年。1910年，侨兴总公司又设立

---

[1]《榆林军港覆查之原因》，《申报》，1909年4月8日，第11页。

[2]《粤省开榆林港，配合西沙岛》，《吉林官报》，1909年10月24日，宣统元年第二十七期，第74页。

[3]《暂缓开辟琼州商埠》，《申报》，1908年3月31日，第12页。

"侨轮公司"，购置海轮一艘，名为"侨轮第一"，载重353吨，航行于海口至广州之间，以利盐运。据民国初期出版的《临高采访册》记载："于文科地设立琼崖种植畜牧矿务侨兴有限公司，其自码头上者，又开马路以通南宝，自南宝而达于儋县之尖岭（附近那大市），即其地开矿、种植、畜牧，而复运于港焉。"

上文所介绍过的李准一行于宣统元年（1909年）年四月初一复勘西沙时，在海南岛逗留期间，郝继业所调查到三亚港"有已成盐田，约百余工。……计该港盐田，每年约产盐三万余包。运销钦州一带"。李准也记载了三亚港"其盐田界两山中，绵亘十余里，皆盐田也。……然较之他处盐田则不可多见矣。其价极贱，每石不过二三百钱，故香港澳门一带之私盐，皆由此运往焉"。这些都是当时胡国廉等归国侨商的开发所致。

在侨兴总公司的影响和带动下，其他归国华侨也陆续投资建起了实成、农发、琼安、茂林、亭父等开发公司。琼岛开发事业一时间变得如火如荼起来。

但是，清朝末年的海南开发，毕竟只是政府借助于私人的力量，通过兴办一些商行、开发一些矿山、开垦一些农场来实现的，因此，进展缓慢，收效甚微。

直到宣统二年（1910年）9月，清政府仍在谋划海南岛开辟榆林、琼山、海口商埠一事。当时的《申报》报道说：

> 部议开辟琼州岛一事，兹经粤省大吏查明，琼州一岛远处海洋，其中所属群岛，港汊不下数十处，惟崖州辖属之榆林港形势尚佳，其余仅琼山、海口各处因与雷海遥遥相对，尚可避风开埠。此外尚有赤溪群岛十六处、澄迈群岛八处，又有临高之和海合湾，儋州十里之海湾，田头海湾，昌化之富丰港湾，感恩之南客各港，崖州九港，陵水大港湾，万县南冬各港，乐会汤泉，会同文昌沿海附近各港岛，均属斜受扬风，无处障蔽，于开埠通商甚不相宜。现已将情复部察核。[1]

新任粤督袁树勋更是把榆林港看作是未来世界大战的必争之地，特别是法国人觊觎的地方，因此对榆林港开发更为重视。《申报》曾经报道袁树勋这一观点：

> 奉上谕，有人奏振兴海军请辟琼崖港岛一折，查军港乃海军根据地，琼

---

1《咨覆琼崖州岛形势》，《申报》，1910年9月21日，第11页。

崖榆林港地虽僻处极南，然地当南洋门户，为各国必由之要津，某国觊觎已久。去年，该国巴黎殖民报之报告上下议院协议，谓苟该国遇有世界大战，不可不占领琼崖岛等语。我若无所防备，无所经营，一旦藉端占领，必步胶、威之前例，各等情。查前粤督岑春煊奏称，亦以琼崖地处极南，中国版图至斯而尽，榆林港岛尤为握要等语。亟应体察情形，妥筹布置，以重边备而固海防，等因。大宪准此，已札行司属一体查照矣。[1]

1911年辛亥革命爆发以后，随着中国国内政局动荡，朝代更迭，海南岛地区的开发建设也与东沙和西沙群岛一样，大受影响，而止步不前。

---

[1]《粤督袁制军现准军机大臣字寄》，《申报》，1909年10月20日，第11页。

# 第三章
# 驱英舰西江保权

清朝末期，由于政治、经济、文化和自然地理等多方面的原因，两广地区会党猖獗、盗寇丛生，用曾任粤督的张之洞的话形容，"粤东山海交错，民情犷悍，盗匪之炽，甲于他省"。1897年1月澳门《知新报》说："地球各国，盗贼之多，以中国为最；中国盗贼之多，以广东为最。"1899年11月的《广东日报》，在《说贼》一文中说，"今日广东，贼之密布如棋局，遍地皆贼，官无文武，皆以防贼为虑；家无贫富，皆以防贼为虑。翻阅省港各报，其内地纪闻一栏，纪贼之现象者，十事而六七"。1906年，署理两广总督岑春煊向朝廷报告，3年里他手下捕获的匪徒就达9910人。而且，广东匪患有别于他省之处，一是土匪、会匪、游勇、盐枭、斗匪、洋盗等七种合而为一；二是靠从香港、澳门购买走私来的洋枪洋炮，武器先进、持械率高，其精良程度甚至远远超过了官军。这就加大了政府出兵剿灭的难度，造成匪案居高不下的状况。据《广东总商会报》1907年3月19日报道，光是在1906年7月至11月这一段时间，仅在八步一埠这一个地段，就有十三艘货轮被劫，总计损失白银三万多两。除了拦截过往客船商轮，盗贼还明目张胆地设置关卡勒索，名其曰"水费"。据晚清媒体的报道，每只货船收"水费"一元五角。当时的主要匪首有汤春、傅赞开、区新、陆兰清等。

盗匪泛滥，不仅严重影响了本地民众的生活和正常的社会秩序，甚至发生了十分严重的涉外事件，直接导致了中英两国之间关于西江缉匪问题的主权之争。

## 第一节 "西南"被劫　英人发难

西江古称郁水、浪水和牂牁江，是珠江水系的第一大干流，全长2214千米，集水面积约35万平方千米。其发源于云南省曲靖市乌蒙山余脉马雄山东麓，流经滇、黔、桂、粤4省，至广东三水思贤滘与东江、北江交汇，合珠江三角洲诸河合称珠江，在磨刀门注入南海。其中从源头至贵州省望谟县蔗香村称南盘江，以下至广西象州县石龙镇称红水河，石龙镇至桂平市区称黔江，桂平市区至梧州市称浔江，梧州市至广东省三水县思贤滘始称西江。西江是华南地区最长的河流，为中国第三大河流，珠江水系中最长的河流，长度仅次于长江、黄河。西江干流航道长287千米，平均河宽约1000米，常年可通500吨级船舶。沿岸有无数个大、中、小内河港口，西江水系是两广水上运输的大动脉，对两广地区的物资交流和对外经济联系起着巨大的作用，是广东内河运输价值最大的河流，也是我国内陆仅次于长江的一条黄金水运线。

第一次鸦片战争后，清政府被迫割让香港，开放广州为通商口岸，中国沿海的航行权开始旁落。外国商船从操纵广东海运，发展到渗入内河航运，进而通过控制广东的海关税务来控制广东的航政大权。

光绪二十三年正月初三日（1897年2月4日），清政府代表李鸿章同英使窦纳乐在北京签订了《中英续议缅甸条约附款》，里面就附有西江通商的专条[1]，规定广西梧州开放为通商口岸。从此，西江的大门被彻底洞开。

1897年6月4日，在广西梧州大东桥下侧，正式设立梧州海关，由外国人任税务司（注：关务主管）。在河西白鹤冈上设立英国领事署，帝国主义势力逐渐侵入梧州和广西内地。在梧州，外国人开始开洋行、建教堂、办医院、办学校。英商怡和、太古和省港澳轮船公司开始进入梧州设立商行专理船务。继而，英商渣甸、天和、人和三大洋行垄断梧州航运，外国商船直接从香港沿江而上梧州、南宁、龙州，控制了西江航运权。从此，英国侵略者的魔爪从广东沿海伸入内地，英国商人、轮船、兵舰可以直接从香港沿江而上，掠夺内地资源。仅1902年，英商渣甸、天和、人和三大洋行经营的梧州航运业，出入梧州港的轮船每年就达三千多艘，吨数达二十万吨。其中以梧州至香港航线最为繁忙，由香港进入梧州的英、美、

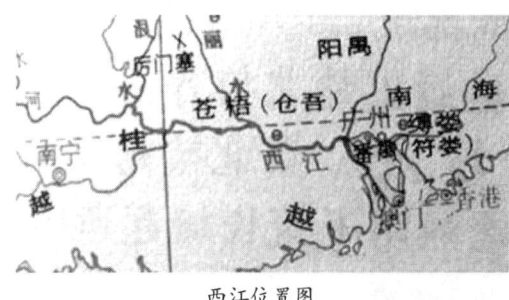

西江位置图

---

[1] 王铁崖编：《中外旧约章汇编》，第一册，三联书店1957年版，第690页。

日、德、法等国的货物年贸易达白银747万两。

随着英国航运业的侵入，其他一些西方国家的商船也陆续进入了西江，这就形成了中国民间货船与外国商船混迹西江的局面。而啸聚西江两岸的土匪则不分华船、洋船，任意劫掠，终于导致了"西南"号洋船被劫的严重事件。

"西南"号事件发生于光绪三十二年五月二十二日（1906年7月13日），当天英商"西南"号轮船由广州开往梧州，晚上七点多，70名伪装成乘客混上这艘船只的持枪水盗，在途经肇庆高要县富湾河面黄坑口处时，水盗们手持武器，将商船洗劫一空。船长出面制止身受重伤，搭乘这艘商船回梧州的广西梧州英籍牧师、医生麦路德则因为出面干预而受到枪击死亡。盗匪在"掠取银洋二千元后，于福湾地方改乘在旁等候之帆船五艘而遁"[1]。麦路德是梧州的英国惠师礼会创办人，他于1896年至1899年在梧州陆续购买了25亩土地，建起了教堂、学校和医院，在中国和英国很有影响。

为西江航道度身订造的英商平底尾明轮"西南"号（清末拍摄）

五月二十四日（7月15日），《申报》迅速报道了"西南"号案情，表示英国军舰"摩痕"号已奔赴现场，而广东水师态度冷漠。但是其何以将案发时间误说成是"昨晚七句钟"，而不是前天晚上，令人费解。该报道云：

行驶西江之轮船"散纳姆"号（注："西南"号），于昨晚七句钟，驶离三水（译音）五十英里之遥，忽遇海盗七十人乔装搭客，围攻客厅，枪毙

---

[1]《英轮遇盗伤害西人续记》，《申报》，1906年7月17日。

医生麦克道纳尔君（注：麦路德），船主亦受重伤。华人搭客，凡曾向之抵拒者，皆遇害。全船悉被捣毁，盗党即将物件抢掠一空后，即一跃上岸，重登在旁等候之帆船。梧州海关税务司林贺孟君已电告粤督及英领事。该轮当可于今日驶抵省城。英国炮舰"摩痕"号已开赴该轮被劫之处，中国水师提督仅遣末职一员前往查勘。[1]

二十六日，《申报》再次报道"西南"号案件的进展情况，透露英国驻广州领事满思飞尔已经坐炮舰"摩痕"号赶赴现场。此文所说的"前礼拜五"即二十二日。该报道说：

香港电云，前礼拜五夜间，英国轮船"散纳姆"号在西江为海盗七十余人所攻劫，船主及水手数人皆受重伤，教会医生麦克道纳尔君则受致命重伤。盗党既将搭客财物掠取后，即跃登帆船而去。广州英总领事满思飞尔君已坐炮舰"摩痕"号前往被劫之处查勘。[2]

二十九日，粤督岑春煊就"西南"号事件致电英国驻广州总领事满思飞尔表示歉意，并请其允许今后清兵派驻英船予以保护。两年前，岑春煊曾经向梧州领事威尔金生提出此意但被拒绝。

三十日，伦敦的中国公会专门召开会议，讨论西江海盗一事，指责西江劫案迭出乃粤督剿匪不力之故，"力言华官如不设法剿除海盗，则此后难保不常有此等祸患"[3]。

六月初八日（7月26日），粤督岑春煊组织人员对"西南"英轮遇劫一案调查的结果见诸报端，事件的细节更加清楚。《申报》为此报道说：

英商"西南"轮船被海盗劫掠，已选据西报译登。兹得粤督岑云帅查办此事札文，照录如左：照得英商"西南"轮船于五月二十二日晚六点钟时候，在三水县属苏文沙附近高要县富湾河面，被匪行劫，枪毙英医生麦道德，及枪伤船主人一事。该轮二十三午刻驶回省河，经即派委洋务处员温道宗尧、龚道心湛，会同广州口英总领事赴船讯验，请阅该轮簿据。是日，在省搭客一百二十五名、容奇九名、马宁二名、甘竹三十一名、九江三十七名。讯据该轮船水手人等供称，二十二日辰刻由省起程赴梧，行至苏文沙附近，先有匪徒假扮搭客，在船陡起行劫，追夺船上印度兵手枪，船主闻声出视，用手殴匪，被匪枪伤右胁，英医生麦道德以华语告匪勿打，旋被匪轰伤

---

[1]《申报》，1906年7月15日，第2页。
[2]《申报》，1906年7月17日，第2页。
[3]《英人开会议论西江海盗事》，《申报》，1906年7月24日，第2页。

头部，登即殒命……[1]

"西南"号事件，自然引起了两广地方官员的重视，在时任粤督岑春煊的督办下，广东水师破案也算迅速，只用了一个半月就将部分盗匪抓获归案，随即解送水师提督李准惩办。六月初八日，《申报》报道，已有三名案犯被抓获归案。七月初二日，《申报》报道，先后抓获的五名西江盗犯已经认罪。

七月二十二日（9月10日），先后抓获的七名案犯被执行处决，英国副领事和一些欧洲人到场观看。《申报》对此报道说：

二十二日，广东电云：前在西江抢劫英国轮船"西南"号之盗犯七名，于今日正法。英副领事监视行刑，并有欧洲人数名亦皆往观。[2]

大清国"处决海盗"明信片（金羊网——羊城晚报）

虽然抢劫"西南"号的凶手已经被绳之以法，但英国人并未就此罢休。据庾裕良所著《天主教基督教在广西资料汇编》一书中介绍，英方威迫清政府，赔款麦路德等人八万两银元作为损失费。当麦路德的棺木运回梧州出殡时，英国领事还迫令梧州道台以下官员向高挂的英国旗和低挂的中国旗以及麦路德的棺材作三跪九叩的赔礼。

"西南"号事件发生后，一时兴起了英国人意欲武装干涉中国缉捕权之说。有英国人士向本国政府提议，要求出兵干预中国内政。《大阪东报》就载伦敦电云："《泰晤士报》北京访事玛礼孙博士致函该报，函内言英轮在西江遇盗，凡英人所遭之损失，英国应向中国索赔。《泰晤士报》评议博士

---

1 《岑督札行办理英商轮船被劫案》，《申报》，1906年7月26日。
2 《申报》，1906年9月18日，第3页。

之信函,谓英国应增加中国沿海之海军兵力云。"[1]《泰晤士报》驻华首席记者莫理循当年8月22日也曾在《泰晤士报》上以电讯方式敦促英国针对中国西江"那些缺德的海盗"采取惩罚行动。

为此,英国公使以广东政府兵力不足、剿匪不力为名,向清政府建议,由英国人控制的税务司筹款20万元购置小火轮4艘,然后归税务司管理,派英国人作为火轮指挥,带队去西江剿匪。这一建议提出后,因为涉及中国主权,很快便被外务部及时任两广总督的岑春煊拒绝了,购置小火轮一事也就不了了之。1907年10月3日的上海《申报》对此报道说:

两粤盗风素炽,前经驻粤英领禀请驻京英使与外部交涉,并请在粤海关发款二十万两,添造巡轮四艘,统以洋将,驾驶梭巡,以资保护,外部不允。复以不用洋将为请,亦为外部驳行胡护督查复核办在案。外部旋准胡护督复称,轮船不妨添造,惟须权自我操,领事税司不得干预。即经外部据情照复,英使去后,忽又以英国只得不惜烦费自制巡轮,虽与中国国体有碍,亦属无可如何等词转复到部。外部以缉盗本安靖地方之一端,添造巡轮虽云缉盗,而此外需用之处亦多,当将以上情形函商税务处,请为筹拨。闻税务处以二十万纵可筹措,而此后常年经费为日方长,实属难乎为继云。[2]

光绪三十三年(1907年)五月,英籍轮船"其昌"号在西江水域也被匪徒抢劫,涉外劫案再次发生。[3]"其昌"号被劫后,英国驻华公使佐顿不但向大清外务部"索赔款,并催促迅将贼盗捕获归案",而且威胁"将自调本国炮船实行出面捕捉"[4],扬言出兵直接干预。

## 第二节 粤督购船 英人插手

在外国势力威逼下,光绪三十三年九月初十日,也就是张人骏刚刚接任两广总督不久,清廷传下圣旨,要求对社会治安治理不力的地方督抚实行责任追究。"自此次申谕之后,凡督抚到任6个月后,傥所属地方,出有巨股土匪重案,定惟该督抚是问"[5]。

---

1《西报对于西江盗案之议论》,《申报》,1906年8月31日,第2页。
2《申报》,1907年10月3日,第11页。
3《购缉行劫其昌船匪犯》,《广州总商会报》,1907年8月2日。
4《西江商轮被劫之交涉》,《广东总商会报》,1907年7月25日。
5《清实录·德宗实录》卷五百七十九。

虽然西江上发生的两起涉外案件都不是在张人骏就任之后，但张人骏并不敢存有丝毫的侥幸心理。圣谕下达以后，他很快就以缉匪力量不足，请求中央政府将粤省曾经谋划的购置4艘小火轮用于剿匪的计划予以落实，并准备"派署提秦炳直赴香港估购，由粤省筹拨造费"[1]。

清末广东海关照片

得知粤省启动购置巡舰的消息后，英国人再次找到清政府外务部，重提巡逻艇应交由英国人把持的海关税务司管理，由英国人带领负责西江缉匪，妄图把持西江的缉捕权。

此时，清政府的外务部尚书已经换成了袁世凯。袁世凯年轻时曾受过张人骏堂叔张佩纶的提携、关照，1900年前后义和团运动兴起时，袁世凯与张人骏又同在山东做搭档，一个是巡抚、一个是布政使，两人之间不仅配合默契，而且张人骏还在剿灭义和团问题上授以高见使袁世凯平步青云，两人为此义结金兰并结成了儿女亲家。因此，袁世凯对张人骏的申请立马表示同意。但是为了保官而不想触怒洋人的袁世凯又另有条件。八月十七日，他在以外务部名义致电张人骏时，一方面同意其从本省税务处筹措经费20万元，添置快速轮船4艘，"认真缉捕，免致有所借口"；另一方面又屈从于英国人的无理要求，与张人骏探讨拟将这些船交税务司管理，缉私、捕匪兼顾使用。张人骏立刻复电，拒绝由税务司负责缉匪，认为缉捕是地方政府官员的事，国家主权不容侵犯。这一经过，10月17日的上海《申报》对张人骏与外务部之间的往来电文有详细报道：

英商轮船因西江迭次被劫，请由海关税务司添设轮船兼办捕盗，迭经前周督与胡前督电复各情，均见前报。现张督准外部电，拟将缉捕权限划清。张督以此等办法，仍碍主权，已电复外部，请坚持仍归水陆提督管辖。一面购船，派委认真缉捕，以免借口。兹将外部与督院来往各电文补录于左。

---

[1]《申报》，1907年11月13日，第3页。

外务部致督院电：广东制台：洪。西江添速快巡船四只，英使请归税司管辖，本部迭与辩驳，英提督亦言粤省船无用，应自行赶办，免彼干预。现商税务处可筹开办经费二十万两，即应制备巡船，认真缉捕，免致有所借口。惟权限务宜分清，拟将捕匪责成官吏，缉私属之海关。希与该税司妥商办法，并酌筹常经费，早日兴办。英提督下月到粤，若提及此事，可将该巡船马力、速率乘便采访，以期接洽。即电复外。筱。

又电广东制台：洪。英使偕英水提默尔来见，据称西江英轮屡次被劫，于商务暨国家体面均有损碍，两月前又出劫案，情形甚重。中国巡船腐败，办理不力，见贼不捕，以致盗氛日炽。我有保卫本国商务责任，如中国不速筹整顿，即应自为办理等语。粤省盗风素盛，西江劫案屡见迭出，地方官缉捕不力，本足贻人口实，亟应迅筹整顿之法。一在责成各师船肃清水面，搜捕海盗；一在责成沿江牧令稽查陆路，严靖匪巢。并悬赏勒限，将历来抢劫各案匪徒，务获惩办。秦署提向能办事，可否移行切实经理，俾中外商人各保无虞，以免外人藉词干预。事关大局，务希严饬地方文武认真巡缉，不得稍涉大决。可将筹办情形，随时电达。外。洽。

督院覆外务部电：外务部钧鉴，洪、筱、洽电只悉。西江添设巡船一事，即承税务处筹拨开办经费二十万两，自应遵照赶置坚快轮船四艘，妥筹办理。粤省盗风素炽，已非一日，非通盘筹划，妥定章程，不足以资整顿。俟与秦署提切商办法，再陈钧鉴。至现添各船，英使请归税司管辖一节，窒碍甚多。无论税司无缉捕之权，难任越分干涉。即谓分清权限，只以缉私之事隶之，惟海关缉私本有轮船，足敷巡查，毋须添设。此次议添巡船，专为缉捕而设，实与缉私无涉。西江一带，上达浔、梧，下至珠江，均为盗匪出没之区，现添四船办理缉捕，尚虞不敷，断难兼任缉私之事。且缉捕系地方官专责，即使各轮兼办缉私，亦应由地方官管辖，方免侵越事权。此等内政，应用何员管理，非外人所得干预。拟请钧部照复英使，允由粤省购置快轮四艘，认真筹办缉捕，以靖盗风。惟各轮仍归水陆提督管辖，万难准由税司管理，庶免有碍主权。乞坚持驳复为荷。人骏。[1]

张人骏的强硬态度，自然引起了英国人的不满。于是，英国驻广州总领事很快便以广东发生的两起涉外刑事案子为由，向清政府诬告张人骏不善于办理外交。《申报》对此报道说：

---

[1]《西江添设巡船问题》，《申报》，1907年10月17日，第4页。

驻粤英领事日昨电致政府，略谓粤督张安帅办理外交殊多不合。闻其内容，约指二端：一系巡警伤人，一系英女士被劫云。[1]

英国人急于干涉西江事务，在遭到粤省拒绝后屡拒屡提；以袁世凯为首的清朝外务部在明知英人插手有损主权的情况下拒而不绝，且有口风松动的状况。这一情况，很快传遍了两广地区，引起了两广民众的声讨浪潮。

## 第三节 粤商结会 率先奋起

听闻外务部开始准备将西江缉捕权转交给英国人以后，以黄景棠、陈基建为首的具有现代意识的年轻粤商，感到面对外来强敌的侵略，单纯的商人组织或松散的组织结构已经不能满足全民团结、协力抵抗的要求，于是，他们在张人骏的支持和领导下，开始筹备了一个囊括城乡、不分职业、组织严密的群众组织——粤商自治会。

光绪三十三年十月十四日（1907年11月19日），以陈基建为会长的戒烟会成员数百人在办公地广州西关下九路的华林寺开会，商讨如何应对英国人企图进入西江缉捕一事。会议由黄景棠主持。会上，陈基建、李鉴诚以戒烟会影响力不够，倡议"即日成立自治会，冠以粤商名号"，"本会遵旨预备立宪，先与同胞谋自治，将以研究内政、外交之得失，发为议论，供朝廷采择；调查工商实业之利弊，力为整顿，以谋地方公益"。粤商自治会也以华林寺为会所，推举黄景棠、陈惠普、李戒欺为会长。会议认为：一、西江缉捕与扬子江及各省内河均系我国主权，外部不商粤督，不察舆情，遽以兵柄授人，当合力坚拒；二、速电政府坚拒，并禀督宪整顿水师，严惩关卡；三、华、洋商轮一律看待；四、禀请截留洋税，以粤财办粤事；五、筹捐电费，函电中外；除电政府坚拒及布告中外，联名呈请都察院代奏；联名具禀督宪；函电沿江海及中外同胞，合力电争；六、如外人硬行干预，当力筹抵制。[2]十月

华林寺老照片（清代）

---

[1]《申报》，1907年10月29日，第11页。

[2]《申报》，1907年11月25日，第5页。

二十日（11月25日）的上海《申报》详细报道了这一重大事件。

会后，粤商自治会随即将所拟的电报发往军机处、外务部、农工商部，恳请朝廷拒绝英人干涉西江缉捕权。电文由抽签选出的陈章甫、陈基建二人领衔，具体内容为：

> 北京分呈军机处、外务部、农工商部列宪钧鉴：西江缉捕是我主权，他人因小轮被劫，越俎干预，钧部径徇其请，兵力所及，即国权所张，沿江商民诧为此风一长，各国援均沾之例，则扬子江非我有矣。华商多冒洋旗，咎在关卡司巡为丛驱雀，欲杜此弊，非整顿关卡、华洋一律不可。又非截留洋税百万，遍布水师不可。不此之务，而以兵柄授人，将来搜捕民船，剿洗乡村，等于昆冈之焚，甚于珠崖之弃。粤人自保其生命财产，特恳钧部始终拒绝，速电粤督严惩关卡、大治水师，五岭以南尚有天日。闽省商民陈章甫、陈基建等谨禀。[1]

同时，粤商自治会还给广州总商会、轮船公司、上海总商会及全国各省商会等各自发了一封电报，指责外务部允诺英人是为"卖国"，要求社会各界"合力电争"。该电文曰：

> 上海总商会鉴：西江缉捕是我主权，他人以盗劫洋旗小轮，越俎干预，外部谬允，中外哗然，诧为卖国。主权一失，扬子江及各省内河非复我有，亡可立待。粤已开会死拒，乞转各省商会，合力电争。闽省行商陈基建等叩。[2]

粤商自治会第一次会议还确定了在之后的十六日、十八日分别召开两次大规模的会议，以集中商议西江捕权问题。为了吸引民众踊跃参加，他们随后在《申报》上刊登了预备召开会议的广告：

> 公启者：西江缉捕系我国主权（中略），今不力争，他日吾人之田园、屋宇、生命、财产皆所不保。事关大局，不能漠视。业于十四日，在戒烟总会集议，决定合力电争。兹再定期十六日为第二期集议，十八日为第三期集议，仍假座华林寺戒烟总会，届时务恳同胞早临，切盼之至。[3]

十六日（11月21日），粤商自治会如期举行第二次大会，"莅会者人如山海，几无隙地"[4]。在黄诏平的主持下，大会制定出自治会十条章程：

---

1 《申报》，1907年11月25日，第5页。
2 《申报》，1907年11月25日，第5页。
3 《商界传单》，《申报》，1907年11月27日，第5页。
4 《戒烟总会第二次集议西江捕权》，光绪三十三年十月十七日《广州总商会报》。

一、区域。凡自治会须先定区域，制度地方自治。凡居住于该区域地方之内者，皆在该自治团体范围之内。二、住民。凡住于境内之本国人，遵章守例，皆得享有权利，负担义务。三、条例。凡关于地方自治事宜，皆得自定条例，由议事会议定，禀请本省总督批准并布告于众，布告后三十日一律遵守。四、议事会。凡自治会先举议员三十人为议事会，均用复选举法选举。（举）定后会内一切应议之事，皆由议事会议决。其范围如左：（一）议事会得受人民关于地方利弊、整顿盗贼、维持风化之条陈，酌量批准议行或批驳之。（二）议事会得代人民申述其困苦不能上达之事于地方官。（三）议事会得调处民事两造之争议。（四）议事会得随时派员调查地方盗贼、地方利弊及各处风俗，上条陈于地方官。（五）议事会对于地方官所办之事，得随时上书质问，地方官应即解答之。（六）议事会得应地方官之咨询访问申述其意见。（七）议事会得将地方巡警之创设改良事，商请该管官署酌办，该管官署委任地方自办，则由议事会议决交董事会按办。（八）议事会则随时议设下级各城镇乡村之自治团体。……五、董事会。董事会共十一员。会长一员，以地方官任之；副会长一员，由议事会每票举一人投筒以多数举定；会员九员，由议事会每票举九人投筒以多数举定……会长系地方官，为本会代表签押文件，有稽查权、提议权而不在议决之数。副会长掌理会中事务……[1]

其中，粤商自治会第三条章程规定，条例须"禀请本省总督批准并布告于众"，可见他们在成立之初就把自己纳入了两广总督张人骏的直接领导之下。第五条章程规定，董事会设"会长一员，以地方官任之"，"会长系地方官，为本会代表签押文件，有稽查权、提议权而不在议决之数"，亦可见董事会会长一职拟由地方官员出任，粤商自治会具有半官方、半民间的性质。

另外，从自治会的章程中也可以看出，粤商自治会其实并不单纯是一个广州城内绅商们的行业自治，而是包含有城市和乡村、各行各业的所有人员，其实质是一个地方全

粤商自治会章程

---

[1] 邓雨生著：《全粤社会实录初编·粤商自治会》，广州调查全粤社会处，1910年版，第10页。

民性的民众自治组织。

粤商自治会会长陈基建，字惠普，顺德县人，时年45岁，店工出身，后为银号司理，是一个有"同知"职衔的绅商。1907年，陈基建等人曾响应张人骏的号召，倡建广东戒烟总会。1910年，广州总商会协理、代理总理区赞森在密禀官府的文件中曾经诬陷他为："陈惠普即自治会之陈基建，本市井无赖，目不识丁，悖谬无识，素为诡谲奸徒所利用，惯受报界愚弄，时以危词惑人。凡有攻击政府、欺凌社会、排挤同类之事，如西江捕权、澳门勘界、扣留梁诚等电，十居其九由陈基建出名。"[1]从区赞森的诬告信中亦可见陈基建在粤商中的号召力。

粤商自治会会长陈基建

十八日（11月23日）下午两点钟，粤商自治会如期召开第三次会议，这次会议有数千人参加。会议推举陈基建、陈章甫、李戒欺、赖燕山、麦吉甫、郭仙洲、林子祥、李亦如八人为代表，会后率众前往督署请愿，向总督张人骏陈述挽回西江缉捕权的意见。《申报》报道了这次会议及请愿活动的盛况。

各商出会场后，沿路铺户均知为西江捕权一事入禀督辕，有赶赴同去者。是时，人山人海，自城西以至老城等处，途为之塞。三点钟，各商到督署。张安帅延陈等入见，安帅言：此事关系国权，诸君如此热心，自当竭力争回，惟望诸君传语众商切勿暴动，以免生出枝节。陈惠普对以各商必不暴动，现商等设会自治，以图挽救，特具禀帅宪，乞为照办。并言商等连日在戒烟总会集议，众商举商等八人亲叩宪辕，迫切请命，乞即电奏挽救。督宪言：诸君可谓爱国，兄弟亦当为民请命。李戒欺旋言：必请帅宪截留洋税，整顿水陆各师。督宪言：此事颇难办到，惟西江一带沿泽二千余里，以言整顿，须诸君及各乡绅者帮忙办理，清乡乃易得手。众商唯唯告退。督宪仍嘱劝各切勿暴动。旋各商出至门外，宣布宪意。数千人欢呼拍掌而去。[2]

张人骏在接见请愿的商界代表时，一面肯定众商的爱国热情，一面要求商界劝谕全省商民切勿暴动以免多生枝节，表示自己一定坚决为民请命。特别是张人骏在接见请愿代表时，并未端出一品大员的架子，反而对请愿代表

---

1 《区赞森密禀当道》，《香港华字日报》，1910年7月27日。
2 《申报》，1907年12月1日，第5页。

谦称"兄弟",着实令人罕见和敬佩。这反映出张人骏一贯亲民与谦恭的品德。

陈基建等人在赴总督府请愿时,还将几千人联名写下的一份请愿书,递呈给了张人骏。

请愿结束后,粤商自治会还按照写给张人骏的请愿书的意思,给外务部、税务处、度支部发出了电报,表示粤省商民"决议死拒"的态度。电报全文如下:

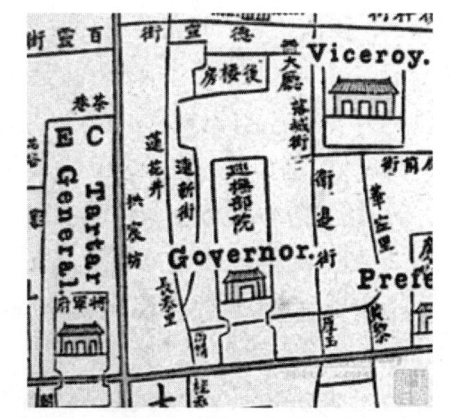

清末洋人绘制两广总督府(巡抚部院)位置图

> 外务部、税务处、度支部列宪钧鉴:英人干预西江缉捕,匪踪所到,势必剿洗乡村。商民恐慌,决议死拒。粤素为盗薮,另以洋关抑勒航业尽挂洋旗,致令外人借口,酿成今日恶剧。朝廷如不弃粤,特恩以粤财救粤命,奏请截留洋税百万,交粤督大治水师,亡羊补牢犹为未晚。若主权已失,兵柄授人,丁税厘捐皆外人掌中物。望从大处着想,以固吾圉。广东七十二行商董陈基建、陈漳浦等谨禀。巧。[1]

外务部接到粤商自治会指责其"径徇英请,兵柄授人"的电文后,大为恼怒,立刻给张人骏发来电报,要求对领衔的陈基建等人予以训斥。电文曰:

> 顷据七十二行商陈基建等电禀:西江缉捕事,本部径徇英请,兵柄授人,等语。查此案迭经该使以英轮屡被抢劫,坚请由英水提保护,本部严词驳拒,现既与尊处妥筹办法,由粤省添船巡缉,并由中国海关增船协巡,并未许外人着手。该商等不识此案原委,任意喧哗,殊属冒昧。应由尊处剀切谕饬,勿得造谣生事。[2]

二十日(11月25日),粤商自治会召集了第四次特别大会,有上千人参加。会上,就外务部对该会的指责给予了坚决的回击,认为"中国税关授权外人,已属非宜。税关为洋税司范围,今复令其增船协巡,侵越地方官权限,即为外人攘窃兵柄之渐。若允所求,是真忍心弃粤,自欺欺民,外交岂

---

[1]《粤商禀外部度支部税务处电》,《申报》,1907年12月1日,第5页。
[2]《外务部致粤督电》,《申报》,1907年12月1日,第5页。

可复问"。决定再次致电外务部并都察院暨同乡京官予以抗议。同时，决定由省自治推广村町自治，联络西江沿江各乡村，迅速成立民团，自治内匪，以助地方官缉捕之力；成立商团，实行自保。《申报》刊载了《粤商自治会二十日议案》。[1]

会后，粤商自治会成员"连日续开演说大会，并派人到佛山沿江及梧州各埠演说，力争西江捕权；又派出全国忠、卢辅宸等赴沪联络省外同乡"[2]。绅商们还走上街头，大肆散发传单云："当此国权日替，吾粤惠州香山领土、西江缉捕、高廉铁路诸事，更外患日逼。怆怀时局，系念梓桑，苟非力图地方自治，则覆巢之下，断无完卵。"并要求抵制英货，"在外人操业之西家，一律停工"，"停纳房捐，以整捕务"，"愿全粤亡，不愿捕权许外人"。

粤商自治会的成立，是广东近代史上的一件大事，它不仅点燃了两广人民争取西江主权的熊熊烈火，而且在之后广东地区发生的"二辰丸案"、澳门划界等许多重大的历史事件中，都发挥出了十分积极的引领作用，成为了张人骏手下的一支重要政治力量。

## 第四节　民众觉醒　抗议如潮

与粤商自治会第一次大会召开同一天，广州绅学各界数百人也在广州府明伦堂召开会议，抗议英国攫夺我缉捕主权。大会由江少泉主持。会议认为"地方缉捕，关系国权，授人与柄，主权丧失"。决定向全省绅学界及粤督张人骏、外务部、军机处、同乡京官遍发"力争西江缉捕权"电报，以求得社会广泛支持。[3]

同日，两广留日学生上千人也在东京锦辉馆召开两广同乡会，先由邱某演讲说："西江一带与云南各省关系甚重，警权一失，不特两广断送，即云南各省亦随其后。"其次，苏某也接着登台演说，认为："此次对待政府有两办法：一平和，一急激。所谓平和者，电达政府请其收回成命；若万不获已，则出以急激，仿云南死绝会办法，请政府报告各国开放两广，使粤人自办粤

---

[1]《粤商自治会二十日议案》，《申报》，1907年12月3日，第4页。
[2] 李默著：《1907年两广人民反对英帝国主义攫夺西江缉捕权的斗争》，《广东历史资料》，1959年。
[3]《申报》，1907年11月25日，第5页。

事。"随后，又有十几人登台演讲。由于时间短暂，演讲人太多，没来得及商量具体事宜。次日，会议接着进行。大家针对英国欲侵略中国主权的图谋，商讨对付办法。会议决定通电政府收回成命，并指派苏绍章、李自明等为代表，回国与学、绅、商、报各界联络，共筹抵制之法，准备誓死抗争。这几名代表定于五日内起程回国。[1]

十五日（11月20日），广东群学维持会在河南州南武学堂开会，有五十多所学校、三百多名代表出席了会议。11月27日的上海《申报》以《群学会集议情形》为题报道了此事。会议由何剑吾主持，他首先介绍了当前外国人觊觎惠州、香山、新安地界及西江缉捕四件大事。大家决定成立国权挽救会，由何剑吾、叶夏声、陈侗若、李绥青、沈孝则五人牵头；主张急激主义，以应对外国侵略；给外务部及全国各地多发电报，以取得社会各界广泛支持。随即，群学会在上海《申报》公开发表了该会关于拒绝英人干预西江的公告，并将其印成传单广泛散发。该文写道：

公启者：迩因英人谋夺西江缉捕权，复向新安、归善等处竖旗图占。澳门前葡人影占海界一事，争议尚未解决。外患日亟，非合力图救，难挽危亡。吾粤学界，除十四日联同绅界电恳北京政府坚拒外，敝会拟另电力争，以壮声援。兹公议于十五日两点钟，假座河南州南武学堂集议。此事为吾粤生死问题，凡我学界，务恳踊跃赴会。得信后，并望转致各同志。尤为感盼。广东群学维持会公启。[2]

十七日（11月22日），受粤商自治会影响，广州总商会也召集七十二行和九善堂行商善董会议，二百多人出席。会上专门讨论英人干预西江缉捕问题，认为"西江为两粤门户，商务关系甚大，倘授外人以缉捕之权，恐致民情激变，势不能不极力争回；加以惠州府属归善海滨地方，为英竖旗立界，其居心尤为叵测"。要求商民"展竭血诚，联结团体，出死力以相争，断不忍坐视听凭外人欺凌"。在这次会上，广州总商会还起草了电报，发给大清法务部，表示"西江缉捕，英夺主权，全省奇愤，誓死拒绝"[3]。

同日，国权挽救会召开了成立后的第二次会议，会上确定了由沈孝则、何剑吾、叶夏声、李绥青、黎起、潘达眉、李书兆、伍汉持、叶日铭、王

---

1 《两粤留日学生之会议》，《申报》，1908年12月19日。
2 《广东群学会传单》，《申报》，1907年11月26日，第5页。
3 《申报》，1907年11月29日，第4页。

藩、陈炯明等11人为干事员的领导机构，议定了国权挽救会草案；并起草了致外务部、桂林、浔州的电文，起草了呈递粤督张人骏的信函。[1]

十九日（11月24日），国权挽救会召集第三次会议，有66所学校的1920名学生参加。会议确定了国权挽救会的章程，并起草了致外务部的电文。国权挽救会的章程规定：一、本会名"国权挽救会"，以挽救香山惠州领土主权、西江缉捕权。如此等事已消灭，本会仍当续办，永远存在。如有关涉于损害国权之事，本会均设法挽救。二、本会非有排外意思，如有关于损害国权之事，齐集同人条议得失，献诸大吏及政府，以尽国民义务，亦与庶政公诸舆论之谕旨相符。三、凡能以个人或代表团体负荷本会责任者，无论士农工商，但有职业。四、每人入会基本金一元，每特别开会时再量力捐助。[2]

国权挽救会第三次会议致外务部的电文如下：

北京外务部电鉴：香山屏藩岭海，葡人越境侵占，拒官虐民。对葡如怯，列强益横。迩英人又遣兵轮，藉测航路，侵入归粤领海内诸港及新安等处操兵演炮，竖旗图占，均碍主权、违公法。民情震骇，恫粤瞬亡。钧部又遽假税司西江捕权。西江非公海，内匪非海贼，税司外人，兼办捕务，外患已亟，更弃兵权、轻民命、岭海东西，旦夕巨变，粤民誓死挽救，统乞钧部迅即据理与葡、英两国力争，以保国权、全粤土。谨联六十六学堂、一千九百二十人呼吁，迫切待命。广东国权挽救会士民沈厚慈、何锷、叶夏声、陈偘、李绶青等叩。[3]

同日下午两点，旅沪粤商组织的两广同乡会召开第一次成立大会，会议在虹口四川路元济善堂召开，一千多人参加。会议由吴汉池发起，吴研人任主席，会议以西江警察权授予英人，"即为他日干预全国内河航路警察权之起点日，不特干预河面警察权，即岸上警察权亦由此而牵累，存亡呼吸，间不容发。因相筹抵制之法"。并当场筹资二百磅电报费，用于致电军机处、外务部、张人骏等。会后，旅沪两广同乡会同时致电军机处、法务部尚书戴鸿慈、学部侍郎唐景崇及广东籍京官、广州商会转各团体，要求对外务部放弃西江主权的行为，"请旨饬外部拒绝"。如果拒之不得，要求谋划之后的策略。其致粤督张人骏的电文曰："外部弃两粤，乞公保存。"[4]

---

1 《国权挽救会集议情形》，《申报》，1907年11月29日，第4页。
2 《附章程纪要》，《申报》，1907年11月29日，第5页。
3 《申报》，1907年11月29日，第5页。
4 《申报》，1907年11月25日，第6页。

在这种群情激荡的形势下,广东坤智、颂贤、育坤、夏葛、真光、通志等女学堂的师生们也破天荒地参与进来,集会抗议。二十日(11月25日)下午一点,她们借广州城西多宝大街壶德女学堂,召开女界反对英国侵夺西江缉捕权大会,到会女性师生达三百三十多人。会议由刘守初女士主持,李撷薇、伍文瑛、邝钰清、廖美德、罗有节、俞岱宗、简卓亭、林籍思等女士相继演说。她们纷纷痛陈西江缉捕权丧失之害,使听者无不动容。大家一致认为"西江缉捕,与各省内河,均是我国主权。外部以兵柄授人,于南粤前途,大有关系,主权一失,亡可立待,亡国之惨,女界比男界尤甚。我女界亦国民一分子,当联结团体,合力坚拒",大家一致表示,"今日对于西江问题,虽至牺牲身命,亦所不惜"。会议决定,由刘守初、李撷薇领衔,代表全粤女界致电军机处、外务部曰:"西江缉捕,关系主权,务乞力争,免酿祸变。"[1]

二十一日(11月26日),《申报》刊登了旅沪福建学生会、留苏广东学生分别致外务部的电文,电文中指责外务部"西江若许外人缉捕,大损主权,人心危惧""西江准英巡缉,丧权辱国,海内愤激",要求迅速挽回西江捕权。此外,留苏学生还分别致电法务部尚书戴鸿慈和两广总督张人骏,请求力争。

同日,旅居汉口的粤商在河街茶业公所也召集会议,对外务部同意税司缉捕一事"大动公愤",致电北京军机处、外务部、各同乡京官及粤督、桂抚、广州总商会,乞求协力挽回。并提出了"自筹巨款,自购兵舰,由地方官派勇巡缉西江江面,以固主权"的建议。[2]

同日,广西留穗学生公开致电广西巡抚张鸣岐、浔州学务公所等,呼吁"英索西江捕权,部经照准,国权已失,各国援例,大局何堪?广东绅民已电枢府力争。东西河流,一但捕权外握,同此防危。乞设法维持捕务,力挽主权"[3]。

二十二日(11月28日),广西巡抚张鸣岐在给梧州学务公所、商会、广州广西同乡会回电时,顺便答复了广西留穗学生的来电。表示西江问题由自己的上司张人骏全权负责,自己并不知情。他当即致电张人骏,张人骏回电说:"西江缉捕事,前因英旗轮船迭被匪劫,英使要求添设兵轮归税司管辖,经骏坚持自办,无庸英使干预,免侵权限。请饬各学生、商民,勿庸疑

---

[1]《粤省女界致军机处外务部电》,《神州日报》,1907年12月4日。
[2]《旅汉粤商开会记略》,《申报》,1907年12月6日,第3页。
[3]《广西留穗学生电文二则》,《申报》,1907年12月5日。

虑。"[1]

　　大约在十月二十二日（11月28日）这天，英国水师提督缪华（注：张人骏日记为璧理治，李准忆为马镇迪）也如期来到张人骏督府，提出由英人把控的税务司缉匪问题及"西南"劫案麦路德医生赔偿问题，威胁如不答应，英方就要出兵直接干预。面对"词色强横"的对手，张人骏想起了三元里人民抗英的故事，想起了自己在1897年主持编辑的《广东舆地全图》中的一句话，"三元里，一小村落耳。无坚甲利兵可恃，无崇台峻堡可守，道光辛丑之役，奋臂一呼，歼渠斩酋，义声振于天下。充而用之，贾生所谓圣人有金城者，比物此志也"，心中胆气顿生。于是不卑不亢地拒绝说："大国（注：指英国）夙以文明著五洲，若果不顾公理用强权，则粤无兵无械，讵能与大国抗。然所有者，民耳。炮火所加，甘受不悔。"[2]明确向其指出了两广地区有众多的人口，两广民众有抗敌到底的决心和勇气。

　　之后，张人骏马上致电外务部，汇报了与英国水师提督缪华的交涉结果，担忧英国可能自派军舰到西江巡缉，要求政府出面干预。电文曰：

　　西江巡船，由粤自行整顿。某水提来文，愿观成效。现忽翻案，声称如不给"西南"赔款，即自派轮巡逻。牵合前事，大言恐吓。推其用心，以迫令假权税司，为外人操兵权之机，以索赔为嗣后盗案认赔张本。贼匪行劫，各国不免，按之条约公法，向不赔偿。此端一开，各国效尤，各省同累。况被戕医士，已允给恤银，与以转圜，彼之反复要挟，不惜食言，无非志在侵我国权，一经承认，后患何堪设想！现已坚拒，一面先租四轮往来梭巡联络，原设各巡船实行新章办法。并电驻英李使，向英外部力争。此事关系甚重，英人要求已非一次，历经谭、鹿、德、岑各督抚坚持拒绝，并由前总督以有碍主权驳复英使，奏明在案。务乞迅电李使，设法争拒，以维大局。英使来要求，并恳坚持为祷。[3]

　　十月二十三日（11月29日），时任湖北按察使的广东人梁鼎芬给张人骏等发电，询问西江缉捕交涉的情形。为了使民众了解与英国水师提督的晤谈情况，二十四日（11月30日），张人骏以公开信的形式答复梁鼎芬质询，将会见英国海军司令的情形和自己的态度公之于众。公开信写道：

　　敬复者：昨接大函，以西江缉捕轮船，部议由粤海关税务司协缉一事。

---

1《桂抚复梧州商学界电》，《申报》，1907年12月10日。
2《先府君行述》，张守中著：《方北集》，河北美术出版社，2014年版，第42页。
3《申报》，1908年1月1日，第4页。

诸君于谊关桑梓，熟察地方情形，虑及日后情节，所论颇是。此事在外务部以粤盗贻害商旅，牵动交涉，某使欲由彼国派兵轮巡缉，遂有拟饬税务司管理巡轮之说。敝处业经屡次电争，近又将此事办理各为难情形电咨外务部详察维持；一面于接晤某水师提督及领事时婉切驳拒，期此议就结。诸君子皆缙绅重望，为此邦人士趋向所归。尚祈随时劝诫，勿令稍涉嚣张。我国主权不容侵越，本为各国所公认，持之有故，言之成理，不患无转圜处也。特此布复，顺请均安。惟祈金照不庄。[1]

二十三日（11月29日），上海总商会致电张人骏，称赞其"保主权、清奸宄，荩筹闳远"。请求其"务求坚持到底，早日定议"。[2]

二十四日（11月30日），粤商自治会再次召开特别大会，公推江少荃为主席。会议认为，"挽救西江捕权，必须整顿全省水陆缉捕"。会议达成六项决议：一、提请粤督张人骏将水师提督改为巡阅西江两省水师提督，周年驻船，仿长江营制不设衙署。二、东江设水师总兵一员，北江设水师总兵一员，营制与西江同。三、将防营酌裁，以成数改为巡警，分布各属。并请照天津四乡巡警章程，颁发勒限开办。四、清乡经费岁需甚巨，应请酌行撙节裁留，改为开办巡警经费。五、东西北三江沿海地面，拟请酌量妥设行军电报。六、请督宪札所属通饬沿江乡村举办民团，即以警法部勒之，分隶于警局，并与省会商团互相联络，以期官绅商民联同一气。商团、民团章程专员编辑，迟日宣布。[3]

当天会后，粤商自治会陈基建等再次致电外务部和军机处，建议"粤水陆提奉旨分设，请以长江水师营制改为巡阅西江水提，内外控制，保我主权"，表示将誓死反对税司协巡。[4]

二十五日（12月1日），上海商会、广东商会带领全国各省商会组织发出致外务部电报，请求外务部支持张人骏的建议，收回捕权。电文曰：

北京外务部王大臣钧鉴：粤省西江事关系主权，税务捕务截然两事，倘借合办之名授权外人，将来设关处所，皆可藉地方劫案，援例承办，受害奚止两粤。幸荷张督鉴怜粤省民气不靖、生事最易，迭电钧部不受税关拨款，由粤自筹经费，自派兵轮巡缉。此本是封疆大吏安良除暴应尽天职，断难太

---

[1]《张督复绅士函》，《申报》，1907年12月5日，第5页。
[2]《上海总商会致粤督电》，《申报》，1907年11月30日，第5页。
[3]《粤商自治会大详情》，《申报》，1907年12月7日，第5页。
[4]《申报》，1907年12月9日，第4页。

阿倒持。商等营业江海,生命财产悉维治安是赖,且附近俱有税关,此事实洞见利害,毫无误会。叩乞王大臣恩准作主,收回捕权,按照督宪条议,取消合办。万商感戴。上海商会、广州商会、旅沪广东同乡会暨各省各商会全体百叩。有。[1]

同日,印度尼西亚泗水商务总会接到新加坡总商会发来的信函,信中表示新加坡各地商会听到西江捕权交给英人一事"莫不愤激,随于翌晨九句钟发电力拒"。并已致函孟加、室峇、厘陵、三宝垄、日惹、梭罗、渣班等埠各商会共同声援。[2]

虽然有张人骏的严词警告和各地民众的一致反对,但多年来就阴谋插手西江航线的英国侵略者,仍然不肯放弃这一借口干预的机会。

第三期《二十世纪军国民报》撰文,对英国人当时的侵华野心做出了准确的分析,认为是大清外务部的软弱妥协才使得英国人亦步亦趋。该文写道:

英人之要索西江捕权也,始不过欲税务司兼管会同华人办理而已,未遽敢肆行侵夺强握全权也。自外部示人以弱,曲徇所请,由是英人之野心,益无忌惮。继而粤人电争力拒,外务部责以冒昧。由是英人之手段,益无阻碍。[3]

接着,同一期的《二十世纪军国民报》又报道了英国舰队司令缪华见过张人骏之后的重大举措:

英水师提督缪华谒张督,磋商一切后,即日返港,立调鱼雷船、灭鱼雷船调赴西江。[4]

而创办于香港的报纸《南清西报》则于十月二十五日(11月30日)发表评论,为即将出发的缪华舰队摇旗呐喊,拍掌叫好。该文写道:

去年十二月前,驻北京英使已警告中国外部,请其设法保护英国商业权利,盖有鉴于西江海盗之猖獗,日前英人曾受其害故也。警告以后,亦幸得外部允许设法施行。然以本报最近最确调查,则有英国鱼雷艇三艘,灭鱼雷艇四艘,第三十五、三十六号及三十八号兵舰,于礼拜一由港开行,驶赴西江巡逻三星期。西江盗贼之披猖,所以酿成谋财害命重案者,亦已数见不

---

[1]《上海商会等致外部电》,《申报》,1907年12月2日,第4页。

[2]《申报》,1907年12月28日,第20页。

[3]《英人执行西江缉捕权之强横》,《二十世纪军国民报》,第三期,光绪三十三年十月二十二日。

[4]《粤省事》,《二十世纪军国民报》,第三期,光绪三十三年十月二十二日。

鲜矣，自是外国人注视西江一带，若畏途焉。故在满清官吏已将此事记之盗案册中，不可磨灭。以鄙见论之，亦谓欲消除此患，几成梦想。然所以致此者，何欤？实则因此地之贪官污吏，一筹莫展，涓涓不塞，遂成江河。其附近之安分乡民，均为盗贼所苦，然其畏官吏也，甚于畏盗贼。故宁受盗劫，亦匿不报官。夫西江一带，盗风虽盛，非不治之地也。只以中国所派遣之兵船，但向疑有盗踪之小村，湾泊于附近海面，呆目坐视，如木偶、如不动（兵），是又安能期缉捕得力，而致保卫治安之良果。

今洋关官员，与英国水师，合力缉捕，华人自当听受号令，拭目以观清除海盗之根源。记者闻得此耗，喜不自胜，以为英国舰队，行将动轮启行，按照开仗体例，以与匪人交战。且深望趁此机缘，报复以前屡遭被劫之祸。既可保护商业，又可争回本国体面，是一举而两善存也。犹有进者，使中国官吏及海面强盗，经一番警惕，一番痛惩，而不至复蹈前辙方可。

所可虑者，华人妄生测度，遂至生出种种枝节，种种谣言，且谓英舰巡逻中国，定酿不可思议之剧患。然吾料此事实在情形，不日即可大白。何则？盖以吾最近所闻，有足欣幸者。中国之外务部，现已筹善法，极力禁压所谓误会者、假称忠心爱国者、愚民无知者。然所以疑虑之故，实未知英舰之巡逻，中国并未失寸土，纵于官吏体面有伤，然在吾辈已感谢无已。抑记者犹有一说，今日英国所以有此举动，非利用中国之弱而乘机侵夺之也。使在外国之内河，苟迭遭劫案，亦必有决裂风潮起于期间。故为粤省大吏计，亟宜早劝谕人民，若其懦弱不职之属，但缄默不作别语，则我大英国亦不能再有所待矣。至时英国战舰由香港动轮，行将为远东历史留一纪念乎。[1]

二十六日（12月1日），肇庆一百多名绅学商各界人士，在麦焯基、梁翥云主持下，于端人文社召开大会，商议西江捕权问题，会议致电外务部同乡馆及东西省督抚，请求合力挽救西江捕权。[2]

同日，旅沪两广同乡会在上海怡园开第二次大会，到会者七百余人。会上选举吴趼人、黄用普为会长，并确定了本会的宗旨、规则。从此，两广政坛上又多了一支重要的政治力量。[3]

外务部不顾民众反对，执意牺牲国家利益以讨好洋人的行为，引起了社会各界的强烈不满。二十七日（12月2日），《申报》以《论说苏浙借款西江

---

[1]《农工商报》，第十九期转载，光绪三十三年十一月二十一日出版。
[2]《农工商报》，第十九期，《粤省事》，光绪三十三年十一月二十一日出版。
[3]《两广同乡会第二次开会》，《申报》，1907年12月3日，第19页。

捕权之感言》为题发表评论文章，指责外务部对民众呼声不闻不问，导致缉捕权为海关侵占日盛。

二十七日（12月2日），执意干涉中国主权的英军，派出缪华舰队从香港整装出发，奔赴西江缉匪缉盗。这只舰队由九艘军舰组成，枪炮充足，并有无线电台相互联系。具体情况为：

十月廿七日，英舰从香港起行，其各舰名目如下：（鱼雷艇）三十五号、三十六号、三十八号共三艘，（水雷猎艇）降晤、赞那士、赫德、大沽共四艘，（单桅炮舰）其漓澳、吉麻士共二艘船。船上配足炮械，以预备以盗为敌。并配有无线电机，随时可与香港通消息。[1]

二十八日（12月3日）的上海《申报》也在《紧要新闻》栏目，发表了英军舰队已经出发前往西江的消息，并声称其在西江巡缉的大致期限为三个礼拜。

此时，不明就里的国内外各界民众仍在继续集会、呼吁，力争西江捕权。

二十八日（12月3日），《申报》刊登梧州商民致张人骏电，请求其致电外务部拒绝英人欲得缉捕权的无理要求。

十一月初一日（12月5日），在日本经商的粤民组成的长崎商会致电外务部，也要求严拒税务司缉捕。潮州商学界代表陈颖基、邱逢年等也致电粤督张人骏，请求坚拒。广东法政学堂一千一百名学生联名致电外务部，不仅要求力争西江捕权，而且要求制止英舰在惠州海域非法测量、澳门葡人在香山非法侵占等侵权事件。

外务部接到广东法政学堂学生的电报后，对这些学生的行为表示不满，并致电张人骏请其申饬。而张人骏对此却极尽保护之力，特在学生电文上批示说：

此事前接外务部来电，业经本部堂函致法政学堂监督，传谕知照在案。该学生所陈各节，关系国权，本部堂无不力为维持。该学生等勿庸疑虑。仰广东提学司即饬知照。[2]

正因为有张人骏的支持和保护，法政学堂的学生热情不减，他们不顾外务部的不满，决定再致电报给外务部，详电力争。十一月初六（12月10日）的《申报》以《粤省法学堂之抗争》为题，报道了学生们准备再次致

---

[1]《二十世纪军国民报》，第三期，光绪三十三年十月二十二日。
[2]《粤督张安帅之批示》，《申报》，1907年12月18日，第5页。

电外务部抗争的情节。

在《申报》公开发表张人骏这篇批示的同时，还有一篇张人骏对湖北补用知县陈继枢来函的批示。这篇批示内容如下：

> 查西江缉捕系属内政，固不能假权外人。税司责在缉私，亦难兼任捕务。昨据商董陈基建等来辕具禀，业经出示晓谕在案。此事关系主权，本部堂自当力任维持，咨商外务部妥筹办理。仰即知照。[1]

这段时间里，还有全国各地及生活在海外的许多爱国人士和民间团体奔走呼号，或召开会议，或致电清政府及粤督张人骏等，其情形难以备述。

但是，这些热情的爱国人士和民间组织或许还不知道，随着英国侵略军离西江越来越近，危险正一步步驶来，两广地区的局势，将一下子变得严峻起来。

十月二十九日（12月4日），闻知英军开赴西江的粤商自治会率先作出反应，决定开会商讨对策。为了邀请各界广泛参加，他们还在上海《申报》上刊登了开会的预告。预告如下：

> 昨阅《香港士篾报》载，英国于本礼拜一日（注：12月2日），派出鱼雷船四艘、灭鱼雷船三艘、小兵轮二艘驶赴西江，其是否干预捕权，尚难臆断。凡我商民，切宜坐观动静，万勿稍有暴动，致为借口。惟该船游弋所至，难保不酿出意外之事。本会举行地方自治，亟应妥筹文明对付之策，以善其后。兹定期十一月初二日（注：12月6日），在华林寺内本会开特别大会，届期务请绅商学界踊跃莅会。至盼至祷。[2]

同日，粤商自治会陈基建等人还致电广州总商会暨广肇公所两广同乡会，给其寄去义勇队章程，准备共同以武力抗争。电文曰：

> 粤商自治会电总商会暨广肇公所两广同乡会鉴：英派兵轮驶赴西江，事机危迫，速寄义勇队章程，协力争。粤商自治会陈惠普等。艳（29日）。[3]

十一月初二日（12月6日）下午，粤商自治会特别大会如期召开，"到者户为之塞"。大会公推陈章甫、朱伯乾为主席。会议研究了英军进入西江后拟采取的两种对策，提出了文明对待、切勿暴动的方针。这一方针，在"二辰丸"案发生后的抵制日货运动中，也再次提及并坚持。大会还提议华人商船十二月初一日改挂龙旗，并拟将大会意见报呈粤督张人骏以获支持。《申

---

1 《批湖北补用知县陈继枢禀》，《申报》，1907年12月18日，第5页。
2 《申报》，1907年12月11日，第5页。
3 《粤东西江缉捕问题》，《申报》，1907年12月6日，第3页。

报》对会议的五项议程报道如下：

（一）宣布三水河口同志社来函。（二）英轮驶赴西江，既以游弋为词，自是条约所不禁。凡我同胞，均宜坐观动静，切勿稍有暴动。众赞成。（三）捕权一失，性命身家同归于尽。现在事机危迫，亟应共筹文明对待之策。陈惠普起言：英派兵轮，究竟是游弋、是干涉捕权，尚未可知，应禀请督宪切实批示，以安人心。众议决，刻日由自治会入禀请示。陈章甫起言：第一级办法已决，后倘非游弋，则行第二级办法。惟第二级办法，拟请同人举代表往英领事署开谈判。众赞成。马叔起言：第一级宜请督宪将英轮游弋日期示谕，沿江乡民禁止暴动。众赞成。（四）保守国权，自以去火抽薪为第一要义。现在西江小轮已决议挂回龙旗，前议组织商团、举办四乡巡警，应妥订简章，切实开办。众议商轮现既热心爱国，挂回龙旗，自后如有关卡为难情形，本会力任禀官整顿。至商团及四乡巡警，尤以联络为急务，应刻日派员前往沿江各乡各埠，一面劝止暴动，一面密查匪踪，一面调查各地方情形，因地制宜，切实与各处绅商酌议办理。（五）宣布天津自治章程要义，众认可。议毕，轮船行代表余明生言，各口轮船已决于十二月初一日，一律挂回龙旗，自后外人船业只有"西南""南宁"两艘，吾粤商力何难自设一二艘？如此，则内河航业尽属华人，自可无交涉之患，请自治会据情禀请督宪准予办理。众认可。[1]

## 第五节　英军入侵　粤民遭难

经过四天的航行，十一月初二日（12月6日），英国的缪华舰队到达西江，开始了肆无忌惮的侵略行径。

初二日，英国舰队开始在西江江面上无视中国主权，任意拦截不挂洋旗的华人商船，并派士兵携带武器强行登船检查。《二十世纪军国民报》第三期刊载此日英军肆意巡缉的消息说，有"大良""吉利""鹤山"三艘华轮拖船，在途经绥靖炮台附近大尾这一地方，被有三支烟筒的英国鱼雷船喝令停船，英军搜视一遍始准起行。"各船以向无此例，皆惶恐万分，不知计之所出。"

当时的《社会公报》也对此日英军的行为有过报道：

---

[1]《粤商自治会大会纪事》，《申报》，1907年12月15日，第5页。

初二日下午三打钟，有外国兵轮在肇河停泊。随有洋兵数人上岸携枪猎鸟，另二人在街道游行。至初三日，肇河上游黄岗河面，亦有鱼雷一艘。连日内，顺德甘竹滩，均泊有鱼雷。

十一月初三日（12月7日），英国军舰不准华船拖带油船，并野蛮开炮击毁不从其管制的广西油船一艘。当时的《时事画报》对此报道说：

初三日，英兵轮由梧州驶回封川属祥江头，适遇广西轮拖油船经过，该轮船因鼓轮直下，并未照章缓行，以致击沉油船一只。幸无溺毙人命，而所失货值银数千金。

十一月十四日（12月18日），《申报》刊登了《初七日肇庆国权挽救会致函粤商自治会》的消息，肇庆国权挽救会在信函中介绍了初四日英军在梧州的暴行。信中写道："本月初四日，即有英国兵轮两艘到梧停泊。各洋兵携枪上街，三五成队，联翩而行，来往途人莫不趑趄却顾。本日有江口载客小轮，适由上河抵埠，船上巡察卫商营勇，因夹有枪械，竟被拘絷，迭由警局总办多方解说，始肯放回。其搭客包裹，无不搜检。船到中关，即勒驱各客上岸，不任到埗。似此强横苛扰，其何以堪！本日并有三数洋人到店，勒换银纸，店商畏避，竟抢进账房，攫银抛散，必得换而后已。种种怪剧，无非狐假虎威。计洋轮到埠未及二天，骚扰已如此极，倘停泊日久，为害更何堪言？闻东省肇河下游，其搭客之肇河轮船，上落检查，诸多迫胁，行旅视为畏途。彼此情形，如出一辙。现敝埠众情惧怖，亟筹抵御之策，尚恐力有未逮。"

初六日（12月10日），英国舰队无故扣押中国"安陶"号拖轮3天，将该船船长拘禁到英人控制的海关之内，迫使海关税务司将其罚款20两才予释放。[1]

初七日（12月11日），"安涛"号商轮由梧州拖带各船回广州，至穗庆，因悬挂着龙旗，被英舰无理截停，以有违例，拘留船长

西江中肆意游弋的英国军舰（1870年）

---

[1] 李默著：《1907年两广人民反对英帝国主义攫夺西江缉捕权的斗争》，《广东历史资料》。

后交河口税务司重罚，各船流落中途，群情愤甚。[1]

《申报》刊登的《初七日肇庆国权挽救会致函粤商自治会》中还曾介绍，初七日，有英国军舰数艘，"在肇河一带游弋，时有肇省梧渡，拖带某号猪船来省，该兵船竟出而阻止，不准拖带"。

初八日（12月12日），中国"西南"火船上的清兵卫旅营因为携带枪支，被英舰扣留。十三日（12月17日），三河口同志社致粤商自治会的信函中说：

初八日，有都城"西南"火船，其定发火船上之卫旅营，有枪械数枝。洋轮以该火船未领枪械凭照，不应存储，立即扣留，至今仍未释放。[2]

初十日（12月14日），英国水兵非法持枪进入德庆州地面。一艘华船船主因为船上负责治安的兵丁军火牌照有异而被非法拘留。当时的《社会公报》报道说：

初十晚，德庆州附城大捅河口，又有外国鱼雷艇一艘，驶赴该处停泊。翌日，洋兵复相率携枪登岸，居民哗然。现在西江一带，因外夺捕权一事，风声鹤唳，有识者咸以为扰。

有普安公司"宜发"小轮，昨由梧州来往贵县，偶因船中卫勇无弁目管带，军火牌照微有异同，竟被洋舰队将船主华人拘去，不准该船启行。

三水河口同志社初十致粤商自治会信函，信中介绍了当日英军在三水河口为非作歹的情形称：

是日龙旗"会安"火船，由香港拖带火水船来河口。适到河清地方，与某洋轮相遇，大喝停车，当即过船搜查。不由分说，即将船牌船钞准口等件拿去，并掳去船主一名、水手二名，至今尚未放还。

十五日（12月19日）夜，四名英国水兵进入梧州城外学前街叙智园酒店，喝酒后酗酒闹事，打伤酒店伙计两名、巡勇两名，并将店外停放的一乘肩车打碎，一时街头人员拥堵。围观民众将一名首犯扭送到巡警局，然后由梧州道冯应龙致函驻梧英领事，由领事馆取保领回，只赔付给中国四名伤员一些医药费了事。当年的《时事画报》三十二期以《西江缉捕纪要》为题报道了此事。

……

---

1 《洋舰骚扰纪闻》，《社会公报》，1907年。

2 李默著：《1907年两广人民反对英帝国主义攫夺西江缉捕权的斗争》《广东历史资料》。

英军在西江的种种罪行，使得原本就已民怨沸腾的两广地区，救亡意识空前高涨起来。人们通过一场场集会、一条条决议、一份份请愿、一张张传单，表达着对英军入侵的不满和抗争。

初三日（12月7日），汕头总商会玉锵、永华等致电粤商自治会和国权挽救会，主动要求协助两会及各界反抗英人干涉捕权。

初四日（12月8日），国权挽救会在何剑吾、叶日铭主持下，召开了第三次大会，商讨挽救西江捕权事宜，四五百人参加。会议宣读了张竹君女士由上海写来的信函，信中提到她在上海女子保险会已经提倡抗争，并提出办法曰"惟有劝谕同胞齐心合力，所有西江各英船一概不搭，又不附货，以免累其被劫，如此文明对待，则西江问题或可解决"。会议决定禀请总督张人骏宣布整顿西江缉捕办法，电请外务部照会英使撤退英国兵舰。这次会议还作出了一个具有历史意义的决定，即决定创办《国权挽救报》，以十八甫《时事画报》长兴里数学研究社为报社通信处。12月15日的上海《申报》以《国权挽救会集议情形》为题对此进行了报道。

初五日（12月9日），广肇公所董事暨旅沪绅商给张人骏发电，声称洋舰驶入肆意搜查，民心愤激，要求其采取对策。电报曰：

广州督宪钧鉴：缉捕为内政主权，失主权与失领土何异？即拨关税添船协缉，亦应由我自立阜税司权，又与阜权外人何异？顷闻洋舰驶入，肆意搜查，民心愤激，暴动宜防，然痛已切肤，恐难畏靡坐视。统乞极力维持。至近年群盗如毛，捕务坏极，尤望谕饬绅商上下，协力认真整顿，以苏民困，而谢邻责，两粤幸甚！广肇公所董事暨旅沪绅商同叩。微。[1]

同一天，粤商自治会也委派陈基建向粤督张人骏递呈了请愿书，并获得了张人骏亲笔批示。张人骏在批示中写道：

据禀已悉。查西江一带，前因悬挂英旗商轮迭被匪劫，英国水师提督派拨小兵轮，前往西江游弋，只系稽查英旗商轮，并不扰及华商船只。迭经本部堂与英官再三辩论，令将兵轮退出，由本部堂自行认真整顿缉捕，并电请驻英钦差大使，切商英国外务部，迅电阻止在案。中英两国邦交最睦，英国系文明大国，断无强暴之举。现在与英官切实磋商，务令将船早日退出。商民人等，不必怀疑惊惧，更不得稍有暴动之事致碍邦交。除出示晓谕外，仰即分别劝谕，遵照此檄。[2]

---

1 《粤闻》，《社会公报》，1908年。
2 《粤督批自治会禀》，《申报》，1907年12月15日，第5页。

为了稳定粤民的情绪，张人骏除了将给陈基建的批示刊登在《申报》之上外，还再次发布告示，劝导民众不要怀疑惊惧，不要愤起暴动，以免造成不可收拾的局面。

也在同日，张人骏还对尚志学堂校长的一封来信作了批示，表明西江捕权为内政主权，绝不会同意假与外人，请其不要听信谣言。该批示写道：

> 查西江缉捕事，属内政主权所系，断无轻假与人之理。本部堂现正极力维持，切实整顿。该校长等幸勿轻听浮言，致滋疑虑。仰即知照粘抄。[1]

初六日（12月10日），上海《申报》发布消息，称张人骏已经与英国领事交涉清楚，英军答应不再搜查华船。但之后的事实证明，这一新闻显然是个画饼充饥的谎言。

同日下午两点，河南州商船公会召开大会，有数百人参加，由余云湄、毕理操主持。会议首先宣布本次会议的四条宗旨为："一、本会原以维持华商轮业，兴利除弊，通达下情为宗旨。二、此次集议，须知并无嫉视外人，及侵我政府治权之意见。惟念捕权外操，贻患实难意料，本会甚愿与诸公共筹良法，保我主权，以达自治目的。但须只遵宪谕，务申公理，切戒暴动。三、外人干涉捕权，原以保护内河洋轮为借口，不知洋旗小轮概系华人资本，以逼于验司关役之苛待，换洋人保护，伊遂乘此要索。所谓操我之矛，攻我之盾，故不得不由本会道破之。四、本会志在力劝华商小轮改其方针，勿挂洋旗，免贻口实，失我主权。惟华商亦有委曲情形，今当力求督宪自行整顿捕务，改革苛章，此为要着。"随后，与会人员总结出华船挂洋旗的三条弊端：一是有辱国体；二是多费工资，利归洋人；三是华商将自己的船只靠挂在洋人的名下，以洋人为业主，万一洋人昧为己有，华商将血本无归。然而，华商们之所以冒着巨大的风险靠挂洋人，且受到种种委屈，大家总结其原因，归纳有七点："（一）龙旗小轮，每年必归验司一验，诸多挑剔。洋旗小轮，得由业主择请大车如某轮等大车验妥，即移请关牌，准予开驶，并无阻滞，非如龙旗动须停修数月也。（二）龙旗小轮，一年一大修。如上排绞炉等，耗费既多，又稽时日。洋旗小轮，三年一大修，应修应整，并无停阻。（三）龙旗小轮，限数太少，如能受一百四十磅马力者，仅予一百左右。洋旗则照船力与足，亦无危险。（四）洋旗有事，领事力任保护。龙旗则官不过问。如遇抢劫龙旗，报案扣船候讯。洋旗可直由领事移文地方官严

---

[1]《张督批尚志学堂校长票》，《申报》，1907年12月9日，第4页。

缉，即开驶如常。（五）龙旗单行载客，须由善后局领牌，每船每月缴饷五十元。如无局牌，洋关准限行驶十日，违即扣留。洋旗不缴牌饷，随时随地关给准单，便可载客来往。（六）验司验船，借口慎重，实则留难，总由郭苏娣狡弄舞弊，稍不如其所欲，或暗伤机器，或故阻时期，或少予土店。如去年'广来'小轮请验，无端将汽炉钻穿，今尚有据。'公信'轮船汽锅本坚好勒修，至耗千金。'广昌'轮船硬将汽锅打穿，又贻累修耗千余金。尤可恨者，同一小轮，龙旗验司指为窳败，一易洋旗，则行驶坚利，不见他虞。如'永吉'小轮，郭苏娣与柯布庇谓不可用，乃卖与法商，改名'江英'，至今行驶无碍。其余'合成聚'公司各轮，被其苛勒，前经禀叩岑督，案证明确，批斥撤换，适奉调在离粤，郭苏娣遂肆其报复手段，各轮受屈。不数月，而改插洋旗者三十余艘，或歇业、拆卖，或停修待验者数十余艘。若再任其横肆，全粤航业不遭倾塌不止。（七）袒庇关员。本年二月，'龙江生记'轮渡关员文路强取牌部，指为湾泊越界，勒索银二十元，文路实亲得十元。经控税司，查确不究。轮商既遭苛验，又遭苛罚，情何以堪！"

会员们在历数华轮所受的虐待，及验船司职员郭苏娣欺压华人的无耻行径后，随即公决，要求立即禀请粤督张人骏，将税务司劣员郭苏娣予以惩革，并准许轮船商会各商照香港验船规式，任令该商自雇机器高等毕业生妥验，送由船政司发牌放行。然后即可同意，"准十二月初一日一律撤换洋旗，以杜借口而挽主权"[1]。

会后，商船公会还发布决议词，在痛斥外务部卖国勾当的同时，号召人们起来力争捕权。决议词曰：

近以西江捕权，拟授税司，幸同胞热心爱国，纷纷力争，鄙人曷胜钦佩。惟念此事原因，与轮业实相关切。本会组织以来，无非挽回航业，力保国权。最不解者，大部电复我粤绅商，有由中国海关增船巡协之语。夫今之办关者为谁？税司也。税司何人？外国人也。委以协巡，谓不假外兵柄，直掩耳盗铃耳。又谓有盗地方，代办缉捕。曾思两粤之大，强徒出没无常说，如大部言，有盗代缉，是今日西江，明日不一西江；始而水盗，继而陆路，无不授外权代缉也。无论无以杜他国之效尤，并全粤不归外人势力下不已也。噫！我粤关权既归外人，遂任验司员役，驱鱼驱爵。使华轮多借外人管

---

[1]《商船公会集议情形》，《申报》，1907年12月11日，第4页。

理，酿成今日之索我捕权，倘并诺之，粤尚得为我中国之粤乎！大部不求原委，轻于许可，诸君，诸君，鄙人亦窃流涕而争也。今特请研究此中问题，为去火抽薪之计。故当从本会讨论，尚希见教，以匡不逮。[1]

收到商船公会这次会议递呈的禀文后，张人骏非常重视，他不仅对与会人员的爱国热情大加赞许，而且对会议提出的禁止刁难华船、严惩不法关员等建议多加采纳，立即作出批示令善后局、厘务总局遵照执行。《申报》对张人骏的手谕给予了公开报道：

轮船商会条呈除害办法后，张安帅以该商等如此热心，大为嘉许。即日分札善后局、厘务总局，将所有苛抽扰累等弊政，一律革除，不得稍有歧视。兹将两札录下。

《札善后局》：现查广东内河商轮公会集议，凡有华商冒挂洋旗之船，一律换挂龙旗，以明界限。此事业经驻英李钦使向英外部议订，由英国严禁在案。该公会既有此议，自应设法维持，以资整顿。查华洋各商小轮，每每季由洋关抽收船钞银一钱。独于华轮，又有补抽厂税，并另抽每每季船钞银三钱六分。沿江税厘关卡，凡遇验放商轮以及验船司验船情形，均于华洋不无区别，殊不足以昭平允。亟应传集公会绅董、该行商人，会同总商会查明商情艰苦，力与蠲除，务使华洋一律，勿稍歧视。所有议定改悬龙旗，各船并即由局立发牌簿，不取分文。俾资遵守。除札广东厘务总局外，合就札饬该局，即便遵照，会同总商会分别传集内河商船公会绅董、行商等，速议办具复，毋延。

《札厘务总局》：（前略）札仰该局，即便转饬各江厘务，凡有商轮过厂，无论华洋，照章验放，不得稍有留难阻滞，致滋偏抑。倘有歧待华商轮船，致为业爵之驱，定将该厂员严行参处，以为不顾大局者戒。仍将遵办情形具报毋违。[2]

初六日（12月10日），国权挽救会准备按初四日的会议要求，拟派张崧云下乡演讲，但地方政府恐怕引起民众骚乱，出面要求其暂时停止。

初八日（12月12日），粤商自治会再次召开特别大会，大家公推黄诏平、江少荃两人为主席。会上，首先宣读了肇庆挽救国权会、梧州自治会的两封来函，里面介绍了英国舰队近几日在该地肆虐骚扰的情形。然后认为，"英轮闯入西江，侵我捕权，今日所闻，如水兵携械登岸，查搜商船等事，

---

[1]《商船公会布启决议词》，《二十世纪军国民报》，第三期。
[2]《张督保护换挂龙旗船只》，《申报》，1907年12月18日，第5页。

已不一而足。惟捕事已由张督一面切实整顿，一面坚拒侵越，可谓克尽义务，代表舆情。乃英水师提督不体会中外民情，强硬干涉，我国外部复诸形放弃，民心愤激。虽经大宪迭次切谕，谆诫暴动，且近日民情亦断不出此，但目下民智日开，恐不免有文明抵制之举动出现。两广商业以英国占优点，且中英交通最久，人民感情特深，若以此事忽生恶感，致成商务上种种之阻碍，殊非中英两国商民所愿。窃谓国际交涉，虽属政府权限，但此事于人民大有不利便之处，则人民与人民交涉，自可将一切为难情形，由我粤商民先行布告省港英国商民，令其忠告英领事及英水师提督，速将此举作罢，以顾全中外商情。如仍无效，计惟有公举明白事理、通晓语言之绅商，前往英京，与彼国之绅商直接谈判。彼国绅商中人，多曾据高位、深明公理之政治家在内，当能主持公论，代表舆情，使此事速就消灭。并应一面将此事译成洋文，布告中外报界，及万国和平会，使共知晓以觇公论"。最后决定"刻日函请出口洋庄商会各位，请其与洋商共申公论，并将各情刊函通请各洋商共维商业"。商船公会代表余某表示，如能即日将验船苛例革除，众商自当即日挂回龙旗。[1]

同日，苍梧县知县发布"安民告示"，对英国"么轩"兵轮搜查中国"宜发"商船一事进行谴责，表示"此次该兵轮稽查尔轮，已经阻止，亟应出示晓谕，以定民心"。要求民众不要惊惶。

英轮一进入西江，自感守土有责的张人骏就赶紧致电外务部请示应该采取何种行动，张人骏声称，英军司令缪华以索要"西南"号案赔款为借口，出兵西江。《申报》为此报道说：

京函云：政府近据粤督报称，西江巡船由粤自行整顿，英水提来文愿观成效，现忽翻议，声称如不给"西南"赔款即自派轮巡逻，牵合前事，大言恐吓，推其用心，以迫令假权税司，为外人入操兵。[2]

初八日（12月12日），外务部致电张人骏，非但不提英军入侵之非法，反而指责张人骏"缉捕不力，本足贻人以口实"，为英军入侵极力辩解。电文曰：

粤省盗风素盛，西江劫案层见叠出，地方官缉捕不力，本足贻人以口实。亟应迅筹整顿之法，分别水陆，严饬各师船肃清水面，责成沿江地方文武认真稽查，严靖匪巢，悬赏勒限，将掳劫各案务获惩办，以免外人藉词干

---

[1]《申报》，1907年12月19日，第4页。
[2]《粤督电请政府力争》，《申报》，1908年1月1日，第4页。

预。事关大局，务希严饬地方官认真巡缉，毋得稍涉大意。并将办理情形随时电部。[1]

初九日（12月13日），外务部再次致电张人骏，要求将"西南"劫案的赔付问题迅速解决，以便促使英军退兵。电文曰：

齐（注：8日）电计达。现准英使照复称，水提派兵轮赴西江一带保护英轮利益，此等办法为英政府莫可如何勉强之行。本国尤俟"西南"案结，并由地方官实行妥善之策，以靖盗风，自能停派巡查粤东水面之兵轮等语。查此案虽经本部驳复商阻，终恐空言无济，仍希尊处速将"西南"案妥为议结，并实行妥善办法，以期相安而保主权。切盼电复。[2]

十一日（12月15日）下午，粤商自治会召开第八次大会，首先，"谭君霸图登坛演说，痛陈捕权操诸外人，则为丧失主权，主权失则国亡，极言亡国之惨，痛哭流涕，声泪俱下，并陈实力挽救之策：一、抵制外货；二、在外人操业之西家，一律停工；三、停纳房捐，以整捕务。且极言所争者，非区区之捕权，实争我国民之身家性命。每演讲到痛切处，莫不全群鼓掌，声震屋瓦。座中亦多泣下者"。会上有人提出："两江属内河，捕权、警政、轮政，皆独立国自有主权。我国不能径赴外洋搜查华人，即外洋亦何能任意入内地搜扰。本会禀奉督宪出示劝勿暴动，且本会有维持地方治安之义务，再行普劝粤人忍辱负重，切实自治，以免暴动。可否据情警告军机处及各部挽救危局？"大家一致赞成，并说"本会对于此事，既已实行自治，现商轮亦续暂复挂龙旗，并禀请督宪整督水师，沿江举办巡警，义务已尽，而近日纷纷警告，大局将不可问，今先向政府声明，即一旦决裂，本会亦不任咎"。最后，起草并通过了沿江举办巡警的章程，准备交由张人骏参考执行。同时，给外务部发出了一份措辞严厉的电文。电文曰："北京分呈军机处、外务部、陆军部、民政部列宪均鉴：西江属内河，连旬英水师大肆搜查，商民哗愤。经禀粤督，示禁暴动。惟群情汹汹，怒不可

陈基建等十一月十二日致外务部电文

---

[1]《外部电饬地方官巡缉》，《申报》，1908年1月7日。
[2]《外务部致粤督电》，《申报》，1908年1月8日。

遏。西江商轮，英只两艘，华轮公愤，已决尽复龙旗。商等立会自治，推办沿江巡警，粤督亦大治水师。独立国主权，断无他人可干预兵柄、警察、行轮之理。乞促英兵速退，以全邦交。否则祸变之来，大部实制造之，幸勿咎沿江商民为戎首。"[1]

对于这次粤商自治会致外务部的电文，袁世凯见到之后极为恼怒。特别是文中有"祸变之来，大部实制造之"的话，将英军入侵的责任直接推到了外务部头上。加之上次电报有"沿海商民，说为卖国"等话，因此大动肝火。外务部立即致电张人骏，要求对陈基建等人"严拿究办"。但是，张人骏怎会对自己的得力干将痛下杀手呢？他只有做做表面文章，要求南海县将陈基建"申饬"了事。当时的《社会公报》《申报》《农工商报》分别对此事加以报道：

此次各界电争西江捕权，以粤商之措词为最激烈。前因有"沿海商民，说为卖国"字样，曾为外部驳斥。昨又因第四次电文，有"祸患之来，大部实制造之"等语。外部恼羞成怒，竟欲用专制手段，电饬张督，将领衔之人陈基建等，严拿究办，并力斥所论之非。[2]

外部以粤商第四次电文有"祸患之来，大部实制造之"等语，某尚书阅之忽然大怒，谓偶办一事尚未了结，绅民辄发电诘责，成何事体？特电饬张督，将领衔之人陈基建等严拿究办。张安帅接部电后，不以拿办为然，仅札行南海县将陈基建等传案申饬，以了此事。[3]

外务部以粤省商学界争西江巡轮事不宜授权税司，实属无理取闹，并税司为本国政府所用，命令服从，无稍歧异，何得谓授权外人？兹事难保无匪党从中借以鼓动，特电粤督明白晓谕，以释群疑。[4]

当天，粤商自治会代表陈基建也致函张人骏，控诉英军在西江的罪行，请求其与英国领事交涉，饬令各兵轮从速撤退。信中写道：

为英轮搜掳华轮，恐酿巨变，乞恩照会领事严诘，并电外部，促洋轮速撤，以弭乱事：窃惟敝会顷接三水河口同志社初十函称"是日龙旗'会安'火船，由香港拖带火水船来河口。适到河清地方，与某洋轮相遇，大喝停车，当即过船搜查。不由分说，即将船牌船钞准口等件拿去，并掳去船主

---

[1]《粤商自治会第八次会议》，《申报》，1907年12月23日，第5页。
[2]《社会公报》，1907年。
[3]《陈基建传案申斥》，《申报》，1907年12月29日，第5页。
[4]《新闻》，《农工商报》，第二十期，光绪三十三年十二月初一日出版。

一名、水手二名，至今尚未放还"等语。伏思洋轮驶入内河，已背公法，既以游弋为词，宪台笃念邦交，暂准通融游弋，迭经谕饬商民切不暴动，粤人无不隐忍。乃连日迭接各处纷纷警告，以洋轮遍布沿江，逢轮喝停，任意搜扰，群情激愤，势将决裂。敝会昨经一面劝勉粤人，忍辱负重，实行自治；一面电禀军机处暨各部堂宪，哀乞据理力争，照会洋使，促洋兵撤退，以全邦交。否则设有祸变，商民不任其咎。据函前情，无怪沿江商民，怒不可遏。事机危迫，用特粘函，禀请宪台。迅赐请会领事馆，饬令各兵轮从速撤退，以弭祸乱，而全邦交，实为公便！为此切赴两广总督宪大人爵前，核准施行。[1]

与袁世凯领导的外务部相反，张人骏不仅对陈基建等人的爱国热情加以保护，而且对自治会陈基建等人递呈的禀文每次都亲自批示，甚至公开发表。他在对这次粤商自治会陈基建、余干耀两人的禀文批示道：

案经札行善后局、会同总商会，传集内河商船公会绅商等，体察商艰，妥议办理。昨据余绅干耀等来辕具禀，复经饬局，迅速妥议在案。据禀前情，仰广东善后局遵照节次批行。刻日，会同集议，复候核夺。毋延。[2]

十三日（12月17日），留学日本的两广同乡商学界派遣的李自明、苏绍章、邱树人、黄庆翰4名代表回到广州。18日，他们来到粤商自治会，"面述海外同胞对于此事热诚义愤"，同时向两广同胞宣称，"务期不分畛域，统于十五日到自治会，俾得宣布宗旨，共商办法"[3]。

十五日（12月19日），粤商自治会召开第九次会议，留日两广同乡会派遣的李自明等4名代表也参加了大会。会议由陈基建主持，大家一起议定收回西江捕权的具体措施。会议议程主要有：一、请东洋商学界代表宣布挽救捕权宗旨；二、宣布桂林粤东会馆来电；三、宣布梧州粤东馆自治会来函，并梧州省港轮船公司招股章程；四、速行集股成立邮船新会，添置商船，行驶西江，挽回利权，与梧州商船公司联成一气；五、省外商人，纷纷投函，筹议文明对待之法；六、收回捕权自办；七、行轮章程海关验船一事（即自聘员验船），众议同人公请邓中丞速商督宪准予照办。[4]

同日，广东河南州商船公会也召开会议，到会者数百人。会议公推商

---

1 《社会公报》，光绪三十三年十二月十五日。
2 《批粤商自治会第二次禀》，《申报》，1907年12月18日，第5页。
3 《申报》，1907年12月23日，第5页。
4 《农工商报》，1907年第二十期。

船公会总理余云眉为主席,罗少翱为宣布。与会者认为,英军之所以进入西江,其原因是华人的商轮因为受海关苛待,纷纷冒挂洋旗,取得洋人保护,"致招外人干涉"。随后,船商总结英国人把持的粤海关船政司虐待华船的七条罪状,建议公会请求政府开除虐待华商的船政司官员郭苏娣,然后,"准予船商照香港验船例,自雇机器高等毕业生妥验,缴呈验船司发牌放行"。大会最后决定,定于十二月初一日,所有会员统一撤下洋旗,改换成中国的龙旗。[1]

为了防止集会群众有过激行为及防止洋人进行破坏,张人骏还特意安排广东河南巡警正局巡官、三局巡长,带同巡士到这次会议的现场进行保卫。

同日,国权挽救会在《申报》上公开发表传单,批评外务部将西江捕权授予洋人,指出英人干涉中国主权的危害,提出文明对待的策略,要求民众切勿暴动以免成为国家的罪人。该传单写道:

近者,英人因广东西江盗贼过多,以保护商务为名,要求西江捕权。经外部允许,其派轮协巡归税务司节制。窃思税务司亦外人,断无可授捕权之理。今将其危险之状,暨本会挽救之意,明白开列于下,愿我两粤人共肩责任,各竭热诚,以挽此危,而共保国权,中国幸甚。危险之状:一、外人虽以协助缉匪为名,恐将来滥用其权力,各国援利益均沾之说,为祸何堪设想?一、外人协助缉匪,必至搜查各船,及各乡村。倘各船、各村不服搜查,必至与洋轮争斗。各地人民若被屈,固痛苦难言。若伤及洋船中人,必又开重大交涉,扰累更何堪?一、外人协同缉匪,恐乡人无知,或至仇外,且恐不安分之徒乘机煽乱,成重大交涉,吾粤旦夕必危,可忧孰甚。挽救之意:一、本会先由学界发起,联络各界。曾禀督宪,痛陈利害。旋奉宪批,意谓必实力维持,无庸疑虑。惟是本会以广东安危关故,又不得已再行具禀,请督宪宣示如何对待之策,勿稍疎懈以安人心(初五日禀)。一、本会所要求,必以英舰撤退为止,惟用文明对待,决无排外之心。一、凡我粤人,亦当持定文明对待之意,万众一心,令英舰退出,然后国权可挽,危机可免。至挽救之方法,不能豫定。除已见施行,逐渐研求,总求两国归于和平,共保商业。一、协巡由于多盗而来。本会一面思量挽救捕权,一面设法严缉盗匪,具禀大吏,听候实行。一、凡我粤人,切勿暴动,如有野蛮之举,为外人借口,至开交涉,大局更不堪设想,是即中国之罪人。愿相戒。

---

[1]《社会公报》,光绪三十三年十一月十六日。

国权挽救会披肝胆谨告。[1]

十八日（12月22日），广东报界30余人在广州总商会召开第一次特别会议，商讨西江捕权问题，由朱云表主持。会议认为，"粤省风潮，惟西江捕权为甚"，省城报界不能置身事外，"报馆为舆论之母，应如何极力发挥，以尽天职之处，请公定"。会议决定今后以广州总商会为集议场所，以"西江捕权为今日最大问题，应将英人干涉捕权，违背公法种种，警告政府，以期设法挽回，并函催商船公会，先将各小轮改复龙旗，如有疑难，公众极力维持"。会后，报业团体还致电轮船公会，敦促其届时改换龙旗。[2]

二十一日（12月25日）下午一点，粤商自治会召开第十次会议，会议公推上海帮卢辅宸、匹头行朱卓卿为主席，罗少翱为宣布。首先，由康仰莘、蔡荫余、罗少翱、陈惠普等人相继演说。然后，宣布汉口同乡会及德育阃德女学堂来函。会议决定，"禀督宪速派员验船，俾华轮一律改复龙旗"；将第八次大会所制订的四乡巡警章程立即禀请张人骏核定，并请其"通饬东西沿江文武督令绅商就地筹款，勒限三个月一律举办。并责令各乡联保，以清内匪"；同时，按照第二次大会的决议，由该会派六名秘密侦探下乡暗查沿江匪巢后，禀请张人骏痛剿；最后，决定兴办商船会社，将外国船业挤出西江。日本的两广同乡商学界派遣回国的苏绍章表示，"兴办邮船会社，挽回东西江利权，系横滨各商家所最切望，如蒙七十二行商担任，日本华商可认股一百万"。大会还确定了商船会社招股办法及工作人员，认定"卜海帮卢辅宸，匹头行朱卓卿、林焕堂、朱梦吉，四川帮梁蔚廷，玉器行郭仙舟，药材行李干若，石叻帮朱伯干，米埠行张子谦，油行王劲南，豆行何厓禄，土丝行梁少伯，烟丝行赖燕山，布行熊礼庭诸君担任招股，刻日开办"。[3]

当日，陈基建等赴督府将整顿西江兴办巡警的建议呈送给张人骏。禀文如下：

粤商自治会董陈惠普等为草订警章、呈请核饬东西沿江文武、督令绅商勒限举办以保治安事：窃粤省盗贼，劫日披猖。推厥原因，实由地方文武不能联络绅商、早清内匪，以至劫及商轮，酿成交涉。上烦宪厪大治水军。董等以为，沿江劫盗实不在水而在陆，历年如东江巨匪戴枚香、新会海盗林伯

---

[1]《国权挽救会传单》，《申报》，1907年12月19日，第5页。
[2]《致轮船商会函》，《申报》，1907年12月29日，第5页。
[3]《粤商自治会第十期集议》，《申报》，1908年1月1日，第12548号，第5页。

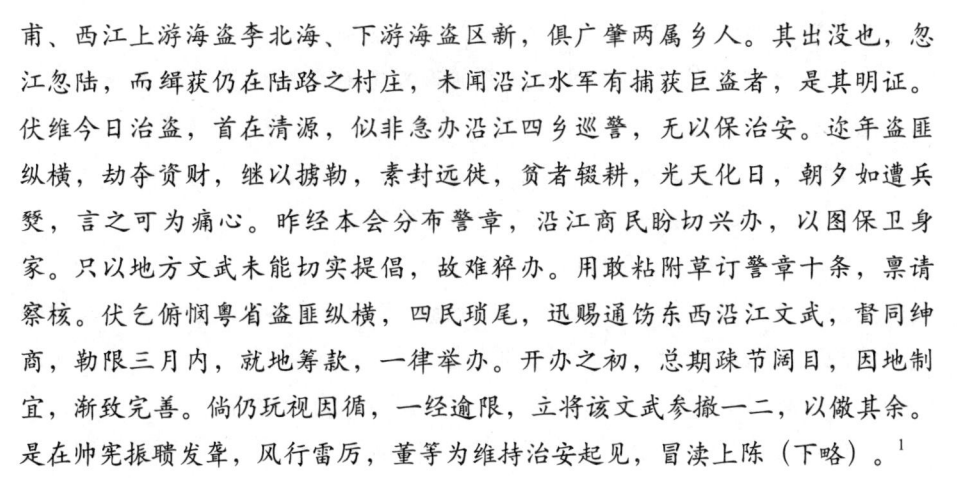

甫、西江上游海盗李北海、下游海盗区新，俱广肇两属乡人。其出没也，忽江忽陆，而缉获仍在陆路之村庄，未闻沿江水军有捕获巨盗者，是其明证。伏维今日治盗，首在清源，似非急办沿江四乡巡警，无以保治安。迩年盗匪纵横，劫夺资财，继以掳勒，素封远徙，贫者辍耕，光天化日，朝夕如遭兵燹，言之可为痛心。昨经本会分布警章，沿江商民盼切兴办，以图保卫身家。只以地方文武未能切实提倡，故难猝办。用敢粘附草订警章十条，禀请察核。伏乞俯悯粤省盗匪纵横，四民琐尾，迅赐通饬东西沿江文武，督同绅商，勒限三月内，就地筹款，一律举办。开办之初，总期疏节阔目，因地制宜，渐致完善。倘仍玩视因循，一经逾限，立将该文武参撤一二，以儆其余。是在帅宪振聩发聋，风行雷厉，董等为维持治安起见，冒渎上陈（下略）。[1]

二十三日（12月27日）下午两点，商船公会再次召开特别会议，有数百人参加。广州知府陈知府、农工商局徐委员等也在张人骏的指令下亲临参加并现场表态，可见张人骏对民众意见的重视与支持。会议期间，还由警方派巡官蔡某、段某及部分汛兵维持秩序。大会由江少荃主持，余干耀总理代表公会向政府提出三点请求：一、龙旗小轮向缴补抽局，每季吨钞费银三钱六分，蒙准札免。仍请从何日起免，札饬补抽局遵照并给示谕。本公会俾令传知龙旗小轮各商遵守。（陈府尊亲批照准）二、龙旗单行载客，向纳善后局牌饷银每艘每月五十元，经蒙准免。仍请从何日起免，一札善后局，一札饬税务司，遵照并给示谕。本公会俾周知各商。（亦照准）三、验船现经举定魏京卿，请给示实行，并札饬税司遵照。仍请示谕本公会周知各商，得随时请验，以剔旧弊。（陈府尊答以回明督宪办理）[2]

梧州是西江商贸的枢纽，英军的入侵及西江缉捕权丧失，势必使其大受影响。二十四日（12月28日），梧州商民何聘安代表桂林粤东会馆致电张人骏，同时致电外务部、农工商部、法务部戴鸿慈尚书，声称英军入侵"商民震惊，恐酿巨祸"，请设法挽救。同时他们还致电各个团体，声明"西江捕权，断难假手外人""又英测归善海线、葡侵香山领土，均关系主权"。要求各界力争，甚至不惜抵制。

二十五日（12月29日），广东嘉应直隶州的士绅公开登报，要求张人骏等将支持英军西江缉捕的嘉应绅商温佐才开除出嘉应户籍。温佐才为商人，曾任香港电报局总办，嘉应商会首任会长，1905年与江柏坚、丘燮亭等创办

---

[1]《自治会禀粤督文》，《申报》，1908年1月1日，第5页。
[2]《商船公会之大会议》，《申报》，1908年1月7日，第4页。

了三堡学堂，捐纳有道员头衔。《申报》对此报道说：

嘉应士绅以温佐才身居司道，竟电请当道放弃西江捕权，不知是何居心。除先行函电诘问外，并发电各处，请协力驱逐出籍。兹将电文录左：广州分送督宪张、粤汉铁路商会、国权挽救会钧鉴：温道灏电部，请弃捕权。卖国。全州人不认。请协力驱逐出籍。嘉应绅商学同叩。[1]

二十八日（1908年1月1日），粤商自治会召开第十一次大会，莅会者极其踊跃，会议公推郭仙舟、杨辉岩二人为主席。会议决定由七十二行与梧州商会共同创办两广邮船会社，以抵制外国商船在西江横行。会上制订出了邮船会社招股章程草案，并推举出数十名义务员主持会社事务。[2]

其他海外华侨及留学生闻知西江事件也纷纷行动起来。1月2日，南洋日惹商会致电外务部，表示"哇华侨五十八万同声怨愤"。美国中华会馆也致电外务部及广州国权挽救会，"请坚拒江西捕权，不容许英人干涉"。

初七日（1月10日），粤商自治会召开第十三次大会，公推黄玉泉、黄澄波为主席，商讨成立两粤华商轮船有限公司的具体问题。

十四日（1月17日），粤商自治会如约召开第十四次特别大会，会议邀请梧州商船公会代表周某、林某参加。会议决定致电政府开除刁难华商的验船司职员郭苏娣，决定来年正月初八日两粤华商轮船有限总公司正式成立。梧州商船公会代表周某表示："西江缉捕为两粤生死问题，于省城、梧州商家，尤有密切关系。挽救之法，尤以自置轮船行驶，为最切实，此事梧商望之更切。鄙人等被举来议，惟望万众一心，联结团体，以期共挽利权。"大家一致赞成。[3]

当日，粤商自治会、商船总会联名致电农工商部、邮传部、税务司，强烈要求革除刁难华商的验船司职员郭苏娣。电文曰：

北京分呈农工商部、邮传部、税务大臣列宪钧鉴：英师船驶入西江，干涉捕权，全粤骚扰。查西江英轮，只有"西南""南宁"两艘，余船虽挂洋旗，实皆华商资本。原因海关验船司任用郭苏娣验船作弊，迫而为此。偶遇劫案，外人借口。查验船司，光绪廿七年，由粤海关税司票奉陶前督批准，今即法立弊生，应请速予改良，全收主权，专责粤督选派魏京卿瀚秉公查验，革除郭苏娣。俾商情浃洽，尽复龙旗，至感。粤省自治会、广东全省商

---

[1]《嘉应士绅电请驱逐温佐才》，《申报》，1907年12月29日，第5页。
[2]《粤商自治会紧要议案》，《申报》，1908年1月8日，第4页。
[3]《粤商自治会第十四期议案》，《申报》，1908年1月25日，第4页。

船总会同叩。[1]

时任广西陆军小学总办兼广西新军督练公所兵备处会办、民国后任护国将军的蔡锷，也曾以"击椎生"的笔名，在同盟会云南支部创办的《云南》杂志第十二号上，发表了《西江警察权问题》《苏杭甬铁路与滇川铁路之比较》等两篇时评文章，愤怒抨击英帝国主义强迫清政府开放广西梧州、广东三水等口岸，英轮由香港至梧州自由往来航行，攫取西江警察权的强盗行径。并指出，这是英国人灭亡埃及的故伎重演，"按国际法，此实国内河流，非国际河流也。今与英人以缉捕权，是举水上警察之行政权以授外人矣。将航路所到之地，皆英国国权所到之地；西江流域之行旅居民，皆为外人管辖鞭挞之下。此一举也，实可制两广之死命。他日长江流域，航路所到之地，皆将以此为嚆矢"。他批评清政府投降主义的外交政策，指出清政府与英法等西方列强签订的一系列不平等条约，将中国的利权"捧而献之乐人""遂使列强攘臂相争，危迫以至于此"，这种以丧失主权为手段的所谓的开放主义实际上是一种"开门揖盗""引贼入室"行为，"政府慷慨大方，如弃敝履，如赠桃李，以送外人，只固己位，奚计国亡；只顾己乐，遑计民苦"。因此号召两广人民"无老无幼，无男无女，无贵无贱，无贫无富，人人皆能持急激主义""结大团体，挟逼张督，内以抵抗政府，外以抵制英人"。他认为，结成团体，必须有一个坚强的领导核心，"欲合百万之众，必先自十万起；欲成十万之众，必先自一万起；欲成一万之众，必先自千百起"。这样才能向军队一样，"秩序不乱，有所统一"，而两广人民如有"数十万有秩序、有条理、坚固持久、同死共生之团体，则事犹有可为。各省闻之，必有兴起而取法者，必有奔走而来归者，必有挺身以相助者"。

## 第六节　粤督亮剑　缉匪驱寇

英军入侵西江之后，两广督府处于上下交怨、内外紧逼的旋涡之中。但是，一向以老成持重著称的张人骏，却处变不惊，充分展示着他作为一位封疆大吏的才华和智慧。

他在通过自己调研、倾听民众呼声及与胡湘林、李准、吴敬荣、林国祥、魏瀚等下属分析梳理之后，准确找出了西江劫案频发及涉外事件较多的三大症结：

---

[1]《自治会请革除郭苏娣电》，《申报》，1908年1月25日，第4页。

其一，官兵腐败、兵匪不分。"近闻各营下乡捕匪，多有不加约束，任令兵丁藉端搜取财物者，实属形同盗贼。"[1]让这样一支队伍去管理治安，结果可以想见。

其二，兵员、兵舰不足，联防较差。受害者"虽经报警，援救无人"[2]。使盗贼更加有恃无恐。光绪三十一年（1905年），张人骏由粤抚调往山西后，岑春煊兼管巡抚事务。他以节省军饷为名，奏请将广东绿营裁七留三，打算将剩下的军费供练兵之用。如总督标为两广总督的直属部队，原设中、左、右、前、后5营，裁减前有官兵1184名；裁减后，5营合并为中营1个营，仅保留官兵314名。广州协为广州城守备部队，设副将1名，归广东陆路提督节制，下辖左、右营，裁减前有官兵629名；裁并时将驻番禺县的永靖营、三水县的三水营并入该协，仍编左、右营，共有官兵333名。此外，还有增城左、右营，顺治初设时官兵1176名，光绪三十一年裁减后仅留110名，改称增城营。巡抚标为广东巡抚的直属部队，有左、右两营。光绪年间，左营有兵590名，右营有兵589名，均驻广州老城。光绪三十一年裁去广东巡抚后，巡抚标随之撤销。裁减之前，兵将总数4168名；裁减之后，仅剩下757名。虽然到了光绪三十二年二月，岑春煊以办理要政为名借款500万两，开始实施其编练新军两镇的计划，先后从粤北江与皖北招募新兵2000余名，于三月初四编成新军10营，其中步队6营，炮队2营，工程、辎重各1营，并按照张人骏在河南新军章制经验编成混成1协，但是，仅半年时间，因被开除、淘汰和身故、逃亡、请假不归，新军缺额已达1630余人，只剩下了400人。这样，新军和绿营兵加起来才1100人。以一千多人干四千人的事，怎么能干得好呢？除了兵员不足外，兵船也差得可怜。此时广东水师总共有兵船42艘，其中从英国和法国进口的小炮舰6艘，约为同治元年（1860年）制造的，各舰排水量439吨，吃水8.6尺，马力265匹，速度7海里。从德国进口的鱼雷艇11艘，均在光绪十年前后购买，如今已经20多年。粤省的黄埔造船厂自制的小炮艇16艘，大多在光绪十三年建成。此外，还有由粤省的军火局和机器局制造的内河小炮艇6艘、蚊子船4艘。这些兵船老的至今都47年了，比较新的也十几年了，不仅老得掉牙，而且每个小时走20华里，和牛车差不多。即使这样，这些兵舰还得分守广肇罗道、惠潮嘉道、南韶连道、高雷阳道、琼崖道、廉钦道，平均每个道不足7艘。而西江长达574里，每个口岸如果配备两艘兵船，这就需要

---

1 《严禁藉捕为盗之文告》，《广东总商会报》，1907年11月。
2 南番后人：《论小盗为害更甚于大盗》，《香港华字日报》，1905年12月1日。

14艘。可是，到哪里去找这么多兵舰呢？没有兵没有舰，匪徒自然就有恃无恐了。

其三，外籍船只管理混乱。西江对外通航后，由于洋人控制的海关在西江河道上设立了很多关卡，对中国商船横征暴敛，胡乱收费，以致"内河商轮屡迫于关局卡验司差役之苛待，托挂洋旗，以期幸免"[1]。1905年7月19日《中外日报》上登了一条消息，其中有一段中国商人朱立兴诉苦的文字云："惟悬挂洋旗者，彼不肖之徒，皆畏之如虎，不敢扰害……且洋票经过捐卡，验规皆有减折，华票则格外留难，私费则转形益重。"为了减少官匪的侵扰，许多华船在交上一笔保护费后，偷偷取得了外国的牌照，挂上了外国的国旗。仅据梧州关统计，1907年"挂英旗者五百十一只，十六万七千十百八十九吨；华旗一百五只，二万六十六吨"，另外还有法旗七十一艘，德旗七十艘。[2]从上述数据可知，挂华旗的商船仅为13.7%，全部挂洋旗的比例则达到86.3%，西江几成洋旗船的天下。而其中真正的外国船只寥寥无几。其实，悬挂洋旗这种现象不仅存在于西江，据1904年11月出版的《东方杂志》说，福建厦门每日开往外埠"计商船三百数十余艘，皆各埠华商所有，现均挂英法美各国之旗，由各洋行代为经理。此项利权，终年核计，溢于外人之手者，不下数百兆。""以内河外海之商轮多洋旗，眼恃外人为护符，不受盘诘，常有匪徒假扮搭客于半路行劫，且骇此船，以劫彼船于无人之处，官兵无从保护。常有兵舰同

清末广州西江江畔照片

行，见商船照常行驶，不知有被劫之事，驶于无人处弃船而逃，防不胜防。初拟派兵上船保护外人，以国旗所关，不允我兵上船。各真正洋商之大船尚请指定码头搭客，防范尚易。为利而冒挂洋旗之小商轮，只贪生意，不须搭客之危险，沿江揽载，致匪人得以上船，骇行抢劫。及出事，则由各国领事

---

[1] 李默著：《1907年两广人民反对英帝国主义攫夺西江缉捕权的斗争》，《广东历史资料》。

[2]《光绪三十三年梧州口华洋贸易情形论略》。

出头索赔偿。"[1] "航业尽挂洋旗,致令外国人借口,酿成今日恶剧。"[2]

为此,张人骏对症下药,决定采取四项措施解决西江问题。

一是全面清理前督岑春煊时期的冤假错案,为一大批被岑春煊无故拿下的粤省官员平反昭雪,使他们官复原职,提振士气,弥补能吏不足的问题,让庸者下。

为这些官员平反,是张人骏上任伊始就已有的想法。为此1907年9月6日张人骏还未到任时,《申报》就刊登了张人骏的这一传闻:

> 新督张人骏前次在粤,即与岑督大相反对,此次奉命督粤,拟一反岑之所为。闻已有信息到粤,所有岑督前次调用充当要差人员,概不得借故辞差他去。此外,各局处一切费用,亦令预备清算出入数目。被岑督参劾之道府州县,现已调来数员,其余所挽留者多为岑督屏弃之人。裴景福之子裴宁祖泽,刻亦调其仍来粤中差遣。将来到粤后,各官场定有一番大变动云。传闻如此,未知系一面之辞否。[3]

或许是张人骏暗中授意,或许是声气相通,张人骏就任粤督不久,给事中李灼华就上书弹劾前任两广总督岑春煊冤屈能员,"以至英轮巡缉西江,其故由于能员被劾,任事无人所致"[4]。

光绪三十三年(1907年)十一月初三日,朝廷将岑春煊冤抑能员一案交张人骏调查处理。圣旨云:

> 谕军机大臣等:有人奏,粤匪日炽,由于前督岑春煊等冤抑能员,无人办匪,急宜昭雪各折片,着张人骏按照所参各节,秉公确切,分别查明,据实具奏,毋得稍存成见。原折片着钞给阅看。钦此。

不久,张人骏就将查处结果上报朝廷。奏折中他虽然为了顾全岑春煊的面

张人骏平反岑春煊冤抑能员一案的奏文

---

[1] 李准著:《任庵自编年谱》,见于四川邻水李准研究专家包述安先生博客。
[2] 《粤商票外部度支部税务处电》,《申报》,1907年12月1日。
[3] 《申报》,1907年9月6日,第4页。
[4] 《申报》,1908年8月20日,第4页。

子设法为其圆场，但还是委婉地解放了一批被冤官员。其奏折大意云：

遵查，原奏武职被逼酿命者二员，文武被冤抑者十六员，当经逐案查明。岑春煊所劾，固多贪劣阘茸之员，亦不无失之过当之处。除业蒙开复及咎有应得各员，毋庸署议外，其李家焯、裴景福等五员，应请分别开释，以广皇仁。[1]

此后，张人骏又陆续为苏元春等许多人平反昭雪。以至张人骏自己都感到"岑所参劾近千人，叠次查办，不胜其烦。翻岑案太多……"[2]

除了为被错办的官员恢复原职，张人骏更注意保护在职官吏。张人骏到任粤督后，曾经有京官多次弹劾其手下爱将李准。比如1907年11月20日，《申报》曾经刊载《廷寄粤督查覆李准参案》一文，该文写道：

御史叶芾棠片奏，广东署提督李准所统各军毫无纪律，到处滋扰，以致匪势蔓延。且虎门之败，讳报大胜，蒙蔽该督。迄今粤匪蔓延如故者，该署提督实属其咎。应请另简人员前剿，并将该署提督予以薄惩，以儆其余。云云。翌日，军机臣面谕旨，廷寄粤督，原文录左。上谕：有人奏前署广东水陆提督李准讳败为胜，捏报肃清。所统各队毫无纪律等语。该前署提督身为统帅，当此匪势蔓延，宜如何督饬各队认真剿灭，乃复任听军队到处滋扰，实属有负委任。着该督速查明覆奏，毋稍徇隐。原折着钞给阅看。钦此。

没过几天，张人骏又接到上谕称："有人奏，前署广东水陆提督李准，通匪诬良，请饬查办一折，着张人骏按照所奏各节，确切查明，据实具奏，毋稍徇隐。原折着钞给阅看。"

张人骏接到圣旨后，立即上奏道：

查明前署水陆提督李准，先后被奏各款，均无实据。惟于商人郑乃成等禀承缉捕经费一事，辄为致函请准，究属不知避嫌。该员现经派令督办缉捕，正在吃紧之际，如蒙免置议，似于鼓励将才，不无裨益。

光绪皇帝因此下旨，"李准着免其察议"。

正因为张人骏的爱贤护才，所有对李准的诬陷之词都被张人骏一一否决，李准不仅平安无事，而且很快由总兵提升为水师提督。以至当年的上海《申报》曾有文章对张人骏之举表示不解。该文说：

忠厚官吏，赏以功功，罚以惩罪，故赏罚者天下之大柄也。异哉，粤督。广东水师提督李准，两被参劾，罪状甚确，粤督为之极力洗刷，始得无

---

[1]《清实录·德宗实录》，卷五百七十九。
[2] 张守中著：《张人骏家书日记》，中国文史出版社，1993年版，第127页。

恙。夫李准有罪，粤督不能早为参，则有失察之罪。罪一。李准既为人参劾，而又为之洗刷，则有周上之罪。罪二。李准之罪案，姑有论独怪粤督何轻于一己之声名，而何德于李准也？[1]

同时，张人骏还及时从外省调进人才，以补充粤省的不足。被调人员有韩国钧、田中玉、崔祥奎等。1907年10月23日《申报》曾经报道过张人骏催调人员一事。

二是将水陆提督分开独设，然后扩充兵员、购置军舰，沿江部署重兵，剿防结合、兵民结合，消除匪患。

为了集中兵力解决水匪问题，张人骏上任不久就向朝廷提出，将前任粤督岑春煊为节省经费而合并在一起的水师、陆路两个提督重新分设。1907年10月21日（十一月七日），清廷下旨交张人骏再行奏处：

岑春煊奏请将广东水师陆路两提督归并一缺，经政务处会议奏准，改为水陆提督，自系为节省经费，统一事权起见。现闻广东内河、外海等处，盗贼充斥，肆行劫掠，大为行旅之害，甚且扰及外人，致令啧有烦言，隐图干预。若不亟思整顿，肃清匪踪，后患何可胜言。查该提督所辖地方寥廓，水陆情形，又各有不同，步队兵轮，运用迥别。际此多事之时，一切巡缉弹压事宜，恐非一人所能兼顾，似应规复旧制，仍将水师陆路提督，酌分两缺，各专责成或添设水师总兵一员，扼要驻扎，藉资补助。究应如何办理，方能防范周妥，控制得宜，着张人骏体察现在情势，规画粤省全局，筹议切实可行办法，迅速具奏。钦此。[2]

待张人骏将水陆分设的提议再次复奏，仍然遇到了很大的阻力。1908年1月19日（十一月十六日）的《申报》曾经介绍说："粤督张安帅遵旨覆奏分设粤东水陆提督，已交政务处议奏。政务处之意，主分主合者不一其说。初六日开特别会议，主分者居其多数。向来政务处章程，每月逢二会议，因此事重要，特于初六日会议一次。"可见清廷政务处对于这件事的分歧和重视。

张人骏于九月十四日接到圣旨的当天，就力排众议，将李准调回省里办理西江缉捕之事，让水陆提督秦炳直代替李准办理廉钦善后事宜。十二月，水师提督独设的方案确定后，在张人骏的力荐下，"广东水师提督着萨镇冰补授，仍着李准署理，秦炳直着补授广东陆路提督。"[3]由于萨镇冰不能到

---

[1]《评事》，《申报》，1908年3月1日，第12页。

[2]《申报》，1907年12月1日，第5页。

[3] 李准著：《任庵自编年谱》，见于四川邻水李准研究专家包述安先生博客。

岗，李准实际上就挑起了水师提督的担子。

李准接受重任后，不负张人骏对他的厚望，立即进入角色，奔赴西江。《社会公报》报道云：

> 南澳镇李直绳提督，嗣奉督办广东全省保商缉捕，并统巡各江水师之任。日来已与僚幕统筹全局，费尽经营。日昨放节，先行巡阅西江，其东北各江以次巡阅，将各要隘分段布置，以期行旅绥安，外人不至借口。[1]

为了弥补兵力之不足，经过张人骏请示上奏，光绪三十三年十一月初九日（1907年12月13日），清廷同意粤省"添募定、武两营勇丁五百余名，亲军左旗弁勇一千八百余名。由南韶连一带召募新兵一千余名，以为改编新军之用"[2]。

兵员补充到位后，为了提高他们的水面作战能力，张人骏立即开始兴办水师学堂。学堂就设在水师提督府门外。亲自操办此事的水师提督李准记载：

> 门外原有之水师十六营公所房地，易大南门，外去与码头长堤之新填地，建设水师公所，旁设水师练营及无线电台。水师练营招治海之贤家子弟入营，教以船上之工作，如兵操、灯语、旗语、操船板、上桅、洗船、编绳索等事，全按船上之工作教练之，并教以期到略过之英语。以水师学生孙承泗为管带，陈景征为帮带，邱某为教习，六个月毕业。各船之三等水手缺出，即以此项练兵补之，陆续招补。不许各船管带私自招补不谙水师章制之人充补。又购英国遭风损山边之五十吨之长三百余尺之邮船，改修为练船，名曰"广海"，以为运兵及练习水师人员之用。凡在黄埔水师学堂毕业之学生，均令上船练习风涛沙线、船上炮位、探海灯，无线电讲堂、操场，所属设备完全。[3]

早在1907年11月13日，张人骏上任之初，就上奏要求购置四艘巡江战舰并获得批准。这也是西江缉捕权事件发生的起因。张人骏所订这四艘战舰，虽然吨位较小，但其配置在当时是非常先进的，《申报》对此有过报道：

> 此次统巡各江水师李准，近向香港定造巡缉小轮四艘，船身各长一百二十尺，每点钟能行十四海里，船内遍布电灯，可配弁兵八九十人，均已由粤垣飞沙洋行代定，订价每艘六万元。又以此项小轮专为西江巡缉之

---

1 《要闻》，《社会公报》，光绪三十三年十一月二十一日。
2 《清实录·德宗实录》卷五百七十九。
3 李准著：《任庵自编年谱》，见于四川邻水李准研究专家包述安先生博客。

用，故拟择通晓英语之人以当将弁，并于船内建设无线电报机器，俾消息灵通。所配连环快炮、吉林炮亦已购备。快炮运至粤者已有十六尊，尚有二十尊未运至。吉林炮则已定购八尊，已有二尊至粤。俟此四船竣工，尚须定装四艘，为浅水巡缉之用云。[1]

不久，由香港制造的这四艘战舰竣工到粤，张人骏为其名为"江大""江清""江巩""江固"，即"大清巩固"的意思。李准描述这些战舰为：

时速十八海哩，吃水四尺。机器、锅炉均双，故烟筒亦双。船上探海灯、无线电均设备完全。每船有七生的丰五十倍身长、自行开放克虏伯格新式之退管炮一尊，马克沁机关枪四尊，四生的丰边克虏格四尊，丹国式之鲁勒塞机关枪六支，步枪、手枪若干……派林国祥、刘义宽、张斌元、陈某分任其事。以其各皆专门之学，于制造、船身、锅炉、机器、驾驭均能考验不误。[2]

除了订购战舰，张人骏还花费一千三百余两银元进口了600套五响小口径枪支和尾刀，用于装备西江水陆各营巡防缉捕。《申报》就曾登载了光绪三十三年九月十四日（1907年10月20日）张人骏请求购买这批武器的奏折。

民国期间西江上的"江大"舰照片

光绪三十三年九月十四日（1907年10月20日）张人骏请求购买武器的奏折

在积极建设水师队伍的同时，张人骏召集地方文武要员与海关有关官员，参照社会各界的意见，共同议定了一个详细的"巡江章程"。主要内容包括：（一）将西江水域划分为两段，将原有的19艘老旧缉捕轮分为两组，每组

---

1《李镇定购小轮》，《申报》，1908年1月11日，第4页。
2 李准著：《任庵自编年谱》。

各负责一段水域。自上游的封川至肇庆段约三百里，由"西封""西宁""西庆""西建""西德""西安""西定""公济"号8艘军舰负责巡缉。将肇庆至猪头山一段约四百余里由"公武""利济""西兴""西海""西江""西明""西山""西顺""西会""泰济""保捷"号11艘负责。"以两轮为一队，仍分界线，由新添快轮督率，随同巡缉，以厚兵力。"在"两江海口建设无线电台，以备转电。西江则建于三水县属之马口，东江则建于东莞县属之威远炮台。香山县属之前山亦建一台，外海之徐闻、琼州亦各建一台，以通报焉"[1]。（二）新添设的"江大"号等4艘巡缉快轮作为全程巡缉。由于原有的缉捕轮19艘动力小、速度慢，导致每遇匪徒行劫时，"往往追捕不及"，因此将新购4艘时速为十二英里以上的新式快轮加入巡缉行列，于西江"不分昼夜，常川来往梭巡"。（三）约定大小各轮梭巡时刻，每段江面每日均有轮船巡缉八次。（四）责成轮船弁勇登岸追匪，"附近防营团练亦应合力截缉"。（五）严定客货上落埠头，"以杜匪徒私用小艇上轮行劫，及中途接应"。（六）查明商轮来往时刻。（七）酌定商轮往来航路。（八）沿途缉查商船。（九）派勇驻船缉查，"由卫旅营酌派员勇数名，常川驻船"。并将章程"交呈税务司，详加筹议，俾资周密"[2]。这一章程出台后送给代表英国人利益的广东海关税务司征求意见，税务司阅后认为"此议甚善"，并提出了十条修改建议[3]，张人骏、李准等人在对原稿参考完善后，颁布实施。

此外，光绪三十三年九月初八日（1907年10月14日），清廷还批准张人骏"添购巡江轮船，续增薪费，并添募裁改各船水勇薪饷数目"[4]。从此，张人骏得以每月增拨给水师二百两银元，作为缉捕人员的执勤补助，官兵的士气得到了较大的提升。

为了剿匪公文的准确无误，张人骏还传令手下文武官员，要求每发电报报告军情后必须再用公文补报一次。对此，《申报》报道说：

粤督张安帅日昨通饬各属，略谓照得事关军情匪势及重大要件，始用电报，原所以灵消息而免迟误。惟电报往来，究属一时通融，其中码数舛错，字句脱落，比比皆是。各属文武只图简便，一电之后，即不补票，殊非慎重公事之道。以后凡系地方公事，如发电一次，应补票一次，不得遗漏。如报

---

1 李准著：《任庵自编年谱》。
2 《粤督札议巡江章程》，《申报》，1907年12月24日。
3 《粤海关税务司说帖》，《东方杂志》，光绪三十三年第四期。
4 《清实录·德宗实录》卷五七九。

军情匪势,文员亦应逐起补票,武员由统领、统带汇核补报,营官以下办事人少,应免补票,以示体恤云云。[1]

由于有张人骏的正确决策,时隔不久,缉匪的清兵就擒获了啸聚西江自称元帅的匪首刘大大。[2]其他山头的水匪见清兵剿匪力度之大,难以作案,顿时作鸟兽散了。从此西江劫案日渐减少。

三是解决华人商船悬挂洋旗、船籍管理混乱问题。正如1908年1月25日粤商自治会等联名致电农工商部、邮传部、税务司所说的那样,西江上营业的商轮只有"西南""南宁"两艘属于英国人,其余挂洋旗的大都是华人商船冒牌的。由于这些冒牌船只数量庞大,使得洋船被劫的发案率倍增,外国干涉的次数也就随之增加了。因此,降低洋轮发案率的有效办法,就是将冒牌的华轮清除出去。

鉴于华船改挂洋旗是因为粤海关验船司歧视刁难华商的结果,因此,张人骏采纳船主们的意见,与税务司商定,改由广东善后局道员魏瀚负责验船司,由华人机器师负责验船,"并准各商增聘机师悉心查验该轮是否便捷合用,给牌行驶。其验轮费,由该轮商先期照认"[3]。

光绪三十四年三月十七日(1908年4月17日),张人骏干脆下令撤销海关验船司,改由广东善后局负责验船,各种苛捐杂税一律取消。同时,为劝令华商勿挂洋旗,张人骏下令,原定商船挂龙旗每年向善后局交纳的五十两牌饷银,每季向补抽局缴纳的吨钞费银三钱六分,一概豁免。这就极大地减轻了华轮的负担,鼓舞了华商的士气。

在整顿验船弊端的同时,张人骏还与英国领事交涉,要求其严禁英人将国旗借与华人并充当保护伞。英方承诺,今后一经查出英人有此行为,即罚银五百元或监禁三个月。张人骏则表示,华人如再冒挂洋旗,粤方也将一律严惩。这就从源头上卡死了冒挂洋旗问题。《申报》报道了张人骏与英国领事的这一交涉结果:

闻粤督现已商准英领事,不准该国人私以其旗借与华商冒挂,如仍藉名包庇,一经查出,即罚银五百元,或监禁苦工三个月,其华商则知照督宪按律重惩。张安帅亦允仿照罚例,一律科罪。惟撤换旗式,在此例未行之先,

---

[1]《通饬军务电报仍须补票》,《申报》,1907年12月3日,第11页。
[2]《粤督张人骏电奏东省匪首刘大大伪元帅成擒》,《申报》,1907年12月16日,第3页。
[3]《魏京卿验船续闻》,《申报》,1908年1月16日,第4页。

姑准免究，以示体恤，否则查出照罚，决不稍事宽假。果尔，则冒挂洋旗，不特公论难容，亦国法所不许也。[1]

十一月十五日（12月8日），在广东政府官员的支持下，广东商船公会召开会议决定，"十二月朔日，将洋旗改换龙旗"。

李准作为西江剿匪负责人，对改挂龙旗一事追忆道：

> 限一个月内，凡华商各轮均须挂龙旗。各商欢然乐从，不旬日，各江之船桅遍挂黄龙旗矣……各商既就我范围，乃于指定各江码头之处，派湘式舢板一二艘检查搭客，军士每处备拨艇一只，检查之后，再送上船，便接将登岸。其余之艇不载客。上下又于各商轮船派目兵数名住于船上，防匪且监视其不许在非指定码头搭客，曰"卫旅营"。又各乡轮船拖渡亦极伙，每渡设目兵十人，以保护之。每于客之上船，必检查军火，而保商旅，又以靖海。[2]

为了确保换旗一事的顺利进行，张人骏还专门指示广州税务司庆丕，由其派遣税务司巡工司洋职员唯勒，从二十四日（12月17日）起，到西江各处搭客埠头巡视，调查华洋船只的详细情况，并"飞饬沿途地方官妥为照料，严谕居民无庸惊疑"[3]。

据《泰晤士报》记者莫理循事后统计，在广州所有的49艘悬挂英国旗的商船中，真正的英国商船仅有2艘，其余都是冒牌的中国商船。而充当保护伞的英国奸商甚至对旗下的这些船只一无所知。这让原本借口保护本国商船、侵入西江的英国海军司令缪华很没面子。莫理循在1908年4月14日给友人信中就叙述了这段令人尴尬的结局：

> 有几艘海盗汽艇悬挂我国国旗是千真万确的。最严重的是"赛（西）南"号那次事件；其次则是发生在江门附近的一次较小的事件，我忘记了船名。只有这两艘海盗船是真正属于英国人的。其它所有抢劫案件都是由一艘属于中国人的海盗船犯下的，是从下流英国人那里买得的英国保护权，故而悬挂英国旗……阿瑟·穆尔爵士（英国驻中国海军司令）1月25日在谈话中对我说，他"深感耻辱和羞愧"。在广州江面上悬挂英国国旗的四十九艘船只中，找不出几艘是真正属于英国人，值得我们保护的。一个名叫弗希尔的人有二十艘船登记在他的名下，但他却不知道这些船只的动向，甚至连这些船只驶往的地点都无法向海军舰队司令讲清楚。人们议论纷纷，以致我们的首

---

[1]《定章科罚冒挂洋旗》，《申报》，1907年12月28日。

[2] 李准著：《任庵自编年谱》。

[3]《巡司考查埠头》，《申报》，1908年1月1日，第5页。

席法官被专门派往广州草拟新条例，以防止如此滥用英国国旗的事件。[1]

四是兴办民族航运业，以挤走外国商船。面对英国人的肆意入侵，两广商民们认为要挽回缉捕权，尤须大兴民族航运业，挤垮外国船只，这才是治本的方法。

粤商自治会自提出倡办两广邮船会社的建议后，广西代表积极响应，并认为"招股之法，应请七十二行商从速担任，因中外同胞只信仰七十二行商办事"。1908年2月25日出版的《东方杂志》，分别刊登了《两广邮船会社有限公司招股章程》和《省港梧航业公司招股章程》，这两个会社都由粤省七十二行和梧州七十二行发起，其章程都具有明显的排外和爱国特点。两广邮船会社招股一千万元，其章程中明确写明，"本会社专集华股，不收洋人股份。如有原系中国人而兼有外籍者，既经附股本会社，只认其为中国人，不得牵引外籍与本会社有所交涉，亦不得将股份转售与外国人。若犯此章，即将其股份充公注销，其票折亦作废纸"。省港梧航业公司招股章程中也写道，"本公司共集资本三十万元，不收洋股""本公司乃仗群策群力组织而成，以冀裨益大局起见"。

这两个航业公司的招股活动，得到了广大爱国民众的支持。闳德、德育女校校长李撷薇、刘守初为此向粤商自治会致函，对兴办华船表示尽女界之力。她们的公函曰：

粤商自治会列位先生执事：英索捕权，全粤皆愤，主权所系，在所必争。敝校、敝国民份子，曷敢放弃。不揣固陋，敢为女界倡，所幸众情一致，再集会之日与会者盈座，人心未死，事或可为也。……闻执事发起集股成立邮船会议社，添置商轮行驶西江，挽回利权，经议定速行集股，敝校不敢自外。可否赐予章程册，敝校当竭微力鼓舞女界，非敢云助，亦以尽国民义务云。[2]

光绪三十四年四月，邮船会社集资30万成立航业股份有限公司，并更名为中国商务轮船会社有限公司。公司随即购置轮船8艘，航行于梧港、梧穗、梧邕航线，并提出了"中国人、货搭中国船"的口号。十一月，又成立了梧穗港华资西兴轮船公司。

---

[1]《清末民初政情内幕——泰晤士报驻北京记者、袁世凯政治顾问乔·厄·莫理循书信集》，第544页。

[2]《闳德、德育女学堂来函》，《粤商自治会函件初编》。

广西梧州商民为"创立航业公司，永保海权"[1]，也集得股本30万元，成立"西江航业股份有限公司"。公司选出经理由周廉生担任，副理由陈耀堂担任。董事会决定，西江航业公司设立于广州，在梧州设分公司。公司成立后派人去香港购买281吨的"广泰"号和195吨的"广威"号两艘小轮船，在梧州购得中型水筏两座，订租粤东会馆和新会会馆两个水位码头，作湾泊水筏之用。1908年6月"广威""广泰"两华轮正式开航，经营梧港、梧穗线的客货物运输。这两艘客轮原可以客货同载，但当时港英当局规定：客轮的船长、司机一律要雇用英籍人员担任才准许航行，否则不发给客运营业牌照。"广威""广泰"两客轮为了振兴梧州航业界，宁愿不载客也不雇用英国人，而专营货运。连当时梧州海关税务司也不得不承认："该公司之成立，又因为某国交涉所感，故不难使各商货踊跃附该公司之船载……各华商轮船公司，置船两艘，一行广州，一行香港。各商货均踊跃付该公司之船载运，所有船只争挂华旗，是以本埠航业为之一振，商务故因之畅旺矣。"[2]

光绪三十四年十月（1908年10月），在张人骏倡导和支持下，广东省内河商船总公会成立，佛山、江门、陈村、惠州、清远、石龙、新安、肇庆、增城、恩平、开平等地则成立了商船公会分会。这标志着两广地区的航运业已经极具规模。外务部、邮传部在设立广东省商船总公会联合批文中写道：

兹准两广督臣张人骏咨称，该商船总会于上年十二月至本年五月试办期满，尚有成效。各商船向由海关验船司查验，每有不能接洽之处，今改由善后局委船政毕业生刘义宽查验，商民悦服，先后愿入商船公会，请领旗牌者百数十号，由洋旗改挂龙旗者三十余号，基础已定，从此办理得人，当能日有起色。现拟添

清末繁忙的西江航道

举办文案、稽查书记各员，藉资办公，开具单册，咨请将总、协理加札委用，换给关防等语。农工商部查广东内河航业近连港澳，远达雷琼，与广西梧浔各郡航路交通商船衔接。上年由轮渡两帮发起试办船会，各船商适迫于

---

1 《梧商拟创航业公司》，《申报》，1907年12月23日。

2 《光绪三十二年通商各关华洋贸易情形论略》，《梧州口华洋贸易情形论略》。

西江缉捕一案，众志一心，群相联络，以为内固之谋，是以不及一年，颇著成效。所举总理余干耀、协理毕元礼，既由两广督臣咨明试办六个月，各无异言，自应照镇江江西商船公会成案，由农工部加札委用，以责专成。并刊发木质关防一颗，文曰"广东内河商船总公会之关防"，俾资信守。仍由农工商部随时饬令该总、协理妥善经理。[1]

华商船业公司的兴办，对洋船产生了极大的冲击。两广地区的华、洋轮船数量的比率很快发生了极大的变化。根据《通商各关华洋贸易总册》1904年至1909年各年统计，广东省境内的广州、汕头、江门、三水、琼州和北海6个内港的统计：1904年，华轮168艘，洋轮82艘；1905年，华轮178艘，洋轮89艘；1906年，华轮192艘，洋轮117艘；1907年，华轮154艘，洋轮97艘；1908年，华轮257艘，洋轮35艘；1909年，华轮279艘，洋轮22艘。由此可见，两粤华人航业之兴旺。[2]

## 第七节　英舰退出　西江安宁

由于张人骏及两广人民的有效抵制，加之西江缉匪取得了较大成果，匪患基本得以消除，英国人感到在西江继续盘踞下去已没有理由和借口，只好于光绪三十四年十二月初九日（1908年12月31日），将其军舰撤出了西江。之所以认定此日为英军的撤兵日期，根据是该日张人骏给长子张允言的书信内容。信中写道：

西江捕权一事，我惟持以镇静，民情亦尚信服。故英舰游弋月余，而地方未滋一事。英提督无可如何，仍由领事自来转圜，照我初定恤款议结。今日船已全行出江矣。[3]

张人骏信中所说的"恤款"，是指1906年西江发生的"西南"劫案中麦路德医生的抚恤款。该案发生后，英方曾经索要天价的赔偿，经张人骏不懈的力争，终以6000英镑了事。《申报》对此有过报道：

"西南"小轮，前岁在西江被盗截劫，西人麦端理路被盗枪毙一案，迭经英官向外部交涉，即西江缉捕问题亦因此而生。兹政府已议决，中国赐恤

---

[1]《本部会同邮传部奏广东省内河设立商船总公会，援案请给关防折》，《商务官报》，光绪三十四年第三十二期。

[2] 叶显恩著：《粤商与广东的航运业近代化：1842—1911》，中国经济史论坛。

[3] 张宇中编：《张人骏家书日记》，中国文史出版社，1993年版，第111页。

麦妇英金六千镑。先将四百镑汇往伦敦，交麦妻具领。[1]

据有关资料介绍，清朝末期一英镑约等于七两银元，则赔偿麦路德的抚恤款折合银元为42000两。这笔钱，差不多可以买一艘"江大"号军舰。英国人之强盗行径可见一斑。

十二月十七日（1909年1月8日），张人骏在《申报》公开发布告示，称经他与英国领事交涉，英国侵入西江的军舰已陆续撤回香港，西江缉捕今后交由李准专门负责。《申报》以《英轮驶出西江之示文》为题报道说：

> 粤督近日发出示谕，谓略前因英国兵轮驰入西江，沿江商民颇滋疑虑，迭经谕饬静候办理，毋庸惊扰在案。兹经本部堂与英总领事官商定，英国兵轮除原驻省河护商各轮外，所有此次驶入西江兵轮雷艇，即行陆续驶回香港。一面饬由李镇切实整顿捕务、以靖盗风。合行出示晓谕。为此，示仰军民人等，一体知照。[2]

二十一日（1月12日），英国驻广州总领事偕同英水师提督再次拜见张人骏，称各兵轮已一律退出。张人骏立即将此情况向外务部发电汇报：

> 西江缉捕事，廿一日英领偕英水师首领兵官来见，据称各兵轮已一律退出，并言该兵官曾偕李镇准赴梧一次，沿途与李镇商议办法，尚甚惬意。请将缉捕事宜，此后责成李镇专办，俾可切实整顿。勿遽易生乎致难收效等。（骏）面允其请。此事办理情形，前于初六日电请代奏，想已呈进。骏叩。[3]

英国舰队并不甘心就这样从西江撤出，为此他们放言："西江英船被盗索偿已由粤督议妥，故英舰现已退出西江。闻日后中国炮舰若巡捕不力，则英舰尚须驶回西江。"[4]

《东方杂志》第五期刊有《西江捕权善后》一文，介绍英军撤离后张人骏与李准制定出"东、西、北三江整顿捕务章程十条"，并付诸实施。该文曰：

> 英国商船在粤省西江被劫，致英人借口中国缉捕不力，自行派舰巡缉一案，自外务部与英使迭次交涉，英使即允电饬驻粤领事转饬各该巡轮即行退出。计所有驻泊梧州之兵轮若干艘，均于年前相继撤退。其原在封州口至罗定德庆之鱼雷艇亦已一律撤退。此外，在三水河口一带游弋之鱼雷艇均先后驶出西江。而粤督张安帅鉴于此案，知非自行整顿缉捕，不足以弥盗患而免

---

1 《劫匪轮案结》，《申报》，1908年2月14日，第11页。
2 《英轮驶出西江之示文》，《申报》，1908年1月20日，第4页。
3 《粤督电告外部捕权就绪》，《申报》，1908年2月6日，第4页。
4 《英舰退出西江》，《申报》，1908年2月5日，第12576号，第13页。

交涉，爰与水提李军门商定东、西、北三江整顿捕务章程十条，发交粤海关税司筹议。旋经该税司逐款议复，禀由安帅复核，均属可行，当将原十条及议复十款并案，札属遵办。

十二月十八日（1月9日），英国人姬乐尔在伦敦给莫理循写信也称，"关于英国炮舰巡弋广州水域一事""此事是强加在中国人头上的""中国人是竭力反对的"。[1]

而光绪三十四年三月初三日（1908年4月3日）的《汉口中西报》更为西江缉捕权收回喝彩曰：

中国人之爱国思想日益发达（如目前晋省绅商之集款二百七十五万两赎回矿产，及粤省商民愿自购船械收回西江缉捕权等事，皆爱国思想发达之故），即可知其于权利义务之界说，必日益分明。[2]

西江缉捕权之争，虽因英军的撤出而获胜利，但是有两个人并不快乐。一个是两广总督张人骏，一个是外务部尚书袁世凯。

西江事件使张人骏看透了袁世凯领导下的满清政府外务部的腐败无能，加之期间有人弹劾他缉捕不力，因而产生了辞官退隐的想法。英国军舰还没撤离西江，上海《申报》就有报道：

粤督张因匪势日盛，并被言官严参，颇萌退志，闻拟具疏乞休。[3]

朝廷始终苦于没有合适的人选来收拾两粤这副乱摊子，好不容易选中老成持重、名望素孚的张人骏，怎肯就此放手呢？于是，赶紧回电挽留。《申报》对二者电文往复的大致经过介绍如下：

张安帅自到粤以来，内乱外交交相迭起。钦事尚未能一律肃清，而西江缉捕交涉又起，诸多掣肘。曾于日前电致京中，力以难当重任准予开缺为词。兹悉日来军机已有覆电，略谓时局艰难，办事固多棘手，而缉捕各事主权所在，自当竭力维持。张老成持重，名望素孚，务当勉为其难，以副朝廷倚畀重任云云。[4]

袁世凯之不高兴同样是因为西江一事受到了弹劾，有了力辞外务部尚书的举动。光绪三十四年二月初六日（3月8日）的《申报》对此报道说：

---

[1]《清末民初政情内幕——泰晤士报驻北京记者、袁世凯政治顾问乔·厄·莫理循书信集》，第530页。

[2]《中国重兴海军之问题》，《汉口中西报》，1908年4月3日。

[3]《申报》，1908年2月5日，第5页。

[4]《军机电留张安帅》，《申报》，1908年1月8日，第4页。

前有某御史为苏杭甬借款、西江捕权二事，曾上折奏参袁世凯，惟被留中未发。近闻袁已具折，自请开去外部尚书差使，并举唐绍仪、梁敦彦、伍廷芳、吕海寰、袁树勋等为继任之人。上月二十七日，军机处会议此事，后即电召唐绍仪来京陛见，大约唐有实授外尚之望。闻唐约本月初八日方可抵京。现中政府又电促杨士琦迅速来京，盖将畀以奉天巡抚一缺云。闻袁出外部后，将仍在军机处行走，或谓将继孙家鼐入宰内阁云。庆邸因屡被御史揭参，甚为懊丧，已屡在太后前恳求开去一切差使。大约庆邸退出军机后，醇邸将为军机处领袖，主持国政。总之，北京政界不久必将大有更动也。[1]

虽然有了去职的想法，但张人骏懂得在位一天就得干好一天的道理，他对西江治安问题仍不敢掉以轻心。为了进一步了解西江问题，他决定亲自出巡，到沿江各地调查走访。光绪三十三年十二月十八日（1908年1月21日），《申报》报道了他计划出巡的路线为，"张安帅拟于明春二月出巡，先往西江上下游，将广肇罗各属地方实行查察，再向高雷折由北江各处巡阅，随后再改赴东江，由虎门太平进至东莞石龙新塘，以抵惠州。沿途各水陆防务，及地方政治情形，均须一律详细考查清晰，然后返省"。[2]

不久，因为广东又发生了"二辰丸"案件，耽搁了张人骏巡视西江的行程。张人骏不得不把巡视日期确定为三月二十四日，历时半个月左右。《申报》刊登了他向朝廷汇报巡视计划的电文：

北京，阅。定于三月二十四日起程，先赴西江，随即折赴东江。举凡山川形势之险易，营伍防缉之疏密，与夫守令吏治之勤惰，均得详加考察，藉资整饬，计期半月内可以回省。署中日行公牍，委广东藩司胡湘林代拆代行，遇有紧要事件，仍包封送骏核办。除俟巡阅事毕，另行奏报。伏乞代奏。人骏。[3]

《申报》还报道了张人骏及其属下巡视前的准备工作：

粤督张安帅此次出巡各江，考察水陆防务。闻于未出巡之先，即经札饬西江之"江南""利益""泰安""利丰"四快轮，着将段内防务情形，及每日实能行若干海里，来往梭巡几次，若何督率各小轮巡缉，及若何保护商船查缉盗匪，与河面一切情形，备列清折，俟帅节到时呈阅。各轮仍照旧巡缉，以便考察实情。余外各江轮扒，并一律照办。并由吴、虞各委将防务

---

[1]《申报》，1908年3月8日，第3页。
[2]《粤督出巡西江消息》，《申报》，1908年1月21日，第4页。
[3]《张督出巡东西江请代奏电》，《申报》，1908年5月1日，第4页。

及地方形势,逐一记载,以便返省实地研究,以资整顿(有)。[1]

  按说,像张人骏这样的高官出门,按照当时仪制的规定,光银顶皂帏的官轿轿夫就得八个人,虽说是乘军舰巡视,但毕竟在各个港口码头、州城府县要上岸走走,总不能骑马或步行。此外,还有在轿子前面鸣锣开道的,举着回避牌、肃静牌、飞虎旗、杏黄伞、青扇、金黄棍在前面引路的,按规制也得三十四个人,随身携带的亲兵卫队得有二三十人,在身旁前呼后拥的提督总兵、参将副将、抚藩道台、知府知县、幕僚文案也断不可少。如此算下来,就是规模简单一些,起码也得带上百八十人。等到了各处,地方官员跪迎跪送,沿途供应,也是常事。可是,张人骏到了出巡那天,作为堂堂的封疆大吏,其出巡时所带的全部人员竟然只有文武巡捕、亲兵衙役等二三十人,而且还通告沿途府县不要置办各种供应。其轻车简从、不事铺张的作风,实在令今人汗颜不已。《申报》对此报道说:

  粤督张安帅定期二十四日出巡已纪前报,闻出巡时偕同水提李军门先赴东江,次赴西北二江。其沿途地方官早饬首县致函不必备办供应,即随从员役亦仅带文巡捕官邵芝、赵林,武巡捕官蔡柏据、李朝,仪卫队哨官罗瑞带领亲兵二十名、内戈什哈几名及衙役数人而已。[2]

  张人骏一行巡视结束后,西江治安一切捋顺,于是便开始了加强对走私军火的严查严控,以期从根本上解决匪患。

---

[1]《张督巡视西江情形》,《申报》,1908年5月4日,第11页。
[2]《张督出巡纪略》,《申报》,1908年4月29日。

# 第四章
# 扣日船与民同愤

清朝末年，东南沿海一带匪患泛滥、会党丛生。日本军火商人为了从中渔利，偷偷地将大量武器弹药运往广东，私下售卖，以致在两广地区出现了党匪的武器比官军还先进的情形。张人骏本人就非常清楚地知道："寻常毛瑟、拗兰短枪值仅数元，购来资盗资匪，动值十余元、数十元不等，利市十倍。奸商设肆，倚澳门以为薮。"[1]在香港，"快枪每支价银不过七元之谱，而转卖与内地匪徒，每支可得价银二十余元。大利所在，群争趋之"[2]。为了遏制海上军火走私这一非法活动，确保两广地区的社会治安，广东政府不断地出台了对付军火走私的措施。但在高额利润的刺激下，都未能奏效。处理完西江缉捕权事宜后，张人骏决心从源头上杜绝军火走私。由于张人骏与香港总督卢押私交甚好，故而卢押对在香港严禁军火走私内地之事非常配合，"曾两次下最严之命令，禁止私运军火入内地，故内地奸徒无所得逞。而葡人自以澳门褊小，商业绝不发达，乃因利乘便，凡私贩军火者，皆庇字焉。其例贩卖军火者，须得葡政府批准给照，照分两等纳费：头等每年1200元，二等每年600元。一经领有执照，进出起卸之责任，皆由葡政府资担之"[3]。正是由于澳葡当局纵容军火走私，才引发了一场轰动全国，乃至国际外交的重大历史事件——"二辰丸"事件。

## 第一节 粤督设伏 日船落网

光绪三十三年十二月二十日（1908年1月23日）左右，正在西江负责剿

---
[1] 王彦威纂辑：《清季外交史料》，书目文献出版社，1987年版，第3233页。
[2] 《两广总督张札九龙新关税务司》，粤海关档案第504号，广东省档案馆藏。
[3] 《第二辰丸案》，奥东编译公司刊印的《现世史》戊申第一期光绪三十四年五月十五日，《大事本末纪》（一）。

匪的署理广东水师提督李准接到了香山左营都司兼"安香"舰管带李炎山的密报：

九龙货舱所存之枪炮子弹，全由日本邮船"二辰丸"运往日本。查为澳门商人谭某、尹某购买。[1]

澳商为什么从香港九龙购买了960把九响毛瑟手枪、40把十三响云嘈手枪，销往当时的军火出口大国日本呢？李准心中大为不解，感到其中必有诡谋。于是，命令手下的侦探密切监视"二辰丸"出港后的一切动向。

"二辰丸"从香港到达日本神户后，并未卸下军火，反而在日本又购买了500把单响毛瑟手枪及40箱子弹，于腊月二十三日（1月26日）前往香港，在香港再装上1700吨煤炭后，于腊月二十七日（1月30日）下午两点从香港起锚前往澳门。腊月二十七日（1月30日），李准再次接到密探来电，称：

军火未卸，由原船载赴澳门外之九洲洋卸载。趁明年元旦[2]中国官兵放假不办事，偷运至澳门，输入内地。[3]

李准赶忙将这一重要情报汇报给了两广总督张人骏。

在张人骏的精心部署下，腊月二十七日（1月30日），李准召集西江缉查委员王仁棠、"宝璧"兵轮管带游击吴敬荣及"安香"管带李炎山、"广亨"管带罗凤标、守备曹汝垣等人开会，要他们正月初一凌晨率领"宝璧""广亨""安香"号三艘军舰，驶往九洲洋面，分头布控。

有关擒获"二辰丸"军火走私船的过程，人们常见的有李准编著的《任庵自编年谱》，以及光绪三十四年第五期《东方杂志》刊登的《二辰丸案》一文，但这些文章都与当时的实际情节有所出入。而光绪三十四年五月十五日（1908年6月13日）在广州创刊的月刊《现世史》刊登的《第二辰丸案》一文，乃当事官员王仁棠、吴敬荣两人联名向张人骏呈送的办案报告，因此最为权威。该文开头这样写道：

"二辰丸"，为日本鸣尾辰马商会之船，载重三千一百四十三吨，船长三百五十尺，食水二十三尺。原载货物有海味、杂货、煤斤，共约重二千九百吨。全船货物，云约值三十万元。因受大阪高丽桥安宅商会之委托，附寄洋枪九十四箱，弹药四十箱，至澳门广和。遂于中历丁未十二月二十七日由门司出发，绕道赴澳。意在先卸军火，而后至香港卸货。惟该船

---

1 李准著：《任庵自编年谱》。

2 元旦：清代以前的元旦，就是当今的春节。

3 李准著：《任庵自编年谱》。

则停泊中国领海之九洲洋水面，以待广和公司起货焉。先是统巡西江缉捕李提督准，饬属严缉走私军火。去腊香山左营都司兼管带"安香"李炎山，侦得谭碧山在香港瑞记行买九响毛瑟九百六十杆，十三响云嘴枪四十杆，由香港领取出口纸，运往日本。复在日本买单响毛瑟五百及逼码（注：子弹），准十二月底由日本分两次装运至澳门，计期正月初旬可到，必定泊在大禹山九洲洋海面起卸军火，转运入澳。当于十二月二十七日密禀李提，请派熟悉洋务之员，并大兵轮一二艘，前往查缉。李提转禀张督，派出西江缉查委员王倅仁棠、"宝璧"兵轮管带游击吴敬荣、"广亨"轮船管带罗守备凤标，会同李都司前往侦缉。而后此两国之交涉，滔天之风潮，遂由此而起矣。[1]

《近代中国海军大事编年》中的日本商轮"二辰丸"照片

正月初一日（2月2日）清晨，吴敬荣一行又秘密驶至九洲洋山湾的鹅颈海面下碇，悄悄等待"二辰丸"邮船的到来。

初二日（3日）下午，吴敬荣等人在位于赤湾的天后宫开会，认为"二辰丸"即将到来。考虑到"此案关系国权，为外交重要之交涉，非有洋人作证，不足以杜将来借口"，于是商定，向九龙海关借来一个名叫那爱脱的洋人关员，请他随同作证。王仁棠与吴敬荣乘坐"宝璧"号在九洲水面游弋；罗凤标、曹汝垣乘坐"广亨"号在鸡颈之南瞭望，李炎山乘坐"安香"号在沙沥外探视。

初三日（4日）下午四点，考虑到已经到了最后时刻，三艘军舰又会集一处，约定如何用旗语传递信息等事项，然后请"安香"管带李炎山前去通知马骝洲关税务司派员协助。

初四日（5日）上午九点，守株待兔的吴敬荣一行看见东南方有一轮船远远驶来。十点钟，该船在青洲水面抛锚停留，并吹号筒数次。十一点五十五

---

1《二辰丸之由来》，奥东编译公司刊印的《现世史》戊申第一期，光绪三十四年五月十五日。

"二辰丸"走私卸货图

分,有一艘名为"塔巴"的小火船悬挂葡萄牙国旗由澳门驶来,走近"宝璧"军舰时,才看清是葡萄牙的水上巡逻船,吴敬荣等猜测此船与走私有关,于是命令身穿军服的水兵全部躲进船舱,甲板上只留下便衣人员。只见葡萄牙船头出现两名中国人,问"宝璧"号停在这里干什么。吴敬荣回答说等待涨潮进港。葡萄牙船上的华人又问船上有没有货物,吴敬荣说没有。于是,葡萄牙船舱内又出来一个穿西装的人,向前方指了指日船的方向,该船随即向该处驶去。不久,只见"二辰丸"起锚,开行到东经130°37′30″,北纬22°8′10″的中国九洲水面,安装好装卸设备,准备下卸货物。十二点,澳门方向又来了一艘葡萄牙名叫"马郊仔"的水巡船,拖着一艘名叫"梁就利"的驳船,靠近日船。"安香"号管带李炎山看见该驳船上藏有葡兵十二人,均有穿着军装。大约半个小时后,"马郊仔"忽然放开"梁就利"号的缆绳,任其在大海上随风漂去。两艘葡萄牙水巡船也离开了日船。原来,是西南方向有一艘中国海关的缉私船"龙靖"驶来,到了下午六点,天将入黑,王仁棠、吴敬荣当即带领"龙靖"号的洋人船长及洋人关员等四人,乘小舢舨抵近日船。当时风大浪急,日船又拒绝放下绳梯,吴敬荣等人只能搭钩攀船,强行跳帮登上"二辰丸",同上该船质问船主,在此封关之日,欲卸何货?船主直言在卸军火,并且拿出澳葡政府所发给的军火贩运许可证,但并无中国政府颁发的许可证。此时日船货舱已经打开,呈现准备卸货的状态。吴敬荣询问日船船长装载了多少军火,对方说有洋枪94箱,子弹40箱。并说此处属葡萄牙海面,中国无权过问。于是王仁棠、吴敬荣拿着经纬仪告诉他这是中国领海,而非葡萄牙领海,如果没有中国政府许可,贩运军火便是违法。日方船长百般狡辩。不得已,吴敬荣等令"广亨"号舰长罗凤标及马骝洲海关两名洋关员,留在日船看守,不许卸动货物,且防备其趁黑夜将货物抛入海中。随即命令"安香"号舰长李炎山电告粤督张人骏说明情况。晚上,"二辰丸"船主见事情不妙,赶紧邀请王仁棠、吴敬荣等到船长卧室,向他们行贿银币100元,意欲私了此事,让其回国,但王仁棠等不为所动,严词拒绝。

初五日（6日）上午九点十五分，"马郊仔"又由澳门来驶至"二辰丸"，意欲强行卸货。在吴敬荣等人的阻止下，灰溜溜离去。十一点四十分，吴敬荣命令从"宝璧""广亨""龙靖"号军舰船上各抽调水手六人，登上"二辰丸"号看守，以防不测。十一点五十分，中国理船厅官员乘坐"景星"号关船来到"二辰丸"处测量方位，查明是否确为中国水面。在确认无误后，吴敬荣等人又登上"二辰丸"商船，告诉其这里属于中国领海，"按国际公法，无论何国船只，均不能升旗装载违禁货物擅入他国境界"，要他将船开到港口接受处理。但日方船长以等待公司指令才能开船予以拒绝。下午二点三十分，一艘澳葡巡船又拖着一只驳船来到"二辰丸"前，被吴敬荣等再次驱离。王仁棠、吴敬荣正告"二辰丸"船长说："葡人屡次用强力干涉，深恐万一致有决裂，如贵船必定不肯开行，则将来一切责任只可贵船主担责，非我愿意用强相迫也。"[1]四点钟，又一艘澳葡巡船来到近前，战斗一触即发。吴敬荣一方面命令罗凤标及"龙靖"关轮船主将葡船驱离，一面将"二辰丸"上的日旗降下，改升为我国的龙旗，以便万一和葡兵交战时，不至于违反"本国兵士不得在他国旗下开仗"的国际公约。同时，让我方军舰上的驾驶员、升火员登上日轮，准备强行将其开到广州港。但此时日方早已把驾驶室里的主要机件隐藏起来，船只无法启动。王仁棠、吴敬荣纷纷出面劝导，但日方船长就是不为所动。该船长甚至向吴敬荣求情，答应赠给吴敬荣一千元，并将武器弹药交出，只要将船放行就行。吴敬荣仍予以拒绝。黄昏六点钟，在王仁棠、吴敬荣的多方诘责下，日本船长方答应涨潮后开船。凌晨一点多钟，王仁棠乘坐"宝璧"号在前面开道，吴敬荣与我方驾驶员一起驾驶"二辰丸"准备起航。这时，日方船长忽然以船上没有引航员为词，阻止船只开行，并要求中方开具保证书，保证万一"二辰丸"行驶过程中出现触礁或损伤，一切后果由我方负责。吴敬荣迫不得已，乃用洋文为其亲自书写了一份保证书，交给日方船长收起。二点多钟，日船开行，清晨五点到达伶仃洋水面。因黑夜起雾，抛锚暂待。然后给理船厅发电，要求其聘请一名优秀引航员前来引导。因为"二辰丸"吃水深至二十三尺，而伶仃洋水下多有暗礁，没有熟悉航线的引航员难以前进。

初六日（7日）上午八点钟，九龙关理船厅送来外国引水员一名，吴敬

---

1 王仁棠、吴敬荣：《缉获二辰丸之报告》，奥东编译公司刊印的《现世史》，戊申第一期，光绪三十四年五月十五日。

荣随即收回保证书，改由洋人导航。他命令"龙靖"号关轮在前引路，"广亨"号军舰在后押送，"宝璧"号军舰将"二辰丸"上搭乘的十几名中日旅客送往黄埔港。"二辰丸"驶到虎门阁西水面后，因为前面水面太浅不能行进，只好就此抛锚，等候处理。

王仁棠、吴敬荣等押解"二辰丸"回到广州后，立刻具文向早已等待消息的两广总督张人骏汇报了缉获"二辰丸"的这一经过。该禀文最后写道：

《现世史》第一期封面

> 伏查外人私运军火，接济匪徒，破坏治安，向为公法所厉禁。此次"第二辰丸"军火偷泊我界，意欲潜行起卸，澳船政司明知该日船越我水界，仍敢派水巡轮二艘拖带盘艇，屡次强欲起货，实属违反公法，无理已极。倘稍侦缉不慎，早已过载矣。仁棠、敬荣等，当将全船军火并船押解来省，候大宪办理。须至节略者。[1]

当今，有许多学者都撰文说，"二辰丸"所载军火是用于接济革命党的，这一说法是完全错误的。这些人可能是受了当时上海《申报》一条消息的误传误导。该消息说：

> 初五日《文汇报》载香港电云：今日下午有日本轮船在澳门近处华界卸运军械，为中国海关委员察悉，即如数拘获。闻此项枪支系孙汶党中所用者。

> 又初六日香港电云：日本轮船名"第二大佐丸"（译音，即第二辰丸，编者）者，自横滨来此停泊于英水界外，其船装载洋枪九十余箱，弹药五万颗，正在预备卸货为人察觉，当即扣留。现该船已带往广东矣。[2]

其实，"二辰丸"事件与革命党毫无关系，纯属奸商为谋暴利而走私济匪。时任同盟会香港分会长冯自由在《日轮幸运丸、二辰丸与革命党之关系》一文中申明，"二辰丸"上的军火并非为革命党所有，"近人所著《中国国民党史稿》，亦有此项误载，殊属不符事实，应有纠正之必要"。"若'二辰丸'所载军械，则为澳门奸商柯某购自日本枪炮商，借以图利之私贩品"。"事在戊申正月，与幸运丸事件隔四五月，与革命党人实如风马牛之

---

[1] 王仁棠、吴敬荣：《缉获二辰丸之报告》，奥东编译公司刊印的《现世史》，戊申第一期，光绪三十四年五月十五日。

[2] 《香港查缉私运军火》，《申报》，1908年2月8日。

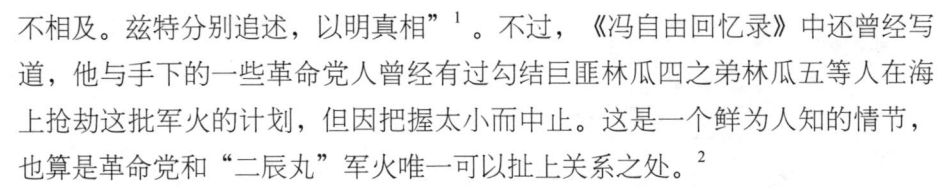

不相及。兹特分别追述，以明真相"[1]。不过，《冯自由回忆录》中还曾经写道，他与手下的一些革命党人曾经有过勾结巨匪林瓜四之弟林瓜五等人在海上抢劫这批军火的计划，但因把握太小而中止。这是一个鲜为人知的情节，也算是革命党和"二辰丸"军火唯一可以扯上关系之处。[2]

"二辰丸"商船被扣留后，船长照峰随即向本国的公司发报，汇报被扣过程。电文里说"二辰丸"因"满载重货，故不能驶进澳埠"。"当时停泊之处，水深约四寻"，而澳门海界"水深不过二寻"，"即欲驶入澳门海界内，亦不可得也"。这就充分暴露出日本船长明知商船停泊之处并非澳门海界而是广州海界。电文云：

> 正月初四日午后，"二辰丸"船将抵澳门。两点半钟时候，亚德架行之小火船，带同搬艇等到来，意欲起货。小火船上有货主及司理人等在焉。忽有华炮舰四艘出现，将"二辰丸"围住，只许该行司理人等过船，其余均被禁止。同时有中国司令官过船，声言华官得日本消息：该船载运军火一百三十四箱，实系交华商收取。故奉省城某观察之命，不准该船中之货物起卸。同时又有海关西官二位，及兵丁二十名登船。该华司令官又言船在中国界，故应听令于华官云。此船食水二十三英尺有奇，加以满载重货，故不能驶进澳埠。而当时停泊之处，水深约四寻。澳门海界内，水深不过二寻。故即欲驶入澳门海界内，亦不可得也。又船主虽与收货主商议，但各艇均不敢近，想因畏炮舰故也。船上有搭客十余人，因船行迟滞之故，恐食用欠缺，而欲登岸买物，均被华官禁阻，不得过艇。船主多方辩驳，华官均不依，但云如或不遵号令，则即刻将船攻沉。故见机势如此，迫得依允将船驶至广州。[3]

正月初六日（2月7日），刚刚结束春节假期第一天开始办公的两广总督张人骏，接到王仁棠、吴敬荣两人的禀报材料后，马上致电袁世凯领导下的外务部，报告"二辰丸"走私军火被扣一事。电文曰：

> 顷据水师巡弁李炎山等由澳门电禀，日商船"第二辰丸"装有枪二千余只、码四万，初四日已刻到九洲洋中国海面卸货。经商会拱北关员见证上船查验，并无中国军火护照，该船主无可置辩。已将船械暂扣，请示办理前来。查，洋商私载军火及一切违禁货物，既经拿获，按约应将船货入官，

---

[1] 冯自由著：《冯自由回忆录：革命逸史》，东方出版社，2011年版，第755页。
[2] 冯自由著：《冯自由回忆录：革命逸史》，东方出版社，2011年版，第476页。
[3]《二辰丸船主之报告书》，《现世史》戊申第二期《大事本末纪廿四》。

系照《通商条约》第三款并统共章程办理，历经总署咨行有案，自应按照遵办。迭饬将船货一并带回黄埔，以凭照章程充公按办。谨先电闻，并请照知日使。[1]

没承想，此举如同捅了一个大大的马蜂窝，不仅引发了中、日、葡三国间旷日持久的外交战，而且爆发了第一次轰动全国的、大规模有组织抵制日货的反帝爱国运动。

王之春《清朝柔远记》所载《虎门图》中的九洲洋

初九日（2月10日），拱北海关也向自己的顶头上司总税务司汇报了缉获"二辰丸"走私一事，所述事实和张人骏回报的基本相同，只是走私枪支的数目更加准确，具体数目为"二千四百杆"。同时说明，"该轮被拿时，军火尚未实行起卸，惟卸货机器业已设备，巡捕小轮与华船亦经驶近预备卸载矣"，这和张人骏回报中所说的正在起卸略有不同。但由于海关为这次缉私的具体参与者及处罚者，因此其数字应最准确。拱北海关的汇报内容见诸正月十九日《税务大臣为据拱北关电捕获私运军火日轮事致外务部电文》中：

正月初九日，据总税务司送呈拱北关税务司英文电报一通，译称：昨有人投报云，有日本轮船载军火，值洋六万元，于年假期内在高佬湾之东中国海面界内卸入华船，以葡国巡捕小轮拖带而去。其军火系交澳门两家华店收购，将以分散偷运入内地。等语。得报后，本税司即命扦手六人，驾"龙睛"关轮驶往东和卡守候，饬令待军火全卸入华船，即将该船查拿，若不得已，亦可将巡捕小轮拖缆斩断，拿该华船拖往马溜洲候办，并诫以若非被击，不得放枪。初四日，本税司果见巡捕小轮拖一华船向中国海界内之轮船而驶，所报不虚，因往见葡督中军。据云，军火之来，曾蒙葡督所准。本税司告知，如在中国海界之内卸载，所发关轮必须干预。等语。是晚夜半，

---

[1]《两广总督张人骏为日本二辰丸商船私运军火应按约充公事致外务部电文》，《明清时期澳门问题档案文献汇编》（四），中国第一历史档案馆、澳门基金会、暨南大学古籍研究所合编，人民出版社，1999年7月，第1493号。

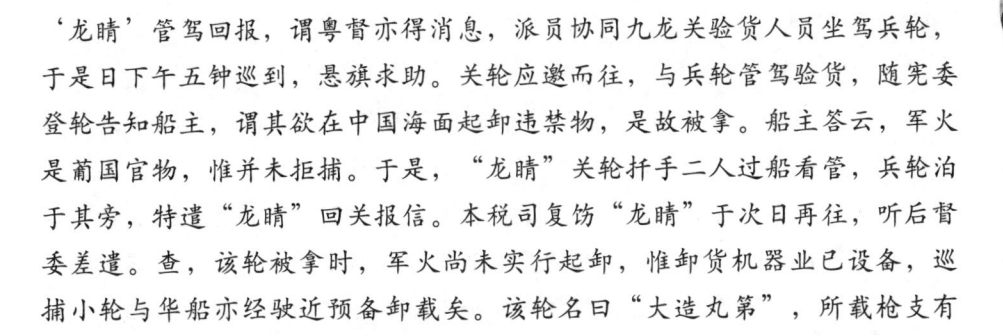

'龙睛'管驾回报，谓粤督亦得消息，派员协同九龙关验货人员坐驾兵轮，于是日下午五钟巡到，悬旗求助。关轮应邀而往，与兵轮管驾验货，随宪委登轮告知船主，谓其欲在中国海面起卸违禁物，是故被拿。船主答云，军火是葡国官物，惟并未拒捕。于是，"龙睛"关轮扦手二人过船看管，兵轮泊于其旁，特遣"龙睛"回关报信。本税司复饬"龙睛"于次日再往，听后督委差遣。查，该轮被拿时，军火尚未实行起卸，惟卸货机器业已设备，巡捕小轮与华船亦经驶近预备卸载矣。该轮名曰"大造丸第"，所载枪支有二千四百杆，轮货均将解往粤城。等因。[1]

接到张人骏电报后，清外务部立即将此案件照会给了日本公使林权助。林权助（1860—1939年），号竹荫，会津藩（福岛县）出身，1887年东京帝国大学毕业，后入外务省。1899—1906年任驻朝鲜公使。1907年受封男爵，任驻中国公使。林权助收到了清外务部的照会后，一直没有回应。

## 第二节　照峰翻供　日企声援

经过与日本领事两天的阴谋策划，初八日（9日），本来已经供认不讳、甘愿受罚的"二辰丸"船长照峰不仅矢口否认了自己的违法事实，还反咬一口，倒打一耙，诬称是自己的货轮遭到了中国官兵的非法扣留。上海《申报》当时曾经刊载"二辰丸"船主照峰翻供的消息称：

日商船"大津丸（二辰丸）"因私运军火被获之后，吴管带即将船主及买办郑某送交日领事看管。闻该船主供称，其船原系驶往香港，因避风在九州岛洋面停轮，遂被"宝璧"拘去等语。吴管带以是日天气极佳，并无飓风景象，且该处又非避风之所，就令真正避风，又何以环列盘艇，起卸军火，今该船主如是云云，已不能掩其私运之实据。现已撰就洋文案由，备述当日实情，以便税司审判时入为此案之底稿。[2]

初九日（10日），日本东京的报纸刊出了日本船主同盟会声援"二辰丸"的消息。据12日上海《申报》转载，该同盟会认为，"二辰丸"商船"所运军枪药弹系经大阪警察、神户理船厅及海关之认可，复经澳门行政官准许入口"，手续完全合法，因此"以中国海关之拘留为不合法，要求即将

---

[1]《税务大臣为据拱北关电捕获私运军火日轮事致外务部电文》，《明清时期澳门问题档案文献汇编》（四），第1500号。

[2]《申报》，1908年2月20日，第5页。

该船释放。"[1]

日本船舶同盟会还发布了力挺"二辰丸"的宣告书。全文如下：

（一）《清国通商条约》第二项云：凡遇有私入中国通商各埠，及船舶寄椗口岸以外，或如在江海各地暗行贸易，将该船积载货物一并充公。又《中国进口税率章程》第三条：凡运输兵器，除按照章程领有执照卖付华人外，禁止运输。倘或违犯，所有货物一并充公，以示惩儆。（二）章程所定虽然如此，《中国海水录志》内之内港一节，载有澳门系葡国殖民地，人口十万八千余，东方有湾以为停轮处，惟湾内水浅，仅容吃水十尺，轮船过之不能容，须在湾外九海里处湾泊等语。（三）前项九海里外停泊处，系澳门东方小岛，名王角岛，及距大碌岛西方约二海里一带海面。此等小岛属清属葡，现未定明。倘为清领，该地向来无商贾住，起卸货物，势均不能。故"辰丸"进口午后二句钟，当经批货商人由澳门带领扒船，拟诣轮卸货。（四）轮船"辰丸"领有澳门船政厅进口执照，及日本海关出口执照，均经照章办理。本年正月初四日午前十一时半，该轮驶到澳门海面，高响汽笛，白昼公然驶入停轮。惟该船吃水二十三尺之深，该处水深仅二十四尺，由是至澳愈进愈屈，扩不能进，且向例欧美各轮吃水深者，均在该处附近停轮，起卸货物，载在水路志，历历可证，各国亦以为常。（五）该轮若系夜间进口，或有夜间拟卸货，疑为暗运，尚为合理。惟该轮午前十一时半，公然停轮，事在白日。倘以该地为清国领，万国航海者皆以该处为澳门停轮处。倘或该处密迩清领，距英葡领海甚远，当时如有俟潮涨天晓雾晴导水人等情，无论何处随时停轮，均任其便，是法例所准。况该处系澳门停轮处乎？（六）以上六端，理直事正，该轮船主毫无违章。清官冥顽，不法扣留，何昧事乃尔。吾船舶同盟会，同声决议，援助辰马商会，以期从速了结是案云。[2]

初十日（11日），日本官员通过非正式渠道发布消息，称"二辰丸"一案清政府执法证据不足，故已命驻广州日领与粤督张人骏接洽请求释放。《申报》刊载该消息说：

十一日东京电云：日本官员于"大津丸（二辰丸）"拘捕情形，并未得有正当之报告。故已命驻广州日领要求释放。[3]

---

[1]《日人要求释放大津丸》，《申报》，1908年2月12日，第4页。
[2]《日本船舶同盟会之宣告书》，《现世史》戊申第二期，大事本末纪十一，《第二辰丸案》。
[3]《申报》，1908年2月14日，第11页。

## 第三节　日使抗议　无耻索赔

正月十三日（2月14日），日本驻华公使林权助首次正式向清政府外务部发出抗议照会，抗议"二辰丸"被扣一事，声称该船并未在中国领海走私卸货；其装载军械系运澳之物，曾经澳门葡方官员批准在案；广东水师将"二辰丸"拖去拘留显系违约；其撤换日本国旗尤为狂暴；中国水兵闯入船舱窃去货物举动野蛮。因而要求中方放船、还旗、惩官、谢罪。其照会曰：

据驻广东本国领事电称，本国商船"第二辰丸"装载货物，由本国开往澳门，于本月五日即华历正月初四日上午抵达该口附近。适是日海面浪大，潮水不顺，未能进口，不得已在九洲洋方面东经一百十三度三十八分二十秒、北纬二十二度九分四十五秒地点暂为下锚，等待潮水浪顺。至下午，忽见中国驳船四只驶来近处，有广东水师吴参将及其余官员来船告云："此处系中国之领海，并禁止一切交通"，上岸而去。讵至次日上午，吴参将等带领执军器之水兵二十多名复来该船，告示奉广东总督之命，将船拖至黄埔等语。并不听船长陈辩，撤去船尾所挂之帝国旗，代以中国国旗。且由各舰添派水兵多名，纷入机器房，作为种种放纵行动后，该船受许多困难。仅至虎门之对岸斜西地方停泊，仍被华官拘留不放。等情。又据该领事转据"第二辰丸"船长声称，该船并未在中国领水卸货，其所装载虽多为军械，而系运澳之物，曾经由该口葡官允准有案。驻广东该国总领事亦认此事，且所载之货运至何地预先表明，可知该船却非在中国领海走私者。查"第二辰丸"下锚地点是否在中国领海内，如重行精测，自可显然。惟假定该处实属中国领海，本国船只遇有风浪，尽可躲避寄碇，不应阻碍。今贵国炮舰忽将商船"第二辰丸"拖去拘留，显系违约。若其撤去本国国旗，尤为狂暴。至执军械之水兵闯入船舱，窃去货物一事，举动野蛮，令人骇异。兹本人基于本国政府之电训，对于贵国官宪之暴戾不法提出抗议，并望贵国政府速即电饬该地方官，速放该船，交还国旗，严罚所有非法之官员，并陈谢此案办理不善之意，以儆效尤，是为切要。[1]

面对咄咄逼人的日方照会，清外务部的态度开始谨慎起来。十四日（15日），清朝外务部致电两广总督张人骏，要求对于日本商船停泊地点、贿赂

---

1《日本公使林权助为辰丸商船在粤被扣希饬速放事致外务部照会》，《明清时期澳门问题档案文献汇编》（四），第1494号。

官员、撤换日旗等情节再次核实,并责成张人骏就近与驻广州领事上野专一据理商结。上野专一乃日本长崎县人,1906年11月12日至1908年10月1日任日本驻广州领事,后因"二辰丸"事件处理不力调任檀香山总领事。电文曰:

项准日本林使照称,据驻广东领事电,日本国商船"第二辰丸"装载货物,由本国开往澳门,于华历正月初四日上午抵该口附近,被华官拘留。等情。本大臣将本国政府电讯提出抗议,请即电饬该地方官,速放该船,交还国旗,严罚非法之官员,并陈谢此案办理不善之意。等因。本部查,该使所称经纬分秒与来电不符,究竟尊处所测是否精确难移,并有何人见证。来电所陈贿银百元及加贿千元有无确实凭证,能使彼无可抵赖,果否撤其国旗,请迅饬确切查明,速行电复。此案既经日使交涉本部,又势难遥度,仍由尊处就近与该领事据理商结,较为周妥,并将办理情形电知本部为要。[1]

与林权助的态度相呼应,日本船主同盟会不仅要求中方放船,而且又有了索赔的要求。十五日(2月16日)的《字林报》就刊登了来自日本东京的这条消息说,"日本船主同盟会对于中国拘留之'大津丸',决议竭力协助船主要索。中国不惟交还船只,且须给偿赔款"[2]。

因为事涉中日纠纷,因此,十六日(2月17日),张人骏致电清廷外务部,请求粤方与日方共同会讯。电文云:

现据日领照称,日商船"第二辰丸"载运军火,有澳门葡官准照,并经本国神户税官水上警察所特许,其停泊中国领海为一时风浪或待潮,并无不合,请将该船释放,并欲处罚员弁。等语。查,初四日并无风波,日船在中国水面停泊,自早十点至晚六点,经八点钟之久,是日下午二点海潮最高,何不趁此时起椗赴澳,竟在该处预备起卸,并由官员及缉捕轮船巡弁上该日船询明船主,确运有军火,将行起卸,直认不讳,始将该船扣留,自应照关章会讯,分别办理。查,同治十三年五月虽有英轮由新加坡领有坡督准状,至海南洋面私贩,由本省巡船拿获到省充公一案,事同一律。敝处以海关监督之权,饬税司照关章会讯,秉公查明分别办理,最为和平正当。[3]

十七日(2月18日),张人骏致电外务部,就十四日外务部来电所需核实

---

[1]《外务部为日使抗议拘留辰丸船请速查凭证事致两广总督张人骏电文》,《明清时期澳门问题档案文献汇编》(四),第1495号。

[2]《申报》,1908年2月19日,第5页。

[3]《两广总督张人骏为日船确运军火须会讯决断事致外务部电文》,《明清时期澳门问题档案文献汇编》(四),第1496号。

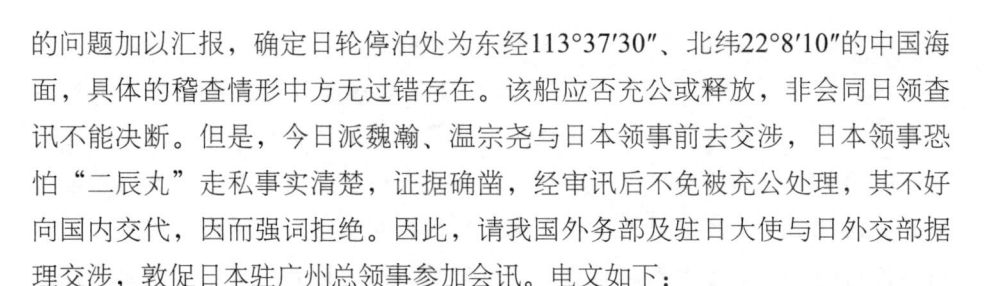

的问题加以汇报，确定日轮停泊处为东经113°37′30″、北纬22°8′10″的中国海面，具体的稽查情形中方无过错存在。该船应否充公或释放，非会同日领查讯不能决断。但是，今日派魏瀚、温宗尧与日本领事前去交涉，日本领事恐怕"二辰丸"走私事实清楚，证据确凿，经审讯后不免被充公处理，其不好向国内交代，因而强词拒绝。因此，请我国外务部及驻日大使与日外交部据理交涉，敦促日本驻广州总领事参加会讯。电文如下：

  查，据日商轮"第二辰丸"在中国水面停泊，载有军火，预备起卸，当时由拱北关洋员会同缉捕，轮船管驾巡升等测明确切在东经一百一十三度三十七分三十秒、北纬二十二度八分十秒，由吴游击敬荣援引国际公法，与该商船船主辩论，又指经纬度证明系中国领海，该船主无词。始有邀该游击到船上卧房行贿请释之事，现有官员等在场见证。是巡升、关员等所测定之经纬度数已为该船主承认无疑，乃始则行贿，继则加贿，终且愿听将船货带入虎门斜西河面，不仅洋关员之证可凭也。至该商船籍旗，因巡升在该船上与船主援约据理相辩论之际，忽有澳门派来葡国兵舰，势将恃强干涉，不得已商之船主，替换龙旗，以免葡船干预，横生枝节，系为一时对待葡兵起见，并无别意。葡船驶去，立将龙旗收回。该商船现在斜西停泊，并无阻其不挂国旗。前经札饬粤关税司，按海关会讯章程办理。总之，该船应否充公或释放，非会同日领查讯不能决断。查，同治十三年拿获英船在海南走私，中国蓬州巡轮曾发炮击其舵桅，拘带到省会讯，断令充公，英国并无异议。比较情节，此次对待日商船实更和平，且不遽照条约，即将货船充公，仍照关章会讯，分别判断，尤为正当办法，日人何能独异。本日派魏道翰、温道宗尧往晤日领商办，据日领面称，此案如经会讯，即系欲将货船充公，渠奉彼政府索放该船，未饬准照关章会讯，无权另允办法。等语。查日领恐经讯明该船不免充公，强词抵制，意图含混恫吓。似宜坚持会讯办法，免堕狡计。现在两粤盗匪充斥，接济匪械多由外洋转运，此案倘被狡脱，日后商轮畅运，军火势必不敢查缉，为患无穷。除已电驻日李使与日外部据理交涉外，务请钧部妥商日使，转饬日领照章会讯。切盼电复。[1]

  同日，代理葡萄牙公使的柏德罗开始搅入这趟浑水，跳出来声称"二辰丸"所扣地点为葡属海面，中国兵船在此执法"有违葡国所领沿海权，并有

---

[1]《两广总督张人骏为须照关章会讯辰丸日船事致外务部电文》，《明清时期澳门问题档案文献汇编》（四），第1497号。

碍葡国主权，阻害澳门商务"。柏德罗的照会云：

现知有中国海关兵船，于本月初六日在葡领海面喀罗湾捕获日本轮船"辰丸"号一艘，迫令同至广州口岸。查该船系装载枪枝运卸澳门，该船被拿，有违葡国所领沿海权，并有碍葡国主权，阻害澳门商务，本署大臣甚为驳斥。想此事仅系因中国兵船管带官才短，不明职守。因该轮船不应在葡国所领海面捕拿，本署大臣定想贵爵迅速转饬，刻即释放，以该船随便前往所拟之处。须致照会者。右照会大清钦命总理外务部事务和硕庆亲王。[1]

在此之前，澳门总督也曾致电张人骏，提出"二辰丸"停泊之处为葡萄牙领海，张人骏认为其不值一辩，故置之不理。上海《申报》曾刊登消息称：

"宝璧"兵轮缉获军火后，粤督先以此事札行税务司饬照关章办理，尽将船只载物一律充公。嗣后，澳门葡官曾有电致督院理论，惟与关章公法均有违碍，故张安帅置之不理。至日本领事，至今尚未有公事到院提及此事。[2]

古代地图中九洲洋与香山县、澳门位置图

十九日（2月20日），张人骏就葡萄牙国声称扣押"二辰丸"之地为葡属领海一事致电外务部，指明葡方"实属强词"，请求外务部"坚持驳拒"。电文云：

十七日电只悉。前获日商轮二辰丸，据拱北关税司及"宝璧"号巡船管驾吴敬荣会同测量，确在中国九洲洋海面，距澳门甚远。该处为洋关缉私轮船巡缉界内。葡使称为葡领海面，实属强词。应请大部坚持驳拒，候讯明分别办理。是所至祷。[3]

二十二日（2月23日），日本驻广州总领事上野专一第一次照会粤督张人骏，声称"二辰丸"运载军火手续合法，吴敬荣等人拘船违背公理，"必须

---

[1]《署葡国公使柏德罗为中国兵船捕获赴澳日轮请饬释放致总理外务部事务奕劻照会》，《明清时期澳门问题档案文献汇编》（四），第1498号。

[2]《申报》，1908年2月20日，第5页。

[3]《两广总督张人骏为日船系在中国洋面被获非葡领海事致外务部电文》，《明清时期澳门问题档案文献汇编》（四），第1499号。

将船只载均一律交回"。《申报》对此加以报道云：

"宝璧"兵轮在中国海面缉获军火一案，现闻日领事已有公事到院，谓此种军火系由日本运往澳门，有葡官执照为凭，非私运可比。此次吴管带违法拘捕实属有背公理，必须将船只载均一律交回。闻税务司对于此案力主充公颇能持正办理，惟日船主不允到申云。[1]

二十四日（2月25日），日本驻广州总领事上野专一第二次照会张人骏，声称"二辰丸"在扣押期间每日损失较大，要求放船并赔偿损失费。张人骏予以回绝。《申报》就此报道说：

广州日领为商轮"大津丸"被拘，又复照会粤督，谓此次载运军火，有大阪关单为凭，今无端被捕，应每日赔偿轮船损失费千数百元方能了事云云。督宪以彼此情词各执，必须会审后讯明是否私运，方能分别完案。[2]

同日，清外务部照会葡萄牙代理国公使柏德罗，声明经"拱北关税司及'宝璧'号巡船管驾吴敬荣会同测量""二辰丸"走私地确在中国领海，"中国官员在领海内有巡缉私运之权，与葡国所领沿海权毫不相关"[3]。

同日下午四时，葡萄牙代理公使柏德罗偕同翻译谷塞额又亲自来到中国外务部，同左侍郎联芳进行会晤。柏德罗声称，"按照公法，领海地面以三海里为度。此次拘拿军火之处，系在澳门领海两里半之内，其为澳门领海无疑"。联芳侍郎告诉他，"按本部所接电报，该处实在中国领海界内"[4]。虽然最终柏德罗无言以对走了，但联芳的谈话中处处引用粤督怎么怎么说、粤督怎么怎么说，显然外务部多少有些底数不清、心里发虚的意思。

二十七日（2月28日），葡萄牙公使柏德罗再次致电清朝总理外务部事务大臣奕劻，声称扣留"二辰丸"之处在"北纬道22°8′10″，英国中经东道113°38′10″"，这与张人骏所汇报的"东经113°37′30″、北纬22°8′10″"在经度上差了40秒，距离向西挪动了约944米（注：经度1秒=23.6米）也就是半海里（注：1海里约为1852米），那里"实在葡国所领海面"。所以，"若是两广总督有疑私运枪支，应与澳门总督直达"。此外，"大苏船（注：二

---

[1]《日轮私运军火被获四志》，《申报》，1908年2月23日。

[2]《日轮私运军火最近交涉》，《申报》，1908年2月25日，第11页。

[3]《外务部为日船在中国领海被获于葡无涉事致署葡国公使柏德罗照会》，《明清时期澳门问题档案文献汇编》（四），第1501号。

[4]《署葡国公使柏德罗为办理日轮私运军火事与外务部左侍郎联芳会晤问答》，《明清时期澳门问题档案文献汇编》（四），第1502号。

辰丸）"被捕之时，船上已有澳门政府之引水道人……此事足证"大苏船"实意系前往澳门，澳门官员全知该船前往澳门，并领有澳门官员执照"，因此，中国此次扣船行为是非法的，理应"将大苏船二号立刻释放"[1]。

　　本来中日双方就"公说公有理，婆说婆有理"，日方又拒绝共同审理，使案件处理陷入僵局。葡萄牙此刻又跳出来搅局，使情况变得更加复杂。软弱无能、六神无主的清政府慌了手脚，以袁世凯为尚书的外务部赶紧向他们一向信赖的洋大人、中国海关总税务司、即将退休回国的英国人赫德讨教。二十六日（2月27日），多次偏向列强欺凌中国的"洋鬼子"赫德，给外务部提出了十七条"高见"，大体上认为日方并没有不当之处，失误的责任全在中方，因此主张中国应该放船、还旗、赔偿、道歉，尽快速了。二十九日（3月1日），外务部给张人骏转来了赫德的十七条建议。电文如下：

　　"二辰丸"案，顷准赫德总税务司节略内称：一、该船非海关所缉获；二、所有出入澳门洋旗船只，拱北关全无牵涉；三、该船系被地方官缉获；四、洋旗船只非遇灾险，不准驶往不通商口岸；五、洋旗船只必须经过中国海面，于经过时，因为候潮涨落及天气不和，以及另有他故，或须停泊；六、无论何船，如此停泊，中国官员有权上船查系所为何事；七、惟如此上船详查，中国官员必须认明实在情形；八、即如澳门系属外国口岸，该处报进报出，各船往往在仅附澳门口外停泊，确系实情。所有如此停泊之船，无论何官上船，必须认该船有必须停泊之故，并系照例应停；九、澳门即居洋界地位，则澳门前列之海面，即为通行之海，并非是中国之水面；十、以"二辰丸"而论，有运往澳门之货，此货无论何物，及如何由船起运澳岸，所挂之日本国旗及指运之澳门洋界，均得保护。所运物品，拱北关于起运上岸时，丝毫不得干涉；十一、此次货物，系属军火，全无异言，已自承认。惟指明澳门官宪只准领有执照之商户贩运军火，以防弊端；十二、该船在口外停泊，并不足为启人疑惑上船缉获之实据，且该船所装之军火，即属例应载运，中国官员亦无扣船动货之权。十三、此案所获之船货，即在仅附洋界口外，将次遵照此口之章，并奉有巡捕保护起货，则无论南洋澳门一带贩运军火，如何启人猜疑，总不足为缉获此船之实据；十四、日本官员视中国此举毫无根据，现所查悉之各情事皆足表明，日本未为失当；十五、至会审一

---

[1]《署葡国公使柏德罗为办理日轮被获系在葡领海请饬释放事致总理外务部事务奕劻照会》，《明清时期澳门问题档案文献汇编》（四），第1503号。

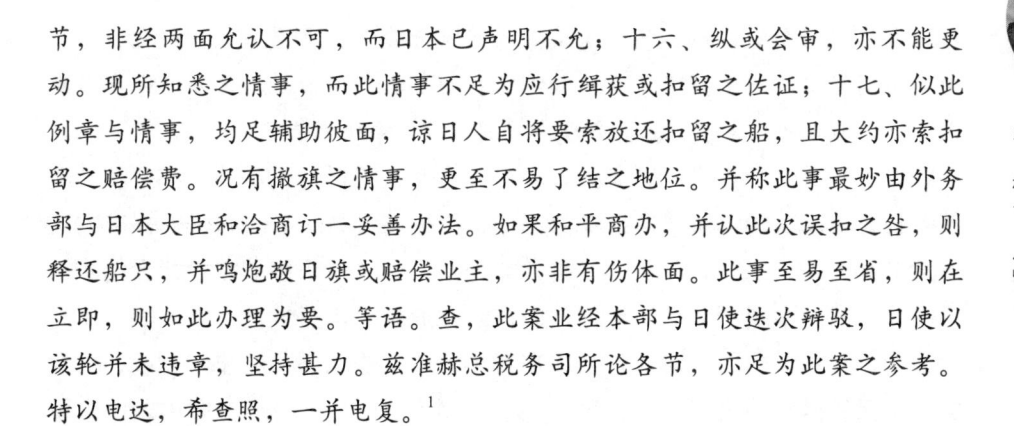

节，非经两面允认不可，而日本已声明不允；十六、纵或会审，亦不能更动。现所知悉之情事，而此情事不足为应行缉获或扣留之佐证；十七、似此例章与情事，均足辅助彼面，谅日人自将要索放还扣留之船，且大约亦索扣留之赔偿费。况有撤旗之情事，更至不易了结之地位。并称此事最妙由外务部与日本大臣和洽商订一妥善办法。如果和平商办，并认此次误扣之咎，则释还船只，并鸣炮敬日旗或赔偿业主，亦非有伤体面。此事至易至省，则在立即，则如此办理为要。等语。查，此案业经本部与日使迭次辩驳，日使以该轮并未违章，坚持甚力。兹准赫总税务司所论各节，亦足为此案之参考。特以电达，希查照，一并电复。[1]

赫德的这种吃里扒外、偏拉一把的言行，不仅激起了中国人民的愤怒，甚至也被其当时的属下、广州税务司庆丕所不齿。"二辰丸"事件过去15年之后，已经退休回国的庆丕在其回忆录中，针对赫德在这件事上的卑劣行为写道："非常可惜的是，赫德晚年的行为，很少顾及对他恩宠信任有加的中国方面的需要。他未受任何人爱戴，即使是那些与他情投意合的人，更不用说受满族利益集团之外的那些京城高层官员的爱戴。他曾经获得过信任，但他似乎辜负了这种信任。"

庆丕税务司的这段文字，立即受到了赫德总税务司一职的继任者、英国人安格联的严厉指责，他站出来为赫德辩白说："此事件实质，乃地方行为使清政府处于不利之地。赫德敏锐处理此类事件无可指摘，所进忠告无懈可击。"他还说赫德在这件事上无意中当了外务部的"替罪羊"，"此事不顾该省之压力，迅速处理，即可证明清政府早已决意退让。惟愿此种无奈之举，能得一人之权威意见支持，此人为使中国摆脱累世困境曾尽力一生"。但安格联随后也不得不承认，在"二辰丸"的处理上，是"赫德在其任期最后，正式干预中国事务中，曾令清政府失望之事"[2]。

此时，早已从秘密渠道得知赫德态度的日本驻广州领事开始公然表态拒绝会讯。二十八日（2月29日），上海《申报》刊登这一消息，文曰：

日领事要索"大津丸"一案，日前张督曾派洋务委员亲往，与日领事理论，谓现在拘留此船必须彼此会讯，明确是否系属私运，如果确无犯法凭

---

[1]《外务部为转达总税务司赫德条议二辰丸案办法节略事致两广总督张人骏电文》，《明清时期澳门问题档案文献汇编》（四），第1504号。

[2] 连心豪著：《清末民初军火走私论略——以"二辰丸"案为例》，《珠海、澳门与近代中西文化交流》，社会科学文献出版社，2010年版，第200页。

据，自必将船交回，惟不能于未裁判以前遽行要索。至谓海关无权允公，应由两国国家交涉一节，照定章，如海关裁判不决，方由政府核办，今在省尚未会讯，不能将此案移归政府办理。惟闻日领至今仍不肯照章会讯。¹

二十九日（3月1日），受张人骏正月十七日嘱托与日本外务部交涉的清朝驻日公使李家驹给清政府外务部回电，汇报与日方会晤时，日方提出的三点意见：一、"二辰丸"手续齐备并非走私；二、该船停泊在葡萄牙而非中国海面；三、中国所为全属无理，应该赔礼道歉，承担责任。李家驹公使同时说明，日本国内舆论对执政当局在对华政策上的软弱态度非常不满，执政党为了保住自己的执政地位，对华外交已趋于右倾，此案已有向中国派出军舰武力解决的说法。²

三十日（3月2日），张人骏致电外务部，强调粤方执法并无过错，如果按照外务部的妥协方法"将日轮先行释放，只扣军火，再议办法"，恐怕"日人狡诈，不知大体，该船释后，恃无质证，又肆要求"，因此外务部要"预杜其谋"。该电文曰：

二十八日电敬悉。日商所运军火，虽有澳政厅准照，日税关给凭，输出于日，输入于澳，对于彼不为私，在中国海面停泊起卸，对于我即为私。已将此说照驳日领在案。且前项枪支，查明系澳门广和店华人谭璧理等购以济匪。葡领来文亦经声明，该枪并非澳官所购。况"辰丸"吃水深，不能到澳埠，约章、关章、经纬海界、通商各埠海线深浅，应该船主所稔知，是其由日起，已蓄意由中国海面卸货，图利济匪，毫无疑义。且汽笛鸣，而葡军即出，盘艇旋来，非预备接卸，有意在中国水面运送违禁军火而何？当时将其原船连货带回，系由巡弁商允船主，曾经船上华日两国搭客哗责，该船主无词，始听九龙税司雇到引水英人，带入虎口内斜西河面，实与强拿有别。至暂易龙旗，系为抵制葡兵轮不测举动，前电已陈不赘。此案关系重要，全仗钧部维持。骏拟照关章会讯，原期导入和平，转圜较易。裴税司云云，骏原有此意。徒以日领一味坚持，无可通融，是以相持。至今尊示拟将日轮先行释放，只扣军火，再议办法，自应通融办理。请钧部照会日使，转饬日领遵照，并乞电复。但日人狡诈，不知大体，该船释后，恃无质证，又肆要求，

---

1《申报》，1908年2月29日，第11页。

2《驻日大臣李家驹为二辰丸案日外部不允会讯事致外务部电文》，《明清时期澳门问题档案文献汇编》（四），第1505号。

亦恐意中之事，仍祈钧部预杜其谋。[1]

针对日本驻广州总领事不同意会讯的问题，大清外务部于二月初一日（3月3日）照会日本公使，提出请英国水师提督出面，作为公断人给予公平评断。其照会曰：

广东扣留"第二辰丸"一案，正月二十五日接准来照主张，不肯照章会讯，并要求将该轮速行释放等因。查此案前经粤督商请照关章会讯，原以非经会讯不能剖白是非曲直。贵大臣既不肯饬令会讯，本部实无从遥断。现拟请英国水师穆提督作为公断人，就近会同粤督及驻粤日领公平评断，彼此照办。谅贵大臣亦必以此办法为公允，即希见复可也。[2]

同日，张人骏致电外务部，汇报属下魏源、温宗尧与日本领事交涉的情形，声称日本领事反复强调日轮无过错，与中方没得商量。因此"此案耽延时日，实彼无理坚持所致，不能以拖累该船久停咎我"。同时汇报说，英国领事也认为中方处置有理，且此处理方法充满求和之意，日本领事不应再持异议。电文如下：

"辰丸"案遵钧部勘电，拟将日轮先行具保释放，只扣军火，再议办法。当即委魏道源、温道宗尧向驻粤日领商办，告以准部示云云。彼仍坚执奉伊外部训令，只索放船，并所要求，亦不通融，不特未允由船主结存海关待查，所运军火，亦不允起存，且谓当日该船停泊之处，系属葡界。经魏道等面折，以当日"辰丸"停泊处所，我国海关缉私权所及，向来澳关贩运烟膏出口，在该处装载轮船，必须中国拱北关核给准单，关权所至，即我国领海铁证。况葡人驻澳本无领海，界址并未商定，何有葡界之说？日领虽无词，而仍持前说，似此实无可与商，全仗钧部维持，商明日使，转饬该领，始能就范。是此案耽延时日，实彼无理坚持所致，不能以拖累该船久停咎我。此意应否向日使婉切声明，祈酌。又本日魏道等晤英领，据询及该船所载太古煤斤如何着落，当告以部示办法，日领尚未首肯，太古煤斤应向日领交涉。英领深以此办法为和平对待，在我占理已足，日领不应再有违言渠见，日领当以以劝。等语。并以陈附本案曲直实已大白，尚求钧部切商日使，坚持为祷。[3]

---

[1]《两广总督张人骏为倘先行释放日轮恐后无质证事致外务部电文》，《明清时期澳门问题档案文献汇编》（四），第1506号。

[2] 王芸生：《六十年来中国与日本》，生活·读书·新知三联书店，2005年版，第150页。

[3]《两广总督张人骏为请与日使商明二辰丸案事致外务部电文》，《明清时期澳门问题档案文献汇编》（四），第1507号。

在"二辰丸"一案明显对己不利的情况下,张人骏仍然忠于职守严查走私。二月初一日(3月3日),他又派参将徐振鹏带领"镜清"军舰到九洲洋一带巡逻,严防再有军火走私。《申报》对此加以报道:

> 日前缉获日轮私运军火一案,现正在交涉。近闻大吏恐有奸商牟利复行偷运,昨特派徐参将振鹏管驾"镜清"练船,驶往九洲洋一带海面,严密梭巡,以杜接济矣。[1]

初二日(3月4日),张人骏对赫德所提出的十七条建议进行了逐条批驳,指出中方执法有理,"**日葡两国乃反其所为,天下文明之国,闻之当为痛骇**"。因此我方应坚持立场,对日轮"不应太迁就"。电文说:

> 二十九日、初一日两电均悉。"辰丸"案照赫税司所论各节,当传粤关税司来署,询以何与前议坚持会讯办法迥不相侔。该税司详加参核。据称,此案原议办法并无不合,赫税司事出遥揣,于细情或未尽悉,随由该税司逐条签复。一、二、三、四等节,无关出入。五、"辰丸"向往来日本、香港,此次为英商太古行订运煤斤合同,载明非遇不得已危险,不得驶往别处。乃经过香港,并不入口,就该船吃水之深,断不能驶入澳门。以之互证,所称该船因候潮之故泊于澳门,仅限中国水面之说,为不确。六、七无异。八、当巡弁、关员上"辰丸"查察,所认该船因运来军火,在其处私图起卸,为等候澳门派船来接,计枪支九十四箱,枪弹四万粒,与该船主所认许者相符。其停泊为有违条约。九、中国虽允与澳门划界,未允前列海面为公海,且与葡原订章程声明,未划界前,悉须仍旧,是澳门前列之海,定系中国水面,实为粤省辖权所及。十、当时因见中国水面所悬挂日旗之船,将次与华人驳船所接起军火之事,故行干预。查询凡由澳运出之熟烟膏,在澳门仅界外之水面运入美国邮船之时,必须先由葡官向拱北税关请给准照,是即运入澳门违禁军火,在澳门仅限外水面转驳,亦应请给关照方合。该船无中国护照,运送违禁军火,扣留似不为过。十一、所言澳门官员只准领所执照之商户贩运军火,此等办法系启军火易于输入中国辖境,伤害治安,香港政府有见及此,特禁军火入澳。**日葡两国乃反其所为,天下文明之国,闻之当为痛骇**。粤官欲照海关会讯章程办理,系为欲将现案之实情宣布寰球起见。十二、按中国律例,凡在本国水面起运军火,如无关照、护照,即属犯例,粤官理应当众查询。若不许中国在辖境内查缉军火,无异束缚中国不能

---

[1]《又派轮查缉军火》,《申报》,1908年3月4日,第12页。

尽其手足之烈，则禁止伤害仁慈之事，果而则无论何国皆可运入枪械济匪，两广地方尚未平靖，此等举动不特碍中国，并碍日、葡两国，且恐不久即将牵动天下各国和平之局。十三、该"辰丸"系因未领中国护照，欲在中国水面起卸违禁货物之故被拿，按照中日条约第五款，即系私贩，例应拿获，带到广州讯查。十四、已于八节言之。十五、会讯一节，非经两面允认不可，此说诚是。惟会讯章程有言，凡扣留船货，限自接函之时，以五日为期，倘至第六日领事官尚未来文，咨请公同查核，该船货即可入官。等语。且按照章程，如被告不遵船货入官，必须公同查核之后，方能辩驳。十六、参看第十五节之解说。十七、查会讯章程施行已久，本为公平，当众查核，以便结案。是以粤省于此案欲亦照办，日领若允照办，该船即使已应入官，而两国意见各异，亦可于六日限内具保释放，将全案移交北京交涉。由此言之，"辰丸"扣留日久，全因驻粤日领不肯照办之故，中国可不任咎。等语。拱北关税司亦以此案扣留"辰丸"并无不合，**不应太为迁就**。其它意见略与粤海关税司相同。释船扣械一节，昨派魏道等向日领商办，情形已详东电。现在该船究竟应否起出军火，或布令出具保结方能释放，抑无须取保先行释放，驻粤日领已无可言，全仗钧部酌核，明示遵办，切望电复。[1]

初二日（3月4日）下午三点，日本公使林权助偕同翻译高尾亨来到那桐住宅，与那桐、袁世凯、联芳等人会商"二辰丸"案，并表态不同意请英国人公断。中方则表示允许放船，但需将军械扣存待查。林权助也不同意，并谓"如不速了，日本当行相当之手段云"，对中国进行威胁。袁世凯等称：因为贵大臣不肯会讯，又不愿派人彼此会查，本部意欲和平速了此案，以符贵大臣之意，所以才提出公断一法，不知贵大臣能不能同意？林权助则说：能不能公断还要等我请示政府后再说。但是据他个人意见，二辰丸既然有澳门运送军火的准单，并没有不合理的，所以不需要公断。并且要求看粤督来电，称粤督来电不足为证等。他还说，假使中日两国请英国提督公断，该处海面究竟是何国领辖，需要一并查明，则葡萄牙就有可能干预同断。那桐等人说，公断是专断此案，与领海并无关系，而没有允许葡萄牙干预同断，并称葡萄牙的主张全属无据。林权助又提出"请将该船释放，并惩罚撤下国旗之是非"的要求。外务部同意将该船释放，另行具结候查；军火先行扣存，俟查明后另行核办。但对撤旗一事则表示"尚须待查"。而林权助认为外务

---

[1]《两广总督张人骏为二辰丸案粤关税司逐条签复赫税司所论各节事致外务部电文》，《明清时期澳门问题档案文献汇编》（四），第1508号。

部是听信粤督而顽固狡辩。他说，无故扣船显然是违法行为，而且扣船应由海关而不是用水师。"具结释放，是决办不到。扣存军火，亦不能允。下旗一事，该兵船管带须担其责任，不必问系何人所下"[1]。

同日，张人骏致电外务部，对日本"**强权**""**野蛮举动**"，深感"**忧愤填膺**"，表示作出妥协容易，但法律规章将变成废纸，其后患无穷。其爱国主义思想溢于言表。电文曰：

正月初四日"辰丸"事，对付将穷，两粤治匪益难措手。自"西南"盗案，西邻责言，英舰横来，捕权几失。钦防匪炽，蔓草将兹，加以各属报劫殆无虚日。查，粤中匪盗专恃枪械，得械则张，失械则伏。寻常毛瑟、拗兰短枪值仅数元，购来资盗资匪，动值十余数十元不等，利市十倍。奸商设肆，依澳门以为薮。自改章整顿缉捕以来，特于私运贩军火一节，悬重赏，立严法，通饬文武，尽力查缉。前香港英督来粤晤谈，优礼敦言，与相晋接，幸得商允，由港严禁军火运澳。即法人于查匪搜械，亦竭力允助。即如驱逐孙逆（注：孙中山），按章交犯等事，是其明证。数月以来，各属各江劫掳之案虽未尽绝，已减少十之六七。钦、防一带，前经缉获军火两船以后，匪事渐就弭平。年内各处探报，遂有由东洋购济匪械之说。现在案经缉获，确系居澳华商私贩，征诸已事，证以探闻，显系遁饰。日本与我国，理应至公办理。乃出其强权，甘作野蛮举动，国势强弱异形。**骏虽忧愤填膺，际此主忧臣辱之时**，释彼船、惩员弁、鸣炮谢过各节，一纸文书均即办到，原非难事，但此案失败，则条约、关章均成废纸，**查缉济匪军火之令立即收回**，即不收回亦同虚设，粤事诚不知所以善其后。此案于无可设法之中，应如何维持转圜，全仗钧部主持，无任盼祷。人骏。冬二。[2]

初三日（3月5日），外务部不顾张人骏的不满，告诉张人骏外务部准备向日本正式提出中方同意道歉并处罚相关责任人的决定。"并希尊处将办事失当员弁，量为惩戒，冀可先了此节。"[3]同时，外务部附上了准备向日本道歉的照会文本。照会中认为，广东水师截获日本"二辰丸"为误会，撤换国

---

[1]《日本公使林权助与外务部会办大臣那桐等会商二辰丸案问答节录》，《明清时期澳门问题档案文献汇编》（四），第1510号。

[2]《两广总督张人骏为释放日船事关约章成废盼设法主持事致外务部电文》，《明清时期澳门问题档案文献汇编》（四），第1509号。

[3]《外务部为二辰丸换旗与扣船分别办理事致两广总督张人骏电文》，《明清时期澳门问题档案文献汇编》（四），第1511号。

旗之事"殊为可惜,深抱不安",已经致电粤督对当事官员"加以惩戒,以表歉忱"。该照会曰:

"第二辰丸"撤换国旗一事,迭准贵大臣来电抗议。此事据粤督来电,该巡弁等因日船所运军火没有中国护照,停泊中国海面预备起卸,以致生出误会,致将旗帜暂时改换。本爵大臣殊为可惜,深抱不安,业经电致粤督,即将办事失当之员弁加以惩戒,以表歉忱。除私运军火一案另行照复外,相应先行照会贵大臣,查照转达贵国政府可也。[1]

同日,外务部再次致电张人骏,同意其所持日轮被扣处为中国领海的说法,但表示这一观点只能用来驳斥葡使专用。[2]

同日,张人骏致电外务部,请求其坚持立场、不要退缩。声称"若因此案遂并九洲洋而认为彼界,将广州所属各口岸东扼香港、西扼澳门,中国反无领海矣"。"且本案失败,我国从此于各国商轮私运军火无敢过问,国权浸失,桀黠生心,滋蔓将及于沿海沿江各省,如大局何?"表示自己"忧虑所及,难容缄默"。爱国情怀再次表露。其电文云:

初一日电敬悉。冬电两通谅达。"辰丸"案迭证,以华洋官商论列之言,皆无不合。赫税司所持异议,不知何见云。然日人强词夺理,直欲破坏我条约、关章,钳制我治内清匪之法。以利害所关,历上钧部电已按实情痛切言之。迭据探报,孙逆(注:孙中山)本有五路起事之谣,惠、潮、肇庆、钦、廉,在东省实居其三。盖以港澳外附,政令不及,水陆交通匪党倚为购械运济之地。今英人已于香港严禁购济,避香港往达澳门,证以本案探报之言,实已信而有征。查,澳门水浅地僻,商务不旺几同村落,恃娼寮赌馆为命脉,娼赌之薮,盗匪之窟,小者为劫贼之逋逃,大者为匪党之外府。该处除制熟烟膏出口外,别无出产。平时只有来往广州、香港轮渡数艘,及小轮出入捕鱼,拖船、小船麕集,附泊内地,良少莠多。向无外海大轮到澳,与香港情形迥不相同。即以澳门属葡领地而论,只指澳门方围数十里而言,四面原皆中国地界。先时每年尚须纳租于我,本属租界,后因粤官漫不经心,致被任意占据,俨然视为属地,然于领海权初无所有也。又误于金登干分界之说,彼始占及十字门水面。然界址究未划定,且经声明,未定界

---

[1]《外务部为撤换二辰丸国旗表示歉忱事致日本公使林权助电文》,《明清时期澳门问题档案文献汇编》(四),第1511号。

[2]《外务部为日轮于过路湾逌东被扣,其为中国领海无疑事致两广总督张人骏电文》,《明清时期澳门问题档案文献汇编》(四),第1512号。

前，仍照旧址，广东官商士民仍不明认。即今澳门鸦片膏出口，盘上商轮，亦须拱北关核给凭照，况枪支、枪码进口乎？若因此案遂并九洲洋而认为彼界，将广州所属各口岸东扼香港、西扼澳门，中国反无领海矣。该处入急水门口将二百里，两岸多有沙田民业，实系内港，并非大海，何公海之可言？又查，澳门葡兵不及二百人，卖枪之店皆是华人，华官订购枪械向在香港，与澳门华商从无交易，此二千余枪、四万余码，非贩以济匪而何？查察两粤匪情，澳门接济匪械之路不断，盗匪必无清日。揭竿蜂起，仓促可成，虽有善者，不知其可。且本案失败，我国从此于各国商轮私运军火无敢过问，国权浸失，桀黠生心，滋蔓将及于沿海沿江各省，如大局何？忧虑所及，难容缄默，全仗钧部苦心毅力设法维持，两粤幸甚，各省幸甚。[1]

同日，于右任等人创办的《神州日报》发表消息《粤督对于日轮私运案之强硬交涉》，将张人骏爱国御侮、不畏列强的态度介绍给了国人。

初四日（6日），张人骏请求派管带吴敬荣、西江缉捕稽查员王仁棠、拱北关"龙睛"缉私轮管驾英国人莳礼带着过路湾海图赶赴外务部，详细汇报"二辰丸"案件的发生及处理经过。[2]但是第二天，外务部就给他发电，认为吴敬荣等人没有必要进京，不必徒劳，只需把有关海图寄到外务部即可。

同日，日本公使林权助为扣船案向中国政府外务部再次照会，对态度反复的大清外务部进行又一次逼宫。他蛮横地说"广东水师之行为，实近海盗，其暴横不法，非区区言词所能掩饰也。若其撤去日本国旗，侮辱已极"。对大清国提出了措辞强硬的放船、道歉、惩员、赔偿四项要求，并威胁说，"帝国政府只望中国政府断乎反省，迅速表明，应允帝国政府所要求之意。如仍不允，帝国政府为尊重国家之威严，及保护臣民之义务，不得已，不可不下适当之手段"。该照会写道：

昨日委派阿部参赞面交贵宫保扣船一案日文节略，兹将译文送呈，即希查阅为荷。附节略译汉文。关于日本"第二辰丸"轮船被中国广东水师拿获一事，于日历明治四十一年三月四日，准中国政府提议如左：一、先将"第二辰丸"释放，另行具结候查；二、军火先行扣存，俟查明后另行核办；三、下旗一节，俟查明究系何人错误，酌量办理，并表歉忱。以上各节，帝

---

[1]《两广总督张人骏为二辰丸案事关大局，请设法维持事外务部电文》，《明清时期澳门问题档案文献汇编》（四），第1513号。

[2]《两广总督张人骏为派管带吴敬荣等带具过路湾海图赴部事致外务部电文》，《明清时期澳门问题档案文献汇编》（四），第1514号。

国政府鉴于事理，断难承允，乃帝国政府仍主张如左：该轮拟赴澳门，白昼公然鸣哨行走，缘其吃水稍深，驰至该口附近海面下碇，并报知澳门。乃广东水师误为在中国境内走私者，不理船主人力辩，并未向日本官宪先行商洽，突来拿获，且撤国旗，派令持军械之水兵多名，强行看管拖去，其为与战时拿获无异。查，该轮停泊之处，即使系中国领海，广东水师之行为，实近海盗，其暴横不法，非区区言词所能掩饰也。若其撤去日本国旗，侮辱已极。是以帝国政府前向中国政府要求左开各事：一、即将"第二辰丸"及所载货物尽行释放；二、侮辱日本国旗一事，中国政府须依适当之方法，向帝国政府表明歉意；三、中国政府应严罚所有关系不法拿获"第二辰丸"之中国官员；四、中国政府应赔偿为不法拿获"第二辰丸"所生之损失。以上所要求，鉴于广东水师之暴横情事至为正常，中国政府现以略认其行为不是，而尝试弥缝，帝国政府殊多遗憾。帝国政府顾念国家之威严及保护臣民之义务，并查明实在情形，不得已提出正当之要求。乃中国政府难于匡正所属官员之非法逡巡不进，帝国政府甚深诧异。中国政府所言"第二辰丸"停泊之处，系中国领海，即使果有确据，亦未可任听广东水师擅行拿获，并侮辱日本国旗。该轮所载军械等件，本系公然运澳者，广东水师只能向之警告、监视，不许其在中国境内起卸，倘该轮不遵，实行起货，则中国可为适当之措置。今该轮曾无起卸情事，正在准备运澳时，突被持兵器之兵员强行拿获，并侮辱国旗，广东水师之无礼不法已极，不待言也。况该轮停泊之处，葡国官宪言明确系葡国领海，因思其所属何国，中葡两国尚未议定要之，该处即使属于中国，帝国政府不以广东水师之行动为是，乃依然主张其行动尤为不法，如以上所叙。因此所议此事，中葡两国未划定界址以前，暂为悬案一节，未能照允，并碍难久待也。中国政府又谓"第二辰丸"货物中有煤炭，本应运至香港，交英商太古洋行者。合同订明，非遇万不得已之事，不得驶往他处。可见该轮赴澳，不过托名，实则希图在中国领海内私卸。等语。然运煤一事，是否立有此等合同，无庸查询，即使果有此事，其实行不实行，只太古洋行有议论之权，当与中国政府无涉。查，该轮往澳，先期票明日、葡官宪，领有准运军火执照，并白昼公然鸣哨驶走，其非私运可证也。至所载军火，日本商人只有运澳之责，起卸后是否归于土匪之手，固非其所知。如中国虑及此事，自当另有适当之方，惟不得侵害日本国旗及船只。如广东水师也并如欲防范外国军火私运，希望帝国政府相助，则中国自行实力办理，一面商请帝国政府谊重邦交，谅必不辞协助矣。以上所开事理，极为明

白，无庸候查，帝国政府只望中国政府断乎反省，迅速表明，应允帝国政府所要求之意。如仍不允，帝国政府为尊重国家之威严，及保护臣民之义务，不得已，不可不下适当之手段。用特先行声明，即望中国政府熟思之，并克日明确答复，是所盼切。[1]

同日，《新闻报》发表文章《论外务部对于日船私运军火案之贻误》，率先批评外务部妥协退缩的外交政策。

《时报》也刊登了张人骏在处理"二辰丸"一案的强硬立场。该报发文说：

粤督张人骏接外务部饬令释放"第二辰丸"之电，以其背理徇人，主权尽失，不肯遵办，复电痛驳。又即派委吴敬荣（宝璧兵轮管带、亲自捕获"第二辰丸"者），率人证等入京力争，并（与）日使交涉。[2]

初五日（3月7日），外务部致电张人骏。电文中可以看出外务部面对日方的强硬态势，也开始认为粤方执法理亏，并且以"**时局艰难，外交棘手**"，明显露出准备向日本屈服让步的意思，并要求张人骏谅解。电文云：

初三电计达。日使昨递声明书，要求四事：一、将船货一并即行释放；二、侮辱国旗，应以相当之法表明谢意；三、拘船失当，官吏应严罚；四、该船损失应赔偿。并屡称该轮拟赴澳门，白昼鸣哨停泊，且经日葡两国允许，并无私运行迹。广东水师不理船主分辩，遽行撤旗拘船，种种横暴，俨如战时捕获办法，实属无理，不法已极。等语。查，擅换国旗，究诸公法。来电所称各节，不足以箝彼口，且此节尊处艳电亦云，以此举为巡弁认其误以私运为该船负其咎。本部现将此节先行照复了结，再议船械办法，用意亦正相同。仍希查照。初三电酌量办理。其一、四两端尚在驳辩，俟稍就绪，再当奉闻。冬（注：2日）、江（注：3日）电所陈各节，本部亦已电及。时局艰难，外交棘手，政府与疆臣共负责任。国权所在，本部无不力争。惟此案在事员弁不免失之操切，致辩论益形为难，现只可设法磋商，以期结束。至私运接匪，实为巨患，案结后自当内外统筹，以善其后。日兵舰曾否抵粤，宜处以镇定，有无举动，希密探电部，并望将往来各电格外慎密，以防外泄。[3]

---

1 《日本公使林权助为扣船案向中国政府要求事致外务部节略》，《明清时期澳门问题档案文献汇编》（四），第1515号。

2 《粤商自治会反对释放二辰丸》，《时报》，1908年3月9日。

3 《外务部为与日使辩论二辰丸案等情事致两广总督张人骏电文》，《明清时期澳门问题档案文献汇编》（四），第1516号。

同时，外务部照会日本公使林权助，认为"误换旗章一节，业经另行照会道歉，并电粤将失当之官弁惩戒"，但广东水师在中国领海查缉私运军火一节并无过错，因此再次请求日方照章参与会审。该照会曰：

广东扣留"第二辰丸"一案，光绪三十四年二月初三日接准节略要求办法四端，均已阅悉。除误换旗章一节，业经另行照会道歉，并电粤将失当之官弁惩戒外，兹将广东水师在中国领海扣留船械，系属照约办理，并无不合之处，开陈于左。查，粤东盗匪充斥，水陆屡见劫案，为中外商旅之累。加以钦廉等处余孽未清，探原其故，实因外洋接济军器，致匪势益觉蔓延。中国官吏既有保护中外商旅、维持地方安宁之责，在领域境内，自有查缉私运违禁货物之权，各国均表同情。此次该轮私运军火，在中国领海希图起卸。该项军火，已查明委系澳门华商"广和店"谭璧理等购以济匪，并非澳门官用，于中国治安大有关系。[1]

同日，总税务司赫德致函清外务部，就外务部初四日给他发函求教一事作出答复。信函中就张人骏对他的指责、驳斥不得不表示认同，但仍然强词夺理说：

所论虽为有理，然似凭情形可疑而著此论断，窃恐不足折服彼造之心。伏思日本船只由本国口岸开往葡属之澳门，并非不应为之事。由日本装载军火，运送葡国，亦非不应为之事。船身甚大，水浅不能进口，停于口外，亦属常情。且至被拿之前，该船并无何项举动。现该船被获，若未经日本官员认系罪有应得，则此面即不能竟行充公。至所论会讯一节，原系善法，惟系因两造各执一词，可由会讯判断。今闻日本官员并不认该船有违犯章程之事，是彼面不允会讯，则谈判亦无由而开。以上所陈各节，实非有袒护该船之意，乃系深愿中国对于此事，按照案内有无犯章情节，和平商办。俾不至与友邦出有难于了结之案情。[2]

也就在初五日这一天，在西江事件中应运而生的粤商自治会得知了张人骏在处理"二辰丸"一案中的艰难处境。这群以国家安危、国家主权为己任、深为张人骏器重的爱国绅商又一次"大动公愤"。他们马上召开会议，一方面"电京力争"，另一方面"筹最后对付之策"。这是国内最早在"二

---

[1]《外务部为二辰丸案仍请照章会审事致日本公使林权助节略》，《明清时期澳门问题档案文献汇编》（四），第1518号。

[2]《总税务司赫德为"二辰丸案"请商日使以便结案事致外务部信函》，《明清时期澳门问题档案文献汇编》（四），第1519号。

辰丸"案件上闻讯而起的群众组织。初七日（3月9日）出版的《时报》以《粤商自治会反对释放二辰丸》为题报道了会议情形：

粤商自治会因外务部徇日人之情、电饬释放"第二辰丸"，大动公愤。昨日（即初五日）集众会议，电京力争，并筹最后对付之策。（初六日午刻广州专电）[1]

初六日（3月8日），驻美国的日本大使高平透露，"日本对于'大津丸'一事如不满意，将行强硬之手段"。中国将很快就"二辰丸"一事作出让步。《申报》对此作出了报道。[2]

同日，《申报》还刊文称，外务部照会日使，声明撤下"二辰丸"日旗之责任者乃是李准。该消息说：

《文汇报》云：本报访得中国外部照会驻京日使，谓"大津丸"拘留一事，已电谕粤督与广州李提督办理。盖命"大津丸"卸下国旗之举，乃李提督之责云。[3]

初七日（3月9日），张人骏致电外务部，将当时正准备从"二辰丸"上装卸走私军火的受雇驳船"梁就利"号船主梁亚池、冯亚一所述供词呈上。供词中陈述了正月初四日葡人雇用其驳船的经过，承认"二辰丸"当时已经开始起卸，"当该艇附泊于'辰丸'，'辰丸'船上起货机器即挂起一箱，正拟卸至该艇，旋因该艇系于'辰丸'之缆绠忽断，该艇即流至'辰丸'船尾，至未接载"。同时证实"二辰丸"停泊处为中国领海，葡人以往在此处接货一向领有拱北海关的准单。而"该艇此次受葡人雇往接载军火未领有拱北关准单，曾向葡人问明，葡人说无须请领。驳艇雇向该处接载货物，不领拱北关照是乃第一次"。[4]

同日，日本驻广州领事用日文给张人骏发来了照会，这一违反国际惯例的行径，明显带有侮辱的性质。张人骏自然予以严词拒绝。次日的上海《申报》以《粤督拒驳日文照会》刊登了这一消息。消息称：

此次缉获"大津丸"一案，日领事坚执己见、不肯会讯等情，迭纪前

---

1 刘萍、李学通主编：《辛亥革命资料选编》，第六卷（下册），社会科学文献出版社，2012年版，第1249页。

2《申报》，1908年3月8日，第4页。

3《申报》，1908年3月8日，第4页。

4《两广总督张人骏为录呈受雇驳运二辰丸军火之船户供词事致外务部电文》，《明清时期澳门问题档案文献汇编》（四），第1520号。

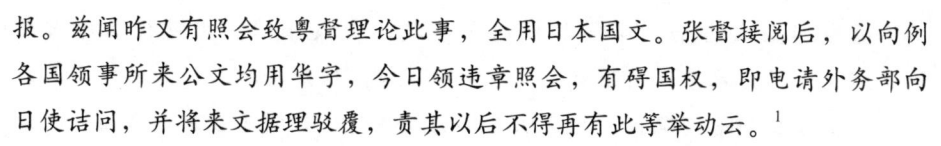

报。兹闻昨又有照会致粤督理论此事，全用日本国文。张督接阅后，以向例各国领事所来公文均用华字，今日领违章照会，有碍国权，即电请外务部向日使诘问，并将来文据理驳覆，责其以后不得再有此等举动云。[1]

同日，日本外务大臣林董申明日本政府的强硬立场，表示"无论有何阻难，均所不顾，终必得相当之赔偿，以雪此侮辱"。《申报》转载东京新闻说，"日本外务臣林董语其门客曰：'大津丸'下椗之处，实在葡国海界内，无容疑义。惟日本最近之公牍，并非最后之照会。至于'大津丸'所运之货，确系奉官准许，并未违背何款条约。日政府已预备实行前定之方略，无论有何阻难，均所不顾，终必得相当之赔偿，以雪此侮辱云"[2]。

同日，为了声援张人骏的爱国行动，粤商自治会第二次召开大会，商讨"二辰丸"之事，声称如果日本坚持无理释放"二辰丸"，则将发动抵制日货运动。这是中国第一次抵制日货运动的先声。上海《申报》报道了这一具有历史意义的消息。这则短小的新闻稿件写道：

初七日广州电云：本地士绅于今日大开会议，到者甚众，金谓日本如坚欲释放"大津丸"，则将行抵制日货之策云。[3]

初八日（3月10日），收到澳门船户供词的外务部，立即照会葡萄牙公使柏德罗，表示捕获"二辰丸"处确为中国领海，与葡萄牙无关。文曰：

此案日船"第二辰丸"私运违禁军火，预备起卸，当被中国巡弁关员将船扣住。查该船被扣地方，确系中国领海，前经照会声明，应与葡国毫无干涉。现在中国海面严禁济匪军械，各国均表同意。此项被扣军火，据澳员声称，并非澳官所用，而粤省访查，系在澳华商订购，接济匪徒，该澳官辄发执照，殊属不应。此次中国官弁在中国领海，实有巡缉禁货之权，其于他国商务并无妨碍。[4]

同日，张人骏致电外务部，将中、外各报所载的"二辰丸"船长写给神户辰马商会的报告书电复给外务部。报告书里承认走私船停泊处是在中国领海而非澳门领海，并且正在准备卸货。日方船长不打自招之语，对中方无疑是有力的证据。电文最后写道：

---

1 《申报》，1908年3月10日，第3页。
2 《申报》，1908年3月11日，第2页。
3 《申报》，1908年3月11日，第2页。
4 《外务部为日船被扣系在中国领海，澳官不应发照事复署葡国公使柏德罗照会稿》，《明清时期澳门问题档案文献汇编》（四），第1521号。

查该船主报告书,华洋各报均多登载,大致相同。现就报告各节而论,则此项军火确系澳门华商广和店所购,该店伙用轮拖带驳船驶附"二辰丸",实为驳卸军火确据,且声明货主函致该轮,言明当在中国海面,尤为欲在华界起卸军火铁证。至"二辰丸",查系十二月二十七日由神户开行,计程不过五日应可抵香港,且经太古洋行与该船订有合同,运煤赴港卸载。乃该轮历七日之久,路经香港,并不入口卸煤,而绕出澳门外之中国海面逗留,足见该轮徘徊觅地,欲在沿海私卸军火,毫无疑义。此事关系甚重,华洋报所载船主报告书,特录呈钧核,乞参酌维持为叩。人骏,庚。[1]

同日,外务部又电告张人骏说,日本公使又来面递照会,主要内容有两点:首先"二辰丸"停泊之处属中属葡,中葡之间相争未定,因此葡萄牙官员声称,"不能即目为中国领水";其次姑且抛开是谁的领海不说,"二辰丸"号运载的军火有日葡两国的批准,因此不能视为走私。日本公使还说:

因当时潮势,于近澳吃水相宜之处,在过路湾东约二迈余停泊,白昼鸣汽,报知澳门,即由该处港务局派小轮及领水人前往,是该轮所装之军火运澳,交纳买主,并未在中国领水起卸。既有预备起卸情节,是为预备至澳后起卸,并非在中国领内私运私贩。该船船主业声明,该项军火系向澳运送,证以前项证据实无可疑。广东水师不顾该声明及证据,逞威强行,将该轮拖去,且将日本国旗卸下,似此举动,殊属无可回护。该船及货,中国终无可以扣留之权力。故日本政府前已向贵政府要求四端最为妥当办法,并声明不会会讯,等因,经本大臣详述在案。无论中如何辩论,终不足以辩护,所以请贵政府速允照办要求之四端也。至卸旗一节,粤督称系出巡升等之误会,贵部仅电粤,将办事失当之员升惩戒。如此办法,日本亦不能满意。侮辱国旗,自有常例陈谢,应请将"辰丸"释放后,中国兵舰对于该轮所升之日本国旗鸣炮若干响,以表谢意。至下旗及当时拘获"辰丸"之指挥官最担责任,应将各官加以相当处分,并通知日方为要。

此刻,清朝外务部愈加不相信张人骏提供证据的可靠性,再次让他"有无切实案据,足资辩驳之处,希再详细查考,妥筹速复"。还说英国水师提督所提出的公断等办法虽然是公允的,可是会讯、公断这两个方案,日方均

---

[1]《两广总督张人骏为抄呈华洋报所载日轮船主报告书事致外务部电文》,《明清时期澳门问题档案文献汇编》(四),第1523号。

不同意，中国也无可奈何。因此，只能泛泛地让张人骏"内外合商办法，以免久延"[1]。

同日，外务部还致电驻英国公使李经方，通报"二辰丸"案进展情况，说"日使要求释放，本部拟请英水提公断，彼执不允，现正磋商"[2]。

初八日（3月10日），上海《申报》刊登了英、日等国对"二辰丸"一案的舆论。该文写道：

《字林报载》初五日伦敦电云：英京《泰晤士报》谓，"大津丸"一案既牵涉葡国，则宜交付海牙公判署审断。又同日东京电云：此间华人社会中，颇自坚执《理斯本条约》与威海、胶州、大连等约情形不同之说，盖《理斯本条约》只以澳门海岸之一部分划让于葡国，非若胶州、威海等约之将邻近海面一并租于他国也。至于私运军火问题，则当考究"大津丸"准备卸货之用意。又闻日本欲行自由对付之策，须将此事详细查察方可入手，否则殊无理由云。初六日，东京官场声言，卸下"大津丸"船旗之举动，无异于仇视，故无需考查云。日本某法家并援引光绪二十四年法国占据贝鲁与德国永据胶州之事，以相印证。[3]

为使中国政府能彻底屈服，日本以发动战争相威胁。李准所著的《任庵自编年谱》里就记载了"安帅以去就力争，日方要求不遂，声言宣战。舰队'吾妻'等号自台湾、澎湖出动示威，美舰队将菲律宾就近调至粤海外，并由太平洋面调三大舰队来华，交涉始得就范"。并在其《任庵六十自述》诗里有"从此交涉起，日公使出庭。外交部抗议，争惩首祸人。余同吴管带，毕令夺官勋。索赔数十万，立刻放船行。我方坚不允，彼将战祸临。舰队自日动，示威出台、澎。更有美国在，舰出菲律宾。还有三舰队，远向太平伸。交涉始就范……"等一段叙事诗。此外，3月17日的上海《申报》也有一条新闻曰："中政府为'二辰丸'事答复日本之文，于数日前接到。闻有人宣言，日本对于'辰丸'一事，可无须用其严厉之手段。现日本巡洋舰'和泉号'仍停泊香港。"

---

1《外务部为请详查二辰丸案据以备辩驳事致两广总督张人骏电文》，《明清时期澳门问题档案文献汇编》（四），第1522号。

2《外务部为日船被扣一案拟请英水提公断事致驻英大臣李经方电文》，《明清时期澳门问题档案文献汇编》（四），第1524号。

3《西报汇纪大津丸事》，《申报》，1908年3月10日，第3页。

## 第四节　粤商发声　民情哗然

眼看着在铁的证据面前，日方气焰反而越来越蛮横、嚣张，而清朝政府却在日方的欺凌威逼下，从"以理相争"到"据理难争"，再到"心虚理屈"，最后就要"完全就范"了，张人骏陷入了愤怒和痛苦之中。因为他知道，这样下去，他将从一名缉私有功的英雄变成惹是生非的祸首，变成给国家和人民造成重大政治和经济损失的民族罪人。那些辛辛苦苦给自己卖力气的属下也将无功有过，受到不该有的处罚。

就在这时，张人骏所聘用的私人顾问端纳（1875—1946年）来到了总督府。

端纳是澳大利亚记者，1903年到香港任《德臣报》编辑，因其见多识广，且具有较强的民主精神，于当年秋天，被时任广东巡抚的张人骏聘任为私人顾问。辛亥革命后先后成为孙中山、张学良、蒋介石的政治顾问，是西安事变的斡旋者，中国近代重大政治事件的见证人。"生为中国之友，死愿永息此乡"是端纳晚年的心愿，"二辰丸"事件后日本人把他骂作"帮中国人反击东洋的西方魔鬼"。这次张人骏到广州担任两广总督后，端纳自然又变成了总督署顾问。张人骏在向端纳倾诉了自己的苦衷后，虚心征求这位跨洋过海的"中国通"的意见。端纳告诉他：作为朝廷命官，和朝廷硬顶肯定不行，但也不能坐视日本人得逞，最好的办法是将事件的真相通过报纸宣扬出去，让每个老百姓都知道事情的来龙去脉，鼓动他们的反日情绪，给妥协退缩的大清政府制造一种压力，给欺人太甚的日本人一点颜色。既要让日本人挑不出毛病，又要打击日方的嚣张气焰，这样可使张人骏免受国内外的羞辱。

端纳的照片

于是，张人骏想起了在西江捕权斗争中立下大功的粤商自治会和上海《申报》，想到了众多的粤商行会和两广民众。他指派端纳以记者的身份，深入到广州粤商自治会和七十二行会、十三个慈善机构去发动，深入到《述报》《广报》《中西日报》《南越报》《羊城日报》《中华日报》《时事画报》《岭南日报》《赏奇画报》《国事报》《商务日报》《七十二行商报》《公报》等家报纸去宣传，私下将他们鼓动起来，形成一种巨大的社会力量。

随即，端纳离开总督府，到两广民众之间去活动，鼓动他们暗地里发起一场"抵制日货"运动，来配合张人骏总督与日本的正面交涉。

几天后，在张人骏、端纳鼓动下的粤商自治会开始抛出了第一颗"炸弹"。初八日（3月10日），上海《时报》刊登了由粤商自治会领袖陈基建牵头撰写的《广州粤商自治会"二辰丸"公电》。公电里措辞严厉，直接攻击大清外务部是聋子哑巴，"畏葸媚外"，导致当前"国立亡速"，要求民众站出来"合筹对待"。公电曰：

《时报》馆转各报馆刊布。中外同胞鉴："二辰丸"军火捕获起卸地为我领土内河，各国驻此落货，向须报关核准。粤关监督有权捕获，照章充公，已成铁案。彼谓寄舵候潮，尤为公认确证。日、葡知外务部聋聩，混称公海，狭卸逼放，直以国力包庇走私；政府畏葸媚外，海权失，领土断送外人，沿海援例公然接济乱党，国立亡速，合筹对待。七十二行商自治会陈惠普等叩。（初七日亥刻到）[1]

同日，由梁启超、蒋智由、徐佛苏等人在日本发起成立的政闻社也致电粤督张人骏，为张人骏叫好、鼓劲曰：

粤督大人钧鉴，"辰丸"事公据约捕收，薄海称快。东报虽强辩，亦认捕船地为我领海。不力争，将变领海为公海，且失国家自卫权。乞始终坚持。[2]

而端纳所主持的《德臣报》，也随即以《论"二辰丸"案之持平》为题发表评论，不仅对葡萄牙走私军火、声索海权一事强词质问，而且对日方的种种恃强无礼加以抨击。该文认为："以现在本报所得消息而言，如'二辰丸'拘被时，确在中国海面，中官将船捕去，自是正当办法。""又闻日领事最失计者是向来照会均用中文，乃此次反用日文。因各国公认是为中文照会，此次用日文，非其失计者乎？""又闻日本有因此案派兵舰来中之说，中国各报馆由是议论益加愤激，谓其有藐视中官之意。如果日本果有其事，是又出于平常办法之外矣。"该文最后写道：

此案结果虽未可知，而照会则已先失其礼貌。彼将来因此案生出之后

---

[1] 刘萍、李学通主编：《辛亥革命资料选编》，第六卷（下册），社会科学文献出版社，2012年版，第1249页。

[2] 袁咏红著：《梁启超对日本的认识与态度》，第153页。

患,其重大不可推乎。须知日本利权,必仍有赖于与中国敦睦邦交,乃能保存而益固。虽中国振兴国家之法,强半由日本输入而来,而日与俄战后,出如许重力,所收效果,将来如望成熟,岂能不与中国相联?既两国互相联络,然后乃得真享利权,则两国当以防备中龃为是。况近闻高丽人之举动,其有权力者多穿中国服饰,外人见之已窥其有归心中国而暗排日人之意。或者此小事不足为凭,而未可谓其尽无意义存乎其间矣。以此论之,则日本更当小心思维,勿动以派遣兵舰及无礼之照会为得计。中国拘获"二辰丸"一案,合例与否,自有公法在,日本欲逞其强硬手段,于事亦必无济,乃顾于两国平常交涉所应为之事,复亦拒而不允,夫岂事之有益者哉?[1]

初九日(3月11日),外务部致电两江总督端方,请其将"二辰丸"一案中日双方的分歧和进展情况通报给各国领事。电文曰:

"第二辰丸"私运枪弹,在澳门外九州岛洋面停卸,见卸货机器已装,货仓已开,并已起出一箱。据船主自认在该处起卸军火。粤督以该轮在中国海面未领华关准单,擅行起卸,与关章及中日约五款不符,将该轮照章扣留,照会日领会讯。日领不肯照办,坚请释放,粤督以该轮只与英太古订运煤合同赴香港,订明非遇不得已之事,不得驶往他处。并无运械合同,乃过港不入口,驶来华海起卸。该项军火,查系澳门华商广和店谭璧理购以济匪,并非澳门官用。事关治安,不得不查明核办。嗣由林使照会本部,要求四事:一、船货并放;二、惩罚扣船官员;三、陈谢撤旗;四、赔偿损失。本部以粤省扣船时,误将日旗暂换,究系不合,已照会日使道歉,并电粤将下旗之员惩戒外,并请日领与粤督和平商办。日使坚持不允,本部又拟请英水提穆尔就近公断,日使又不允。现已通融,允将日轮先行释放,军火扣查再办,仍无允意。此案本部始终以和平速了为宗旨,正在磋商未定。如各领谈及,乞将原委申明,以免误会。桐(那桐)、凯(袁世凯)。[2]

同时,外务部还致电中国驻俄公使萨荫图,就日方在磋商期间向各国散布谣言、颠倒黑白一事,请其在各种场合予以澄清,将"原委申明,以免误会","并照转英、法、德、比、荷、意、奥、美各使照办"。[3]

---

[1]《论二辰丸案之持平》,戊申第四期《现世史》,大事本末纪十二,《第二辰丸案》。
[2]《外务部会办大臣那桐等为申明日轮私运枪弹被扣一案请转告各领事致南洋大臣电文》,《明清时期澳门问题档案文献汇编》(四),第1525号。
[3]《外务部为申明日轮私运枪弹被中国查扣一案请转告各国事致驻俄公使萨荫图电文》,《明清时期澳门问题档案文献汇编》(四),第1526号。

同日，上海《申报》首发评论，抨击外务部在"二辰丸"一案中的妥协媚外政策。文曰：

　　日轮被拘问题交涉困难，不堪言状。其争点在日轮果属私运军火，及寄泊地果在我领海与否。今中国所据粤海关、水师之禀报，张督之电告，与夫海关西员帮同查获之见证，均足以证明此举之实为我应有之权，并未侵越法律范围之外者也。该轮当日待卸军火，与寄椗我国领海内，为众目共见之事。中国所持确据，非特有洋员可证、经纬线可考，即据日人之自供候潮，及该船长于被捕时种种语言支吾之状，尤足证明此举之并非妄动。而日政府则仅据该船主一面之词，法学家悬断之理论，遽出其强硬之手段，以与中国交涉，坚持其释放船货、下旗谢罪、惩罚粤官、赔偿损失四者之要求，而置一切公论于不顾。并闻有目的不达，将武力示威之举。顾其所持之论据，俱不足以敌我国所持者之为确实。苟质以种种凭证，则其根据立失。此固稍明事理者所共知也。夫日本素以明达公理自诩，而此举乃纯以强权相迫慑，固不可解。而尤堪诧异者，则为我国之外部，一受外人之迫慑即俯首听命，有电饬粤督释放日轮并谢罪之举。外部之意，将以日人之逼迫不堪任受，故隐忍含垢而出此耶？抑遽信日人之言，将以粤水师之拘捕为诬妄而出此耶？如因轻信日人之言，而有释放谢罪之意，则此事之关系甚重。为外部者，应先详确调查，必得诬妄之实证，而后可以释放谢罪。苟未得切实之证据，而在疑似之间，则自有局外者之公判，亦不必遽出此策。况其有私运军火之确证者乎？外部何以颠顿若此！如慑于日本之威，因隐忍含垢而有释放与谢罪之意，则更可骇怪。夫既释放谢罪，即自默认前此之拘捕为诬妄，微特以后沿海各行省各口岸，外人可任意贩运，乱党可任意购买。水师关吏，均不敢稍一顾问。中国糜烂，可立而待。即我国之领海权、缉捕权，亦将拱手授诸外人，领海必变为公海。而各国效尤踵起，中国主权从此尽丧，此中危险甚大，非区区数百箱军火之关系而已，外部何弗思之耶？况目今为公理大明之世界，无论何种交涉，必有法律以判断其曲直，必有实据以证明其是非。日本即固执，谅必不专恃强权以相威吓；中国即积弱，亦必不专事优容以图苟延也。然则我外部又何以自馁若是。综此二说观之，外部诸公，苟三思及此，即欲以释放谢罪媚外，其可得乎？

　　为了表达对外务部妥协政策的不满，一向有强项之称的张人骏有了宁可辞职不干也要拼死相争的想法。3月11日《盛京日报》以《张人骏之请假》为

题在国内第一次透露了这个消息。3月12日《新闻报》则刊文《粤督因"二辰丸"案愤懑乞休》云："粤督近因二辰丸一案与政府宗旨不合,愤懑乞休。"3月14日的《盛京日报》再次爆料《两广大吏更动之传闻》。李准在《任庵六十自述》诗中也记有"安帅以去就力争"一句。

初十日(3月12日),粤商自治会又在香港《华字日报》上发表《自治会因二辰丸案致各埠电》,要求各埠团结起来,一致抗争。受电者包括"上海预备立宪公会、总商会转各省商会、广肇公所、闽粤同乡会、时报、中外报、神州报转各报一致,横滨中华会馆一致,檀香山中华会馆一致,利马通惠总局转各埠一致,堤岸广肇公所转各埠一致,暹罗天华医院一致,缅甸总商会一致,石叻总商会转各埠一致,庇能南华医院转各埠一致,爪亚商会一致,雪梨中华会馆一致,小吕宋中华会馆一致,汉口岭商会馆拒舰会一致,仰光总商会一致,厦门总商会",可见发动的范围十分广泛。

当天,早就在西江缉捕权事件中已经对粤商自治会不满的外务部,在接到陈基建等人对"二辰丸"一案的抨击性电文后,立即给张人骏发电要其查办。外务部电文曰:

上年十一月二十日钦奉谕旨,严饬京外各衙门,如有好事之徒,借端干预,纠集煽惑,必宜从严禁办等因,想已通行晓谕。乃此次"辰丸"案出,复有粤商陈基建等,贸然纷电枢部,并有大部不明海线,遽徇其请,海权领土断送外人,本会自保财命,合筹对付等语:一味喧嚣,全无法纪。查该商屡次来电,均系任意谤讪,若不严加惩儆,不特该商气焰益张,商民滋惑,并恐外人因其渎扰,枝节更多,务希饬属切实查办为要。[1]

十一日(3月13日),外务部对日态度又开始有了妥协退缩之意。在致张人骏电文中说:

连日与日使磋商,讫无退让。曾托英使两次赴日馆劝解,亦始终坚持。日使总谓未经实行卸货,遽为拘留,究属不合。英使亦谓拘留太骤,即援引法律,义亦未足。是英人调停已不可恃。现惟有商令承认将来查禁私运军火办法,并将现扣军火,由中国备价购回,不许其运往澳门。未知能否妥结,俟商定再达。[2]

同日,外务部收到了张人骏来电,文中对初八日外务部转达的日本公使

---

[1]《外部致张人骏粤商会干预辰丸案希饬属查办电》,《清季外交史料》卷212。

[2]《外务部为与日使磋商所扣军火由中国备价购回不许运澳事致两广总督张人骏电文》,《明清时期澳门问题档案文献汇编》(四),第1527号。

所说的理由进行了详细的批驳，言明"澳门本系租界，葡人即欲视为属地，当以两国派员划定界限，立约签押之日，方足为据。自千八八七年以后及界未划定之前，葡萄牙擅自占据之处均不能作准。中国海关更无可任意将中国领海让送之权。""运送军火，将于中国领水起卸，驳船已到，并未报关请照，又无中国护照，岂能不谓之私？"因此，请外务部据理力争。[1]

也在同日，日使林助权又向清朝外务部提出了鸣炮致歉、释放辰丸、收买军火、惩处官员、赔偿损失五项解决办法，并许诺如果中方同意上述条款，日本政府今后将协助中国严禁军火走私。其照会写道：

中国扣留"第二辰丸"一案，帝国政府因顾念两国友谊，酌量中国政府困难实情，兹提议条件如左。如中国政府即时照允，帝国政府可允将此案和平结议：一、中国政府对撤换国旗一事，应该派兵舰升炮，以表歉忱。乃解放"第二辰丸"时，令其兵舰近现在该轮停泊之处升炮，并先期知照日本国领事阅视实行。撤换国旗一事，帝国政府必要求中国，将此案应担其责之兵舰管驾官等，从严加罚。其办法，帝国政府应任中国政府自行秉公办理。二、中国政府应即时将"第二辰丸"放行，不得立有条件。三、"第二辰丸"拟运澳门之军火，知为中国官宪所挂念，帝国政府可竭力不令其再运往该埠。惟中国政府应备价收买此项军火，订价日本金二万一千四百元。四、中国政府应声明，俟查核扣留"第二辰丸"实情，将应担其责之官员自行处置。五、中国政府应将此案为扣留"第二辰丸"所生之损害，赔偿给帝国政府，俟查明后即行告知。其数应核实算定。此外，帝国政府将下开一事，告明中国政府，乃日本政府对中国政府私运军火办法，将来可不辞取相当协助，与此案不相牵连矣。只望中国政府速允上开条件照搬，俾得早日和平完结，是为切盼。[2]

于是，外务部给张人骏发电，向其转述了日本公使所提出的五项条件，要求张人骏"查照办理，免致夜长梦多，另生枝节"[3]。

此时，担任外务部尚书的袁世凯已远非甲午战争之前驻扎朝鲜时的袁世凯，他已从那时的轻视日本变成了此刻的畏惧日本，后来甚至变成了讨好日

---

[1]《两广总督张人骏为详驳日使节略各款事致外务部电文》，《明清时期澳门问题档案文献汇编》（四），第1526号。

[2]《日使林权助致外部扣留辰丸提议赔偿损害请照允照会》，《明清时期澳门问题档案文献汇编》（四），第1529号。

[3]《外务部为二辰丸案与日使磋商业已协定事致两广总督张人骏电文》，《明清时期澳门问题档案文献汇编》（四），第1530号。

本。1916年5月3日，袁世凯政府的秘书长兼交通银行总理梁士诒在会见日本东京通信社负责人本田亲清时的谈话，就暴露出"二辰丸"案时袁世凯的对日态度。《梁士诒与本田亲清谈话》一文有如下记载：

梁曰：亲日意思，不独我有之，袁总统亦素有之，观于从前之种种事实可见。且亲日不特为袁总统及余之意，即袁系亦多同此意。惜日本政府令人无可亲近耳。日署公使亦曾对余言，谓袁总统当国时，中日交涉事件，如"二辰丸"案、安东铁路案及南京案等，均不能令袁总统有与日本亲善之机会，至为可惜等语。[1]

此外，1916年1月，日本东京《朝日新闻》在报道袁世凯特使周某人访问日本的消息时，也无意中揭露袁世凯在"二辰丸"一案中的媚日嘴脸说：当前清时，袁总统为外务尚书，广东官吏有抑留日本"辰丸"之事，日本抗议袁总统，即命广东出偿金谢罪，嫁责任于地方。广东官民不怨中央而怨日本，排斥日货约亘二年。[2]

同日，一份名为《山多些》的外国报纸，针对"二辰丸"一案发表评论，指出日本政府因为国库空虚内外交困，正想对外侵略，因此借"二辰丸"事件逞其强权、不计公理、染指中国，其侵略之心昭然若揭。该文曰：

吾人盱衡时局，历观中日交涉往史，不禁为之三致意也。自十三年前黄海一役，中国丧师失地，赔补一百六十五兆以媾和，日本遂得此巨赀购战舰，置器械，其野心由是而勃发。骎骎乎寸得尺，几不知地之厚天之高矣。驯至日俄决裂，大起倾国之兵，弹雨林枪得水陆鏖战数月，日本虽获胜利，及化干戈为玉帛，俄国并无款以赔偿，而日本死亡将士，耗去军火粮糈，不知几千百万。迄今财政困乏，库帑空虚，国课之加抽已达极点，甚至债台高筑。对于列国，莫不负借累累，日本举国人民隐忧正切。以征税而论，世界之上无此重且多。而工商等人，尤为惊心怵目。况现下日本度支经费，比前多两倍有奇。工人之工价既昂，货物之沽发必贵。工昂物贵，即贩卖外国，销流较难。且闻国内工人动辄挟制，此日前英京所以有人逆料，早决其银行支持无力，不久停闭多家也，今竟诚然。日本处此，势必出其强硬手段，择肥而嗜。恰有中国一线之路，可以染指无妨，遂蓄意阴谋，批瑕抵隙。何幸有"二辰丸"被捕，得以师出有名，逞其强权。遑计公理，哀的美敦之书急

---

[1]《梁士诒与本田亲清谈话》，《近代史资料》，中国社会出版社，2008年版，第167页。
[2] 邵飘萍著：《总统并非皇帝》，陕西人民出版社，2013年版，第69页。

递，务允三款之要求，否则相见以兵戎，决无退让。奈之何中政府一弱至此，毫无对付，惟命是从。今者认罪、赔款、释船，事虽已了，而日本之野心正未有艾也。盖其国库不实，即奢愿犹未足。一波虽平，一波亦易起耳。谓余不信，拭目以观其后。[1]

十二日（3月14日），外务部接连收到了张人骏发来的三封电报。第一封电报对外务部十一日发给他的电文即表示理解，又强调了"三个不能"。即"尊处现与日使商议将来查禁私运军火办法，并将现扣军火，由中国备价购回，自系万不得已之举。但必先与订明，此系中国笃念邦交，格外通融办法。不能因此认作误拿解脱私运之最，不能另索赔偿，不能惩处扣船员弁"。要求对日方言明"如再违禁私运，仍照约章缉拿，充公办辨"。同时对英国公使所云"太骤"一说提出驳斥，"即云太骤，即非不应拘留"，"若再迟延，即缓不及事"[2]。

第二封电报主要针对日本派军舰来华要挟之事，张人骏气愤地写道：

"辰丸"案下旗一节，此时业已道歉。将来结案，仍可升炮致礼，应令结束，提出不计外，现在专办者，为扣船一事。彼此各有凭证，各执一理，自非会讯不能非别是非，非第三国公断不能判定曲直。我请会讯、请公断，原为彼此争执必求一是起见，讯断后，曲在我，曲在彼，皆未可知。并非强以所难，先以日人为不合。日如理直证确，何惮而不会讯，不公断。乃日人不肯会讯，不允公断，即具结释船留械俟查，亦不允许。**其恃强无理，实乃寰球所罕闻**。报载兵舰来华之说，难保必无。兵舰果来，我仍以礼相待。……揣其伎俩，不过以兵力协我释放船械而已。

针对国内有人担心日舰一来，中国因受逼放船有辱国体，提出"不如先行释放，可全邦交"一说，张人骏驳斥道，在日本既不同意会审又不同意请第三者公断，已经理亏在先的情况下，如果我国未等日舰来就赶紧放船，不仅让世界各国耻笑，反而会给日人以口舌，进而拿不是当理说，"要求索赔偿，索惩弁，得步进步，我不能再置一词。英之煤，他国之货，皆将责于我，……决非一释所能了事"。而如果日本兵舰来后我国再迫于压力放船，则会被各国认为"是出于不得已，并非情愿，亦非理亏，不过强弱不敌，迫

---

[1]《第二辰丸案》，戊申第四期《现世史》，大事本末纪十四。
[2]《两广总督张人骏为请与日使明立严禁私运军火专条等事致外务部电文》，《明清时期澳门问题档案文献汇编》（四），第1535号。

于压力，各国固能谅我，或且代抱不平"。因此可以说是先放是我错、后放是我弱。故请外务部慎重考虑。[1]

第三封信则是张人骏祭出了最后一招杀手锏，用民意来逼迫外务部就范。张人骏将粤绅邓华熙等189人就办理"二辰丸"案的意见致电致外务部，他在电文后对粤绅们的意见表示肯定，"似持论颇具条理，特据转陈，以备钧部采择"。粤绅们的联名电文曰：

"辰丸"案日人并不遵关章会讯，惟索释船谢过，虽属国际交涉，绅等未敢妄干。惟念此事关重，循日则各国效尤，我国禁令不行于境内，将来与葡人办澳门划界事，葡以此为领海之案证，侵我国权，绅等近顾自家，远维全局，不能缄默……若虑日逞强权，请将本案提出，由各国公断，不宜迁就。[2]

十三日（3月15日），张人骏再次致电外务部，声称根据日本国内的新闻，日人屈于公论，已经渐就和平，因此乞求外务部坚持到底。可惜，此电文次日才到达外务部手里。而在这一天，面对日本政府的再三威逼，软弱无能的外务部已经不顾张人骏以及粤绅们的反对，完全接受了日方的所有条件。[3]

同日，胆小畏缩的大清外务部正式答复日使，决定全面接受日方提出的五项条件。照会云：

光绪三十四年二月十一日，准贵大臣面交节略，本部已经阅悉。"辰丸"一案，贵国政府愿和平办结，与本部意见相同，并允此办结后，俟后中国严禁私运军火办法，贵国政府亦当设法相助，等因。足证贵国政府顾念邦交，实深感纫。兹将答复各节，开列于左：一、误换国旗一节，业于光绪三十四年二月初四日照令道歉；并电粤督，将办理失当之员惩戒在案，自当由粤督酌予以应得之处分。至贵大臣内称释放"辰丸"时，令兵轮近现在该轮停泊之处升炮，并先知照日本领事阅看等语，即系通例，中国政府自可照允。二、中国政府允将"辰丸"即行释放。三、粤省此次扣留，原为防止军火运入内地起见。日本政府既知此事为中国官宪所挂念，允将该项军火不令再运往澳门，愿以日银二万一千四百元由中国自行收买。自当电知粤督，先

---

[1]《两广总督张人骏为日舰来华要挟不可先行释船事致外务部电文》，《明清时期澳门问题档案文献汇编》（四），第1532号。

[2]《两广总督张人骏为转陈粤绅邓华熙等办理二辰丸案管见事致外务部电文》，《明清时期澳门问题档案文献汇编》（四），第1533号。

[3]《两广总督张人骏为据东洋密电日人屈于公论，渐就和平，乞始终坚持事致外务部电文》，《明清时期澳门问题档案文献汇编》（四），第1535号。

将军火起卸,按照此价购买。四、中国官吏为保治安起见,致在本国领海内致生此次交涉,应由本政府查明此案实在情形。如有误会失当之官吏,由中国政府酌量核办。五、"第二辰丸"损失之处,亦可允给实数,不得逾多。惟贵国政府既未查明,应由粤督酌核情形,与驻粤日本领事另行商定。"[1]

同日中午十二点钟,粤商自治会再次开会集议"二辰丸"事件。会议由罗少翔演说了有关"二辰丸"缉获情形,并驳斥了总税务司赫德的节略十七项。最后自治会认为拘捕"二辰丸"之处经纬度确为我国海面,即中国内河,并非公海,向来洋船在该处落货须经拱北关允许,所以扣船并非是不合理。而日本用强权恫吓清政府迫使粤督放船是属于"违公法弃商约"的行为。他们也为"二辰丸"提出解决的办法,如船只充公,请求利用国际公法进行解决。到会者纷纷捐电费作为运作经费,到下午五点钟才散去。

同时,粤商自治会还发表电文,告之各埠"二辰丸"案实情,通过各种形式向各省及澳洲、香港等地传播"二辰丸"事件及抵制日货之策略。

同日,已经随政闻社本部迁往上海的徐佛苏、范秉钧,代表政闻社则参加了上海两广同乡会,再一次声援张人骏。

十四日(3月16日),外务部致电张人骏,告诉其外务部对日妥协的正式决定:"文、元、覃等电均悉。辰丸案,本部与日使商定办法,尊处即行照办,自可和平完结。"同时告诉张人骏尽可放心:一、日本不再坚持扣船处是在澳门领海,不会给葡萄牙借口;二、日本答应今后协助中国查禁走私,杜绝后患。最后请求张人骏体谅外务部的苦衷,"此案发自粤省,能否妥结,原非本部专负责任,何难照尊议坚持拖延。惟各处消息紧迫,倘因内外推宕,另生意外枝节,恐将牵动全局。近日迭接驻德、法、俄、比、荷各使电称,博采外间议论,体察此事情形,皆以和平速结为请"。并以张人骏的好友端方来压张人骏,说"南洋大臣一再函电,亦同此意。本部审度时势不得不赶紧商结。大局所关,想执事自能稔悉也"[2]。

接到外务部妥协电文的这一刻,张人骏内心的绝望与愤怒是难以形容的。上海《申报》就以《粤督覆电之悲愤》为题发表文章称:

十三日,五款签押后,外部即致电粤督,饬与广州日领磋商械价及赔

---

[1] 《外务部为和平办结二辰丸复日本公使林权助节略》,《明清时期澳门问题档案文献汇编》(四),第1534号。

[2] 《外务部为二辰丸案已商定解决办法望即行照办事致两广总督张人骏电文》,《明清时期澳门问题档案文献汇编》(四),第1536号。

偿数目，将船省释。张督接电后，即覆以长电，略云此事既已定案，无可如何。惟日后如再在该处私运军火，仍照章缉拿，断不稍涉迁就云云。[1]

十五日（3月17日），日本公使林权助两次向中国外务部转达日本政府及自己的意见，说日本政府及其个人对中方全面接受其提出的五项条件"实为满足""甚为满意"，日本公使本人也感到"不胜欣幸之至""亦深欣幸"。至此，双方交涉达成一致。[2]

同日，《岭东日报》发表《论粤督缉获二辰丸案》长篇评论。该文在抨击外务部腐败无能、日本恃强凌弱后，悲愤地指出，解决好"二辰丸"事件，只能靠武力、靠"铁血"。该文曰：

粤省"宝璧"兵轮缉获"二辰丸"案，驻广州日领事与张督交涉不决，乃移之外务部。曾于十三日开大会议，言论纷清，莫衷一是。夫中国自设总理衙门至今，讲求外交垂数十年，乃至判一缉获军火案而不能决，愦愦乎抑知之而为外人积威所劫乎？……据"二辰丸"船主言，所载军火系运交澳门华商广和号者。使此项军火果非违法之禁物，则彼为买卖者自有其契约之效力在，又何得强解葡日两地商人已成之买卖，而以买收许我乎？又如该船所运军火果非违法，撤卸日旗即属非是。而既已鸣炮致谢、赔偿损失，则我政府之责任已尽，不应再行惩罚官吏。盖官吏为我政府所任用，对于政府而负责任，政府既尽其责任于日本，官吏即有不法，当据我国内法以惩戒之，非日使所得置喙也。要之，此案在我并非不合，徒以日人恃其强权，外部慑于敌焰，致有此结局。毕士马克之言曰：世界何有公理？可恃者惟铁血耳！愿我国民一深长思之。[3]

同日，《时报》则刊登消息称，张人骏因为"二辰丸"案件的失败，再次萌生了辞职的想法，"粤督张因'二辰丸'交涉，为外部迁就了结，有私电到京，颇萌退志"。

十六日（3月18日），张人骏仍在做无谓的努力，试图改变政府的妥协退让态度。他又一次致电外务部说：

中日条约所订，本不应运送军火，妨我治安，关章会讯行之数十年，各国已经公认，日本恃其强权，均遭废堕。其事后查禁军火，设法协助一节，

---

[1]《申报》，1908年3月24日，第3页。
[2]《日本公使林权助为二辰丸案商结办法日政府并无异议事致外务部照会》，《明清时期澳门问题档案文献汇编》（四），第1537号。
[3]《论粤督缉获二辰丸案》，《岭东日报》戊申二月十五日。

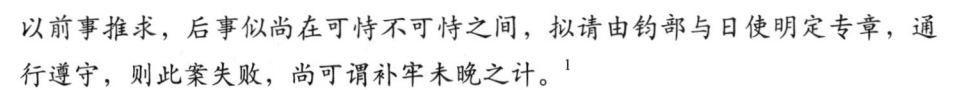

以前事推求，后事似尚在可恃不可恃之间，拟请由钧部与日使明定专章，通行遵守，则此案失败，尚可谓补牢未晚之计。[1]

同日的《中外日报》则以《驻京英使调节辰丸案情形》为题刊登了英国公使朱尔典奉劝中国息事宁人的态度，"中国无他办法，惟有允从日本。所请自此以后，凡有军械由日本出口者，日政府必严加限制"。

在外务部的压力下，为了顾全国家大局，张人骏只得勉强服从了中央政府这一屈辱的决定。

十六日（3月18日），张人骏强忍义愤给水师提督李准下达了释放"二辰丸"的命令。命令如下：

为札遵事：光绪三十四年二月十三日承准外务部电开，"辰丸"案迭与日使磋商，业已协定，无可再议。条列于左：一、误换国旗一节，业于光绪三十四年二月初四日照令道歉；并电粤督惩，将办理失当之员惩戒在案，自当由粤督酌予以应得之处分。至贵大臣内称释放"辰丸"时，令兵轮近现在该轮停泊之处升炮，并先知照日本领事阅看等语，即系通例，中国政府自可照允。二、中国政府允将"辰丸"即行释放。三、粤省此次扣留，原为防止军火运入内地起见。日本政府既知此事为中国官宪所挂念，允将该项军火不令再运往澳门，愿以日银二万一千四百元由中国自行收买。自当电知粤督，先将军火起卸，按照此价购买。四、中国官吏为保治安起见，致在本国领海内致生此次交涉，应由本政府查明此案实在情形。如有误会失当之官吏，由中国政府酌量核办。五、"第二辰丸"损失之处，亦可允给实数，不得逾多。惟贵国政府既未查明，应由粤督酌核情形，与驻粤日本领事另行商定。……札到该镇即便遵照，于本月十七号上午九点钟，由该镇会同日本领事前往该轮，查点所运枪码，照数起运来省。此项军火起出后，即由该镇饬令兵船悬挂日本国旗，升炮二十一响。以符外口。[2]

于是，李准不得不于当日就释放了"二辰丸"，并等来日举行鸣炮谢过之礼后请其正式离港。上海《申报》报道了释放"二辰丸"的这一过程。当天连续发布两条新闻说：

"辰丸"今日释放，惟日旗尚未悬挂，须俟至下椗被捕之处，由粤督、

---

1《两广总督张人骏为请与日使定章严禁私运军火事致外务部电文》，《明清时期澳门问题档案文献汇编》（四），第1540号。

2《张督丸（宪）札李提释放二辰丸文》，刘萍、李学通主编：《辛亥革命资料选编》，社会科学文献出版社，2012年版，第1251页。

日领监同中国兵轮鸣炮赔礼,方肯悬旗。

"辰丸"已释,仍泊广州,尚未起椗出口。[1]

迫于压力,张人骏对自己一手提携起来的爱将吴敬荣也不得不做出了摘去顶戴花翎、记大过的处分。这一决定见于《吉林教育官报》的报道:

因"二辰丸"案,"宝璧"兵轮管带吴敬荣摘去顶戴、记大过,差徇日人之请也。[2]

当日下午两点,粤商自治会成员们冒着大雨召开了特别大会,参加人数达一万五千名以上,"挤拥塞途,不能以数计"。会议由陈基建主持。大家谈及目睹的"二辰丸"释放情景,"莫不痛恨日人之无理,骂外部之卖国"。有人说起"外侮及亡国之惨,放声大哭,全座皆泣"。大会先由徐茂均演讲,然后陈基建等几十人依次登台演说,痛斥日本人"恃强权,背公理"。大家一致表示,"大局危亡,我同胞身家性命同归于尽,不如联同一死,以挽国权"。于是,纷纷签名"决死力争",签名数达一万五千多人。下午四点,大会结束。数千人高举着刚刚在白布上书写的"为二辰丸事联禀挽救国权"几个大字的许多个条幅,一同赶赴张人骏总督府,进行请愿。上海《时报》以《商董大会议情形》为题详细报道了此事。

上海《申报》也以《自治会之议案》为题,报道了粤商自治会十六日召开大会时的情形:

十六日,粤商自治会为"二辰丸"案又开会集议。午后点半钟摇铃开会,公推陈惠普主席。宣布三条:一、宣布中外各埠来电。二、议日葡私运军火"二辰丸"偷泊起卸处确为我领土内之内河,所有证据及其种种不法之行为,迭经传单宣布,中外皆知。三、两粤乱匪猖獗为各省之冠,推其原因,皆由内地奸人串外人私运军火接济所致,此等奸商与谋反大逆无异,应速调查其人姓名,禀请严办。并应联同各州县四乡各家族,各以家法治以叛逆不孝之大罪,以绝后患而保中外之和平。[3]

同时,当日的《时报》还以《张督接见商董情形》为题,报道了张人骏接见请愿代表的情形:

自治会商董陈基建、郭贤观、何聘安、关成材、冯应元、谢永年、李鉴诚等多人,既会议后即趋赴督辕,而禀安帅。闻各商董等此行联禀,系为挽

---

[1]《申报》,1908年3月18日,第3页。
[2]《吉林教育官报》,1908年5月30日第八期,第100页。
[3]《自治会之议案》,《"辰丸"议结后之状况》,《申报》,1908年3月18日。

救国权"二辰丸"事而至，督宪饬在洋花厅接见。张督谕以"辰丸"应照关章充公，本部堂始终不顾功名，不惜身命，极力电争，并屡电请由粤办理。乃外务部轻弃条约关章，遽受外人恫吓，竟责下旗之过。不知"辰丸"犯法被获，国旗已无价值。本部堂忧愤成疾，愿电部以功名偿日旗，仍请照关章将船货充公。外部弗恤（许），莫可如何。来禀自当据情即电外部。各位务劝各商民，切勿暴动，转资人以口实。众复力陈澳门私运军火为地方大害，请为维持。晤谈四十分钟，乃退出门外，由陈惠普宣布张督传谕大意。全体鼓掌。时有宾纶店到场拍相，以留纪念而散。计各人散时，已五点半钟矣。[1]

张人骏在接见商董时所说的自己"忧愤成疾"，并非虚言。繁重的两广事务及"二辰丸"外交上的失败，切实让他抑郁成病。他后来在十一月十八日（12月11日）写给长子张允言的书信中也曾提到，"近日渐有手战之症，未明即醒"[2]。可见他当时确已积劳成疾。

上海《申报》也以《自治会进禀详情》为题，报道了粤商自治会代表赴督府请愿的过程：

当会议时，有谓当酌筹文明对待之法者，有谓宜另设调查局，抵制外货者，有谓宜戒除澳门妓馆、赌馆，以绝饷项者，最后乃取决进禀督辕。座上纷纷取纸签名，多至千人，即举陈基建、李鉴诚、郭贤冠、何聘安、关成材、冯应元、谢永年等诸商领衔，用白布作小旗，书"联禀挽救国权"六大字，下书为"二辰丸事"四小字。制旗既妥，乃排队起行到署，时已四点半钟。张安帅延入花厅，领衔人面禀群情愤激，恐致罢市，恳求挽救。张督谕以外务部不知此中情形，轻弃条约关章，遽受外人恫吓，竟责下旗之过。本部堂忧愤成疾，愿电部以功名偿日旗，来禀自当据情电部，各位务劝各商号，切勿暴动，转资人以口实，云云。[3]

粤商自治会递呈两广总督张人骏的请愿书全文如下：

具禀，粤省自治会商董等为主权损失，势将罢市，乞速设法挽救事：窃日葡私运军火，"二辰丸"偷泊起卸地，确为我国领土内河，并非公海，既经帅宪以粤海关监督之责任，派轮捕获，按照关章，应将船货充公。前经禀请帅宪，坚持办理，并电禀政府，按法惩办在案。连日报载，日人强权要

---

[1]《张督接见商董情形》，《时报》，光绪三十四年二月二十二日。
[2]《致张允言等》，张守中著：《张人骏家书日记》，中国文史出版社，1993年版，第135页。
[3] 严昌洪主编：《辛亥革命史事长编》，武汉出版社，2011年版，第41-42页。

挟，欺侮已极，全体愤恨，群情汹汹，莫不痛哭流泪，奔走相告，势将罢市。本会恐旦夕或有暴动，已一面传单劝止，一面将日葡违背公法种种不法之行为，接续详布中外，以求公理之伸张；一面联恳帅宪，迅将国民愤激情形电请外务部设法挽救，实为公便。切赴两广总督部堂大人核准施行。

粤商自治会发往全国各埠的电文如下：

日欺我已甚，即日签名决死者万人，速查日商品，文明对待。自治会陈普惠等。铣。

粤商自治会发往外务部的电文如下：

外务部列宪鉴：日籍争辰丸犯法无价之国旗，逼放船、购械、惩官、谢过，欺我太甚。大部竟弃条约关章，贻误家国。全体商民，愿死不公认。自治会陈惠普等万余人联名同叩。铣。[1]

按照粤商们的要求，张人骏当晚即给外务部发电报，汇报了粤商请愿的情况。电文曰：

顷据粤中绅商士民万有余人，来辕恳求电陈钧部，设法将"辰丸"一案伸明公理。措词甚为激烈，有罢市暴动之说，于赔偿损失一层尤为鼓噪。骏当传明理商民数人接见，妥为劝导，俾知我国外交限于国势，钧部议结迫于万不得已之苦衷。并谕以公禀之意，允为转达，饬将大众解散。除随时防维劝谕外，合电陈。人骏。铣。[2]

在这次粤商自治会大会上，粤商们决定以"二辰丸"释放日的二月十七日（19日）为国耻日，开始实施抵制日货运动。并决定于20日（十八日）再次举行大规模集会。会后，自治会成员四处散发传单，进行广泛的宣传发动。《时报》对此进行报道云：

粤商自治会遍布传单，定于十八日大集会议，以释放"第二辰丸"之日（二月十七日）为国耻大纪念日，并调查日人输入中国所有一切商品，拟以文明对待。[3]

也就在二月十六日（3月18日）这天，《老残游记》作者刘鹗的妻舅高子谷在京被步军统领衙门捕获。高子谷本名高尔嘉，子谷本为其字，乃杭州文举高云麟（字白叔）的三子。早年在上海洋人办的青年会夜校学过英文，是个时髦人物，聪明机灵。既是刘鹗的妻舅，又是矿路总局大臣王文韶的孙

---

[1]《商董大会议情形》，《时报》，光绪三十四年二月二十二日。
[2] 王芸生著：《六十年来中国与日本》，第五卷，第156页。
[3]《粤商自治会抗议释放二辰丸》，《时报》，光绪三十四年二月十九日。

女婿。王文韶以军机大臣身份兼管外务部尚书之后，高子谷进入外务部并负责掌管电报密码本。刘鹗与外国商人勾结出卖中国矿产，高子谷在其中曾提供了许多机密情报。十七日（19日），刘鹗的密友钟广生在京被捕。钟广生，又名镛，字笙叔，又字镛生，号惩庵，浙江钱塘人，光绪十九年举人。曾任内阁中书，后任职外务部，兼任《时报》驻京记者，著有《湖滨补读庐丛刻》。高子谷是钟广生的亲妻舅，两人都在外务部任职，又都是刘鹗的密友，前者还掌管着外务部的电报密码本。十八日（20日），孙宝瑄得到了两人被捕的原因："高、钟二人被捕之原因，盖外部（注：外务部）为捕日本辰丸一案，与日使开谈判，日使直揭破我国与驻日李钦差会商密电。袁项城（按：袁世凯）大惊，严查泄漏者，得电报学生数人，供出高、钟在外勾通及种种不法事。乃奏明拿办，并搜出秘籍，凡外部所有各项密电本皆备。盖每日得外部机密电语，辄译抄出售外国使馆，据称有十四国与之交易者。是故，凡政府秘不宣要件，我国人不知，外国人辄早知之。盖其为此已数年矣。志在图利，甘心卖国，不期吾浙出此人物也，噫！"就在19日，这位光绪皇帝的老师之子还在日记中写道："我国与日本捕船之交涉，岌岌可危，几酿衅端，各国罔勿注目。闻辰丸船我国已释放，许在海中高悬日旗，我国鸣炮谢罪。"谁曾想过了一夜，他竟然发现其中的罪人竟是他的两位密友。28日，孙宝瑄探明了两人的判决结果，为"皆发新疆，高永远监禁，钟监禁二十年"。[1]这说明在"二辰丸"一案交涉中，大清外务部始终有内鬼作祟，以至中方从中央到广东都处处被动。

十七日（3月19日），也就是广东人民所确定的国耻日。上午十点，在日本领事的监督下，李准率领洋务局总办温宗尧、京卿魏瀚等有关官员代表张人骏为"二辰丸"举行升旗、鸣炮仪式。现场的日人欢声雷动，而我方的人员则失声痛哭。上海《时报》以《粤督奉命释放二辰丸》为题，报道了清政府为"二辰丸"升旗鸣炮情形。该文曰：

粤督张人骏奉政府电，命释放"第二辰丸"轮船。迫不得已，遂札饬水师提督李准会同驻粤日本领事，今日(即十七日)上午十点钟偕到"第二辰丸"船上，点验承购之枪枝、药弹，并代"第二辰丸"升悬日本国旗，由中国兵轮鸣炮二十一响，以谢日前撤旗之罪。（十七日申刻广州专电）[2]

---

1 孙宝瑄著：《忘山庐日记》，《中华文史论丛》增刊本，上海古籍出版社，1983年版。

2《粤督奉命释放二辰丸》，《时报》，光绪三十四年二月十八日（1908年3月20日）。

上海《申报》也对释放"二辰丸"作了报道。文曰：

十七日，为释放"二辰丸"之期。由粤督派委洋务局总办温宗尧、京卿魏瀚二人会同李水提，并知照日本领事前往该处，将外部饬遵各节照办。当即鸣炮、赔礼等情，早纪前报。兹悉，当时日领事意欲中国鸣炮在先，然后将军火起出。温道力争，以该船一经鸣炮，即当动轮开行，于情理多有不协。辛定为起卸军火与鸣炮致敬同时并行，一面鸣炮，一面将军火起出。计共快枪九十六箱，码子四十大箱，已装载到省，并由粤督照会日领，谓此项军火该价若干，必须原人亲到善后局领取方能给发。现"二辰丸"仍泊在莲花山附近，不日即开往香港卸货。[1]

作为当事人的广东水师提督李准，在其所著的《任庵自编年谱》中，也记下了这一屈辱的历史时刻：

执行之日，余率各员视至淡水河，各界人士往参观者数百人。日领事及日本商人、船员则至"二辰丸"船上升日本国旗，放礼炮二十一门。日人欢声雷动，我船之人多有痛哭失声者。然从此抵制日货之风渐遍于中国矣。

至此，"二辰丸"一案在中国本来拥有确凿证据，欧美报纸和舆论又多倾向于中国而谴责日本，中方当可大获全胜的情况下，由于袁世凯及其领导下的外务部无能与自私，被日方反直为曲、威逼成功。中国不仅丧失了主权利益，而且颜面尽失，成了外交史上的一大败笔。

清政府不顾日船在中国领海私运军火的事实，一味在外交上妥协退让，最后全部答应日方提出的无理要求的屈辱做法，在广州乃至全国立刻引起了强烈的反响。

3月18日、19日的上海《申报》连载《政府对内对外之两手段》的社论，认为外务部"不惜奉其至宝至爱之土地财产双手赠礼于列国""对于外交上之手段可谓柔顺极矣，对内专横"，并预言"国民虽隐忍于一时，终必有溃败决裂不可收拾之一日"。对外务部的抨击相当激烈。

《吉林教育官报》则刊登了张人骏坚决请求辞职的消息："粤督张人骏，因'二辰丸'案失败，极电请开缺。"[2]

上海《申报》还以《辰丸私运军火之恶结果》为题，评价外务部"外交手段之低落"。文章说道："日轮'辰丸'私运军火案，十三日外部俯允日人要求，草草议结。年来外交手段之低落，恍如重物之落地，愈近地心，速

---

[1]《申报》，1908年3月27日，第5页。

[2]《吉林教育官报》，1908年5月30日，第8期，第99页。

率愈大，有令人不及援手，而相顾错愕者。"[1]

香港《大公报》以《论第二辰丸案敬告我国人》为题，对丧权辱国的晚清外交的抨击更为激烈，义愤地斥责清政府道：

呜呼！"第二辰丸"一案，我外部已屈于强邻而和平了结。我国官吏以适合公理之行动而颠倒变幻，结果乃至于是在人则为失人格，在国家则为失国家之资格。[2]

一份叫作《东亚罗伊特新闻》的外国刊物则站在公正的立场，直接指出日本人声称"二辰丸"被拘处为葡萄牙领海纯属矫词，中国出二万一千四百元收买其军火则属于宽容。该评论云：

此次抑留军火之件，据表面上观之，日本如获胜利，而其实不然。幸赖某国公使调停之力，仅谢炮一事得利耳。溯拿捕之地，据日本倡言实葡萄牙领海，然自一千八百八十七年以来，该领海问题实未决实，迄今尚未明言系中葡何国之领海。然则日本声言中国抑留"辰丸"不当，是矫词耳。中国居然出二万一千四百元收买其军火，洵道义之举措也。今而后，日本纵然再协订对待军器之规则，勿论出何等冠冕之言，其心中未必不自知嗜利之可惭也。平心而论，中国仍不失为含容顾全邦交，而日本斯举几无解嘲之地矣。至于鸣谢炮一节，日本固然得其体面，然据其内容论之，中国仍属幸事。何则？若不容日本之要求，令其满意，则将来军火之运来，更当变而加厉矣云云。[3]

同治进士、山西学政黄玉堂（1841—1913年），以"日本轮船私载军器，被获扣留，旋起交涉，随即放行，并鸣炮致谢，有感而作（船名'二辰丸'"为主题，作诗曰：

敌手相逢一著争，旷观时局等棋枰。

庙谟几费弥缝苦，世事从无退让成。

祖国积衰原气运，书生迂议但纵横。

平心转觉难苛责，青史千秋有定评。[4]

这首诗，一方面为国家积衰而慨叹，另一方面指出妥协退让不是办法。表现出诗人对国家命运的关心，以及一部分士大夫对"二辰丸"案的看法。

---

1《辰丸私运军火之恶结果》，《申报》，1908年3月18日，第12页。
2《论第二辰丸案敬告我国人》，《大公报》，1908年4月11日。
3《第二辰丸案》，戊申第四期《现世史》，大事本末纪十二。
4 黄玉堂著：《莲瑞轩诗钞》，1915年石印本，下卷，第15页。

顺德秀才何祖濂则写了一首《书二辰丸事》的词。他在序中写道:"今年二月,日轮二辰丸私运军火至澳,为宝璧兵轮所获,既不伏罪,反索赔款二十万,复须升炮谢过。政府愚懦,曲徇其请。张安帅力争不获。吾粤遂开国耻会,提倡杯葛,筹以文明对待之。日人于此,其有悔焉否乎?"然后词曰:

强权须藉公理施,国际衰弱奚见欺。西江捕权争未已,重以辰丸恶感与日滋嫌疑。藐此东瀛三岛蕞尔区,唇齿中国原相依。况与同洲复同种,横加压力将奚词?岂不知纷纷民党正思乱,严防私运搜军资。岂不知领海主权属中土,分明界线难迁移。胡乃恃强辄凌弱,显与《万国公法》相背驰。既索赔修二十万,声炮谢过弥惊奇。

政府畏日竟如虎,张帅束手何能为?虽我粤民奋起而力争,中外函电交相贻。惟有提倡杯葛例,文明对待无他辞。念兹国耻誓勿忘,势力范围非所羁。工商实业知振兴,占彼优胜宁无期?敬告薄海诸志士,毋但抚膺扼腕东望长嘘唏。[1]

更有甚者,因为"二辰丸"一案的屈辱解决,而愤然身死。同盟会新加坡分会副会长张永福就曾追忆道:

陈君诗仲,年弱冠而膺《图南日报》总编辑,日著文章数千言不以自解,文深刻而新颖,称为一时之谚。读其文未见其人者,每每疑为赳赳英姿;迨一晤见,固儒雅温存一文弱书生,人多异之,盖亦张子房、史坚如之类也。后以愤于"二辰丸"事,呕血盈升,未壮而殁。[2]

由晚清资产阶级革命家黄世仲(1872—1913年)及其兄黄伯耀(1863—1940)联手创办的《中外小说林》杂志,随即在第十期(1908年5月9日)的刊物上发表了一首佚名的南音剧《国民叹五更(伤辰丸案也)》唱词。《国民叹五更》叹的就是满清政府因害怕国力强盛的日本而将犯法的日轮"二辰丸"轻易放走的"糊涂案"。这支南音以"偷自想,泪汪汪,亏我国权不振,渐沦亡"起头,一更一段叹,一直叹到五更天。既揭露了清政府对外丧权辱国、对内残酷镇压的腐朽没落,又呼吁全国同胞团结起来、挽救民权、挽救国家。这在当时起到了很大的宣传鼓动作用。唱词曰:

偷自想,泪汪汪,亏我国权不振,渐沦亡。试睇中国近来,何现象。利权坐丧足深伤。当此春风似剪,我就添惆怅。触起许多愁绪,暗地凄凉。记

---

[1] 何祖濂著:《碧萝仙馆吟草》卷六《浣胸集》下,第200页。
[2] 《陈诗仲同志史略》,刘常平、李可著:《风雨晚晴园》,中国文史出版社,2011年版,第205页。

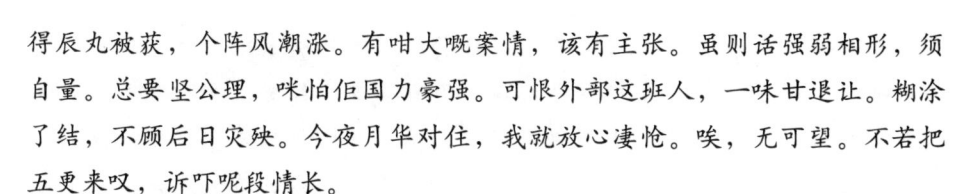

得辰丸被获，个阵风潮涨。有咁大嘅案情，该有主张。虽则话强弱相形，须自量。总要坚公理，咪怕佢国力豪强。可恨外部这班人，一味甘退让。糊涂了结，不顾后日灾殃。今夜月华对住，我就放心凄怆。唉，无可望。不若把五更来叹，诉吓呢段情长。

初更月，照窗前。谁人不爱，个月里婵娟。月呀，见你出自东方，光一片。团圆到极地，确是可人怜。月系咁清明，就该同我打算。做乜当头见你，越觉心酸。惹起国仇家恨。心就唔知点。好似满腔悲愤，有口难言。我四万万同胞，如蚁贱。你照临中土，要替佢申冤。试睇土地瓜分，唔得差几远。国权丧尽，系释放二辰丸。高高在上，不共我行方便。枉你自号无私，照遍大千。呢阵讲尽几多言语，你又诈作唔听见。唉，愁不浅。亏我悠悠长夜，系咁迟眠。

二更后，月轮高。月呀你知否我国民受酷，似坐监牢。花月有咁鲜妍，虽则系好。可惜赏花对月，要让别个风骚。我只见月影无聊，心更恼。最唔禁想，系中国的前途。月自清华，人自苦。你睇官场惨毒，好似地暗天乌。话我民气嚣张，多昧冒。无端白白向政府黎嘈。重话查察起事之人，把佢来捉捕。剥削吾民，重惨过利刀。事恃威权，撩动众怒。一己甘为矢的，确是胆生毛。压制到咁交关，无路可诉。坐令民气死难收。咁样点怪我华人，常受辱。唉，愁满肚。一言难尽吐。呢阵我伤时感事，月你知无。

樵楼鼓，又打三更。我试把神州怅望，就涕泪飘零。堂堂万里中华境，国富兵强，理所应（平）。地脉系咁丰腴，财产又咁裕盛。况且最先开化，胄衍神明。做乜受人苛待，唔知警。好似牛羊，任宰烹。若使政府为民，能请命。驶乜垂头丧气，日受欺凌。点想佢白须红顶，已成了盲聋病。热血全无冷似冰，人地强横，佢就唔感逆命。一张照会，就事事应承。何况外人窥透，我地难争竞。强权恫吓唱虚声。月呀，你暗了复明，还有的好境。唉，我愁相并。点得共月你团圆千古，大放光明。

四更鼓，乱纷纷。亏我叫天唔应（仄），叫地唔闻。只见夜静天高，明月近。人声寂寞剩孤灯，大局如斯真可悯。不惟国弱，更重民贫。枉我倦怀时局，千般愤。后顾茫茫，点断得祸根。你睇山河大地，不绝风潮滚，志士空余血泪淋。交涉已成千恨，瓜分惨剧，系□原因。遭致失败，咪自撩人愤。国权断送，点对得我地同群。今夜我坐不成眠，试将月问。问明月你呀，始得安心。无奈月你总总唔声，情似太忍。唉，心点忿。大同危危震。听见银壶玉漏，更易销魂。

五更天色，夜将阑。回首中原泪暗潸，（平）更长已觉愁无限，想起为人奴隶，越觉心烦。今夜对月无聊，惟有自叹。枉费我盈腔热血，只为（仄）时艰。中原大局，已是将糜烂，问谁只手可挽狂澜。只望我汉族同胞，齐合胆。文明对待，记在心间。结联团体，咪自如沙散。切戒野蛮暴动，被人弹。只在吾民求自反，若向官场依靠，不过系冰山。今日补牢还未晚。唉，除后患。要把民权挽。个阵雄鸡一唱，就声震人寰。[1]

　　而梁启超的弟子唐璆在致梁启超的信中则一针见血地指出："时事日逼，莫可如何。'二辰丸'事，东京于数日前特卖号外，璆阅之血勇气结，食难下咽，以璆之心苦，愈知先生之心更苦也！庆邸秉国钧，张、袁握枢要，铁良掌兵权，海内外爱国志士，此时真无用才之地；除改良社会，教育人才，真无下手之方。"[2]

　　至此，"二辰丸"事件经过中日之间的艰难交涉，以清政府的妥协退让而得以"解决"。但是，由此导致的一场大规模的抵制日货运动，也就此拉开了序幕。

---

[1] 此首唱词出自广东方言，多处用到广东话用字，如咁、佢、乜等，为保留原作，照予存留。——编者注

[2] 《唐璆文集》，当代中国出版社，2010年版，第48页。

# 第五章
# 护粤民抵制日货

## 第一节 万众一心 抵制日货

二月十八日（3月20日），在人们的愤怒声讨当中，日本走私商船"二辰丸"驶离了广州。上海《申报》报道：

> 日轮"第二辰丸"释放后，二十日上午十一点钟，即由黄埔附近开行赴港，致下午四点三刻钟驶至急水门近处，忽然搁浅。据船中人称，船主因病留省，现只由大副及一带水华人驾驶前来，该船旋于晚间约十一点钟已得浮起，驶入香港停泊。[1]

当天下午，粤商自治会如期召开了有十多万人参加的国耻纪念大会，这也是我国第一次抵制日货运动的开端。早晨，还未等天亮，就有许多人拿着自购白布书写的条幅、旗帜来到会场，到处张挂，"以示哀痛"[2]。主席台正中悬挂一幅白布旗帜，"长丈余，阔五大尺"，上面写着"国耻大纪念"五个大字，两侧还各悬挂有一长形条幅。气氛十分悲壮。还未等会场布置完毕，"人已充塞会场，甚至天阶瓦面攀援几满""抵制、抵制"的口号不绝于耳。会场的各个角落，已经有自治会的会员们在分头演说。陈基建的演讲话语沉痛，让许多人当场痛哭起来。一个十几岁的小男孩哭着登上台子，请求大家今后抵制日货要文明对待，切勿重蹈抵制美货的覆辙。当日共有二十多人登台演讲，气氛十分热烈。至下午两点左右，会场布置完毕，"遂摇铃开会"。大会推举粤商自治会会长陈基建为主席，随即由主持人宣布会议议程。刚说到"国弱"两字，会场上下已经哭声雷动。主持人劝慰大家要文明对待，切勿暴动，并提出要发展工业，振兴国货。大家赞成。主持人又开始

---

[1]《辰丸搁浅原因》，《申报》，1908年4月1日，第4页。
[2]《国耻纪念会之议论举动》，《时报》，光绪三十四年三月八日。

宣布上海各界来电支持本次会议的电文，以及各地的来函。随后，进入大会发言阶段。人们纷纷登台演讲，"有请电京罢斥某军机者"，这位军机指的就是袁世凯；"请电某军机宗族将其出族者"。大家一致赞成，并请书记员将电报稿撰写完毕，当场宣读两遍。大家高呼赞同。"又有以'二辰丸'虽释，将来购械赔偿各费粤不能承认者""又有言须联名禀请张督免将吴管驾惩处者""又有言须由各街各铺自书国耻纪念白布悬在闸门之上，以示纪念者"。演讲程序结束后，主持人对大家说："诸君既如此奋厉，本会撰有勉词誓词，请一宣之。"[1]大家鼓掌欢迎。上海《申报》刊登的粤商自治会撰写的《国耻纪念大会勉词》曰：

昨十七日，我国炮响二十一声，隆隆然，为捕获日本私运军火"二辰丸"案谢过也，放船也。城下之盟，春秋耻之。今日之辱，至矣！极矣！呜呼！我国民其念之，我国民其念之。我国民今日以穷耻极辱之身，处于跼天局地之下，所恃以图存者，惟此不挠之民气，与不死之民心而已。天下无民气萎靡、民心玩散之国可以昭雪国耻者，亦无民气蓬勃、民心坚一之国不可以湔雪国耻者。我人惟求最后之战胜已矣。昔重耳不忘在曹，小白不忘在莒。法为德败，法人将其受辱之处谱为诗歌，绘为图画，榜于国门，传之里巷，卒能知振奋，急起直追，不数年而复张国威，雄视天下。今日之辱，其视法为德败，相去几何？我国民务须联结团体，天下一心，振我精神，以求此后之昭雪，则中国富强可企足待矣。[2]

时至四点，陈章甫上台提议："今日之事，当以法普战时为榜样，绘画我国官吏在'二辰丸'鸣炮之状，分贴各处，使人人触目惊心，以图自强。"语罢，泪不能止，以手掷帽而下。于是，有人提议成立"死绝会"，大家抢着签名，至黑未止。将近下午六点，一位名叫张镜洲的粤商，是十七埔玉成公司洋货店的老板，登台当众宣布，"愿以该店之日货全数缴呈该会，当堂烧毁"。又有一个梧州商会商董何恒斋，也登台表示响应。一时间会场上日货堆积如山，付之一炬。"下座有将己帽掷之地下者，曰：此日货也。众争脱视己帽，向空抛掷，密如雨下。无何，又有自裂其羽绒长袍者，并付该会办事以火焚化。"人们争相脱下自己身上所穿的日本产帽子、衣服和手帕、香烟等，投入火中。可笑的是，有人将会场上的挂钟亦猛掷地下，众人大惊，各会员急将"勿暴动"三字再三解说，众始停手。可是，主席台

---

[1]《申报》，1908年3月27日，第5页。
[2]《国耻纪念大会勉词》，《申报》，1908年3月27日，第5页。

上的台布、台垫及一切花串等物，业已被扯毁烧光了。

《纽约时报》也报道了当日的广州抗议集会现场：其中一位20多岁的青年，激起了全场的热烈响应，不少听众当场脱下自己身上所穿的日本产帽子、衣服和手帕等，一位与日本有贸易往来的商人，还将自己的整仓库日货悉数捐出，付之一炬。该报随后还报道了千余名广东妇女身着丧服，前往集会现场，支持抵制日货，可见在开风气之先的广东，妇女已经开始参与到公共政治之中。《纽约时报》还注意到中国官方在这次运动中保持沉默，未进行干预，而运动的领导人们则十分谨慎，标榜这是一次"文明的抵制"（civilized boycott），他们控制着抗议人群的行为，以免触犯法律。表现出有权利、有责任、有自由平等独立之精神的新型公民意识。

《汇报》则报道说国耻纪念大会上，粤商声明绝不赔付"二辰丸"所谓的损失，并决定成立死绝会，誓死抗争。《汇报》为此刊登报道云：

粤商自治会于昨日开国耻纪念大会，到者数万人。当场烧毁日货无数，声明决不认出赔费，设立死绝会，并分电各埠为文明抵制。[1]

上海《时报》则以《粤民召开国耻纪念大会》为题，介绍了开会盛况。文曰：

今日（即十八日），粤民开国耻纪念大会，到者数万人，途为之塞。均以国权丧失，不知死所，痛哭流涕，争将日货焚毁。商人共誓，停止贩卖，并电各埠文明对待。（十九日寅刻广州专电）[2]

粤商自治会当天还散发了自制的《请速开国耻纪念大会传单》，传单上写道：

中外同胞鉴：日"辰丸"案蔑弃约章，全国蒙耻，请速普开国耻纪念，忍辱联盟，誓死昭雪。自治会陈惠普、李戒欺等十余万人联名泣。[3]

同日，广东某镇的众多农民也召开了本镇的国耻纪念

广州人民在焚烧日货

---

1 《粤商自治会抗议释放二辰丸》，《汇报》，光绪三十四年二月二十三日。
2 《时报》，1908年3月22日。
3 《请速开国耻纪念大会传单》，《申报》，1908年3月25日，第3页。

大会，可惜该镇的名字已难寻觅。从《申报》刊登的该镇纪念会主持词上来看，不仅文辞犀利，而且颇有远见，高屋建瓴，振聋发聩。该文曰：

本日，为阆镇开国耻大纪念之期，镇内暨附近各乡父老兄弟，皆奔走骇汗相赴会，盖为国耻来也。国耻，何吾国自鸦片战争后，屡战屡北，割地赔款，无有已时。皆吾国之大耻也！顾以为国力不振，胜败之数亦常时有，莫可奈何，姑隐忍之，俟政府修内政、整军备，终当有战胜之一日。乃无何而竟有昨十七日，鸣炮二十一响，为私运军火、违犯公法之"二辰丸"放船谢过之一事。嗟乎，我国外交权利盖失所恃，以维系于不敝者。只此条约关章，或尚可以口舌争耳。今袁世凯且并约章而尽弃之，以占最优胜之理而亦失败至此，其何以国？陆侍郎征祥赴海牙和平会回奏，谓此会为和平实伏杀机，默计数年内，当有最危险之事出现。我国若不速行宪政，前途将不可问。痛哉，斯言。中国者，吾四万万同胞托命之所也。一旦外人以灭国灭种之毒手施之，我国吾同胞身命孙子将亦同归于尽，尚何耻之足去。然则将束手待毙耶？抑背城借一耶？在昔勾践忍辱事吴，每日必命人请问曰：王忘吴辱乎？必应之曰：不敢忘，不敢忘。而吴卒以没。是则今日我同胞奔走偕来者，良有以也。今日之会，实以振兴实业、忍辱图强为宗旨。我国地大、人众、民穷，财不谋生计，外人纵不即灭我，其势亦将内溃。茫茫大陆，沧海横流，杞人之忧，曷其有极？所愿不忘国耻，急起直追，遵奉预备立宪之谕旨，要求速开议院，合四万万同胞共负国家责任，从此上下一体，天下一心，通商、惠工、兴实业、重农牧、普及教育、保全国粹，而尤注意于水陆军备，以求自存而图进取，即所以昭雪国耻者。其殆庶几，我同胞其念之，勉之，幸毋忘今日之耻。[1]

同日，闻到抵制消息的日本公使惊恐万分，请求中国外务部压制上海的抵制日货运动。日函曰：

适接上海本国总领事来电称，今日本埠各报纸上载有广东自治会因关于日轮"第二辰丸"之案意欲反对，决议抵制日本商货之举，连络各属，劝诱合众云云。旋知在上海广东人业经赞成此举，拟明日各报纸上公告从事等情，势为不稳。兹本总领事除向道台警告并请弹压外，仍请贵大臣转致外务部火速电饬各该处地方官一律弹禁，并捕拿首犯惩办，以警将来。为盼。等语。[2]

于是，外务部连夜给张人骏发电，电文声称张人骏对"二辰丸"事件处

---

1 《国耻纪念会宣布词》，《申报》，1908年4月6日，第5页。
2 王芸生著：《六十年来中国与日本》，第五卷，第157页。

理的本身就"不法无理",外务部欲息事宁人、妥善解决,而张人骏不但不理解政府的一番"苦心",暗中反对,而且又鼓捣出抵制日货的运动,给政府出难题,令人气愤。电文称:

> 铣电悉。"辰丸"案,日使辩论,终持该轮所载军械等件,本系先期禀明日、葡官,领有执照、公然运澳者。广东水师只能向之警告、监视,不许其在中国境内起卸,倘该轮不遵,实行起货,则中国可为适当之措置;今该轮曾无实行起卸情事,运澳时突被拿获并侮辱国旗,实为不法无理;至此次军火是否归于土匪之手,固非所知,如中国虑及此事,自当另有适当之方法,惟不得侵害日本国旗及船只。等语。本部虽迭经驳论,惟尊处迭次来电,亦云该轮尚未实行起卸,至军火济匪,虽有可疑,究无确据,按之法理,自不能遽行扣留。下旗一层,来电称恐有决裂,显犯公法云云。此乃战时公法,何能适用于平时?至称,悬挂龙旗为保全该轮客货,原船可任便驶回等语,更为不得要领,何能遽以驳辩?总之,办理交涉,须有无可指摘之理,方能立于不败之地。此案实由当初失之太骤,操切从事,致本系正当之办法,转为他人所借口,使我情理虽足,不能适用法律。设尊处平心审度,当以何法结束?本部以本案之论据未足,不得不为弭后之计,故先商允善后办法,始与定结本案条件。审情度理,具有苦心,不特为维持和平计也。粤中士民不察,集众鼓噪,甚至有罢市暴动之说,殊为诧异。遇事献替,固亦士民之责,惟当审查事理,与政府所以如此办理之原委,不应故为反对,藉词生事。尚希将此案情节与所以办结之故,剀切说谕,以免误会为要。[1]

十九日(3月21日)上午,数万名广州民众又自发聚集到粤商自治会,商讨文明抵制日货的办法。上海《申报》加以报道说:"粤商自治会开国耻纪念大会详情,已志前报。十九日,各商以赴爱育堂商办平籴,暂停会议。惟早饭前后,即有千数百人纷集会内,各自讨论,既而愈聚愈众,与十八日开会时无异。各人以未见会员布告开议,纷纷诘责,问实行文明对待之法究应如何着手。"[2]

同日,听闻粤民召开国耻纪念大会消息的上海粤籍商人最早站出来表示赞成。于是,外务部立即致电江督端方,要求转饬上海道台禁止上海的商民抵制日货。电文曰:

---

[1]《外务部为希将二辰丸案办结之故剀切说谕以免误会事致两广总督张人骏电文》,《明清时期澳门问题档案文献汇编》(四),第1541号。

[2]《纪自治会十九日以后情形》,《申报》,1908年3月31日,第4页。

日使函，据沪领电禀，各报载有广东自治会因"辰丸"案决议抵制日货，联络各处，引诱合众。旋知在沪粤人赞成此事，拟由明日各报纸公告从事，势为不稳，已向沪道警告弹压，请速电严禁。并据旅沪两广同乡会电称，此案有失国权，且与乱党以护符等语。查禁货运往澳门，经过内海，向来明订专章，"辰丸"所运军械，领有日葡准单，尚未实行起卸，粤水师将船捕拿，撤换国旗，办理未免太骤。本部与日使驳辩再四，并请公断人员居间调处，日政府坚以撤旗为侮辱，以起卸为无据，以给发准单为并非私运。粤省所举论据不足以折服外人，且误会战时公法，遂致有理之事转为外人所挟持。如果用强夺回，更属有伤国体。因预商日使妥订善后办法，而先将此案了结，以便分别办理。现正与日葡两使议定禁运专章，力筹惩后之法。旅沪粤商不知底细，辄登报广告，希图抵制日货。此等举动，于自强事实上毫无关系。希转饬沪道，将此案原委剀切说谕，庶该商等明白事理，自不至徒事叫嚣，予人借口。如有借端鼓簧之徒，并应切实饬禁，为要。即电复。[1]

二十日（3月22日），《申报》刊登《善哉，中国之灰心政策》一文，文中展现了张人骏有心报国、无力回天，耿直不阿、一心为国的伟大情操。该文写道：

日轮"辰丸"私运军火案，十三日外部俯允日人要求，草草议结。年来外交手段之低落，恍如重物之落地，愈近地心，速率愈大。有令人不及援手，而相顾错愕者。……粤督张安帅，因"二辰丸"之失败，自愤身任封疆，毫无补救，坚请开缺。……夫以"二辰丸"一案，若粤督、若管带、若粤商、若华侨，莫不灰其心，绝其志若此。况政府之交涉，如"二辰丸"者，不一而足。则中国尚有不灰心之国民哉！故名之曰：灰心之政策。[2]

同日晚间八点，2万名广州民众为了与日本决一死战，集体要求护送张人骏及家人安全离开广州。粤人对张人骏的爱戴和对日人的愤慨之情又一次爆发。香港《大公报》以《粤省将有大变》追记：

二十日下午八点，政府接到粤省同乡公电一道，略谓因政府将"辰丸"释放，该省民气大哗，聚集三千余人，请保护张安帅家眷出省，决计实行禁买日货。倘日人稍有异议，定即与日人拼死开战。遂又集聚两万余人，请张安帅出境。[3]

---

[1] 王芸生著：《六十年来中国与日本》，第五卷，第157页。
[2] 《申报》，1908年3月22日，第12页。
[3] 《粤省将有大变》，《大公报》，1908年3月24日。

但是，张人骏怎肯离开自己的帅位，任由粤民去暴力抵抗，从而酿成更大的交涉呢？他只能一方面感谢民众对他的厚爱，一方面重申暴动给国家带来的危害，要求大家冷静下来，文明对待。终于使众人的情绪平静下来。

两广人民抵制日货的运动，迅速蔓延于上海乃至全国。不仅广州市内"日货几绝于市，日商之损失，不可胜数计"，上海、梧州、南宁、香港等地也随之响应，甚至"影响之及，极至南洋美洲各埠，历数年而不懈"。

二十一日（3月23日）下午，粤商自治会的抵制日货运动收到了梧州国民义务所的来电支持。电报云："粤商自治会鉴：'辰丸'案结，咸动公愤，文明对待，极表同情，办法候覆。"[1]

二十四日（3月26日），《申报》刊发消息说，日本某大使向外部声称"倘日后日人或有损失，应由中政府担其责任"[2]。

二十五日（3月27日），广州民众开始停用日货，广州码头装卸工人开始拒卸日货。上海《申报》同日发表消息称：

粤商开国耻纪念会，经张督极力劝慰，集会风潮已靖，惟人心愤极，所有个人皆决意不用东洋货物。粤垣及香港之东洋庄号恐于生意大有影响，纷纷电嘱东洋各埠停止办货。现有东洋运煤船到省，所有扛帮、挑工，一律不肯代为起货。[3]

二十七日（3月29日）上午，佛山镇十几万民众举行隆重的国耻纪念大会，大会在粤商自治会陈基建等人的指导下，以张人骏文明对待、禁止暴动为宗旨，决议抵制日货。《申报》刊载这一消息说：

上月二十七日，广东佛山镇七十二行商在广福医院续开国耻纪念大会。先期柬邀粤商自治会各员莅会。早晨，自治会员陈惠普、陈章甫、郭小舟、张崧云、罗少翱、梧商何恒斋诸人偕至，众商先开大会欢迎。会内高挂国耻纪念横帛，当中设宣布台。是日，到会者十数万人，地不能容。至午，摇铃开会，公推霍子常为主席，崔谦甫为书记，罗少翱为宣布。（一）宣布开会理由。历叙"二辰丸"案始末及关系国家存亡、为吾民切肤之痛，旋将宣布词宣读一过。（二）请来宾演说。于是，谭霸图、陈惠普、陈柱朝、陈章甫次第演说国耻之不可忘、倡办工艺厂为实行文明对待之策。众鼓掌。（三）宣布宗旨禁止暴动。先将拒约前事详述，以为

---

[1] 王芸生著：《六十年来中国与日本》，第五卷，第157页。
[2] 《申报》，1908年3月22日，第3版。
[3] 《广州工人为反对"二辰丸"事件拒卸日货》，《申报》，1908年3月27日。

前车之鉴。随宣布张督告示，引申大意。众赞成。（四）再请来宾演说。于是，何恒斋、郭仙舟、张崧云又演说提倡要求民选院、认海军捐以为挟持之具。众赞成。（五）宣布誓词。（六）宣布议案。散会后，众商以佛山工人极多，仓猝开会仍恐未及周知，定是晚再在戏院及祖庙分头演说前事、宗旨及劝勿暴动以实行振兴商务工艺之目的。[1]

二十九日（3月31日），《申报》刊登了《自治会调查传单节录》，内中介绍了抵制日货的具体办法。传单写道：

公启者：此次日本"二辰丸"私运军火案，迭接各处来函，日凡数百起，大旨谓应速详查日本货物，凡遇该物为我国所无者，宜留心仿效；为我国所有而未精者，宜设法改良。等语。与本会调查日货、改良工艺宗旨相符。用特函请贵行商刻日详细列表，分别注明，交由本会宣布。俾我同胞咸得以改良工艺、振兴商务，即所以昭雪国耻者，亦在于是。至买卖系个人自由，文明规则，切勿干涉他人买卖，致失我国民文明人格，是为至要。[2]

抵制日货漫画

当天的《申报》还载，有个叫炳记的货摊，在集市摆摊卖烟、火柴及一些纸花。"炳记以纸花为日货即烧毁，适有王某经过此地，指某牌香烟说是日货，为何不毁。炳记曰：果是日货。即收拾之。王因谓之曰：汝小生意，不忍汝亏血本。当以所值告我。炳记言：此四十余盒，无多值。王再三强与银元，炳记仅受三毫五仙，遂将烟毁之。"日货以海味占多数，诸行老板就定日集议办法，制定章程，以便遵守。粤省玉石一行，以"无日货因不能效力"。有许多人倡议由行中集股开设工艺厂仿做日货。有一家店名为"东洋货桩"，因为其招牌是雕刻的，就用纸盖去"东"字改为"西"字。

三月初一日（4月1日），清政府萌生了派兵入粤以武力弹压抵制日货运动的打算。张人骏出于保护民众和平抵制日货的目的，拒绝政府派军来粤。据《申报》报道说："张督以粤商对付日本系文明办法，曰已力戒暴动，未可加以压力，电覆枢府勿派姜军来粤。……前日江浙抵制路款事件起，而政

---

1 《佛山国耻会开会纪事》，《申报》，1908年4月6日，第4页。
2 《自治会调查传单节录》，《申报》，1908年3月31日，第4页。

府即有派姜军南下之举。今日粤省抵制日货事件起,而政府复有派姜军赴粤之说,用意亦同。然既定方针矣,前日派遣姜军南下之举,虽经端督电奏而不能阻。则今日张督之电阻姜军赴粤,恐亦无效。"[1]

这一天,国内开始抵制日货的消息开始传到了澳大利亚悉尼。4月1日的《申报》转载前日东京消息称,"澳州雪梨(注:悉尼)埠已决议抵制日货暨日本商店"[2]。

同日,广东省磁器等行业决议不经营日本瓷器,海产商店也决定拒绝销售日本水产,并对违者罚款五百元。当天的《汇报》刊登这一消息云:"粤省磁器行会馆决议,嗣后专运江西景德镇货,不运日货。海味行亦不办日产,违者罚金五百。"[3]

为了不给外务部和日本人干预的口实,也为了确保广东的治安,在张人骏的授意下,粤商自治会在《申报》刊登了劝告民众顾全大局、文明抵制、不要暴动的传单。全文如下:

"二辰丸"事表发后,我同胞人人痛愤,特于十八日开国耻纪念大会泣血同盟,决定用文明对待之策。是日,各街坊皆挂白志痛。此后,惟有万众一心,坚持第一次会议第六条办法,将本会调查日本输入工商品,各尽个人文明自由对待。如有见利忘义、甘犯不题者,我同胞定当互相劝诫,随时激励其国耻之心。如其人始终怙恶不悛,则直是行同禽兽、不齿人类,原可置之不屑教诲之列,切不可因此激成暴动,以致妨碍治安。且我国现值微弱,各同胞只宜忍辱负重,以待事机之至。若愤激过度,授人口实,势必藉端要索,损失益多。快一时之意,贻无穷之累,甚非今日开国耻纪念之本旨也。我同胞共切记。[4]

初二日(4月2日),日本公使林权助又致函清朝外务部,请求其电告广西巡抚禁止商民抵制日货,以顾全中日两国的友谊。函称:

日昨委派阿部参赞赴贵部拜晤贵侍郎,以广东自治会抵制日货之举,日来加势,深为可虑。速请转致粤督,严为弹压,以防意外。当蒙贵侍郎允以所谈各节转致那、袁两大臣,速电训粤督严为防范等语,回称在案。顷接驻粤领事官来电称,适闻梧州及南宁地方亦有抵制日货之举,此系自治会先

---

[1]《申报》,1908年3月30日,第4页。
[2]《澳州华侨抵制日货》,《申报》,1908年4月1日,第4页。
[3]《粤省磁器等行业决议不运日货》,《汇报》,光绪三十四年三月一日。
[4]《自治会劝弗暴动传单节录》,《申报》,1908年4月1日,第4页。

派人至各该地方劝诱之故。若置之不问，难保不生意外之事。即希转致外务部，速电致广西巡抚严为弹压，并禁止集会演说，以免启端等因。据此应请贵部速电致广西巡抚，严为防范，以昭睦谊，是为切盼。端此，顺颂日祉。[1]

于是，初三日（4月3日）下午，外务部致电两广总督张人骏、广西巡抚张鸣岐，要求他们平息各种抵制活动，免生事端。电文曰：

前日日本阿部到署面称，广东自治会抵制日货，近益加势，请速电粤督，严为弹压，以防意外。等语。顷复准林使函开，驻粤日领来电，适闻梧州及南宁地方亦有抵制日货之举，系自治会先派人至各该地方劝诱之故。若置之不问，必生意外，希速电该省弹压，并禁止集会演说等因。该会有无前项之事，各电情形如何，希饬严查解散，免生事端。并电复。[2]

当天，张人骏回电外务部，表示已经"饬由警局禁阻，又劝谕各商民力戒无意识之暴动"，且"近日粤商实为调查日货、振兴实业、挽回国家权力起见，经再三劝诫，尚无野蛮暴动之事"。《申报》为此报道云：

外务部自接日使请禁止粤人抵制日货照会后，当即分电江、鄂、粤各省查禁。嗣又以抵制一事风潮迄未少息，发电来粤，力请大吏设法严禁。张督接电后，即饬由警局禁阻，又劝谕各商民力戒无意识之暴动。并一面将劝阻解散各情，详覆部中，力陈近日粤商实为调查日货、振兴实业、挽回国家利权起见，经再三劝诫，尚无野蛮暴动之事云。[3]

也在同一天，心情抑郁的张人骏给长子张允言写了一封书信，信中详谈了"二辰丸"事件的处理经过，不仅表达对袁世凯及其领导下的外务部的不满，还高瞻远瞩地指出了"日本之于中国，无事不包藏祸心"，中国早晚必受其害。而中国人对此却尚未察觉，令人甚为痛心。信函写道：

"二辰丸"事，我本欲和平解决。明知国事艰难，何必起衅强敌？故第一次照会只叙捕获情形，并无充公字样。欲俟日领陪话，即留械释船。而日领贪澳匪之贿，不敢来见。电告本国，架词耸听。以为恫吓我必惧彼，则枪支亦可取回。及我一力坚持，渠亦皇急无法（此三井洋行向人言）。当时，外务部若接粤电即照会日使，则渠之诡言日政府不能全信，否则或推归外结，事已早了，何至如此纠葛。若非我坚持，仓皇释放，外人不知其细，必以我为理屈，将来更将轻视。外务部之议结此案，稍失之弱，诚亦有不得已之苦衷。第当时

---

[1] 王芸生著：《六十年来中国与日本》，第五卷，第158页。
[2] 王芸生著：《六十年来中国与日本》，第五卷，第158页。
[3] 《申报》，1908年4月2日，第5页。

若再能支持数日，则结果必较此为胜也。日本自经此案，名誉大损。各国皆非笑之。即其本国之报，亦咎政府之办理失当。方事棘时，外部来电，言外似总以我为多事。而欧美各国人之来见者，则无不推重于我。亦可知公道不限华夷也。商船私运军装，此事本出意外。相去百余里，我岂能预料耶！英东方提督缪华，即与我争西江缉捕之人，回国前特由港来谒，言此次办理缉捕查拿军火，均为力保治安，通国商人皆有感情，并力斥日人之无理。美领事波贺劳亦言我认真缉捕，美国商人受惠不少，故政府令来致意也。德人亦谓日货皆不如中国，尽可不用。法领事谓日本甚狡，故各国皆不信彼，近又向法贷款必不允。自争西江缉捕及"二辰丸"案，粤民之感戴尤甚。初颇有抵制日货之意，因出示劝谕，并勉以通商惠工，众皆踊跃。现已集议，扩充航业，振兴工艺等事，以为暗中抵制之计。果能办成，自是中国振兴机兆。此次虽小有盘错，亦可平心矣。况日本之于中国，无事不包藏祸心。中国贫弱，自甲午始。而中外达官迷信崇奉，沉沦不返，一年数千万流入东洋，所谓学成而返，好者，不过目的、影响数百新名词，全无实际。否则，革命、排满、自由而已。而不惜以数千年圣贤授受之学，三百年祖宗创垂之典，尽弃所学而学焉。此固开辟至今未有之奇祸也！间岛、"辰丸"二案，其狡诈之情亦已毕露。于此而犹不醒悟，尚得谓之人类乎！恨！恨！"[1]

同样在这天，上海《申报》就发布消息称，由于对张人骏发动抵制日货运动非常不满，清政府有了撤换张人骏的想法。该消息说："政府以岑春煊威望著两粤，拟复起用，以替张督。"[2]

初三日（4月3日），日本公使林权助再次照会清朝外务部，扬言广东商民抵制日货的后果当由中国政府承担。外务部答复已饬粤督解散抵制日货运动。当天的《申报》报道了这一消息。文章说："北京日使林权助照会外部，略谓广东商民欲抵制日货，若果实行，所有一切结果当惟中政府是问。外部答复云：已饬粤督保持治安，并解散抵制日货之开会，并派华兵保护日领事署。所有运动抵制各人亦已谕诫勿得妄动，免伤两国感情。闻外部又有公文递交粤督，大致谓抵制之举亦属无效，深望地方人民勿再主张此议。"[3]

当天，张人骏接到军机处指示，要他到京议事。这个消息是上海《申

---

[1]《致张允言等》，张守中编：《张人骏家书日记》，中国文史出版社，1993年版，第113—114页。

[2]《申报》1908年4月2日，第3页。

[3]《申报》，1908年4月3日，第5页。

报》报道出来的。该新闻称："初三日，军机处电饬两广总督张人骏从速来京，有紧要事件待商。"[1]

军机处召张人骏到北京干什么？至今还没有任何资料显示。但结合初二日《申报》有关撤换张人骏的消息来分析，估计是要其进京商谈让出粤督一职的问题。可能是岑春煊仍然不愿意接手粤督这一职务，而其他人中又没有合适的人选，因此清廷只好作罢。估计只能对张人骏通过批评、安抚、劝说、威逼了事。

初四日（4月4日），张人骏在答复外务部来电时称，已经按要求禁止粤省抵制日货，但粤民提倡国货，官方不但没有理由禁止，而且应该支持。张人骏回电曰：

初二日电概悉。抵制日货之事，前月十五六日间因"辰丸"案及日本东文各报极力辱我政府，粤民颇多愤激，经骏通饬各属实力解散，并经出示劝谕严禁，复又传到商会人等，面为开导，现时省会等处已无集众聚会演说等事。惟闻南洋华侨及住居香港、日本各华人有提倡不买日货之说，亦经饬令商会和平答复，俾免滋事。至粤省商民现议倡兴工艺，实与抵制日货无涉，官无禁止之理。除由骏随时觉察，倘再有聚会演说强人不买日货之事，自当设法禁止，以免外人借口。三月初四日。[2]

初五日（4月5日），抵制风暴波及南京。上海《申报》报道说："自广东自治会开国耻纪念会，各处闻风响应。金陵教育会接该会传单后，颇表同情。闻亦将邀集各界定期开会，以志国耻。"[3]

同日，三水河口自治研究会千余人召开了国耻纪念会。

初五日下午，曾在西江捕权斗争中挺身而出的广州妇女界，又一次加入到了抗日御辱的爱国浪潮之中。万余名妇女冒着倾盆大雨参加了国耻纪念大会，抗议日本政府借"第二辰丸"事件公然侵犯我国主权。为了开好这次大会，她们提前几天就发布了开会启示。这篇名曰《粤女界公启》的告示云：

公启者：我国迭受外侮，割地赔款，惨不忍言。近日"辰丸"私运军火既被缉获，例当充公，乃外务部竟蔑弃约章，反令鸣炮放船谢过，使我四万万男女受辱含羞，国事艰难，良堪痛苦。若一旦外人以灭种手段施之我国，我同胞种族且不保，何有身家？日本妇人无不爱国，其女子投入红十字会

---

[1]《电召张人骏来京》，《申报》，1908年4月9日，第4页。
[2] 王彦威纂辑：《清季外交史料》，第三册，卷二百一十三，第4页，总3259页。
[3]《申报》，1908年4月5日，第5页。

挺身救国者，不知凡几；其妇人勉励丈夫从军者，每皆以战死相期。方今国势日危，我女子争有身家，亟当忍辱图强，共雪国耻。兹定期本月初五日（4月5日）假座龙津桥连元街陈氏书院，集全省女界开国耻纪念大会，共守文明规则。男界请勿入座，以免拥挤。此布。[1]

初五日下午，大雨倾盆，广州妇女界冒雨召开国耻纪念大会。刚到中午十二点，会场人数已不下万人。会议规定，除了记者和军乐队之外，男人一概莫入。下午一点，大会开始。主席台正中央悬挂着写有"国耻纪念"大字的白布，会场周围挂满了彩帛书写的标语、旗帜。大会公推刘守初、潘幽芳女士为主席，余岱宗女士为宣布，张华佩女士为书记。会议先由刘守初、潘幽芳演说，"痛陈女子国破家亡之惨状"。接着由余岱宗女士演说，"痛言亡国之惨说"。说到动情处，余岱宗放声大哭，一会儿，忽然晕倒，众人大惊。恰好有随身携带药物者，赶紧给她喂药，这才苏醒过来。"时阴雨沉晦，满座愁惨，惟闻哭声"。下午三点钟，演讲结束，会议进入表决阶段。大会提出三条议案：一、"辰丸"案蔑弃约章，欺藐太甚，士夫短气，妇孺伤心，我女界同胞亦国民一分子，今日全国男女蒙此大辱，我姊妹宜各制金银戒指或首饰等物，刊"国耻"二字以为纪念。二、贸易自由为文明国通例，以后女界知国耻，应将货物分辨清楚。"女界家庭内，概以用本国货物为宜。至家常食品，一切海味无资养料，有碍卫生，切宜戒食。"三、文明对待宜求完全办法，应请调查日货，锐志改良。"女界魄力万不及男界，现闻自治会员组织中国商务轮船会社，我女界自应赞成，踊跃认股，以尽协助之谊。"大家一致赞成。当场认股几千股。到了五点钟，方才散会。[2]

面对风起云涌的反日浪潮，清政府惊恐不已，他们既怕商民闹事，又怕日本人怪罪，于是屡次发电，要求张人骏立即出面平息事态，做好广东商民的稳定工作。张人骏之前总是阳奉阴违、敷衍了事，不仅并未采取任何措施，反而在暗中给予支持和保护。到了四月初六日（5月5日），才在军机处屡次施压下，饬令有关报馆适当减少对抵制日货的报道。上海《时报》就刊登消息说：

军机处一日三次电饬粤督张人骏，严禁抵制日货。张督以商贾自由贸易，民人自由用物，不犯法律，官吏难以干涉，且无集会演说、传单暴动情事，无从查禁。惟于昨日（即初六日）饬南海、番禺两县令，婉商各报馆，

---

[1]《粤女界公启》，《神州日报》，1908年4月12日。
[2]《女界国耻大会纪事》，《申报》，1908年4月12日，第5页。

凡有关于此事之新闻，不必登载而已。[1]

初六日（4月6日），粤商自治会收到韶关各界发来的支持电报。电云："自治会鉴：十八日开国耻会，经初四日电请派员莅会，何日登程，恳即复。韶州大鉴寺学商各界苏秉模等叩。"随后，又接钦州来电云："自治会诸君鉴：辰丸案定，同胞共愤，文明对待，共表同情。钦州众商叩。"广西贵县粤东会馆也发来电报云："自治会鉴：敝埠昨日续开国耻纪念会，绅、学、商、工各界踊跃莅会，赞成文明对待。请将某国工商品列示。贵县粤东会馆主席李仁山、陈贡臣等叩养。"[2]

同日的上海《申报》还刊登了发生在广州的三个抵制日货的小故事，借助榜样的力量激励大众的抵抗斗志。故事之一是说，黄沙善庆二巷有一个年仅十一岁的儿童名叫梁元，他的妈妈让他穿一件绉布衫上学，他说："这是件日本货，我宁可光着身体，也不穿这给我们国耻的东西。"妈妈只好给他另换一件，他才高高兴兴地上学去了。故事之二是说，西横街的宜春茶楼里，有一些茶客谈及"辰丸"案，其中一名客人立即将身穿的日本布衫裤脱下来撕毁。茶楼主人受此影响，也马上让伙计将茶桌上的日本瓷器拿下，换上了江西瓷器。故事之三是说，有一个靠摆渡为生的渡夫陈某，一向兼卖火柴、香烟等物，因为香烟产自日本，客人们均无人购买，于是他将货物付之一炬，全船莫不赞美。[3]

初七日（4月7日），上海《申报》也刊载了一些布匹、酒馆店主和点翠工人抵制日货的做法。该文写道，永安街的日本布匹商店店主，昨晚在石塘嘴叙南楼召开会议，因日本布匹无人问津，决定待手头的货物卖清之后，停止采购日本布匹。省城点翠行的工人也开会决定，今后不再用日本进口的翠毛。石塘嘴的所有酒馆原来一向用日本海味，如今也张贴上了"不用某某海味"的标语。[4]

当天的《申报》还载有广东专电介绍说，"今日女界开国耻会，并由某女士创议设一女工学习会，以兴工业"。这说明此时连妇女界都出面将振兴工业与国家兴亡联系在一起了。

光绪三十四年（1908年）上半年出版的《时事画报》上，有一幅宣传

---

1 《军机处严禁抵制日货》，《时报》，光绪三十四年三月八日。
2 《现世史》戊申第四期，《大事本末纪二》，《第二辰丸案》。
3 《粤人公愤之一班》，《申报》，1908年4月6日，第5页。
4 《香港市况汇闻》，《申报》，1908年4月7日，第5页。

"开通女智"的时事画,专门介绍了顺德一富家女热心创办纺织传习所,后又扩充为女子师范,从而成为了女子职业教育与师范教育之始的故事。这无疑是受了女界抵制日货、振兴国货的影响。

四月初(5月),广东拱北海关又在澳门附近缉获了一批走私军火。张人骏为此告知中外各国,自己绝不会因为"二辰丸"的挫折而退缩,为了两广地区的安宁,自己"万不能因噎废食,稍涉松懈宽纵"。初八日(5月7日)出版的《申报》为此报道说:

国货宣传广告

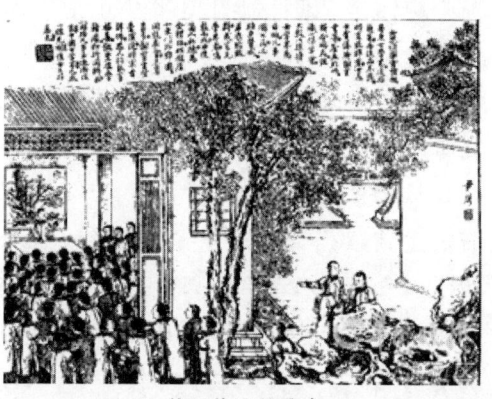

纺织传习所图片

  日"二辰丸"案议结后,拱北关税司又在澳门附近之中国地方,缉获私运军火一大批,计快枪五十杆、弹药三千颗,昨已申报督院悉数充公,惟私运之人均被逃去。此项军火,闻查由澳门运入,以接济内地各乱党。兹将张督宣布此案告示录下:照得"辰丸"一案,甫经外务部议结,现复由拱北关税务司缉获从澳门运入内地大批枪码一帮,全数充公在案。查粤中盗匪充斥,贻害商旅,滋扰闾阎,无非恃械而逞。钦、龙一带边匪,尤非严断接济军火,难望肃清。现既与英、日两国议允协查,澳门实为私运军火奸商所巢窟,亟应重申禁令,从严查缉。凡有华、洋轮船船只驶入广东、广西所辖海港、河道等处,务须遵照约章,恪守例禁,毋得将枪械军火违禁输送。如有此情,一经查悉,即行将船货拘究充公。本部堂为地方清盗源、谋治安,即为各国在粤贸易商人实行保护起见,万不能因噎废食,稍涉松懈宽纵。除通饬所属文武遵照办理外,合行牌示晓谕。为此示仰诸色人等,一体知照。[1]

初九日(5月8日),张人骏在清政府连续致电的压力下,不得不对原来公开支持民众抵制日货的态度有所收敛。而听命于他的粤商自治会也稍

---
[1]《申报》,1908年4月8日,第4页。

微改变了一些斗争策略，将公开号召"抵制日货"改为要求"各守个人自由"，将开会商讨抵制事宜改为开会研究"振兴本国工艺"。当天的上海《申报》就报道说："张督连接外部电饬停止抵制日货。现粤商相约，各人认定主义，弗开会、弗演说，各守个人自由。惟于振兴本国工艺，则仍须约期集议办法。"[1]

粤民的抵制日货运动到了此时，西方媒体就已经从中看到了胜利的曙光。初十日，上海《申报》刊登了《德臣西报评论粤人抵制日货事》一文，文中声称"中国抵制日货如果再接再厉，则日本比诸在战场上打一败仗其受祸尤惨"。该文曰：

中国在战场上固不能与日本事胜，然在商场上已立战功。须知日本制造出产各商货，非输入中国，则销场必不如是之大。且日货入口以食品居多数，然此食品亦惟销受于东方之人，倘使中国商场闭关绝市，则此种食物行将别无销路，日本商务定见减色。查一千九百零六年日本出口商务，共值四十二兆磅，而运至中国者已居十二兆磅之多。又计去年以后运华之商务，约占三分之一。中国抵制日货如果再接再厉，则日本比诸在战场上打一败仗其受祸尤惨。况日本欠负外债甚多，国内加税，民间多不满意，只藉推广商务为补救。其推广之法已尽，国民之思想兴盛至于极地。不知几费艰难曲折，乃现此商场之盛象。今忽被日政府一手摧折之，从此东方商务历史或将更换一面目矣。[2]

张人骏的态度虽然由明转暗，但是各地的抵制浪潮并未减弱。十一日（5月10日），广东佛山搬运工数百人，拒绝装卸日船运来之煤。同日《汇报》刊登消息说：

近日连接佛山、梧州来函，悉"辰丸"一案，粤人愤激异常，互商文明对待之策，以雪耻自立，两口咸欲达其目的而后已。兹略叙于左：日前某洋行有大帮东洋煤运到，芳村意欲起仓存贮，遂雇苦力数百人。迨起货见系东煤，相率不顾而去。该行惶急，转雇他工，及至，亦不允而去。行主虽愿倍给其值，而彼亦不顾也。又佛山盘古坊烟店某东，接某处寄来集议传单（指'辰丸'议结事），愤火上烧，将店内所卖之日纸烟、日火柴全数抛弃，并立不买日货之誓。尤有函致自治会，愿送货物焚毁者颇多其人。[3]

---

1 《申报》，1908年4月9日，第3页。

2 《德臣西报评论粤人抵制日货事》，《申报》，1908年4月10日，第5页。

3 《辰丸案近状》，《汇报》，光绪三十四年三月十一日。

十二日（5月11日），《大公报》刊发一则报道，透露某侍郎上奏朝廷建议缉拿广东抵制日货运动的首要分子。该文称："广东抵制日货风潮，经政府电饬张安帅弹压坚持勿懈，近已日渐和平。昨闻，有某侍郎上条奏，严拿为首，从重惩办，以谢外人，而免各省效尤，并谓此风断不可长云。"

十二日（5月11日）中午十二点至下午五点，三水自治会也在县城外的玄坛庙前戏台开国耻大纪念会，大家公推黄少吕、李秉衡为大会主席。首先，由黎捷南、苏亮朋、廖日卿、杜伯祺及粤商自治会代表张崧云、陈柱朝、李少琼上台演说，"痛言今日正中国危亡之秋，亟宜振兴实业，改良土货，以雪国耻"。陈柱朝还当场朗诵了自己创作的《国耻歌》。会上提出了两条议案：一是宣布"贸易自由，文明国所公认。我国民蒙此大耻，应共守文明规则，切不可有野蛮举动，贻误大局"。大家一致表示，"坚守个人自由买卖，但不干涉别人之事"。二是"忍辱图强，实以振兴工艺，改良土货为最要。但事体重大，非同胞合力不为功。现省城自治会提倡航业实业等公司，应担任招股，以尽义务而挽利权"。[1]与会人员踊跃认股，当场即为航业实业等公司认股千余份。

十三日（5月12日），西南埠在粤商自治会代表张崧云、陈柱朝等人的指导下召开国耻纪念大会，陈柱朝将自己创作的《国耻歌》谱了曲并当场演唱。

十三日（5月12日），美国旧金山的华侨也开始了抵制日货运动。上海《申报》转载《泰晤士报》消息称："旧金山华人因'辰丸'案亦抵制日货，为粤港响应。现日船并无华人装货搭载，即商品亦皆相戒不用日本经营。"[2]

纽约的《靴路报》对海内外华人的抵制运动不仅多次报道，还为此撰写了评论文章，文章中特别引用了时任美国外交部长路某对抵制一事的评价曰"乃中国人独一无二之利器""必收大效"。该评论文章写道：

日前所登杯葛情形，大动视听。美政府与外部均称此事与远东商务大有关系。日本同盟之国，恐不免波及之。伍公使（注：清国驻美国公使伍廷芳）阅毕，连赞此举文明，提倡者能以和平行事，断不致起交涉，又政府亦无从干涉，彼甚欣慰云。日使高平告访事曰：吾政府凡事皆可自卫，虽外人欲加横妄而不可得。吾政府见事办事，今之杯葛，尚未足办也。夫贸易分两面，欲卖者，有欲买者；欲买者，又必待有欲卖者。今无卖者将必无买者，

---

1 《三水国耻会纪事》，《申报》，1908年4月21日，第5页。
2 《申报》，1908年4月15日，第5页。

是两者皆蒙其害，果何益哉？外部卿路氏云：杯葛者，乃中国人独一无二之利器也。其事一行，必达目的方肯罢手。彼曾杯葛美货，吾人当知其利害。此次更不同，一因日本乃中国旧仇，二因手段文明，必收大效云。[1]

面对风起云涌的抵制浪潮，十四日，上海《申报》兴奋地发表评论说："粤商自治会发起国耻纪念会，嗣是而佛山、而南海、而三水、而河口、而梧州，各皆闻风踵起，以耻自励，几几有铜山西崩、洛钟东应之势。美哉！吾国人至今日而尚知有耻也。虽然，抑又何知耻之晚也。"[2]

十五日（5月14日），日本人在广州肆意销售日货，意欲借此刺激粤人反抗，扩大事态，以便破坏抵制运动。《汇报》刊登消息说："香港华人现拟开掘广州煤矿，藉图抵制日本之煤，闻有某某两富商自愿担任经费之半。日内有日人多名，在广州街市中携日货沿门求售。窥其意，殆欲激动华人暴动而大起风波耳。"[3]

同日，外务部致函粤督张人骏，对粤商自治会陈基建等人及其领导的抵制日货运动极度贬低。要求张人骏对领头的陈基建等严查究办，不要受其煽惑，"以靖人心，而弭隐患"。外务部电函曰：

扣留"二辰丸"一案，迭经本部将商办完结缘由，详晰电达。并以商会陈基建等借故嚣张，电致尊处切实查办。各在案。顷据粤省官员接到该省正绅公函称，商业自治会陈基建及陈惠普，陈章甫、李戒欺、罗少翔等恣意狂吠，形同化外。二月十六日，陈惠普等纠集千余人，内多易服剪辫者，手持大旗三面，大书"挽回国权"等字样，并在督署演说，愈聚愈众，道途为塞。十七日，又在自治会招白，复沿街遍贴不买日货等条，且动言罢市，以挟官长。粤省匪徒较多，恐有藉端煽诱情事。陈基建前因两江巡轮一事，极口谩骂，晏然无事，遂又借"辰丸"为名，倡言抵制。该商向往银行倒盆，并有邮船会社，自揣毫无资望，特借"辰丸"题目，遍电外埠华侨，丑诋枢府。闻者不察，信其热心公益，因而纷纷附服。陈章甫系供黄召平奔走之人。李、罗乃属寒儒，均未便任其狂悖等语。查地方自治，应由公正员绅妥为筹办，未便准令无籍之徒，妄行开会。该商陈基建等，以抵制日货为由，遍贴告条，大书扬旗，殊属狂谬。如果任其妄为，实于国际交涉、地方治安均有关碍。该商等聚众演说，近在督署，执事曾否知有此事？尚希饬属严

---

[1]《第二辰丸案》，《现世史》，戊申第四期，大事本末纪十二。
[2]《申报》，1908年4月14日，第3页。
[3]《抵制日货》，《汇报》，光绪三十四年三月十五日。

查，分别究办，并晓谕商民人等立即解散，切勿受其煽惑，以靖人心，而弭隐患。[1]

十七日（5月16日），在杭州的粤籍人士也发起了抵制日货运动。上海《申报》报道云："旅杭粤人倡议抵制日货，即日在会馆开会，筹商办法。"[2]

从二月十八日（3月20日）粤商自治会召开国耻纪念大会，到三月中旬，不到一个月的时间，抵制日货的爱国浪潮先是由广州传到了佛山、南海、乐从、顺德、江门、三水河口、郁林、梧州、韶州、钦州、香港、澳门，然后传到了上海、南京、河南、天津、哈尔滨，传遍了祖国的大江南北。甚至由国内传到了新加坡、澳大利亚、美国等世界各地。有的地方动辄组织民众达十几万人。从有关报刊的报道来看，两广地区的国耻大会多有粤商自治会亲自派成员赴会指导，而这些与会成员一是宣布张人骏所谓文明对待、切勿暴动的指示，一方面将振兴工业与省内正在筹办的航运公司等结合起来，把百姓的爱国热情直接转化成出资认股的具体行动。

受到抵制日货运动冲击的日本厂商开始焦头烂额、商议减产。十七日（5月16日）的上海《申报》开始报道日本国内的这种乱象："日新闻纸斥中国之抵制日货为排外主义，并谓适足以召亡取辱。又谓日本之赠彩发卖棉纱，实为识见之短浅。更有数报谓此次之抵制，有外人从中怂恿。又有倡议裁减棉纱出数者。议论纷腾，莫衷一是。而反对者则诋此种见识为短虑云。制糖业各厂，亦在会商减少出货之数。"[3]

十九日（5月18日），张人骏在给长子张允言的书信中写道，抵制日货实出于日本人意料之外，如今日本经济大受其累，全国皆有悔心。信中说：

"二辰丸"案本系照章办理。从前琼州海面缉拿英船充公有案，吴敬荣办理并未错误。日领贪奸人之赂，故意张大其事，谎报该国政府。其意以为一经恫吓，中国必将船械一并释放。我之坚持，实出于彼意外。此案初起时，外部若能据我电告，先行照会日使，则日领之诡言不得逞。及日使凭一面之词来索放船，外部若能推归外结，亦可早了。及后实情毕露，各国皆不直日人，即东洋各报，亦多非议政府，其政府已多遑急。我外部若稍能坚持数日，其收束亦必较胜于此。着着失机，殊为可叹。好在粤东民气团结，环

---

[1] 王芸生著：《六十年来中国与日本》，第五卷，三联书店出版，第193-194页。
[2]《申报》，1908年4月17日，第4页。
[3]《申报》，1908年4月17日，第5页。

球公论均是我而非彼。日本商务大受其累，全国皆有悔心。我虽表面吃亏，而名誉之获益甚大，则未尝不值也。……自经西江缉捕、二辰丸案，粤人之爱戴迥异寻常，此所谓不虞之誉。[1]

二十日（5月19日），日本"二辰丸"船主照峰船长因旧病恶化在香港的病院去世，因此有人便将死亡原因归咎于中国，提出了中方应该担负抚恤金问题。上海《申报》由此报道："'二辰丸'之船主在省城病故后，闻日本有人倡议，谓中国政府应须赔补恤款，以赡家属。"[2]后来其家属果真通过其本驻广州总领事索要10 300日元抚恤金，但张人骏分文没给。

二十三日（5月22日），日本公使林助权又致函外务部谓：近日接到广州领事的来电，两粤人民仍有抵制日货的举动，请"再电咨粤省严禁以邦交"[3]。

中国的抵制日货运动，不仅打击了日本的制造业、海产业，也对其海运业造成严重创伤。以至有日本人怀疑中国人的抵制运动是英美各国的航运公司在背后怂恿的结果。二十四日的上海《申报》就刊登消息说：

据《神户日报》译载《朝日新闻》香港访友十六日之电音，可见目下抵制日货之风潮异常剧烈。惟谓外国商号怂恿一节，则不能确证其说耳。今将电文录下：此间日本商行，均谓华人抵制日货以后，受损甚巨。此后危象，尚难逆料。而尤以航业蒙害为最烈。日本邮船开往各埠，几无华商物品。因是道拉司邮船公司思欲全揽日本之航业，现已加轮开行。此次抵制，似为英美德各国邮船公司怂恿而成。从前，日本纸烟因抵制美货，遂获畅销。今则仍为美货所夺矣。[4]

为压制中国南部民众的抵制日货运动，日本兵舰开到中国南部游弋。4月24日（三月二十四日）《泰晤士报》据厦门电称："日本舰队业已抵，殊出人意料之外，察其用意颇为叵测，海关官吏谓此次日舰队系由日本培西开溃斯（地名）开来，拟回至日本赛西保（地名），香港惟中国官场皆信其广州游弋也。"[5]

中国驻日公使近电告外务部，透露"日本诸元老近在枢密院会议对付中

---

[1]《致张允言等》，张守中编：《张人骏家书日记》，中国文史出版社，1993年版，第115—116页。
[2]《索赔辰丸船主恤款》，《申报》，1908年4月21日，第5页。
[3]《申报》，光绪三十四年三月二十三日，第一张第六版。
[4]《粤人抵制日货之效力》，《申报》，1908年4月24日，第5页。
[5]《申报》，光绪三十四年四月初一日，第一张第六版。

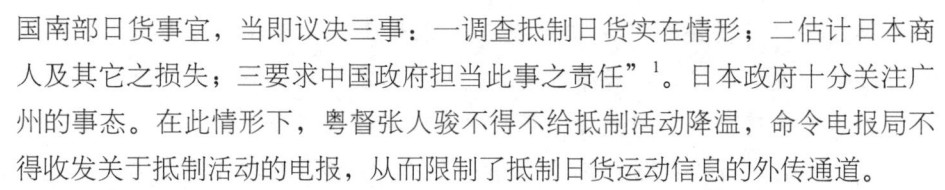

国南部日货事宜，当即议决三事：一调查抵制日货实在情形；二估计日本商人及其它之损失；三要求中国政府担当此事之责任"[1]。日本政府十分关注广州的事态。在此情形下，粤督张人骏不得不给抵制活动降温，命令电报局不得收发关于抵制活动的电报，从而限制了抵制日货运动信息的外传通道。

二十四日（4月24日），上海《申报》再次刊文，称袁世凯请求皇帝下旨，命令张人骏出面平息粤人的抵制日货运动。文曰："某枢臣请降谕旨，命张人骏严禁粤人集会抵制日货。"[2]

为此，张人骏不得不装个样子，于二十六日贴出告示，以保护买卖自由权为由，要求粤民不要倡言抵制。该告示全文如下：

案准日本国领事函，称以省内外各大街角有张贴《国耻纪念歌》并抵制日货字样，近日本国商业已有损失，若不即行禁止，实有伤本国在粤商业。请饬严禁，各等因。准此。查我国与日本邦交素称辑睦，彼此通商，各商人均挟有自由贸易之利权，买卖应听各便，毋得舍己从人，亦不得强人就己。前年抵制美货，业经禁办有案。此次"辰丸"事结，即访闻有希图造谣生事之辈，当即示令商场毋听惑，一律相安。并饬广州府暨同南、番两县前往告诫商董，广为劝导，各在案。诚恐或未周知，因商场中现正调查各国洋货，议集设工厂，讲求推广制造实业。以致无知之徒误会其说，亟应划清界限，分别劝禁。如有倡言抵制，侵犯自由贸易权限，是为理法所不许，即属显干禁令，定即严行查究，绝不姑宽。合就晓谕出示，为此示仰所属人等，一体知照。其各凛遵毋违。[3]

随即，张人骏电复外务部，声称"粤商抵制日货事，已劝令停止"。[4]

香港由于地处租界，为外国人势力范围，发动抵制日货运动多有不便。为此，一位姓曾的九江华商组织成立国耻会，并自费为一百多名会员每人打制一枚银质徽章，上面刻有"国耻纪念"四个字，每当聚会时就戴在胸前，以提示自己勿忘国耻、勿用日货。上海《申报》对这一创新之举作了报道。[5]

为此，5月出版的第七期《半星期报》也报道了《港商亦知国耻》一文，介绍了香港各商组织国耻会的消息。编者为此特加按语曰：

---

1 《申报》，光绪三十四年四月初一日，第一张第六版。
2 《申报》，1908年4月24日，第3页。
3 《粤督张为晓谕事》，《申报》，1908年4月26日，第5页。
4 《申报》，1908年4月26日，第4页。
5 《港商纪念国耻之苦心》，《申报》，1908年4月30日，第5页。

粤商营业于香港，不下二十万人。其平日受人驾驭，经已饱尝。倘能联结团体，痛念国耻，则我粤人商务，尽可移植黄埔，自立一绝大好市场，以脱外人之束缚。乃富商大贾，不此之务，投诸大资财，购不自由产业，以寄人篱下；犹不深自刻厉，掷其为外人作伥，分劫同胞之汗血于石塘咀之一隅，死中寻乐，为外人所窃笑。毋亦"商女不知亡国恨，隔江犹唱后庭花"耶？寄语同胞，及今猛省。

四月初三日（5月2日），广西梧州府知府志某奉广西巡抚张鸣岐谕令，出面限制抵制运动，要求本地民众不得集会演说、抵制日货。[1]

香港作为自由港口，航运业十分发达。香港人实施的抵制日货运动对日本航运业的打击自是不可小视。上海《申报》记载："日本邮船'日本丸'，于星期三日自香港开行过长崎赴旧金山，竟无一华人搭客，亦无华人货物交之代运，亦可见抵制日货之坚忍矣。"[2]

香港抵制日本航运的做法甚至传到了澳大利亚。旅居雪梨市（注：悉尼）的华侨也以不搭载日船来响应对日的抵制行为。《申报》记载曰："雪梨（坎拿大境）地方之华人，已亦同心抵制日货。昨日有日本邮船会社之'约华太丸'开行，搭客无一华人，无一华商之货，更无有托带金银回华者。"[3]

上海《申报》之后又转载了澳大利亚报纸的关于四百多名悉尼华侨集议抵制日本航运的消息，文章说：平时华侨最爱坐日本邮船，可是这次会后日本邮船离开该埠时，"竟无一华人搭客"。该报为此称赞说，"华人不独在其本国能结合团体，互相扶助，而海外侨民亦能步武响应，甚难得也"[4]。

一份悉尼本地的报纸由此对中国两广民众的抵制日货运动极其看好，认为"中国人对于日货物之问题，有生死之关系"，如果不懈坚持下去，日本"必大伤其备战制胜之能力"。该文说：

"二辰丸"一案，日本以极狠捷外交手段，且有雄强之海陆军盾其后，中国人见之必须俯首。尚中国与之一战，可断中国无决胜之理。中国将来欲保全其国，只望于新练之陆军耳。但除决胜疆场外，中国尚有一利器为西人所见而畏者，即今日粤人以数万之众，同声而起，焚毁日本货物，群起抵制

---

1 《申报》，1908年5月2日，第5页。
2 《抵制日货之坚忍》，《申报》，1908年5月20日，第5页。
3 《雪梨埠抵制日货近状》，《申报》，1908年4月25日，第6页。
4 《澳洲抵制日货近状》，《申报》，1908年5月22日，第5页。

日本货。不知日人只望商务发达，以图其工艺之得以自存，中为最大之销场，故中国人对于日货物之问题，有生死之关系，倘无此销场，彼日虽有海陆军，其果向何取给以自存活乎？（中略）倘中国人能坚持抵制日本货物，必大伤其备战制胜之能力。且以此无声之攻击，虽外交之完善，及战舰之雄强，亦莫能御之也。[1]

一份名为《奄派亚》的西方报纸，也针对澳大利亚及加拿大华侨掀起的抵制日货运动一事，撰文加以评论。认为日本一向在外交上欺软怕硬、恃强凌弱，在"二辰丸"案中可见一斑。可惜如今的中国已是卧龙初醒，不再忍受欺辱。全世界华人所采取的抵制日货运动，将是一种不流血的利器，必将达到比战争还要可怕的效果。文章写道：

> 杯葛之风，已至澳大利亚雪梨一带，各埠华人，皆联同一气。查加拿大多伦杜埠之华人，亦不愿与日商交易。日人之货，多销于中国，今正当加意推行之秋，忽遇此事，恐日本之失，多于自治会之所拟一百五十兆金元也。其祸之起，似因二辰丸一案，其实日本如此行为，正是向来待中国之心。彼以为中国已就其范围，不知亦有将出脱之日也。日本与强国或弱国之相交手段，即二辰丸案可见一斑。船属日本以运军装供中国之乱党，被执将向日本责问，岂知彼并不谢过，反责令放船。中国因此正迟疑不决之间，又下决书，其意似是不放船，则开战。于是将船释放。更责取无端拘船之赔偿。于是又如数交给，闻其数是廿万元。杯葛之风，即从此而起。惟生发于民间，政府无从干预，遂由近而远，凡轮船所至，电报所通，无不遍及。忆昔外国华商，消息不甚灵通，有自中日战后而始知者。今则不然。文风大进，报馆无远弗居；卧龙久困，将必知痛而醒。尔时，则日本向是所为者，中国则今日为之矣。以中国人自卫，实有过于各国，在乡则有同族，经商则有同行，联盟则有私会行族会，三者不下百万种。联族、联行、联会，虽政府亦不禁。今日各行皆联同杯葛，一气呵成，上至银号行店，下至工人以及行道者，皆同情也。如一日商欲折价而售不可得，欲藏彩票于货包中，亦难如愿。且杯葛者皆谨慎行事，不露仇视日人之心，使其政府无从交涉，今其功已成矣。此不见血之杯葛，比俄国之水陆军更甚也。[2]

四月初九日（5月8日），日本代理公使阿部守太郎照会大清外务部，再次请求取缔广东一带的抵制日货运动，点名批评张人骏、李准、温宗尧等人

---

[1] 《第二辰丸案》，《现世史》，戊申第四期，大事本末纪十二。
[2] 《第二辰丸案》，《现世史》，戊申第四期，大事本末纪十九。

对抵制运动的暗中支持。其节略曰：

> 广东一带排斥日货之举，今尚未已，该省官宪毫无尽力镇压之状，此帝国政府所最为遗憾者也。据可靠之报告，此番举动系广东自治会员陈惠普、罗少翔、李戒欺等主谋，而署水师提督李及洋务局会办温道台，亦有暗中煽动与香港等处互通气脉之说。然张总督虽然奉贵国政府之严饬，只于表面施姑息之手段，毫不讲求镇压有效之策，帝国政府对之实深遗憾。至李提督、温道台等隐相奖励之说，帝国政府深望清国政府之留意，务宜慎重考虑，以顾全邦交。又有一说，此番举动之主谋，系康有为一派人物，若徐勤江、孔殷等，皆属康党，现在广东极力煽动。其目的所在，欲乘广东人误解辰丸事件非常愤激之际，煽动人心，以扶植自身之势力云云。要之，贵国地方官宪不惟不遵贵国之严饬，却有暗中帮助之趋势，而贵国政府亦复袖手旁观，不谋适当之措置，帝国政府实所不解。本使承本国政府之训令，就前开之事实，请贵国政府之注意，务请迅施确实有效之手段，以全两国之邻交，不胜盼望之至。[1]

十二日（5月11日），英国驻京公使朱尔典干预中国内政，要求粤民停止抵制日货。15日的《申报》刊登消息称，"据可靠消息，谓驻京英使曾命广东英领事，向粤督要求速行禁止商民抵制日货"。[2]

十三日（5月12日），上海《申报》刊登"日使请责李准"一文称，日本公使为广东水师提督李准暗中支持抵制日货运动，要求清政府出面予以诘责。文曰：

> 日使林权助对抵制日货一事，屡向外部诘责。前日又知照外部，略谓：广东水师提督李准，关于排斥日货之事暗中煽动，居间谋利，情迹显然，请责具不应如此云云。是真凿空之谈也。[3]

面对同仇敌忾的抵制活动和焦头烂额的日本政局，《南华早报》刊登评论文章，对张人骏发动抵制运动的高明之策大加赞赏，对黔驴技穷的日本政客极尽嘲讽。该文章云：

> 华人抵制日货，全国共表同情，现已准备完善，想再无有惊人之举动出现。本报只静观日本，视其第二次之举动，对于此事何如而已。日本人之骄傲，猝遇此变，其意外之痛苦不言而喻。日本军机诸大臣，不以此为小事，自知其制造局之所以自立者，全靠其大宗货物销流于中国，今中国人群力而

---

1 《清季外交史料》，卷二百一十四，第4页。
2 《英使要请禁止抵制日货》，《申报》，1908年5月15日，第4页。
3 《日使请责李准》，《申报》，1908年5月12日，第5页。

破之，其结局若何，已昭然显于诸臣之最前矣。中国人此次吹灵符抵制，虽曰个人自由，然一举一动，实为众人所注视。以政府之压力，兼以官吏之计谋，加以外交之手段，内外交攻，莫能解决。其交涉之处，一在日本东京，一在粤省。所行交涉，虽于华官或未能欢心，但其中不无趣味之处。日本使臣言于中国外部曰：中国人联结团体，倾覆我国商务，尔务止之，即知照粤督禁止。外部遂电致张督，请劝解粤人，不应如此办法。并出示禁抵制及结社会议，不可使人名各会为国耻会。又曰凡有举动，不可言国耻二字云云。粤督乃谕众曰：贸易自由，我不能禁。我为官长，倘言何等日货为尔最合用，又非我份内之事。但接北京之命，饬将抵制解散，尔即止之云云。并覆电北京言已尽力解散，并无别策云云。日本见此，将行何等外交之手段，以为对付欤？吾人当拭目以观之。现驻远东之《纽约日报》访员，似视日本舰队之行踪为重要问题。该舰队有战舰二艘，头等巡舰四艘，已驶至中国海面。本报早知日本对待他人之策，每先下手而后与决绝之书。此等政策，在别国人见之，以为闻所未闻之事；在别国人见之，以为闻所未闻之举。但以现在之情形观之，谅日本亦未遽行此下策也。何也？日本专以保全其在中国之商务为目的也。或曰战舰之来，以示其威，亦可未料。至言下爱的美顿书一节，日本尚无所借口。且现当此经济困难之际，尚须再候八年，加抽重税，方能有以清还外债，岂易轻言决裂乎？或有谓日本专欲为寻一小战，以索赔款。不知此次抵制，非华官所怂恿，亦非华官所赞成，日本虽欲筹对彼之策，以施其强硬之手段，亦复何间所入、何隙可乘哉？[1]

十六日（5月15日），根据日本在华谍报人员搜集的情报出版的《武昌起义前后在华日本人见闻集》一书，比较真实地记录下中国人抵制日货对日本经济带来的影响，"由于银价下跌、世界各市场萧条等因，支那的对外贸易陷于低迷。而'第二辰丸'事件，则是与贸易相关、耸人听闻的风波，两国委员数次交涉的结果，'辰丸'获释，时间是在阴历二月十七日。广州商人将此视为外交失败、一大国耻，要以抵制日货来雪国耻，致使广州、香港地方经销日货的商店全部停止购进日货。此举虽和抵制美货一样，近乎儿戏，但对经济界产生的影响实在不小"[2]。

中国的抵制日货运动进行了两个月后，对日本经济的打击已经十分明显。仅在当年的第一季度，日本出口货物的金额就比1907年减少了1600万

---

[1]《第二辰丸案》，《现世史》，戊申第四期，大事本末纪十二。

[2] 李少军编译：《武昌起义前后在华日本人见闻集》，1908年5月15日第一期，第4页。

元，其中三月份同比就减少了500多万元。日本的贸易进出口出现了严重的逆差。这对急需外资支撑的日本经济无疑影响巨大。四月二十九日（5月28日）《申报》刊文就透露了这一形势：

> 西三月内，日本与外洋交通之商务表，其出口货日见退缩，入口货日见增多。计上年三月之出口货值银32 706 736元，今年是月之出口货仅得27 502 195元。以一季之商业匀计之，1907年之春季其出口货值银9475万元，至统计本年之春季，其出口货仅得7800余万元。而该国本年春季之入口货多于去年春季2800余万元。华人改用土货之效果一成，而其商务表且不堪问，以三个月内而计，出入口之商务不能弥补，至今日本要输出外洋银四百万磅。即以长崎关口埠之商务报章计之，自三月二十日至三月底，此十日内出口货物共举银92 152元，而十日内之入口货共举银655 801元。统计是月入口货值银1 766 870元，出口货281 433元。其出口货减少之原因，系因中国南省止办海味所致云。[1]

与此同时，《芝加哥每日论坛报》也撰文分析说，中国本身经济受抵制活动影响很小，而日本将蒙受重创。《华盛顿邮报》则为日本人的遭遇幸灾乐祸，该报以《中国人的报复》为题写道，在1905年中国抵制美货后，美国人为自己的过分行为迅速向中国人道歉和解释，因此妥善解决了该事。而在"二辰丸"事件中，日本人却强词夺理，威胁中国政府，中国因为没有能力进行一次战争，只好屈服，但中国的商人们却能够做到外交官和军人们所不能做到的，他们将用经济战给日本重创。《纽约时报》还报道日本因经济重创，转而寻求英国帮助，希望英国在广东施加影响，结束抵制日货运动，而日本人因其咄咄逼人的中国政策而难以得到在华的其他列强们的同情。《洛杉矶时报》说日本愿意为结束抵制提供20万日元的赠款。

中国进行的抵制日货运动甚至对朝鲜的海鲜产业也造成了冲击。五月初八日（6月6日）的上海《申报》就曾报道说，"接汉城电云：高丽北部贸易，向以海味为大宗，近因中国南方抵制日货，全无销场。故其价大跌"[2]。

## 第二节　梁公力挺　孙公抽薪

"二辰丸"事件发生后，旅居日本的梁启超虽心系保皇维新大业，却积极指导、参与了"二辰丸"事件引发的抵制日货运动。他不仅于1908年3月30日

---

[1]《交涉辰丸结案后东洋商务之调查》，《申报》，1908年5月28日，第11页。
[2]《申报》，1908年6月6日，第5页。

（二月初八日）致电粤督张人骏为其叫好，还支持徐佛苏、范秉钧代表政闻社参加了上海两广同乡会。日本人甚至怀疑，4月18日（三月十八日）广东自治会召开的"国耻纪念会"，也是"在主张召开国会的广东自治会，在香港的保皇会员徐勤、江孔殷、伍宪子，在日本的梁启超等人的策划下进行的"。

为此，梁启超受到了日本警方的严密监视。四月二十七日（5月26日），日本警察局石井通商局长致函神奈川县知事男爵周布公平曰：

对于清国保皇党领袖之一、现留居本国须磨的梁启超之行动，向来应严加注意。此人最近有要带头发起广东抵制日货之行迹。最近获知此人暂住于贵辖区山下町清国商号永安和处。不光是梁启超，就是与其往来者之行动，亦应暗中特别注意。烦请随时详告，以供参考。石井通商局长。明治四十一年五月二十六日。[1]

青年时代的梁启超

随后，石井通商局长又于6月1日致函通信省小松通信局长曰：

清国保皇党领袖之一、现留居本国须磨的梁启超，有行迹表明其与广东抵制运动有关，向来烦请阁下注意。对与此人相往来之电信，请将其抄见随时密送一份以资参考。梁自五月二十三四日前后寄居于横滨市山下町某清国商号已数日。据说五月二十七日已乘某船前往神户。（以下五行无法辨认）石井通商局长。明治四十一年六月一日发。[2]

5月下旬，在一次宴会上，梁启超甚至受到了日本外务省次官山座政太郎的"盛气相责"。"二辰丸"事件的发生，不仅证明了远在日本的梁启超是爱国的，也使梁启超认识到日本的蛮横无理与侵略本质，致使其对日态度发生了转变。

孙中山照片

---

1 《日文档案》，440747，机密送第26号。或袁咏红著：《梁启超对日本的认识与态度》，第152页。

2 袁咏红著：《梁启超对日本的认识与态度》，第152页。

而与此同时,寄居日本的革命党领袖孙中山为了取得推翻满清政府的活动经费,借抵制日货一事向日商讨价还价,承诺日方如果给他30万元经费,就负责出面扑灭国内的抵制运动之火。"3月,宫崎寅藏曾为此事与孙中山联系;宫崎还与内田良平、何天炯一起,尽力使抵制日货活动'镇静化'……孙中山明白,内田良平出面,有日本资本家的背景,所以当他接到内田的电报时,便给内田回电,内称'排日团,在新加坡、暹罗、西贡者,已为吾党所打破。广东之主动者为康徒徐勤、江孔殷,出财者为李准(提督)、张督(人骏)。故彼辈财雄权大,所在鼓动,吾党财难与敌,若得三十万,则立能尽数打破,不知日本财团能出否?'内田没有给孙中山邮去款项。"[1]由此可以看出,孙中山等人出于自身利益和讨好日本的目的,为了向日本财团索要巨资,对国内的抵制日货运动是极力破坏的。

> 排日團,在新城、暹羅、西貢者,已被吾黨打散。廣東主動者,康徒徐勤、江工〔孔〕殷。出財者,李準、張督。故彼輩財雄勢大,到處鼓動。吾黨乏財,難與敵。若得三十萬,立能盡行打散。日本商團能出否?復文。

《日本外交文书》第四十一卷第二册第73页所载4月29日孙文电文

为了讨好日本,获得支持,孙中山手下的革命党人还在《中国日报》发表评论文章,并将这篇文章印制成了名为《二辰丸》的小册子,在日本华人中广泛发放。将广东水师拘捕"二辰丸"的行动说成是非法的,将清政府赔礼道歉说成是合理的,是"自作其孽"。[2]

从1904年留学日本后就跟随孙中山的资产阶级革命家思想家、同盟会评议部议员兼书记、《民报》编辑朱执信(1885—1920年),也与孙中山声气相通。他在"二辰丸"一案上故意忽视民族矛盾与国家矛盾之间的区别,将抵制运动说成卖国。他在《心理的国家主义》一文中竟然写道:

> 夫"辰丸"者,载军火至澳门,清吏以为将以供给吾国民之反抗满政府者而截获之,又以日本之强硬抗议而见释放者也。其未释也,所谓志士者,争奔走演说以和满政府。而其既释也,则又引以为国耻,移怒于日本,而相

---

[1]《宫崎滔天全集》第五卷,第691页。
[2]《1908年二辰丸事件及其历史背景》,《文明抗争——近代中国与海外华人论集》,第152页。

戒勿用其货。……吾独怪一般国民之行动，何缘迷罔至是。……彼所谓国家者，舍满政府而外，他更无所指。然则所谓国家之幸者，满洲之幸而已。国耻者，满洲之耻而已。满洲视为其敌之军资而夺之，则幸之；既得而复辱于日本，则耻之。宜也。吾人何为亦见其幸而幸之，见其耻而耻之耶？夫不当耻而耻，不当幸而幸者，见其被夺者、索偿者为外国，而不知夺之者、被辱者，乃已敌之满洲也。洞视千尺，不见眉睫。听于希微，而不闻雷霆。聪明之有所蔽也。彼既以法理上国家主义蔽其聪明，而又激励之使民殚索其力以毒外人，而更不事光复，其罪固有甚于清臣之卖国。[1]

四月十一日（5月10日），留日学生一千多人在神乐坂的演艺馆举行国耻会，一些同盟会员竟趁机捣乱，甚至殴打赞成抵制之人。"尔党一部分之无耻者，欲谄媚于外人，凡有登台演说主赞成者即开打。有覃某者，平日亦主革命者，见此情形，欲作调停之计，登台言曰：'不主赞成者，有不主赞成之意见；主赞成者，亦未为不是，今日不必深究。'语未终，尔党不辩一言，即以一椅投之，而破其头。其无理于同党有如此，于是为之不平者亦多，遂互相乱击，共伤数人。日本警察勇聚数十人，力为干涉后而散。"会后，又有同盟会员致电中国政府曰："日本文明之国，何可妄行抵制？"[2] 气得留学于日本的梁启超弟子唐璆（1873—1928年），以《汉雄莫猖狂，且看尔党之行为》为题，在报纸上大骂不已。此外，唐璆还在同一报纸另行撰文，对同盟会的行为大加指责道："若义和团之扶清灭洋，其祸已见于前矣，充尔等倒行逆施之心，即用洋灭清，亦所甘愿（但为国际法所碍，力实不足）……独不思满人亡矣，外人充满于中原，其如汉人之土地人民何哉？"[3]

上海《申报》也对发生在日本大阪的革命党破坏抵制日货运动的事件，有过专文报道。文曰：

广东同乡会干事林国英、书记黄霄九，冒托全体名义，遍发电报及意见书，反对广东抵制日货事。广东留学生见之哗然，咸不公认。诘问林某等，彼等大惧，乃将此事提出总会，以期卸身。总会干事允其开会研究。于四月初十日，假神乐坂高等演艺馆为会场。是日八时，会员未齐到，已有警察数十人在场。至九时，副干事卢思诺报告，略谓广东商人热心爱国，踊跃

---

[1] 广东省哲学社会科学研究所编：《朱执信集》，中华书局出版，1979年版，第140-141页。

[2]《唐璆文集》，当代中国出版社，2010年版，第122-123页。

[3]《唐璆文集》，当代中国出版社，2010年版，第120-121页。

抵制，本无须开会研究，不过由黄宵九极力要求耳。此事当由黄君负责任。时黄某在场，会员数百人闻之大愤，咸诘责黄某冒昧之罪。于是，有左袒日人，反对抵制之革命党登坛演说，略谓日本船坚炮利，我非其敌，设因抵制惹起衅端，后患何堪设想。继而，覃振演说，极力驳斥反对抵制之非理。词旨激昂，座中鼓掌。演未终，突有革命党跃起，大闹会场，同声喝打。旋为警察遮止，会场复静。继又有革党数人演说，皆反对抵制，同一口吻。座中董荣光等，屡欲起而驳诘，辄为革党所阻。各会员睹此情形，知不可以口舌争，相率而退场者过半。是时，会场中只余反对抵制之少数人，彼乃利用此时机提起决议，而覃振尚在会场声言否认，卒为革党刃刺头脑。同时，副干事卢思诰亦被殴打，皆负伤而去。故此次最终之决议，众会员多不与闻云。[1]

甚至还有流亡日本的革命党自称日本人，在海幢寺及人员密集处到处宣称中日人民为同文同种，而满清王朝则是汉人的敌人，汉人帮助政府抵制日货乃敌友不分，行为可耻。三月十八日（4月18日）的《香港华字日报》就登载了有关的消息。该文说：

闻连日有自称日本人数名，在海幢寺及各处稠人中演说，大略谓：此次辰丸一案所有谢罪、赔款，均与政府交涉，本与汉人无关。彼此均属同文同种，何必生此恶感。并历述国朝入关种种残杀情形，谓汉人不知反对。今因辰丸一事，为政府之助，所谓国耻，实属无耻云。[2]

而粤商自治会则认为上述事件是革命党人的阴谋，是在借同文同种实行反间之计，借以鼓动国民反对政府。因此，针锋相对地散发传单，要求国民不要上当。传单曰：

公启者：此次，因"二辰丸"一案，外务部丧权辱国，人人义愤，由于爱国热诚，并深知时势艰危，全体国民，皆能忍辱负重，足见人民程度，日进文明。中西各报所称扬，实由人知自爱所至。连日访闻，有人在海幢寺及各处地方纷纷演说，声称彼此同文同种，及诋毁国朝，意欲离散人心，破坏国体，激成暴动，惹起祸端。或系此人爱国深心，自知与我大失感情，故由个人热心，行此反间之计，其心十分苦楚。我同胞当以此人为法，彼此各位其国，只宜我做我事，切不可自忘羞耻为其所愚，更不宜聚众环观从旁讥笑，致被借口暴动，实行其□□□（注：此处用符号代替的疑为"革命说"

---

[1]《东京通信总会研究抵制日货纪事》，《申报》，1908年5月26日，第27页。
[2]《日人沿途演说辰丸案》，《香港华字日报》，1908年4月18日。

三个字）以激我人民,是为至要。此布。[1]

一些受革命党影响的留日学生随后以留日学生总会的名义,给粤商自治会发电,说:"排斥日货,有害无理,理由亦不正。当乞即解散,专以爱国精神振兴实业,大局幸甚。"而众多支持国内抵制日货的留日学生,则发电给粤商自治会及各个报馆,对上述学生冒用留日学生总会的名义进行谴责,指出"留日学生某某,营私卖国,擅用全体名义反对贵会主张,公众不认"[2]。

## 第三节  日阁倒台  抵制获胜

到了7月份,一些西方媒体开始对恃强凌弱的日本外交发出讥讽,对中国在"二辰丸"一事上所受到的屈辱表示同情。日本在国际舆论上逐步失分。

远在菲律宾的《泰晤士报》发表文章说,日本经过中国的抵制日货运动,其在经济上的损失远远大于其在"二辰丸"一案上取得的表面的胜利,这是日本强权外交带来的苦果。该文写道:

日本办"辰丸"案,其尊荣体面,固已完妥,但其所损失于财政,诚令其得于外交者,成为重累之事。视近日所见中国南省商人对于此举之规则,即使照行数日,便可损害日商数百万元,现经损害者已属不轻,不知日本果用何法以正抑此次杯葛。在中朝已尽调停之职,饬令粤督销毁反对日人之白抄,而禁止其运动。而日本所能过问者,惟中政府而已。只有兵力为所倚恃,曾派调其舰队往南清。但用兵力则有甚多顾忌,日本之财政已困,一经动兵民必滋怨,而华人恶感更无已时。假使华人妄生暴动,则日人有可借口。惟至今华人竟能避却此弊,且杯葛之章,绝不提及日本字样。华人捕船落旗,固属有咎,但其船之所事,实有不合。以其解运军火以济土匪,以伤友邦之好,日本理宜明认。但计不出此,而反用强权,与法库门之铁路问题同一口气,宜其今日受赔还之苦也。[3]

天津某西方报纸也刊登文章,认为中国的抵制运动对日伤害很大,并建言中国若想不被欺侮,必须加强军事方面的建设。该文说:

华人因"辰丸"杯葛日货,现在仍是起点,若论其结局,于日商必大

---

1 《自治会第五次戒暴动传单》,《香港华字日报》,1908年4月18日。
2 《留日学生来电之互异》,《香港华字日报》,1908年5月13日。
3 《第二辰丸案》,《现世史》,戊申第四期,大事本末纪十二。

受损害。观现下风潮之踊跃,吾等恐日人不久将萌悔志。中国之水陆各军虽甚单弱,至抵制之战具则甚属强壮,现正以此为战具抵御日人。由商务上观之,在中国可以不必倚靠日本,而日本则必须倚靠中国。至日本之经济问题,现正在困难之秋,不知费尽几多国民之毅力,始得昂首于颓波之上。……所望者,日本自后毋自恃其兵力之强,恐吓别国。若中国欲于海牙和平会求自保其第一等国之地位,今日且亟需留意于军事云云。[1]

美国《泰晤士报》还发表文章,认为受到重创的日本经济已"大为衰落""若不设法挽救,则大局将更衰落"。一些日商愿意将"二辰丸"赔款作为善款变相退还给中国。文章说:

《泰晤士报》载旧金山函云:中国抵制日货之风潮,凡旅客自远东来者,无不引为谈论之资料。日本商业自国内远及锡兰,现皆大为衰落。纽约《泰晤士报》访事密勒君,今日归自蒙古。谈及此事,谓离横滨之时,日人尚在谋败华人抵制之策,然皆无济于事。中国各处商会代表,曾在上海集议抵制方法,广东商会亦有代表莅会。内有一人告余,华人皆拟极力抵制,然办法文明,不使日人借口为政治之干涉云云。余曾目见扬子江日本商船,事业皆极凋敝。据传日本富商目下皆情愿将中国之赔款如数偿还,充作中国善举。缘中国国民自信卸旗之合理,故以抵制为报复。而日政府亦知若不设法挽救,则大局将更衰落云。[2]

在世界各国的舆论面前,一些日本人也开始检讨自己的外交政策,并对政府欺凌中国的种种做法表示不满。日本《外交时报》在论及"二辰丸"事件时说:

"辰丸"事件,其事甚小,而引起日清两国外交之恶感情,乍观之似属可异,而不知日清两国交之暌离,非自今日始也。……日本人民对于欧美诸国,太存敬畏之心;对于清国,太存轻蔑之见。凡轻侮人者,必遭失败。即如间岛问题,亦以轻侮而失者也。……夫清国今日,新机勃发,与日清战争时之老大帝国,隔若云泥,已非吴下之旧阿蒙矣,清国人民之智识已开通矣,国民之势力已确立矣。乃至其政府反违乎国民之意思,不能为何种设施。其国民之实力,实能间接监督其政府,而牵制之,至有明效者也。今"辰丸"事件,日本政府自由行动之警告,以肆其威吓,岂非得快于一时

---

[1]《第二辰丸案》,《现世史》,戊申第四期,大事本末纪十二。
[2]《抵制日货影响之大》,《申报》,1908年7月19日,第11页。

乎？此事之龃龉，日清交睽离之原因也。以琐琐之事，而有害于东洋之和平，实东方之不幸也。[1]

日本《新闻报》则认为，中国是世界上第一销售市场，由于"二辰丸"交涉的失败，中国人已经开始觉醒，他们利用抵制美货的做法来抵制日货，当可谓"暗折敌国之谋"。该报纸刊文说：

中国者，世界第一之繁丽市场也。版图广漠，人口最繁，财产殷富，购物最伙，将来文明之程度日渐臻完，而发挥强大之雄图必能一跃而执世界工业商场之牛耳，为期诚不远矣。独是新政治始发勾萌，国家组织尚形微弱，一遇外来刺激，国民愤起，即据需物之权利，而为得心应手之暗战机谋，亦势所必至者也。而禁买日货之说，即从此生焉。噫，往岁美禁华工，即遭如斯之冷遇，迄今美国政治名流犹引为遗憾。不图"辰丸"事件，复激起粤民愤奋之心，竟转其禁美货之谈锋，又移注于日本。夫劳力之工人，每对资本店东，咸作同盟罢工之抵制。而弱国民之团结，则常以实业盈缩，而为暗折敌国之谋。虽有不得已之苦衷，亦不得目为过举。然则余辈但深表此次抵制日货之同情，而中国人民居然有醒觉之气象，尤不禁欣然贺之矣。论禁购之动机，固起于"辰丸"事件，然详究其远因，则窃恐不专为此举。吾意中国全部人民，近数年来必胸臆间常怀有不悦日本之隐念，一朝军火辘轳，竟为导火之媒。积念非常，已有不堪之势；藉端勃发，其剧烈遂至如斯。凡树木结实，固赖其涩之雄雌，然其繁萎之渊源，则实赖其远因之种子。中国人民此次排日之风潮，大抵不外斯点。由是言之，近来日本之外交名流，对中国之措施，其形劣拙，因而积微生惑，遂惹起中国人民疑日之杞忧，是则确无可疑者也……[2]

为了尽快打消中国国内的仇日情绪，取得中国人的好感，一些日本商人开始想方设法拉拢中国官绅，打起了中日亲善牌。上海《申报》10日报道说：

广东志士抵制日货后，日本商界大受影响。大阪神户之各大实业家屡次欢请华商宴饮，名曰：恳亲会。百计联络，用心甚苦。顷又组织一"日清贸易振兴会"，其宗旨在联络二国商人之感情，以图商业之发达。今将其章程中第四章"本会之义务"译录于下：一、清国各省学校、官衙之所在地及主管者之姓氏，并上海、北京、满洲各方之会社、银行，暨大实业家

---
[1]《第二辰丸案》，《现世史》，戊申第四期，大事本末纪十二。
[2]《第二辰丸案》，《现世史》，戊申第四期，大事本末纪十二。

之所在地及主营者之姓氏，其余一切商业必要事项，详细调查，录刊本会之机关报，分送会员。二、清国豪商及游历官来游日本，经本会查知，即片知会员，开会欢迎，以洽感情。三、本会拟择相当之地开设支那语班，教授会员。四、会员有游历清国者，本会给以相当之绍介书，并为之图旅行各种之便宜。[1]

6月中旬，广东地区连日暴雨，东江、西江、北江同时暴涨，冲决堤围达130多处。百分之八十的粮田作物受损，两万余人无家可归，二十五万人无以糊口，直接经济损失达千万元大洋，大量的饥民露宿街头。为此，张人骏开始发动两广人民自救并呼吁各省援助。

趁此天灾之际，日本开始积极组织本国商民向广东灾区捐献"日金两万余元，复运布七千匹，面万余斤，及药丸、盐、菜等物"，试图与广东人民拉近感情，以期尽快取消抵制运动。

日本政府的小恩小惠，对广州的抵制日货运动并未产生明显效果。而此时远在东北的哈尔滨人，也响应广东开始了抵制日货运动。6月21日的上海《申报》报道说："哈尔滨现亦倡议抵制日货。"半个月后，哈尔滨的抵制运动已极为激烈。7月14日的上海《申报》再次报道哈尔滨抵制日货的新闻说："哈尔滨地方近来抵制日货极为激烈，日本小商颇受其累，现已有多人退往铁岭、大连等处经商。此次抵制之举一时恐难停止。"[2]

远在异国他乡的新加坡华侨也开始抵制日货，并且对经营日货的店主给予十分严厉的惩罚。7月3日《申报》报道：

自抵制日货之事起，新嘉坡华侨以激于国耻奉行最力，各铺均贴有"某货免问"字样。有某店私贩该国海味十余箱，被众侦知，即集议惩罚。咸责骂该店不止。该店云系误卖，自愿遵罚。旋问应罚若干。众以该店首先破坏，非重罚不可，此事须俟集议方能解决。是日，全埠哗然，极愤激某店之无耻，潜于黑夜，以元宝、腊烛扎成一束如吊丧者然，挂于该店门首。翌早，该店启门，见宝、烛悬挂门首不下千数百对。某店知众怒难犯，遂将该海味运往别埠销售。旋再集议，罚银三百元了事。[3]

鉴于中国抵制日货运动给日本造成的损失，当年6月，日本国对在"二辰丸"一案中负有责任的驻华公使林之助及驻广州总领事上野专一予以撤换。

---

1 《实业家组织日清贸易振兴会》，《申报》，1908年6月10日，第26页。

2 《申报》，1908年7月14日，第10页。

3 《实业私贩海味干犯众怒》，《申报》，1908年7月3日，第11页。

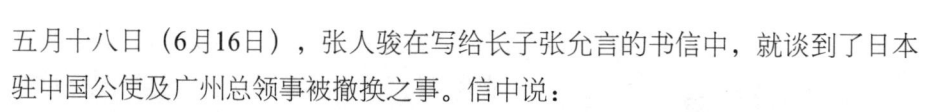

五月十八日（6月16日），张人骏在写给长子张允言的书信中，就谈到了日本驻中国公使及广州总领事被撤换之事。信中说：

"二辰丸"事，实为外部弄坏。当时接我电报即照会日使，则日领诳报不能行，何至酿成如此交涉？观于日本之撤回公使及领事，可知渠国亦非全无羞耻者。且下旗之故，由于抵制澳门兵舰，如此重要关键，而外部竟含意不申（此英朱使所言），真不可解。现阅日本报章，尚有欲赔修船工费，不知确否？果有此事，我必力驳。盖此事我无赔偿之理，若外部又轻允，我实无颜在此。……"二辰丸"一案，粤民极为愤恨，有为抵制之计。我恐激而酿变，故迎机利导，勉以振兴工艺，开拓航业。当时出示，即有通商惠工之说（告示颇传诵，各报皆刻，当已见过），人情极为感动。南洋华侨受外人压制已久，闻粤有此举，亦踊跃附和。果能办成，与南洋声息联络，亦可收回华侨之心，将来中国商务，必大改观。惟国运如此，而粤人向无恒心，能否做到，竟未敢必。此亦关乎运数，非人力所能勉强。[1]

关于抵制日货运动给日本造成的损失，创建于1921年7月的《上海总商会月报》第五卷第八号对此做过一个系统的分析。这篇题为《抵制外货以保护关税问题》的文章如此写道：

日本之对华贸易，以中日战争为一转期，自后渐趋隆盛。更加以日俄战争之结果，日本势力伸及吾国满洲及北部一带。光绪三十二年，日本对华贸易遂达从前未有之巨额。光绪三十四年，辰丸事件发生，吾国学界鼓吹抵制甚力，此为抵制日货之第一次。而是年日本对华贸易，输出较前年减少二千五百万元，输入减少八百万元。虽因吾国农产物收成歉薄银价下跌，均为民间购买力减退之由，然其主要原因，仍不得不归功于抵制。盖是年五六七八九等月，为吾国抵制日货最盛时期，而日本对华贸易之受打击，亦以此五个月为最甚。试观下表，自可得其大要也。……纵观上表，可知抵制效力之巨。盖当日俄战争之际，吾国朝野倾向联日，中日贸易因而促进。迨辰丸事件发生，中日交恶，吾国国民始有抵制之举，输出贸易，遂顿减二千五百余万元。翌年抵制之风稍熄，而贸易亦渐有起色，然减少额仍达八百余万元。[2]

正是因为对华贸易上的打击，在撤换了驻华公使和领事之后，日本政坛

---

1 《致张允言等》，张守中编：《张人骏家书日记》，中国文史出版社，1993年版，第123—124页。

2 《抵制外货以保护关税问题》，《上海总商会月报》，第五卷第八号。

仍未平静，不久又导致了西园寺内阁的彻底垮台。在中国发动抵制日货运动的同时，日本国内的西园寺公望内阁政府为了进行日俄战争以维持海外扩充殖民势力的需要，在国内外募集了十二亿八千万日元公债。除此之外，还需要大量的资金支持。由于中国的抵制日货运动给日本经济造成了重创，引起了山县系的势力对西园寺公望内阁政府的不满。山县有朋串连贵族院、军部等联合倒阁。终于在六月十六日（7月14日），西园寺内阁总辞职。

张人骏的五儿子张允亮在1927年张人骏去世后所写的《先府君行述》中对此写道："在野党至欲藉以倾其内阁。案（注：二辰丸）结未几，其政府即更易使臣与驻粤领事职，是故也。"因此，"自

《东方杂志》报道的西园寺首相倒台

西江、二辰丸两案连折二强国，日本新领事来谒，执礼如属吏"。

张允亮所述的由于张人骏发动的抵制日货运动间接导致了日本政府垮台之事，并非夸大其词。1908年出版的第七期《东方杂志》也有记载说，六月初六日（7月4日），"日本西园寺首相辞职，西园寺内阁倾覆，复为桂内阁责任内阁，全体视首相为进退。吾国组织内阁，时机已近，考彼中递嬗之事实，政界健者，必有事焉。又西园寺之败积因甚多，攻之者曾及对我之交涉，谓间岛及新发路等当猛不猛，'辰丸'之当宽不宽。后来者欲见好舆论，恐于我正影响非细"。

七月二十九日（8月25日），张人骏致信张允言，谈到日本驻广州总领事向其求情，表示赔款数目可自认一点，被张人骏坚决驳回。信中说：

交涉之事自西江、"二辰丸"两案后，各洋人气焰较前略衰，日本尤甚。因抵制日货，大受亏损，屡次求我设法当告以广州。经我出示劝导，报纸及舆论今日宁静，至于香港、南洋非我权力所及。近因水灾，各国皆有助赈，而日本独优，捐日金两万余元，复运布七千匹，面万余斤，及药丸、盐、菜等物。助赈意在联络粤人，而粤人振兴土货之念甚坚，恐非一时所能挽回也。前日美国纽约报馆访事人来谒，言及美国除政府外，始知华人性

质,实有高人之处。现在通国颇愿与中国联约,其政府曾与任使提议此事。如其说果确,现在中国恰有专使赴美,倘能加意联络办成此事,外患当可稍纾。汝见那相(注:那桐)、项城(注:袁世凯),何不以此意讽之?"二辰丸"案,外部所议本有酌量赔偿之说,日领事前月来此试探,言接其政府来信已久,因抵制正甚,故未敢轻出,意欲我择可认者酌认一二,后见我语气颇坚,遂未深说,至今亦未照会。不知能从此了结,抑乘机而动。只可听之。总之,唯有坚持到底,福祸皆所不计。粤人爱戴甚深,倘能于此时离粤,则我之声名可望不朽矣。[1]

八月(9月)下旬,河南省城的人力车工人仍然在抵制日货。《申报》报道说,八月十八日(9月13日)午后,下起大雨,鼓楼下几名人力车夫闲坐无事,聊起街道旁张贴的《敬告同胞勿用某货》标语。车夫张某不识字,向其他人问上面写的是何字,有人告诉了他,并讲解了标语的意思。车夫张某赶紧将自己身上穿的短衫扯下,撕成碎片,大声说:"我这辈子如果再用日货,就不得好死。"于是,光着上身度过了半天。第二天早上,他才买了一件国产的土布短衫穿上了。他的事迹很快传遍全城,感动了那里的百姓。人们看到一个下等的苦力尚能如此爱国,"彼衮衮诸公,应愧死矣"。从此,"某洋行某大药房之货物销场,遂日见零落"[2]。

九月初八日(10月2日),日本驻广州领事再次照会两广总督张人骏,要求按约支付"二辰丸"案的赔款。有的文章说这份照会是日方答应撤销对"二辰丸"索赔要求的文件,并把这一天作为"二辰丸"索赔撤销日,应该是极其错误的。实际上,日方始终也没有放弃对"二辰丸"的索赔要求,以至袁世凯称帝后日方仍然向其提出过索赔。日本领事致张人骏的照会曰:

敬启者:前因扣留我国轮船"二辰丸"所生损失之实数,本领事与贵部堂商定之后,由贵国赔偿,协定在案。即在我国政府查定"辰丸"事件损失之实数,载明调查书,饬令本领事准据该查定之额,与贵部堂商议,以期妥结本案。该调查书内第一项至第九项之额,在我国政府精密调查,按照北京协定计算损失之实数。而至于第十项及第十一项均系清国商民对辰马商会、安宅商会要求之损失全额,该两项之额,即照清国商民为直接之损失陈说者计算索取。而该第十项及第十一项于辰马商会、安宅商会由贵国政府领取损

---

[1]《致张允言等》,张守中编:《张人骏家书日记》,中国文史出版社,1993年版,第123-124页。

[2]《人力车夫之爱国热》,《醒华》,第一百三十三期,1908年10月22日。

款，即将其全额转交贵国，该商民于该两商会一无所利者也。贵部堂若对该两项清国商民之损失另与华商协议，如伊等对辰马商会、安宅商会撤回要求，则我亦撤回该两项矣。所有本案调查书关系书单都存在本领事处，倘有对于该调查书意义不解者，即可对贵部堂详细说明，以便准据该调查书内速为商定，而妥结此案可也。[1]

"二辰丸"的索赔金额，比购买船上私运军火的数额要大许多。据后来日方提供的索赔文件显示，索赔方不仅有"二辰丸"船主的辰马商会，还有在"二辰丸"上搭载货物的24名在日本神阪地区的广东侨民，他们提出的赔偿金总共为日元21.8万元。赔款细目列在《二辰丸事件损失查定调书》中，具体包括：（1）44天的滞船费25 921.5日元。（2）电费及诸杂费9 000日元、广东、香港停泊费等港银5 234.82元。（3）安慰船长遗族恤费10 300日元。（4）修船费、在神户38天滞船费、检查费26 049.85日元。（5）船底破损，影响船底价格损害额12 000日元。（6）香港太古洋行煤炭损害要偿额港银1 887元。（7）由送煤炭人瓜生商会发香港神户电费86.37日元。（8）安宅商会砂糖损害费76.96日元。（9）三浦洋行定货过期赔偿损害额975日元。（10）香港、清国商人提出货物直接损害额港银76 819.91元。[2]

日本领事提出的索赔要求，再次遭到了张人骏的严词拒绝。十月二十九日（11月29日），张人骏给日本领事的答复见于其给外务部的咨呈中。该咨呈写道：

为咨呈事。光绪三十四年九月初八日，接广州口日本领事照会，将"辰丸"损失应行赔款数目，开列调查书送请核办前来。本部堂当以粤省商民因此案交涉，致生种种恶感，迭经剀切劝谕，近始稍觉消融。今若复提及赔款，深恐民情忿激，再有抗议，滋生事端，于两国商务均有妨碍。应请撤销赔款，以敦睦谊，等由。照复去后，合将日领来文及本部堂照复稿一件抄录咨呈，以备酌核办理。为此咨呈贵部，谨请察核施行。须致咨呈者。光绪三十四年十月二十九日。[3]

---

[1]《粤督张人骏致外部辰丸案日领要求赔偿业允撤销文附日领函》，《清季外交史料》，卷二百一十七，第23-24页。

[2] 黄贤强编：《文明抗争——近代中国与海外华人论集》，香港教育图书公司，2005年版，第207页。

[3]《粤督张人骏致外部辰丸案日领要求赔偿业允撤销文附日领函》，《清季外交史料》，卷二百一十七，第23-24页。

至此，直至大清灭亡，日方也未再敢向中方提出索赔要求，"二辰丸"事件不了了之，抵制日货运动也逐渐减弱。

十月初七日（11月1日），在香港的日本海产品商人以为华人抵制日货业已结束，于是借恰逢提灯会之际，张灯结彩，点燃灯笼万盏以上以示庆祝。在花灯的设计上，故意将"诸色鱼灯兽灯，皆没尾者，以示中国人有始无终之意……灯笼上写中文字，而略去下半句，且注华人病，不能食海味，今已痊愈"[1]。有的上面甚至写有"制服中国"字样。这种挑衅行动立即激起在港华人的愤怒。次日下午，在粤人敢死会的参与下，高升街、乍畏街、文咸街、西营盘、荷李活道、皇后大道等销售或储藏日货的店铺、货仓，相继受到粤人的自发袭击，日货或被抛撒街道，或被人抢走。港府出动数百军警镇压，民众以砖石还击，"石如雨下"。军警于是"放枪轰击，伤二人，暴徒即逐渐散去"。当天，军警拘捕200余人，其中60余人分别被判处短期监禁、罚款或鞭刑。

初八日（11月2日），领导抵制日货运动的商人陈露泉、赵少朴、潘兰子及《商报》主笔伍某被港方驱逐出境。日本公使认为抵制运动是粤商自治会所策划，"照请粤督查办，同时又请外务部电粤查禁。督臣张人骏不欲摧抑民气，但申诫该会而已"[2]。当时，《中国日报》也及时报道这一事件，记录了香港爱国同胞抵制日货的勇敢行动。过了一段时间，"粤人闻日皇为我大行两宫（光绪、慈禧）持服二十一日，顿弃宿嫌，以志睦谊"。作者还就此对国人的"深情厚貌"和"外人之术狡"而担忧。[3]

日本人对于香港华人的抵制日货运动非常痛恨和不解。《武昌起义前后在华日本人见闻集》一书中曾经写道：

去年西太后薨去之官报发出后，香港政厅及居住香港之外国人皆降半旗以志哀，独居住香港之三十万广东人，似不知北京朝廷发生何等之事，欢快自如，照样经营。而为报复排斥支那移民而抵制美货两年之久者，亦为此广东人。岂止于此，他们激于"辰丸"事件，宣称抵制日货与日船，至今犹对日本保险及烟草实行集体抵制，并与侨居美国及澳洲之清国人结合，抵制

---

1 《抵制日货滋事汇闻滋事续闻》，《香港华字日报》，1908年11月3日。
2 《光绪三十四年十一月大事记》，《东方杂志》，第二十期，光绪三十四年十二月二十五日。
3 《光绪三十四年十一月大事记》，《东方杂志》，第二十期，光绪三十四年十二月二十五日。

257

日本商船，而对日本棉纱解除集体抵制，实为数日前之事。……广东人对当今北京朝廷虽如路人一般冷漠，然其地方观念十分旺盛。虽对清朝实行顽固政策所致之甲午战争反应平淡，并无何等反动，西太后薨去时亦不予以特别关注，但在"辰丸"事件发生后，他们却团结起来，断然与日本进行剧烈商战，而使之受困。[1]

香港华人的抵制行动，再次引起了清政府的惊恐。于是，外务部赶紧致电张人骏，要求其严防粤民闹事。《申报》对此加以报道云：

近日外部迭接香港抵制日货风潮消息，特电询粤省有无风潮波及，务请设法禁止，不得再有集众会议，倡言抵制，鼓噪暴动情事，以免酿成国际交涉。大吏接电后，当即传谕司道府县，督同巡警营兵一体认真严查防护，又以连日。迭据港员报抵制风潮殊为紧急，爰于省城各处复派警防各兵严密查禁。刻下，各处业已平静如常，并无滋闹暴动之事故。已电覆部中矣。[2]

又一次受到惊吓的日本闻讯清政府致电张人骏，感到十分惊喜。他们甚至盛传清政府已经下令张人骏解散粤商自治会，从此就可安枕无忧了。12月1日的上海《申报》就转载了11月29日日本《朝日新闻》所报道的粤商自治会即将解散的消息。《申报》报道说："《朝日新闻》载称，中政府已允日政府之请，严禁南省抵制日货。闻已电谕粤督，着其解散自治会。"[3]

十一月初七日（11月30日），张人骏致电外务部，就26日外务部来电进行回复。电文中盛赞粤商自治会陈基建等"主持之人均系殷实正商，本年风水告灾，劝募赈济，籴米平粜，俱归经理。春间解散商场，抵制谣言，深为有力"。并对外务部要求查办陈基建等人一事提出反驳说"若将首会之人惩办，在日人为以怨报德，在我为加罪无辜""倘因激动众怒，内讧猝起，外匪勾结，关系甚大"。电文曰：

初三日电敬悉。香港抵制日货，毁物伤人，查系由南洋各埠、各场发端。近日西报载有日本因华人渐有与之定货者，彼国商人志气骄满，糊成无尾之禽兽各灯，嘲华人办事有头无尾；灯上之字，并有"制服中国"字样，而中字无下半截。又日本报中画有一太阳，三面画犬无数，向之而吠，犬身写香港二字。香港各商见之大愤，致有敢死会之举。当九月底，港中已有殴

---

[1]《广东人之商业势力》，李少军编译，《武昌起义前后在华日本人见闻集》，武汉大学出版社，2011年版，第526页。

[2]《申报》，1908年11月11日，第4页。

[3]《申报》，1908年12月1日，第10页。

人割耳宣布抵制之举,时在十月初七日之先,港督何以不加禁压?初七日如有到港散布唆耸之人,何以又不查禁拿究?阅十月十五日日本《朝日新闻》纸,载有"辰丸"事起,英德商人乘机渔利,故清国人虽有中止抵制之心,而泰西商人从中运动,力极猛烈等语。是日人明知此事之底蕴,何不问之香港政府,而转问之华官?况香港警察密布,一隅之地,四面临海,稽捕易周,迥非广州八达四通可比。省城内外,日货各店,所在多有,该会党如愿发难,何不在省而在港?殊不近理。粤中于本年春间,各商虽因"辰丸"案不无愤激之谈,一经示禁,至今一律相安。广州自治研究会以外,尚有商务自治会,为全省商会中人研究商业而设,禀明有案。商会自治,功令所许,非等违禁私集。主持之人均系殷实正商,本年风水告灾,劝募赈济,籴米平粜,俱归经理。春间解散商场,抵制谣言,深为有力。若将首会之人惩办,在日人为以怨报德,在我为加罪无辜。至国耻会,粤中并无此项名目。查日领曾于前月十四日来见,询及香港抵制暴动,英领照会请办之人如何处置。越日,而英领照会始到。日领何竟预知?其为协以谋我,抑英人自愧港地保护偶疏,特向日人设辞,委之粤人分谤,皆未可知。夫滋事在港,彼且设辞诿卸。内地平静,我岂可无端自承?若徇外人无据之言,归咎地方正当商首,适堕彼等计中。诚如钧电,国遭大事,内外生心,倘因激动众怒,内讧猝起,外匪勾结,关系甚大。除仍随时防范,尽我保护各国商务之责外,区区苦衷,尚祈察照。[1]

同时,张人骏发布文告一则,要求两广民众放弃仇日思想,和日本保持正常交往。文曰:

两广总督张为晓谕告示:思广东通商,进步领先,民智久开,商业市场中与各国贸易频繁,昌盛有年,平素以洽洽融合著称。唯以地势与海滨相接,匪党素不为少,常有奸商从海外走私军器火药,诱导匪徒妨碍治安,以为贸易市场之害。又民间匪党依恃外来军器,愈加猖獗,屡逞祸害,终至遭人嫌忌。本部堂就任后锐意戒饬,查察拿捕匪党极严,且严禁援助匪党之事,以利于维持和平。现在民情静谧,地方安泰。兹据外务部电训:日本小村外务大臣发电于全国地方官及台湾各处、各地海关等,谓清国之匪党及日本人之同情匪党者,暗中向清国走私军器火药等,当极力镇压。日本政府与我国毕竟交谊极睦,而此等走私之事,乃一二与匪党情通者为之,所以日本

---

[1]《清季外交史料》卷二百一十八,第5页。

政府深表遗憾,现当极力镇压以禁绝之,由此自无再犯之虞。今后匪党失其所恃,必得安宁,中外咸受其益。合当为此告谕,使民间亦喻此意,望众人皆能知悉。尔等今后宜务生业,排除恶感,使两国人广做交易,十分确信,勿抱猜疑。今值世界交通之际,专以商务为重,且工艺制造等,我当进而求之,宜使守旧人士明之。如此则商业有骎骎日升之观,本部堂有厚望焉。各自凛遵勿违。特示。[1]

由于有了张人骏的出面劝谕,日本人从中看到了希望。一些人开始预测,抵制运动将于1909年开始平息。日本在华的谍报人员编著的《武昌起义前后在华日本人见闻集》中就曾写道:"清国南方年初因'第二辰丸'事件激发之抵制日货运动,在本期似完全平息,遭打击最重之海产品也开始公开交易。看来,广东地方与我国之贸易,自宣统元年之后,将会逐渐恢复旧貌。"[2]

光绪三十四年十月二十二日(1908年11月15日),慈禧太后去世,袁世凯的靠山一下子倒下了。十二月十一日,早就对袁世凯心怀不满、想杀又不敢杀他的摄政王载沣和隆裕太后,不得不以袁世凯患有足疾为名下旨曰:"军机大臣、外务部尚书袁世凯,夙承先朝屡加酌用,朕御极后,复予懋赏,正以其才可用,俾效驰驱。意袁世凯现患足疾,步履维艰,难胜职任。袁世凯着即开缺,回籍养疴,以示体恤之至意。"

袁世凯下野后,粤人对外务部的不满情绪也就有所降低,这对抵制日货运动也有一些削弱作用。

到了宣统元年一月,广东的抵制风潮日渐平息,但海外华侨的抵制运动仍在继续。日本人将华侨抵制日货的责任归咎于粤商自治会的发动和粤省报纸的宣传,于是一改往日颐指气使、专横跋扈的做派,降低身价,对张人骏大唱颂辞,要求其出面禁止报馆宣传鼓动。张人骏骨子里虽然仍痛恨日本,但表面上却不得不敷衍应付,出示文告,劝谕各个报馆在刊登有关抵制的文稿时"务宜审慎,免惑观听"。之后,抵制运动的新闻宣传逐渐减少。上海《申报》登载了张人骏的文告。文曰:

**粤督张安帅札文云:接广州口日本领事函称,客岁,本省流行抵制风潮**

---

[1]《张总督针对抵制日货发出之告示》,《武昌起义前后在华日本人见闻集》,1908年12月31日第十六期,第151—152页。

[2] 李少军编译:《武昌起义前后在华日本人见闻集》,1909年2月15日第十九期,第173页。

至今大有减退，统由阁下尽力维持所致，本领事不胜感激。然近闻南洋及美国各埠华侨依然抵制，与日商不稍融和，实为恨事。回忆抵制之事，初由广东省城始延海外，故省城源泉而海外各埠其流域也。源泉一清，流域何有不清澄之理？如今省城各报均不命载日船出入，又闻有揭又载与两国交情相背之记事者。本领事阅及，良用殷忧。盖抵制以来，中日两国商民均受其害，倘使风潮弥久不息，受害愈大。况报纸即社会之耳目，刻下自当设法研究，一清其源泉而澄其流哉为要也。阁下凤敦友爱，顾念两国交情，以致日益亲睦。仍望妥为设法澄清源流，使中日两国商民均沾其泽，诚两国之福，等由前来。合就札饬，札到该口，即便遵照。谕全省各报馆，凡关系邦交之事登载，务宜审慎，免惑观听而滋口实，是为切要。[1]

抵制日货运动基本结束后，《现世史》杂志撰文对"二辰丸"一案作了精彩的总结。该文以"二辰丸"案五大特色为题，对吴敬荣等人不畏强敌、不受贿赂，张人骏不畏强权、坚持公理，中国民众团结一心、坚决抵制的行为大加赞誉。该文写道：

本案之特色有五：（一）"辰丸"为载重三千一百四十二吨之船，向来私运军火，未见有如该船价值之重者，而王、吴诸员，敢于捕捉，不畏强御。其特色一。（二）向来中国缉私员役，皆明于受贿，而暗于法律。此案"二辰丸"船主，初次愿送贿银一百元，再次愿交出军火，并以一千元相赠，而中国官员不为利动，且执公法以与船主开数次之谈判，卒使屈服，为向来之所仅见。其特色二。（三）中国政权操自中央，地方官厅，从不敢抗。此案中央政府之意见，皆急于放船。而粤督张人骏独以坚持条约关章，历历折驳，扣船至于四十余日。虽屡奉大部意旨，而无所瞻徇，为地方官吏之所最难。其特色三。（四）向来中外交涉，皆有强权，而无公理。为中国代抱不平，至欲以第三国出而干预，可见中国虽败犹胜，强权可屈，公理不挠。其特色四。（五）中国民气向弱，团体向涣。独此案潮流所及，人心翕然，杯葛主义，至于妇孺。以迄华侨，皆知耻辱，文明对待，始终不移。可以觇国民进步之速。其特色五。[2]

二十多年后，"二辰丸"整个事件的参与者、水师提督李准在《任庵自编年谱》中回忆说，"二辰丸"一案，"非得有外助及民气之发扬，仍不易办到如此"。李准也对于"民气之发扬"，给予了极高的评价。

---

[1]《申报》，1909年2月17日，第11页。
[2]《第二辰丸案》，《现世史》，戊申第四期，大事本末纪一。

宣统元年七月初一日（1909年8月16日），上海环球社新创刊的《图画日报》第一号第十三页《当代名人纪略》一栏中，刊登了名为《两江总督张安帅小影》的图画，在所配文字介绍时写道，"公办理内政外交，均力持大体，而粤东'二辰丸'一案，尤能强毅不屈，尊国体而保主权"。这在以批判社会、抨击时政为主题的《图画日报》中，算是对当时官员少有的正面评价。

七月二十八日（1909年9月21日），《泰晤士报》记者莫理循在给瓦·姬乐尔的书信中写道：

抵制外货，是中国的主要武器，中国已经在用抵制日货来对付日本，虽然日渐减弱，并且还在抵制英货。抵制日货与"二辰丸"事件和东沙群岛（普拉塔斯岛）问题有关。[1]

"二辰丸"案，以广东地方政府正常缉私执法开始，以屈辱的赔礼道歉结束。但是，由张人骏暗中策划和支持的波及全国的抵制日货运动，在粤商自治会等商人组织直接发起和领导下，给日本经济造成了重创。从1908年4月到12月，持续9个月的抵制日货运动，使日本对华（包括香港）出口额与上一同期相比，下滑1330万美元，相当于日本1907年出口总额的6%以上。即使考

---

[1]《清末民初政情内幕——泰晤士报驻北京记者、袁世凯政治顾问乔·厄·莫理循书信集》，第630—631页。

虑到这一年中国整体进口额下降，日本的对华出口降幅，仍是其他国家对华出口平均降幅的4.5倍之多。而在政治方面，抵制日货运动激发起全国人民的爱国热情，推动了中华民族新的觉醒，显示了以新兴的民族资产阶级为主体的中国广大民众的力量，此时的中国人民已不是以往的"臣民"，而是具有国民意识的"近代化"的国民，它充分体现了国民参政意识，以及国家观念增强，这也正是此次运动的深刻意义所在。它向世界各国展示了中国人民的爱国力量，从而使西方各国觊觎中国的行动有所收敛。在中国民众运动的压力下，蛮横狡诈的日本政府可耻下台，新任内阁不仅放弃了索赔要求并签署严禁走私军火协议。事件中搅局的澳葡当局也相当紧张，不得不从严管制军火走私，并与中国政府进行划界谈判。这又不能不算是败中取胜的一着妙棋，可以说是有得有失，得大于失。张人骏在这段时间内，以收回东沙岛为主线，相继领导了二辰丸及抵制日货运动、巡视西沙、澳门划界、香洲开埠等多条战线，而且均收放有余、掌控自如，彰显出他杰出的领导能力和爱国情怀。

"二辰丸"案，直接促进了清政府的海洋立法工作。以前，清政府一直没有自己的捕获法，每遇到领海走私事件，都参照英国的相关法律执行，这给本国的捕获及裁判带来了困难。清政府受"二辰丸"案影响，不仅开始了捕获法的立法工作，其他海洋立法也已开始启动。《现世史》第一期就记载道："广东二辰丸一案，因我国向无捕获裁判之法律，卒至外交失败。江、鄂、粤、闽各省督抚有鉴于此，近日屡次电请政府速订内地及领海以内捕获裁判专律，为对付日后此等交涉地步。各大军机深韪其议，已奏明办理。昨特片交外务部、宪政调查馆、税务处，饬即会同核议，查照东西洋成法参酌订定。俟脱稿后先照会各国驻京公使认可，再奏请宣布通饬沿海沿江各督抚暨各海关人员一律遵照办理云。"[1]

"二辰丸"一案，还促进了日本和澳门方面在对华走私军火方面的管控。事发之后，日本和澳门都制定了禁止对华走私军火的章程。虽然这些章程都未曾得到真正的落实，但毕竟是对清政府的一些让步。

"二辰丸"一案，还促进了东沙岛的收回。"二辰丸"事件期间，张人骏也正在与日本交涉日商窃据东沙岛之事，"二辰丸"事件引发的抵制日货运动，使日本国感到不能因为保护某个日本商人的私利而给国家带来重大损失，因此在东沙岛问题上对华作出了妥协的姿态。

---

[1]《拟订捕获裁判专律》，《现世史》，戊申第一期，外务部廿六。

"二辰丸"一案，还促进了两广地区民主政治的形成。由于两广民众在"二辰丸"斗争中的团结协力，使张人骏看到人民群众的政治力量，从而加快了广东民众自治运动的发展，以至广东咨议局早日成立。

　　"二辰丸"一案，为中国抵制外国侵略提供了一条新的斗争手段。从此以后，中国掀起的历次抵制洋货运动，莫不以"二辰丸"一案为先驱。

　　"二辰丸"一案，还加速了澳门划界工作的进行。

## 第六章
# 反葡寇澳门划界

张人骏就任粤督，本来打算第一件事就是要启动澳门划界，以斩断窃据澳门的葡萄牙人不断蚕食我国领土的黑手。这是一块谁也不愿意接的烫手山芋。自打1887年葡萄牙与清政府在北京签订不平等的《中葡和好通商条约》以来，20年间已经换了张之洞、李翰章、谭钟麟、李鸿章、鹿传霖、陶模、德寿、岑春煊、周馥等十多任粤督，都没人启动澳门划界这一费力不讨好的敏感问题。

清代地图中的香山县、澳门位置图

倒是曾任过粤督的张之洞曾经上疏谈过澳门勘界的想法，希望与葡萄牙签约，达成以下共识："澳门系中国疆土，让与葡国居住，应声明葡国居住免其租银，不得视为葡国属地。""所有水道，准其船只往来，不得援引公法，兼管水界。"[1] 但因为太过棘手而并未付诸实施。

只有张人骏凭着自己一腔的爱国热情，主动挑起了这副担子。可惜由于一上任就发生了东沙岛、西江、"二辰丸"等突发事件，打乱了他的预先计划，以至澳门划界问题启动不久便搁置下来。

## 第一节　安帅上任　恶葡争界

澳门以前只是个小渔村，它的本名为濠镜或濠镜澳，因为当时泊口可

---

1《清史稿》，卷一百六十，志一百三十五。

称为"澳",所以称"澳门"。澳门及其附近盛产蚝(即牡蛎),因此后人把这个名称改为较文雅的"濠镜"。清乾隆年间出版的《澳门纪略》中说:"濠镜之名,着于《明史》。东西五六里、南北半之,有南北二湾,可以泊船。或曰南北二湾,规圆如镜,故曰濠镜。"从这个名称中,又引申出濠江、海镜、镜海等一连串澳门的别名。

康熙十九年天主教神父陆希言所做的《墺门记》云:

> 考诸山海经云:水中可居之地谓之墺,可通出入谓之门。墺门隶于广州之香山县,故又曰香山墺。香山县四面皆海,幅员五六百里,无非山洲水岛。大者几十里,小者几里。总属不毛。为鲸鲵之所游息,虎豹之所俦伴。间或有人,非山贼即岛夷。亦有闲田可耕,良农不敢宁居,故贡赋绝少。所上者,惟商舶往来,抽征洋税耳。然每遭寇劫,国税无将,县为虚设。大西洋在极西九万里。人务经商,舟遍寰宇。明嘉靖时,路过香山。贼人攘臂,洋舡奋勇,竟捣贼巢。当事者喜闻于朝,因留其国人于壵门居守,招致远商,藉以供其赋税焉。

葡萄牙人侵占澳门,始于明嘉靖十四年(1535年)间。他们当时以曝晒船上水渍货物为由,并通过贿赂当地的中国官吏,进入澳门居住,岁纳课税二万金。至1557年起,他们以每年向当地交纳五百两的地租,换取了在澳门居住的资格。1560年,驻澳门的葡萄牙人便有了包括3名最高长官(地方长官、大法官与主教)的自治机构。1840年鸦片战争爆发,清政府在西方列强的侵略之下,被迫割地赔款,葡萄牙政府也趁机发难。1845年,葡萄牙颁布法令,公然宣布澳门为"自由港",并拒交地租。1862年在澳门与湾仔之间的内港水域中线自设立浮椿,以为界址。1863年,强占塔石、沙岗、新桥、沙梨头、石墙街(均属今澳门半岛,当年葡人借居范围外)。1868年,自称有3千米领海,并阻止广东官府在澳门附近设立厘厂。1870年在湾仔内港设"界线"收费。1872年,拆除旧关闸与泛墙。1879年,"收购"龙田村,在望厦村建捕房、开马路、编门牌。同年,还在凼仔、路环强行收税、抢杀。1883年,又进军路环岛的荔枝湾、石澳等地。1887年,葡萄牙与清政府在北京签订不平等的《中葡和好通商条约》,迫使清政府允许"葡国永驻管理澳门以及属澳之地,与葡区治理他处无异",但"属澳之地"的界限被模糊带过,没有明确。澳葡得以伺机在条约签订前后继续不断蚕食四周,先后侵占了西沙潭仔、路湾、塔石、沙岗、新桥、沙莉头、石墙街、龙田村、旺厦等地,此外又潜移水炮、图占海权。对此行径,广大华人深恶痛绝,可澳葡根本没有停止的意思。1907年6月，葡兵闯入湾仔张贴告示，称在湾仔和银坑的船只换领澳葡官方牌照，还向湾仔的村民、渔民、商家征税。前山官员查看竟遭驱逐。此外澳葡还故伎重演，逼迫大横琴岛居民交纳地租。因此，早在张人骏到任前后，广州、香山、香港等地的绅商士民就纷纷请愿，要求政府"派员来澳划分界限"。

光绪三十三年八月初九日（1907年9月16日），外务部致函张人骏，与其开始探讨澳门划界问题，打算"遴派司道大员前往查看"[1]。这是目前发现的张人骏关于澳门划界问题的最早文字资料。

八月十九日（9月26日），张人骏致电外务部，详细汇报了澳门界务目前的形势和自己的设想，建议"拟调高参议到粤勘办"[2]。

张人骏在电文中所说的高参议，乃外务部右参议高而谦。高而谦（1863—1918年），字子益，长乐县龙门人，举人出身。从其履历上看，他曾经做过两广洋务差使，所以这次张人骏才推荐了他。高而谦于福建马尾船政学堂毕业，后赴法国游习法律专业，历任江苏试用县丞、福建洋务差使、湖北江汉关翻译、江苏补用知县、山西洋务差使、候补直隶州知州、四川洋务差使、两广洋务差使。光绪三十三年（1907年），任外务部右参议。光绪三十四年（1908年），任云南临安开广道、云南交涉使司交涉使。宣统元年，任办理澳门勘界事宜、外务部左丞。次年任考试游学毕业生考试官。宣统三年（1911年），任云南布政使，后署四川布政使。民国六年，担任外交部次长。

二十三日（9月30日），外务部再次致函张人骏，告诉他"澳门界务力与葡前使磋磨，始允暂不提议。应先由粤派员前往查看，如果

张人骏主编的《广东舆地全图》中的香山县与澳门地图

---

[1]《外务部为派员勘办澳门界务事致两广总督张人骏电文》，《明清时期澳门问题档案文献汇编》（四），第1489号。

[2]《外务部为派员勘办澳门界务事致两广总督张人骏电文》，《明清时期澳门问题档案文献汇编》（四），第1489号。

拟勘之界确有把握，再行照会葡使，派员会勘"[1]。

九月初七日（10月13日），外务部致电张人骏，告诉他澳门划界问题的难度，要求他"将现在情形详加体察，将来开议时方能确有把握"。文曰：

光绪十三年春间，税司金登干往葡国议立节略，有"澳门属地"字样，是年夏间订约，载明中国仍无异议。惟未定界以前，据照现实情形，彼此不得增减改变。二十八年葡白使来照，拟占对面山、大小横琴各岛，本部严词驳拒。始照旧约，暂搁不提。胡护督因湾子、饷渡两案，电请派员勘界，本部查核两案情节，迭次照会葡使，力与争论，仍希饬属援案磋议，以期就范。至该处界务，历年辩辕甚多，必应将现在情形详加体察，将来开议时方能确有把握。本部八月九日函商，遴派司道大员前往查看，正是此意。是以派员会勘一节，迄未向葡使提及。尊处拟调高参议到粤勘办，该员现因勘路前往汉口，即饬由汉赴粤，面与执事，筹商一切。再行酌定办法。此时暂勿与葡使说明。[2]

同日，张人骏致电外务部，提出"葡人屡违此约，迭思侵越，不一而足。是界址一日未定，则葡人狡占日多"，希望"早定澳门界址，以杜后患"。电文曰：

澳门划界一事，八月皓日（注：10月19日）曾将详细情形电陈，邀鉴察。八月漾日（10月23日）奉钧函，以澳门界务力与葡前使磋磨，始允暂不提议，应先由粤派员前往查看，如果拟勘之界确有把握，再行照会葡使，派员会勘。等因。查，《中葡条约》虽有未定界之前，俱照现实情形，彼此不得有增减改变之事。等语。惟葡人屡违此约，迭思侵越，不一而足。是界址一日未定，则葡人狡占日多。该处沿海岛屿均系香山县属境，驻兵有限，势难处处设防。葡人既于附近地方私设灯塔等物，即指为葡界之据，历年争辩，有案可稽。窃谓现实划界，若能照原日界址勘定，固属甚善。即使葡人已占之处未能收回，而界址已定，亦可永杜将来侵占之事。否则毫无限制，必致侵越日多，为患无已。现已由粤遴员前往，先行密查，可否仍恳钧部迅派派熟悉粤情，谙练法文之员来粤，早定澳门界址，以杜后患，实深盼祷。[3]

---

[1]《两广总督张人骏为请熟悉粤情谙练法文之员会勘澳门界务事致外务部电文》，《明清时期澳门问题档案文献汇编》（四），第1490号。

[2]《外务部为派员勘办澳门界务事致两广总督张人骏电文》，《明清时期澳门问题档案文献汇编》（四），第1489号。

[3]《两广总督张人骏为请熟悉粤情谙练法文之员会勘澳门界务事致外务部电文》，《明清时期澳门问题档案文献汇编》（四），第1490号。

1868年，Jules Itier所拍的澳门灯塔

初九日（10月15日），张人骏致电外务部，对外务部同意其请求，将外务部右参议高而谦调往广东，负责澳门划界谈判一事感到欣慰。并表示已经告诉了葡萄牙驻澳门总领事穆礼时，等到高而谦到任后，再具体协商。[1]

九月中旬，澳葡政府又一次侵占中国领土，在中国界内建设兵营、征收租税，张人骏与澳督高丁玉多次交涉未果，遂电请外务部与葡使交涉阻止。这是张人骏担任粤督后葡人发生的第一次侵略行径。九月二十二日（10月28日），《申报》对此加以报道云：

> 粤督张安帅日前电告政府，略谓澳门政府现于属地外中国界内建设兵营，征收租税，迭向澳门总督诘问，彼以境界尚未确定为言。应请速饬外务部与驻京葡公使严行阻止，以保主权。云云。[2]

中日"二辰丸"事件发生后，光绪三十四年正月十七日（2月18日），租占澳门的葡萄牙国横插一杠，硬说"二辰丸"所扣地点为葡属海面，中国兵船在此执法"有违葡国所领沿海权，并有碍葡国主权，阻害澳门商务"，张人骏据理力争，葡人才蔫了下来。这让张人骏更加痛恨和讨厌那些无耻、贪婪的红毛鬼子，进一步感觉到澳门划界的严重性和紧迫性。这也正如后来旅港粤商杨瑞阶等人在上书张人骏信中所评价的那样"惠州东沙岛、琼州西沙岛，人雀居地，无国课，边陲之外无一尺一寸，我宪台保守疆土，尚不肯轻让与日人，况葡人越界图占，背约蛮横，夺我国土，害我人民……诚有不能

---

[1]《两广总督张人骏为澳门勘界派高参议筹商未告知葡领事致外务部电文》，《明清时期澳门问题档案文献汇编》（四），第1491号。

[2]《电请阻止葡人建营收税澳门》，《申报》，1907年10月28日，第11页。

第六章 反葡寇澳门划界

不与葡力争者"。面对日、葡两个穷凶极恶的强敌，他决心一面与东洋倭寇据理力争，一面开始运作因事暂缓的澳门划界，同时出手确保我国的海上与陆地主权不被侵犯。

## 第二节　粤关驻兵　强盗受限

为了逼迫澳门葡人同意划界，张人骏采取的第一条措施是光绪三十四年（1908年）三月下旬以防范澳门走私军火为名，在澳门界外之中国边境的关闸、白石、湾仔、银坑、横琴等八处派兵驻扎。这样，对澳门形成了四面包围之势，使它成为了"瓮中的王八——爬不得"，失去了进一步向四周蚕食的机会。

清末绘制的香山县与澳门地图

历史上贪得无厌、占尽便宜的葡萄牙人自然难以接受，开始跳了起来。

光绪三十四年三月二十八日（1908年4月28日）下午四时，葡萄牙公使森达偕同翻译贾士蔼来到清外务部，约见那桐和袁世凯，声称张人骏在拱北关设立了一个营寨，派驻了一百名士兵。请求清朝外务部"电告粤督，将兵撤回，以符条约"。那桐和袁世凯二人以尚未接到粤督上报作为搪塞。同时指出，张人骏如果确有此举，也可能是因为"近来时有匪人由澳贩运军火，殊属堪虞"。森达说，如果是为了私运军火的事情，澳门政务厅一定能帮助中国政府解决。那桐和袁世凯反问道，澳门政务厅随便发给私人贩运军火执照，难道这就是所谓的帮助我们吗？"本衙门于上月十九日有致贵大臣照会一件，内载与日本禁运军火一事，何以时已经月，尚未答复？"因为"私运军火有碍治安"，所以他们认为张人骏派兵稽查或许"极为紧要"，[1]葡国无可非议。森达无言以对，只好尴尬离去。

---

1 《葡国公使森达为中国在拱北关驻兵等事与外务部会办大臣那桐会晤问答节略》，《明清时期澳门问题档案文献汇编》（四），第1551号。

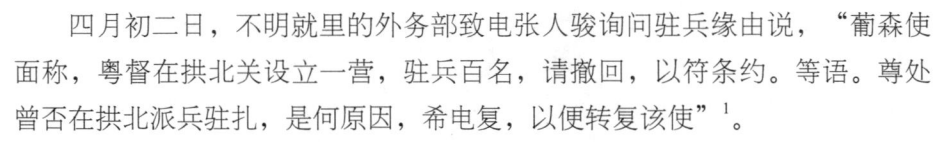

四月初二日，不明就里的外务部致电张人骏询问驻兵缘由说，"葡森使面称，粤督在拱北关设立一营，驻兵百名，请撤回，以符条约。等语。尊处曾否在拱北派兵驻扎，是何原因，希电复，以便转复该使"[1]。

同日下午三点钟，葡萄牙公使森达带着翻译贾士蔼第二次来到外务部，与外务部左侍郎联芳就粤省在拱北关驻兵一事会晤，了解二十八日（28日）与那桐等人会晤的结果。联芳作为大清官员，以冷淡的口气回答说，"发电与否，我尚未晰。依我看来，粤督派兵，必有原因。譬如甲乙丙三人，乙欲侵甲，而丙授予枪，则甲之防丙，势所必然。今广东土匪由澳门私运军火，亦犹丙授乙之枪，以侵甲也，亦不得不防。你们屡说帮助中国禁运军火，亦不过徒托空言，并无实在办法。我极愿你设法禁止私运方好"。森达回答，关于禁运军火之事，我一定会努力的，但是眼下先请你们电告粤督"将兵撤回"[2]。联芳答复说，我会将此事报告给各位上司的，你等着回话吧。森达没趣地走了。

四月初四日（5月3日），张人骏致电前山同知庄允懿，核实驻兵的详细情况。电曰：

拱北关设立营兵，是否该丞派往驻扎？光绪十三年以前，该处有无驻兵？人数若干？续于何时裁去？现在是否照旧派往？抑如何情形？驻兵之处是何地名？与拱北关相聚几许？即详晰查明，速电复。督。支。[3]

庄允懿，字心嘉，江苏阳湖人，监生。光绪十五年至十六年任揭阳县令，二十三年任潮阳县令。二十八年任潮州海防同知。后任香山县知县、署香山县知县补用同知、前山海防军民同知，对澳门事务十分熟悉。

前山同知乃是清政府于1744年4月中旬在澳门附近的前山寨设立的广州府海防同知。乾隆九年，广东按察使潘恩榘建议，"广州府属香山县有澳门一区，袤延一十余里，三面环海，直接大洋，惟前山寨一线陆路，通达县城，实海防之要地，洋舶之襟喉也"。当时澳夷计有三千五百余人，内地在此佣工艺业的中国民人约二千余人。外夷与内地民人杂处，管理颇为困难。为

---

1 《外务部为希电复拱北驻兵原因事致两广总督张人骏电文》，《明清时期澳门问题档案文献汇编》（四），第1552号。

2 《葡国公使森达为粤督派兵驻扎拱北关附近事与外务部左侍郎联芳会晤问答节略》，《明清时期澳门问题档案文献汇编》（四），第1553号。

3 《两广总督张人骏为饬查拱北驻兵情形致前山同知庄允懿电文》，《明清时期澳门问题档案文献汇编》（四），第1555号。

此，他建议设立广州府海防同知，移驻府佐一员，"专理澳夷事务，兼管督捕海防，宣布朝廷之德意，申明国家之典章"。该衙门的官方称谓是"广州府海防同知"。由于该海防同知主要管理澳门民番事宜，稽查澳门港进出口船只，因而又被称为"澳门同知""澳门厅"；其驻扎地点为前山寨，习惯上又称其为"前山寨同知"；因既管理民政又带兵负责海防事宜，因此又被称为"澳门军民府同知"。这样就出现了同一衙门有五个不同称谓的现象。按照吏部的规定，该同知既是澳门地区最高行政长官，又是高级法官。其主要职责应是："凡驻澳民夷，编查有法，洋船出入，盘验以时，遇有奸匪窜匿，唆诱民夷斗争、盗窃及贩卖人口、私运禁物等事，悉归查察办理，通报查核，庶防微杜渐。"通过海防同知履行职责，使"住澳夷人不致蹈于匪彝，长享天朝乐利之休，而海疆亦荷敉宁之福矣"。按照这种设想，广州府海防同知是澳门地区的最高行政长官，拥有对澳门地区的一切主权，有权派兵稽查该地区一切违法违禁事件。"至该同知职司防海，管理番民，准照理瑶同知之例，给予把总二员，兵丁一百名，统于香山、虎门两协各半抽拨，并酌拨哨桨船只，以资巡缉。所有在澳民夷一切词讼，责令移驻县丞稽查，仍详报该同知办理。"自1744年4月被批准设立之日起至1849年8月葡萄牙人"钉关逐役，抗不交租"为止，在这105年里，广州府海防同知对于澳门的行政管理起了非常重要的作用，权责十分明确。据《历史上的澳门》记载，广州府海防同知在前山寨的官邸雪白，以至于葡萄牙人都称他为卡萨布兰卡官员。澳葡达心知肚明，他与一般的县官不同，官位是朝廷直接任命的。因此，澳葡议事会成员要在前山寨向他磕头，以表示敬意。该处官员要赴澳时，提前宣布再公开过来。官员所有的膳宿费用由澳葡议事会承担。葡萄牙文献还记载，澳葡方面必须鸣枪敬礼，议事会的正门也要挂上红幔。还有潜规则——"那些随从还向葡人索取礼品，然后私下交换"。而从1849年到1887年，在这38年间，该海防同知尽管从法理上仍然拥有对澳门民番事宜的行政、司法管理权以及对进出口澳门港船只的稽查权，但由于葡萄牙人的对抗和破坏，已无法履行其职责。特别是从1878年开始，"澳门海防同知"完全名不副实。从1887年到1911年，在这24年里，该海防同知完全丧失了对澳门的控制权，不仅无法控制澳门的司法和治安，而且丧失了对进出口澳门港的各类船只的稽查权，只有一些兼辖事务，形同虚设。与此同时，则是葡萄牙人一步步实现了对澳门的殖民占有。

据《香山县乡土志》记载："前山寨城，北距县一百二十里，南至澳门

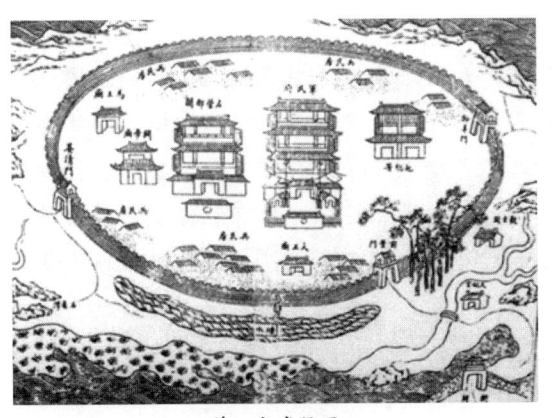

前山寨城堡图

十五里。明天启元年始立寨，国朝康熙五十六年建土城，周围四百七十五丈，高九尺，下厚三尺，上厚二尺。每城二十丈，增筑子城一丈，凡二十四丈。为门三，南曰前丰，东曰物阜，西曰晏清。北逼于山，故不门。起炮台、兵房于西、南二门上。嘉庆十四年，立前山营。""海防同知署，在前山寨城内，原副将署。乾隆九年改建。香山海防军民同知特为防澳而设，乾隆八年，以肇庆府同知移驻此。"

同日下午三点，庄允懿给张人骏回电，汇报具体派兵情况。电曰：

> 拱北关即马骝洲，并未派兵。惟横琴派兵两棚，系照旧添派，距拱北约二十余里。日来葡人常派兵来，意欲设兵房。余如湾仔、银坑、关闸已照旧驻兵。一切细情，拟来省面禀。懿。歌。[1]

初六日（5月5日）下午三点半钟，葡萄牙公使森达第三次来到外务部，与外务部右参议梁如浩会晤，转告中国政府说，葡萄牙政府已经电致澳门政厅，"严行禁止"私运军火，"并不得发给准单"，澳门当局也已同意。因此要求中方将拱北关驻兵撤回。梁如浩只是简单地说将如实向那、袁汇报，敷衍了事。[2]

初七日（5月6日），梁如浩奉命给葡萄牙公使森达致函，言称已将其反映的情况汇报给了那桐和袁世凯，他们要求葡方将所说的内容写一封书面材料送来作为凭证。[3]

初八日（5月7日），张人骏回复外务部初二日电，汇报在澳门边界驻兵情况，指责葡人"藉词占界""不顾公理"，请外务部据理驳复葡使。

---

[1]《署前山同知庄允懿为拱北关并未派兵事致两广总督张人骏电文》，《明清时期澳门问题档案文献汇编》（四），第1556号。

[2]《外务部右参议梁如浩与葡国公使森达为澳门私运军火及拱北关撤兵事会晤问答节略》，《明清时期澳门问题档案文献汇编》（四），第1557号。

[3]《外务部右参议梁如浩为奉堂谕请将澳门禁运军火各节缮信到部事致葡国公使森达信函》，《明清时期澳门问题档案文献汇编》（四），第1558号。

电文曰：

查，澳门葡国租界原址俱在，并无领海，何能越海问及马骝洲中国设关之地。比因整顿捕务，且澳境尤多私运济匪军火奸贩，水陆防缉，自不能不加意严密。前经札饬前山同知，规复光绪十三年以前旧有之外防营，按原址分别驻缉，以扼盗源而重商务。马骝洲即拱北关，亦原有驻营之地。因该处实处虎跳门、一涯门、泥湾门等口入港之途，盗匪出没，济运匪械，叉港分歧。现在该处关员缉私查拿军火尚属认真，与各江缉捕巡轮交相为助，足资策应，故目下实未特派勇营驻扎拱北，葡使之言殊无根据。然查看此情形，拱北一区俟后亦应在派营填扎之列。总之，该处为我设关之地，即有驻兵护关之权，为捕务起见，于葡人何所不利，而必以撤退为请，藉词占界，悍然不顾公理，似未便稍涉迁就，致堕术中。务祈钧部主持驳复，无复盼祷。人骏。庚。[1]

初九日（5月8日），下午三时，葡萄牙公使森达为拱北驻兵事第四次与中方那桐进行会晤，那桐开始以尚"不知悉"敷衍应付，后来甚至强硬起来，反问森达"本部梁参议前曾函请贵大臣，将贵政府禁运军火一节来一公文，不知已照办否？"森达回答说，葡萄牙政府对于禁运军火是有条件的，那就是两国关系友好，而此次粤督将拱北驻兵"实与约章显背"，因此葡国不会出禁运公文。眼下"应由中央政府敕令撤退，毋庸候粤督来电也"。那桐也强硬地拒绝说，"贵大臣所说该处驻兵，究竟有无其事，必须粤督查明，方能酌定办法。断不能不候查明，即发号令。不独敝国为然，即欧洲各国亦是如此。你所请即行电饬撤退一节，我实不能应允。仍请你写一公文来，并俟接到粤督复电，再行酌办"。[2] 森达"唯唯遂去"。

十一日（5月10日），驻英大臣李经方致电大清外务部，说

清末时期的澳门关闸照片

---

[1] 《两广总督张人骏为陈明中国有在拱北驻兵护关之权请驳复葡人事致外务部电文》，《明清时期澳门问题档案文献汇编》（四），第1559号。

[2] 《葡国公使森达为拱北关驻扎兵队事与外务部会办大臣那桐会晤问答节略》，《明清时期澳门问题档案文献汇编》（四），第1560号。

葡使把状告到了英国外交部，声称"华兵入澳门界，英、葡为属地有碍"。但英方对中国表示同情，认为"中国担任西江缉捕，澳门私售枪械济匪，理应派兵阻止"[1]。

十二日（5月11日），外务部致电张人骏，询问葡使所说的"老望河山是否即系马骝洲？"张人骏所称的回复"光绪十三年旧有防营"，按照光绪十三年（1887年）的中葡约定，该处当年"是否尚有防营驻扎？其地究归何处管辖？与澳界相距远近若何？"[2]要求其慎重处理澳门附近驻兵事宜，详细核查后，赶紧回复。

十四日（5月13日），张人骏回复外务部十二日电，指出"老望河山即横琴岛""该处各岛均隶香山县管辖，向章由前山同知领防营分扎，办理缉捕，嗣因兵额无多，致有名无实"，光绪十三年之后裁减。因此，向该处派兵符合光绪十三年《中葡条约》第二款，于理有据。文曰：

十二日电敬悉。葡人狡诈，以禁运军火要我撤兵，允撤即实为彼界，所关甚大。钧部远见，钦佩之至。查，老望河山即横琴岛，面积约二三十里，居十字门西南隅，东隔海峡为九澳，山北隔海为瓦岗岭，再北越瓦岗隔海，始为马骝洲。该洲分大小两岛，大岛在西，围圆不足一里，东为小岛，拱北关设焉。拱北之称，因该岛适居拱北湾之南，故以为名。再东隔海程三里左右，正对澳门马角，为葡租界。该处各岛均隶香山县管辖，向章由前山同知领防营分扎，办理缉捕，嗣因兵额无多，致有名无实，议裁，事在十三年以后。自撤营以后，该处各岛地方几于无人过问。十余年来，居然瓯脱。彼乃日侵月进，兵房、炮台散布于十字门洋面四围各岛。现因整顿捕务，特饬前山同知查明当年驻营旧址，分别填扎，以符光绪十三年《中葡条约》第二款，"未经会订界址特立专约以前，俱照

澳门大三巴明信片（1906年）

---

1 《驻英大臣李经方为葡使诉告华兵入澳门界事致外务部电文》，《明清时期澳门问题档案文献汇编》（四），第1561号。

2 《外务部为希查复老望河山驻兵之地界址事致两广总督张人骏电文》，《明清时期澳门问题档案文献汇编》（四），第1562号。

旧时情形，不得增减改变"之条。况查澳门葡界原址，东北界止于水坑尾、三巴门、白鸽巢等处。其北至关闸以北，望厦七村已属续占。照金登干与葡外部所订第十条，虽有准葡国永驻管理澳门以及属澳之地等语，并未允葡人有该处领海，若隔海并不连属澳门各岛，岂能借口为属澳之地。除饬前山同知将现经查明驻营旧址分别填扎地段详复，合行电陈外，先此电复，伏乞主持。人骏。盐。[1]

同日，广州督署洋务处道员温宗尧密函致张人骏，呈送其负责查实的拱北附近各岛驻兵情况及绘图列表。文中说：

顷奉帅谕，准外务部十二日电开，以葡政府现饬澳督禁运军火，要我撤兵。若遽许以撤退，即属认为彼界，所关甚大，亟应于该地界址考查详确，免堕术中。等因。现在执事，所有查悉该处各岛原日驻营之处，并现实已派填扎、拟派未行各段，均应详慎分别查明，绘图列表，禀陈帅宪，核明复部办理，停案以待，万勿稍延为荷。专此，敬请升安，惟祈惠照鹄望。覆音不备。[2]

同日，署前山同知庄允懿给张人骏连续送来了五封信函。第一封信函说，澳门商业今不如昔，财政收入主要来源于渔业。澳门附近的我国渔民有船只两千多号，由于当地官员从不过问，以至被澳门管理起来，"名为保护，实则禁令繁苛，渔户苦之"。庄允懿请求将银坑、马骝洲、横琴等处渔船组织起来，编立号数，给以船照，不取分文，予以保护，"遇有葡人苛扰之事，随时禀报"，以逐渐收回海权。其中还第一次提及了有人准备在香洲开辟商埠的事情。[3]

第二封信函详细汇报了十六日（5月15日）张人骏所询在澳门附近的驻兵情况，声称："现在已填扎者，关闸以内三厂、吉大一厂、湾仔两厂、银坑一厂、横琴两厂。其拟派未扎各段，马骝洲一段、青角一段、马料河一段，因旧厂已毁尚需建造，此三段系必须重建复回者。马料河尤为紧要，与横琴相连，过路环对海，近常有葡兵在此窥探。惟此处旧无勇厂，拟借乡庙

---

1 《两广总督张人骏为陈明澳门附近各岛驻营添扎原因事致外务部电文》，《明清时期澳门问题档案文献汇编》（四），第1563号。

2 《广州督署洋务处温道甲为查明拱北附近各岛驻兵情形事信函》，《明清时期澳门问题档案文献汇编》（四），第1564号。

3 《署前山同知庄允懿为拟将银坑等处渔船编号发给执照予以保护事清折》，《明清时期澳门问题档案文献汇编》（四），第1565号。

暂驻。以上各处，均以葡人无涉，万不能再行退让。他如过路环、潭仔、九澳、鸡头，此四段则我国早已无兵驻扎，久为所侵占矣。"庄允懿请求张人骏说："自光绪十三年因洋药缉私一案，我所得之利益极少，所失之主权甚多。今若再以禁运军火为名，要我撤兵，则是全局拱手退让。"[1]

庄允懿的第三封信函，反映葡人自光绪十三年（1887年）中葡订约二十年以来，虽然条约规定订约之后，双方在边界领土上"彼此均不得有增减改变之事"，可是葡萄牙在光绪二十三年（1898年）之后，将原来属于我国香山县征粮纳税的旺厦据为己有。湾仔河道从前任由我国渔船停泊，可是自去年七月以来被澳葡方控制，我国船只要想在湾仔停泊，须得领有澳葡的批准，"否则重罚十余元不等"。银坑河道向来是我国兵轮停泊的地方，可是近来却常有澳葡方巡逻艇稽查。并且有我国渔民的蚝艇因为没有申领葡方的准单而被拘禁、罚款。最近葡人又在九澳的地方搭建营房，意欲驻兵。过去澳门与我国河道分界所设的水泡原在河中心，近来已经移到了湾仔岸边。特别是"二辰丸"事件发生后，葡方又在鸡头山外的海道上添设了一处水泡。前天，庄允懿乘坐克虏兵轮环视澳门附近各岛，发现其"所有周围五六十里之海道，今年逐渐为葡人占据"。如此种种说明，本来条约规定，在中葡"未经定界以前，彼此均不得有增减改变之事。乃在我则有减而无增，在彼则有增而无减"。这些都是今后我们与澳葡划界谈判需要收回的地方。如今"若再以禁运军火要我撤兵，非特海道无从争回，即附近澳门之陆路，不啻默许全认为彼界"。因此，请求其不要被葡人协助禁运军火所迷惑，再次"堕其术中"。同时，前日庄允懿已经派广元兵轮停泊在银坑，以宣示我国主权。只是转请水师提督李准下令该军舰常在这里停泊巡视才好。[2]

第四份信函，将张人骏派去的中路巡防第二十六营在前山驻扎的具体情况，向张人骏详细汇报。该军队驻扎的地方共有八处，其中关闸以内分设三处、白石一处、湾仔二处、银坑一处、横琴一处。"以上八处，约就当日原有勇厂驻扎。惟年久破坏，亟应修理，方可居住。现经估计，每间约需银一百数十元，或须七八十元左右。约略统计，以每厂一百元为率，须银八百元。"此外，还有马骝洲、青角、马料河、银坑等应驻未驻的地方四处，因

---

[1]《署前山同知庄允懿为澳门附近驻兵情形事信函》，《明清时期澳门问题档案文献汇编》（四），第1566号。

[2]《署前山同知庄允懿为澳门附近海道渐为葡人占据，须谈判争回事信函》，《明清时期澳门问题档案文献汇编》（四），第1567号。

兵房已毁,只存旧址,必须复建后方可派驻。计划这四处每处复建约需银两1 000元,总计应需银4 000元。与前面所述的八处加起来一共是4 800元,请张人骏批准后命令善后局给予拨付。[1]

庄允懿第五封信函中说,澳门地方与湾仔、银坑隔岸对峙,过去"葡人于河中设立浮标",作为中葡双方的界限,可是其于去年七月将浮标移至了湾仔岸边,我国渔船在湾仔岸边停泊,也得向葡方申请领单,否则会被拘留罚款。现在"葡人在该处河面有巡河小轮二只、舢板四只,终日梭巡,凡有船只来往,均归其约束"。即使我国军舰去往那里,也要被其检查,在其指定处停泊。"澳门一带河道几非我国权力所及,一任葡人横行""此固葡人之妄为干涉,实则我国自行放弃,有以咎之也。"可是,"澳门本为盗贼逋逃薮,近则遍及于附近各岛。若不亟行设法查缉,实为香、顺、东、新等县之患。"因此,最近庄允懿在与香山县知县虞汝钧巡视检查之后,请求添设巡河小轮两只、舢板两只,与"前山原有扒船两只",全部移至湾仔、银坑之间停泊,如葡人有非礼干涉之事,随时阻止。做到"外侮内匪,两有补救"。[2]

四月十七日,外务部致电驻法大使刘式训、驻英大使李经方,申明"拱北关附近之岛,向隶香山县管辖,有防营驻扎,系光绪十三年订约时之情形。照约于未定界以前不得改变,粤督就旧址驻营,正属遵约办理。地与澳门隔海,本不连属,界尚未定,不得强指为澳门境上"。要他们根据张人骏所提供的依据,驳复葡萄牙外务部关于粤兵驻地为澳门界内的说法。[3]

十八日,外务部收到十七日张人骏发来的电文,声明"澳门华界各岛扎营地并非新设""照约葡人不得过问""澳门葡若再任侵占,西路又格,粤中领海势将尽失主权,事机紧迫,似非速筹对付,无以固此藩篱"。文曰:

盐电谅达。饬前山同知查明近澳门华界各岛驻营原址,分别填扎一案。查光绪十三年条约,声明未划界以前,俱照旧时情形,不得增减。在我则有减无增,在彼则有增无减。当光绪二十三年以前,界接澳门水坑尾、三巴门

---

[1]《署前山同知庄允懿开列营勇驻扎处所应修建各厂清折》,《明清时期澳门问题档案文献汇编》(四),第1568号。

[2]《署前山同知庄允懿为请添设巡船以资防范葡人事清折》,《明清时期澳门问题档案文献汇编》(四),第1569号。

[3]《外务部为拱北关附近各岛不得强指为澳境请驳复葡外部等事致驻法大臣刘式训电文》,《明清时期澳门问题档案文献汇编》(四),第1570号。

之旺厦七村尚在香山县完粮，嗣后，澳门葡官竟强敢收租，久假不归，视若己有。湾仔河道从前任令渔船停泊，近年凡在湾仔泊船，葡人均勒令领照，否则扣罚。银坑河道系我国历泊兵轮之处，近更以巡船闯入稽查。四月初，有东莞县属出港之艇三艘驶到该处，勒令交费领照，该艇以向章所无未允葡人，遽将该艇扣留，且捕其人。种种举动，实属显违条约。现在九澳地方彼又搭厂，添建兵房，用心尤为叵测。旧日澳门与湾仔对岸之河心设有浮标，二辰丸案出以后，彼竟将浮标潜移湾仔岸，并于鸡头山外海道添设浮标，狡焉思逞。**自九龙属英租界，东道已梗。澳门葡若再任侵占，西路又格，粤中领海势将尽失主权，事机紧迫，似非速筹对付，无以固此藩篱。**兹据前山同知具报，按原址规复驻营之处，已填扎者，望厦村北关闸以内吉舍一厂、湾仔两厂，又银坑一厂、横琴两厂。拟派未扎者，马骝洲一段、马料一段，又与横琴相连过路湾对海一段。以上已扎未扎各处，均系十三年前旧日扎营地址，并非新设，照约葡人不得过问。其老望河山即大小横琴岛，并非马骝洲。除饬属谨守条约，慎筹因应，勿为所持外，所有现办情形，特电陈钧部。葡使来言，全仗主持。人骏。筱。[1]

十九日（5月18日），外务部正式照会葡萄牙公使森达，态度强硬地声明，现在粤省所派驻兵之处，均是光绪十三年以前旧址，并非新设。"此次粤省因整顿捕务，饬于旧址驻营，即属遵约办理，未便令其撤回。"[2]

同日，张人骏致电外务部，历数葡人的六大罪状，并说自己因此"夙夜焦思，不寒而栗"，爱国之情跃然纸上。文曰：

筱电谅达。**葡人争界，关系海权。彼日进，则我日退。**察其自光绪十三年立约以后，背约妄为之举，一见于将廿三年前向在香山完粮之望厦七村强占收租；再见于勒令向在湾仔河停泊之华民渔船领照，否则扣罚；三见于以巡船闯入我国向泊兵船之银坑河面稽查骚扰。我置不理，彼认默许，至欲据为占地之证。若本月初擅拘华民蚝艇，勒费捕人；并于九滨地方搭厂，添建兵房；俨然以属地管理权自居，如将澳门湾仔对岸河中心之浮标移至湾仔岸边，并于鸡头山外海道添一浮标，皆其阴贼手段之尤著者。**二辰丸案出，更欲藉日人狡卸私运军火，争执泊界之便，实行其侵占中国领海之志。**近因经

---

[1]《两广总督张人骏为查明澳门华界各岛扎营地并非新设事致外务部电文》，《明清时期澳门问题档案文献汇编》（四），第1573号。

[2]《外务部为拱北关附近驻兵属遵约办理未便撤回事致葡国公使森达照会》，《明清时期澳门问题档案文献汇编》（四），第1574号。

纬俱在，约指甚明，公论究不可诬。修兵房、拘蚝艇，悍然为之，英外务又为致辞矣。不得助于甲，又求助于乙，**履霜坚冰已及众阴将冱之时，失此不争，粤中门户尽去，势将无以立省。骏凤夜焦思，不寒而栗**。现饬照旧址填扎之处，均系御守原界，不越雷池，还我自主，葡人无应过问之权。总之，约章只许澳门有属地，未许澳门有属海。彼岂能觊觎华海环澳之湾仔、青角、横琴、过路岗、鸡头山各岛地及其水面？除已将此情电驻英李使，向英外部辩明外，葡使来言务求钧部实力坚持。此项驻营旧址一律填扎，定当日后派员划界，庶不至多所损失，似所关甚为重要也。候钧裁复示为祷。人骏。效。[1]

1764年的澳门地图

从该电文中可知，同日张人骏也给驻英大使李经方发去了相似内容的电报。

二十日（5月19日），外务部致电张人骏，询问其"来电所称葡人潜移湾仔河心浮标一节，该项浮标究于何时设立？是否作为界标？抑为行船等别项标？原有几处？曾否商立有案？"并征求其意见说："中葡既未定界，不应立有界标。此项浮标究应商令移置别处，并阻其添设，抑当令其全行撤去？"要求其"即希确切查明，一面照诘澳督，一面电部核办。"[2]

二十一日（5月20日），张人骏复电外务部，汇报调查葡人于湾仔潜移添设浮标一事的结果。提出由中国海关另设浮标，往银坑派驻中国兵舰，"循序渐进，用固吾圉"。文曰：

查，葡人藉租驻澳门，意欲占领水界，并觊觎环澳岛地，纯用阴险影射手段，以无据为有据。光绪二十八年正月十四葡使照会钧部之文，种种强词夺理已可概见。潜移河心浮标及添设之标，原为系船之用，并非界标。惟平行船经该港道，中国民船每依湾仔岸循标左而行，葡船则依澳岸循标右而

---

[1]《两广总督张人骏为澳外各岛驻营填扎均系御守原界事致外务部电文》，《明清时期澳门问题档案文献汇编》（四），第1575号。

[2]《外务部为希查办葡人于湾仔潜移添设浮标事致两广总督张人骏电文》，《明清时期澳门问题档案文献汇编》（四），第1576号。

行，彼即视若界标，移标以占界，置标以益界，狡计因而层出。该项浮标原有两处，现添一处，但设于何时，先固未有愿问者。现经饬查，据复再达。葡租澳不应有领海，自以议令撤去，由中国海关另设浮标，以便航路为正办。至派轮查核一节，现已派有巡轮前往，拟于银坑海面复回停泊兵轮之向章，循序渐进，用固吾圉。务祈不贻借口节节，以复我旧址为宗旨。基础即定，始议划界，庶臻妥慎。除饬详绘该处海图，注说咨呈，用备查核外，先此电复。人骏。马。[1]

二十三日（5月22日），外务部根据张人骏几次来电反映的情况，照会葡萄牙驻中国公使森达，谴责葡萄牙人背信弃义，屡屡蚕食。要求驻澳葡人"停建兵房，撤去浮标，禁拘蚝艇"[2]。

二十四日（5月23日），外务部致电驻法大使刘式训，要求其按照昨日外务部给葡萄牙公使照会的内容，照会葡萄牙外务部，请他们致电澳门葡官，"停建兵房，撤去浮标，并不得拘捕蚝艇，以符条约"[3]。

正在中葡双方就澳门附近驻兵一事紧张交涉之际，一件刑事案件又引起了轩然大波。原来，当年的农历二月二十七日（3月29日），一名叫王阿美的匪徒伙同另外几名土匪，到江门一户姓王的家中抢劫，并掳走了该户一名叫王炳廉的主人，随后通知该家限两个月内拿两千两白银赎人，如到时不赎便杀死人质。农历四月二十日早七点，广保兵轮管带区其焕（澳方误叫区继芬）、新会县江门营千总伦国瑞（澳方误叫兰国瑞）、新会县崖门营千总邝瑞星等带兵在新会县捉到了匪首王阿美。据王阿美交代，王炳廉被藏匿在澳门过路湾某处。于是，区其焕、伦国瑞、邝瑞星等人来到澳门辅政司衙门，请求其协助缉拿匪徒、解救人质。经澳门总督批准，令澳方官员、翻译及几名"暗查"、八名印度兵前往湾仔、过路湾协同办案。行至一屋，侦知其中有匪，正要缉捕，门口的匪徒就率先开枪，当场用毛瑟枪打死"暗查"一名，打伤印度兵二名，然后，众匪徒夺路而逃，去向不明。澳门总督赶紧命令戒严清查。二十一日（5月20日）早五点，派出兵勇即葡萄牙兵船水手二百多名，四处清查，也没发现一

---

[1]《两广总督张人骏为查明湾仔河心浮标情形并拟派轮巡查事致外务部电文》，《明清时期澳门问题档案文献汇编》（四），第1577号。

[2]《外务部为停建兵房撤去浮标禁拘蚝艇事致葡国公使森达照会》，《明清时期澳门问题档案文献汇编》（四），第1578号。

[3]《外务部为希转电照会葡外部停建澳外事致驻法大臣刘式训电文》，《明清时期澳门问题档案文献汇编》（四），第1579号。

名匪人，只是起获了数件长枪、手枪、子弹。为此，区其焕等人曾向澳方表示感谢。二十四日（5月23日），受到感谢的澳门总督派领事官穆礼时来到两广总督府，讨好般地向张人骏照会办案过程，并表示"兹将原文及附来之译函全译，照送贵部堂查核，当知俱详，并足见澳门总督极愿友邦交谊日加亲密，悉心关切之一斑也"[1]。

二十五日（5月24日），外务部致电张人骏，告诉其已按张的意思，就葡人潜移浮标等节照会葡使，并已电告刘式训照会葡外交部。[2]

港督罗莎达

同日，刘式训致电外务部，称"按照农历三月初三日（4月3日）、四月十七日（5月16日）外务部指示，已经照会葡萄牙外交部，可葡方'坚称界尚未定，驻兵有伤感情'"[3]。

二十八日（5月27日），张人骏致电外务部，称"四月十七日从澳方穆礼时照会得知，澳门总督高丁玉即将奉旨卸任，澳督由澳门船政厅罗莎达代理，并已于四月十五日接任。罗莎达已经致文张人骏，云"甚望两国交好，日益亲密"[4]。

二十八日（5月27日），政治敏感性极强的张人骏革除了前往过路湾解救人质的区其焕等三名主要官员的职务，原因是过路湾并非属于澳门，三人擅自向葡方申请，等于间接承认过路湾为葡萄牙属地，这是严重的外交错误。为此，张人骏照会葡国驻澳门总领事穆礼时，通报了这一处理情况。照会云：

查，过路湾并非连属澳门之地，该管带等畏葸无能，擅向贵国驻澳门总督请为派兵助缉，实属办事荒谬。惟查，兵船并无广捕之名，只有广保巡轮，系区其焕管带，江门千总系伦国瑞，并不姓蓝。来文当系译音之误。与崖门千总邝瑞星等经已饬查，一律撤差、撤任示惩。至被伤毙之印兵、暗

---

[1]《葡国领事官为新会官员函请澳门总督派兵缉匪事致两广总督张人骏照会》，《明清时期澳门问题档案文献汇编》（四），第1580号。

[2]《外务部为葡人潜移浮标等节已照会葡使事致两广总督张人骏电文》，《明清时期澳门问题档案文献汇编》（四），第1581号。

[3]《驻法大臣刘式训为与葡外部辨论澳界驻兵及禁运军火情形事致外务部电文》，《明清时期澳门问题档案文献汇编》（四），第1582号。

[4]《两广总督张人骏为澳门船政厅莎暂署澳督事致外务部咨呈》，《明清时期澳门问题档案文献汇编》（四），第1583号。

查，殊甚悯恻。本部堂于此节实深抱歉，应请贵总领事官转致贵国驻澳门总督查照。为此照覆，顺颂时祉。须至照会者。[1]

清末拍摄的两广总督府

五月初一日（5月30日），张人骏给水师提督李准和广东营务处行文，对其下属区其焕管带等人的荒唐做法予以严厉批评，并要求其传达到粤省所有巡轮防营，不准擅自致书洋官，致生枝节。文曰：

交涉事宜动关国际，缉捕盗匪，其有避匿洋界，函请洋官查缉，稍一不慎，动失主权，并兹借口。嗣后巡轮防营员弁人等，各与洋官有交涉事件，均应先行禀明本部堂，听候核示，不准擅自致书洋官，致生枝节。亟应通饬遵照，以昭慎重。[2]

果然不出张人骏所料，麻烦事很快来了。初三日（6月1日），葡萄牙驻澳门领事穆礼时照会张人骏，辩称过路湾为葡萄牙属地，张人骏所言"均属虚缪"，其对"认真办事"的区其焕管带等人的处分更是令人"殊为诧异"。文曰：

查，过路湾一地于西历1887年立和约之前35年，即1852年时，已是本西洋国人居住，条约亦有承认。似此足见贵属下有以过路湾为非本国属地禀报者，均属虚缪。本总领事于光绪三十四年二月十六日致贵部堂之文，已将认得过路湾为本国属地之确据，粘抄送阅，而贵部堂并无复文辩驳本总领事所抄送之凭证，何以现又来说已经本总领事抄送凭据之事为不是？请问贵部堂有无看见该文否？若有看见，断不能又说过路湾并非连属澳门之地。至贵部堂撤惩属员，无论公道与否，与本总领事无涉。但来文特谓因彼等到澳求派兵勇缉匪而致撤惩，实使本总领事于心不乐。若为此故应将该管带等撤惩，则西历1870年时之香山县令及贵前部堂岑宫保诸位均公认该处是澳门属地者，亦有一体之处分。贵部堂请将来文之语转致澳门总督，惟贵部堂将认真办事之管带等撤惩，而不致谢本国出力相帮查缉之劳，殊为诧异。盖向来遇

---

1 《两广总督张人骏为新会官员擅请葡国助缉已饬撤任事致葡国穆总领事官照会》，《明清时期澳门问题档案文献汇编》（四），第1584号。

2 《两广总督张人骏为嗣后交涉事宜不准擅自致书洋官事致广东水师提督咨会稿》，《明清时期澳门问题档案文献汇编》（四），第1585号。

有此等举动，均有文来道谢，所以本总领事不能不告明不服，以为有疏两国密谊故也。为此照会贵部堂，即希查照，顺颂日祺。须至照会者。[1]

同日，张人骏致电外务部，表示自己在涉澳问题上一定"循序渐进，绝不稍涉操切，致生枝节"。文曰：

午密二十五日电敬悉。澳门葡界事，蒙钧部维持指示，无任感佩。此间办理情形，着着务求妥慎，宗旨在未被占者益固其防，将被占者苦为分明。循序渐进，绝不稍涉操切，致生枝节。良以澳门仅为葡驻，较愈于为他强所据也。除仍遵示随时电闻外，先此奉复。人骏。江。[2]

## 第三节　银坑派舰　宣示主权

张人骏限制澳葡蚕食、收回我国主权的第二招，是前往银坑派驻兵舰，以宣示我方对澳门领水的主权。

五月十一日（6月9日）下午一点半，"广元"号兵舰奉张人骏指示来到澳门附近的银坑。"广元"号在银坑停泊后，葡人要求登记签字。可是，这次该船管带林守启却暗中奉张人骏之命，以这里是中国水域为名，不予签字。

"广元"号，为铁肋舷侧铺钢板之浅水炮船，乃广州黄埔船坞根据香港船厂图样自行建造，1886年完工，每艘造价5万两，隶属广东水师。该舰排水量为200吨，舰身长110英尺，宽18英尺，吃水7.5英尺，78马力，双轴推进航速9～10节，乘员71人，装备一门老式康柏（Krupp）4.5吨的5.9英寸炮，一门老式3.5英寸炮。1913年二月改隶水警厅，1929年退役。

为此，十三日（6月11日），葡萄牙驻澳门总领事穆礼时照会张人骏，先是夸其"名望素著"、与澳门总督及本总领事"交好亲密"，然后指桑骂槐，说其"是个很不明白事理之人""霸道恶人""应严行责罚"，并表示"不服""欺藐难忍"，决定"该兵轮若仍系其人管带，以后不准其进澳门"。葡萄牙领事照会文云：

接署理澳门总督来文，得悉本月十一日下午一点半钟，有贵国"广元"

---

[1]《葡国穆领事为辨明过路湾为葡国属地事致两广总督张人骏照会》，《明清时期澳门问题档案文献汇编》（四），第1586号。

[2]《两广总督张人骏为遵示办理澳门葡界事复外务部电文》，《明清时期澳门问题档案文献汇编》（四），第1587号。

号兵船到澳门,在西洋兵船停泊之处,该广元兵船管带,谅系守备林守启也。按寻常办法,俱将册簿送到兵船管带签字,所有各国兵轮到澳,均是一体。即该兵船管带本年到澳,亦曾经签字。独此次不允。于是坚请签字。据说系奉两广总督吩示,该处是中国之水面,不好签字,等语。澳门官员见其如此离奇之举动,故给限一点半钟出澳,并不准复回澳门。迨未满限,而该轮已开往马骝洲去矣。惟澳门总督与本总领事实不能信,贵部堂有吩示该管带如此举动。所以不能信者,一则,明知贵部堂名望素著,不致不知此等不好之重大举动,有伤本国管辖之权。二则,澳门总督及本总领事向与贵部堂交好亲密,而贵部堂断不如此特意开端,惹出相争之事。况此等相争之重要,正在乎不可测量之间。有此二因,是以本总领事独可信该管带是个很不明白事理之人,意味不遵签字,足为当行出等之人,并欲私占体面,故妄用贵部堂吩示之名,以成其不好之举动。第不论其果是不明事理,抑明白事理,或是霸道恶人,均应严行责罚,以免日后再生此等之事。署理澳门总督实因贵国兵船欺藐难忍,故告知本总领事,谓已吩示属下,该兵轮若仍系其人管带,以后不准其进澳门,并吩示遇有如何行为,若看出有伤本督权限,应即拒绝。等语。所以本总领事应代澳门总督照会,告明不服。并请贵部堂从严责罚该管带,若是之妄举,及吩示属下,以后未便如此。庶几永敦睦谊焉。为此照会贵部堂,请烦查照,并希见复。顺颂日祉。须至照会者。[1]

1900年前澳督府附近的南湾

十四日(6月12日),张人骏照会葡萄牙驻澳门总领事穆礼时,对其五

---

[1]《葡国穆领事为广元兵轮到澳停泊该管带不肯照法签字事致两广总督张人骏照会》,《明清时期澳门问题档案文献汇编》(四),第1588号。

月初三日（6月1日）来文所说的无耻言论予以反击。照会云：

顷接贵总领事官五月初三日来文，以本部堂四月二十八日照会贵总领事官，文内声明过路湾并非连属澳门之地一节有所争论，并以不致谢相帮查缉之劳，告明不服，本部堂均以阅悉。查，前因帮缉匪徒，致被伤毙之印兵、暗查，业已表明歉忱，即系感谢之意。至过路湾之与澳门不相连属，天然海界，极是分明。即如该处之潭仔、鸡头山、九澳、大小横琴、马骝洲、石角嘴、湾仔、银坑各海面一切大小岛地，实无一处可指为属于澳门之地。约载第二款承认贵国永居管理澳门，允照在理斯波阿订立节略内所定，只准贵国永驻管理澳门以及属地之地。**凡澳门地段以外，即不得称为属澳之地。至于海面、河道，既不能名之曰地，自非贵国驻澳管理权所及。若隔海环列各岛地，贵国更不应越海界而过问。**两国交涉，以条约为凭，似此解释明晰，想贵总领事官当可晓然无疑矣。至前香山县致澳门理事官之照会，岑前部堂因请协缉着匪照会贵总领事官之文，均系另案办理之事，不能援为界务之证据。且岑前部堂照会贵总领事官文内，因据访着匪林瓜四或在澳门、或在过路湾，故照请协缉，以便两处兜拿。并非认过路湾为属于澳门之地也。为此复请贵总领事官查照。顺颂日祉。须至照会者。[1]

澳门内港码头（约1900年）

十五日（6月13日）中午，葡使森达照会大清外务部，抗议张人骏唆使"广元"号进入澳门属地而不签字画押之事。为此，外务部当天致电张人骏了解有关情况，要求他"究系如何情形，希查明电复"。[2]

十七日（6月15日），张人骏复电外务部，详细介绍"广元"号停泊银坑经过。指出银坑乃我国水面，葡人"居心难测""得步进步"。要求外务部"坚持驳复"。电云：

经查，中国兵轮历年停泊澳门附近中国水面，葡人向不干涉。本月十一

---

[1]《两广总督张人骏为辨明过路湾地方非澳属事复葡国穆领事照会》，《明清时期澳门问题档案文献汇编》（四），第1590号。

[2]《外务部为请查复中国官船如何进澳门内口拒不画押事致两广总督张人骏电文》，《明清时期澳门问题档案文献汇编》（四），第1591号。

日,"广元"兵轮在对岸银坑华界河面停泊,忽有葡轮驶来,持单一纸,勒令"广元"照填。查,单内所开系列,何处兵轮、管带何人、马力若干、载重若干、载兵若干、枪支弹子若干、驶来何事等语。该轮管带因银坑系中国河面,未便任令葡人稽查致失主权,不允填单。随因有事驶赴马骝洲巡缉,此当时情形也。查,澳门本系租地,未经划界之前,本难承认葡人管有水界。即以澳门系葡属地,按照公法,亦应以河心为界。今银坑河面向系中国管辖,距澳已远,乃葡人竟欲在华界稽查,中国兵轮且须照彼单式填注,实属碍我主权。中国兵轮历赴香港停泊,均无填单之事,即各国兵轮驶来广东各口,亦无交单令其填注。此等单式,闻系葡人特设,居心难测。从前华轮至澳,遇有提犯或别事泊近澳门岸旁,间有填单,本属不合。然尚系泊近澳岸,乃近年竟推及湾仔河面,凡系华轮停泊,即来干涉。现且侵及银坑,得步进步。葡使照会钧部,文内不列地名,竟称为澳门内口,所包甚广。将来不难又指某处为澳门外口,愈推愈远。若一退让,即系承认之据。除将详细情形及地图等件另文咨呈外,拟请钧部坚持驳复,无任感祷。人骏。洽。[1]

由于有张人骏不断地严防死守和主权声索,中葡纠纷越来越多。为了缓和两国之间的关系,葡萄牙国终于答应中方要求,准备同中方坐下来进行划界谈判。五月十八日(6月16日),葡萄牙公使森达来到大清外务部,与大臣联芳会晤,表示葡萄牙政府已经同意专派"澳门界务委员一人来华",前来进行划界谈判。请清政府也立即安排一位专门委员,以便协商会勘。[2]

十九日(6月17日),外务部致电张人骏,要求其立即"拣派熟悉情形之员,以便与葡委员会勘"[3]。

同日,张人骏照会澳门葡萄牙领事穆礼时及总督罗莎达,声明中国兵轮停泊初为华界河面,葡人不得再有干涉。文曰:

澳门地方未经划界以前,按照条约,本无承认贵国管有水界。即谓澳门已归贵国管理,按照公法,亦应以河心为界。今银坑河面系澳门对面,相距甚远,向系中国管辖,澳门兵轮竟在华界稽查中国兵轮,殊属碍我主权,有

---

[1]《两广总督张人骏为广元兵轮停泊银坑华界河面葡人稽查实碍我主权事致外务部电文》,《明清时期澳门问题档案文献汇编》(四),第1591号。

[2]《葡国公使森达为委员会勘澳门界务事与外务部会办大臣那桐会晤问答节略》,《明清时期澳门问题档案文献汇编》(四),第1592号。

[3]《外务部为请派员与葡委员会勘澳门界务事致两广总督张人骏电文》,《明清时期澳门问题档案文献汇编》(四),第1593号。

伤睦谊。本部堂万难承认。至本省兵轮将来仍须随时前往各处华界河面巡缉停泊，应请贵总领事官转致澳门总督，严饬贵国兵轮人等不得再有干涉，是为至要。为此照覆，顺候时祺。须至照会者。[1]

二十五日（6月23日），大清外务部照会葡萄牙公使森达，声明"广元"号停泊之银坑属于中国的水面，葡人要求该兵轮管带填写准单，"实属侵我主权""此次华轮停泊中国银坑河面，自无画押之理"。嗣后葡萄牙轮船"不得驶入中国管辖河面任意稽查，以免镣铐"[2]。

同日，外务部还根据张人骏建议，再次照会葡国公使森达，询问其勘界委员曾否派定，其系何职务，有无全权，何时来粤，以便粤方对等安排。[3]

二十六日（6月24日），葡国领事穆礼时照会张人骏，坚持称过路湾系澳门属地。文曰：

查，本年二月十六日本总领事照会贵部堂，曾经呈出凭据，以驳贵部堂前所执实只语，而贵部堂并无辩驳本总领事所呈出之凭据。现又再以为然之道理置词，定是听属下错禀所致，实属无裨于事。我两国有经二十一年之久所商议之话，兹尚堂然挺立，理应遵守。贵部堂遽说异词，自不能行。贵国承认在理斯波阿西历1887年3月26日订立之节略第二款所载，本国永驻管理澳门之属地，是年十二月初一日订立条约第二款载明，仍允无异，以固节略之言。迨一九零二年四月初一日，更有贵国庆亲王致本国驻北京钦差大臣照会，说明所有订立和约以前，澳门人居住管理之地，均算是澳门属地。云云。何以贵部堂现在犹能言不为是。似以过路湾有水相隔，便是为凭，惟该地乃一岛洲，应当四围有水，若是无水，则不成岛洲。本总领事以为最要紧者，是请贵部堂于此事，凡遇属下禀报，宜则其真实的确之言。并请饬属遵照我两国所订立之条约各款，以免常有不服之告，庶几睦谊永敦也。为此照会贵部堂，希为查照。顺颂日祺。须至照会者。[4]

---

[1]《两广总督张人骏为中国兵轮停泊华界河面葡人不得干涉事复葡国领事照会》，《明清时期澳门问题档案文献汇编》（四），第1594号。

[2]《外务部为华轮停泊中国银坑河面葡轮不得任意稽查事复葡国公使森达照会》，《明清时期澳门问题档案文献汇编》（四），第1597号。

[3]《外务部为询勘界委员曾否派定事致葡国公使森达节略》，《明清时期澳门问题档案文献汇编》（四），第1598号。

[4]《葡国穆领事官为辩驳过路湾地方系澳门属地事致两广总督张人骏照会》，《明清时期澳门问题档案文献汇编》（四），第1599号。

澳门跑马场照片（清末）

二十八日（6月26日），驻法大使刘式训致函大清外务部，汇报其就"禁运军火及澳门界上驻兵一事"与葡萄牙外交部的交涉情况。信中说，按照三月初三日、四月十七日外务部指示，他与葡萄牙外交部进行了多次交涉。葡方认为，粤省驻兵之处"在葡人以为属于澳门，现界未定乃忽驻兵，殊伤感情。且驻兵多处，每处不过数人，于捕务亦未必有益"[1]。其言外之意还是要求粤省撤兵。

同日，葡萄牙领事穆礼时照会张人骏，气势汹汹指责张人骏"太不恭敬""倍加缺礼，尤示不愿保存我两国交好之意""似乎有意破坏和约所订之语"，并威胁说"以免后来有意外之事"。文曰：

照得本总领事前将贵国"广元"兵轮管带不循规章之举动，告明不服，旋接贵部堂五月十九日复文，因该管带禀复，是以贵部堂仍谓该兵轮停泊之处并非西洋水面，请转致澳门总督，饬令查巡兵轮，不好干涉贵国兵船到澳门内河停泊。等因。均竟阅悉。该"广元"兵轮管带竟忘却真事，故说该轮停泊之处是西洋管辖水面之外。何以谓其忘却，盖该"广元"兵轮是日系在西洋向来划定停泊之处停泊。经澳门官员勒令该兵轮开行后，有贵国别号兵轮到去停泊，亦即乐为填单签字，该"广元"兵轮管带太不恭敬，而来文未有道及照本领事之请将该管带责罚，实属于心无安。所谓该管带太不恭敬者，因其从前屡次到澳，均有签字，断不能谓不知填单为何物。查，澳门内河水面自有西洋管理以来，均系由西洋管辖，不论贵国与别国之兵轮，常到澳门，俱遵照章程，恭敬本国管国之权，人所共知，亦有凭可据。因尚未定澳门之属地界址，贵国与本国均应遵守西历1887年所立和约，彼此不能更改之语。**今贵部堂愿将意更改，**

---

[1]《驻法大臣刘式训与葡国外部切商禁运军火等事致外务部信函》，《明清时期澳门问题档案文献汇编》（四），第1600号。

**似乎有意破坏和约所订之语。** 本总领事为该管带之妄举告明不服。贵部堂不特毫无安慰之词，且又未照本总领事之请，将该管带责罚，似亦**倍加缺礼**，尤示不愿保存我两国交好之意。澳门总督虽机欲与贵部堂和平办事，但系本国家简派之总督，凡遇有人侵夺管国权，应守官箴不允，以保本国管国之权。故请本总领事转致贵部堂，要紧饬令本国大小兵轮，有到澳门内河停泊，定要遵守章程，进口时填单签字，以免后来有意外之事。且难料此等意外之事如何重大，如何要紧，兹特声明，以卸责成。倘日后有意外之事，与本总督无干。等语。本总领事日前照会言明，"广元"兵轮若未更人管带，不准进澳门，合再声明。为此照会贵部堂，即希查照。顺颂日祺。须至照会者。[1]

二十九日（6月27日），湾仔三沙铺户居民泰兴店、永利店、同茂店、顺安店等联名向庄允懿上书，请求官府"划分澳湾海界，以固藩篱而安闾阎"。他们在历数"道光季年葡人占我西沙潭仔、过路还""同治初年又占我塔石、沙冈、新桥、沙梨头、石塘街""光绪五年复占龙田村，九年占望厦村，开马路、设门牌、建巡捕馆矣；又占荔枝湾、石澳归其收租；又占青州岛租与英人，拆关闸汛墙，改建闸门"之后，接下来控诉，去年六月十三（7月22日）、十四（7月23日），葡人出动巡河兵轮，将湾仔一带一向停泊的中国渔船全部掳入澳门界内，经香山县、知县、钱知县禀请总督，才得以将所有渔船放回。渔民们正要商讨办法时，葡人兵轮又至，再次将渔船强行带走，重罚了事。该月二十二日（7月31日），葡人又于湾仔设置了两处水泡，上面插着葡萄牙国旗。一处设在了沙长码头边，一处设在了沙三湾坦外，声称海面系归葡萄牙管辖。来往船只均被驱往澳界停泊。甚至各船艇维修、加油，也必须向葡官请示批准，方许驶入湾仔船厂，否则拘留罚款。种种暴行，令湾仔市面减色，人心震恐。于是，渔民们曾经上禀官府，请派人划清海界。但时隔十月，仍无动静。现在，葡人"复拟在九澳山筑炮台，开马路，直通过路环。又拟在马尿河窥视大横琴"。民众担心"海界一日不分，陆地将为葡有""湾仔一区，为香山前山门户，门户被占，堂奥必空，上至北山南屏，下至银坑各村，皆有唇亡齿寒之患。"因此，上书庄允懿写道："详请大宪核准派委，迅将澳门湾仔海面划分水界，则藩篱巩赖，闾阎又安"。[2]

---

1 《葡国穆领事为请饬兵轮停泊澳门内河照章填单签字事致两广总督张人骏照会》，《明清时期澳门问题档案文献汇编》（四），第1601号。

2 《湾仔三沙铺户居民请划分澳湾海界事致前山同知庄允懿禀文》，《明清时期澳门问题档案文献汇编》（四），第1602号。

## 第四节　中葡派员　启动划界

三十日（6月28日），驻法大使刘式训致电外务部，说其奉四月二十四日电令与葡萄牙外务部交涉时，葡萄牙称"建兵房、设浮标，查无其事。拘蚝艇系在澳门界内"，并认为"彼此各执，难以悬断，似宜派员会查，将所有缪辖及界址妥为商定"。将电令葡萄牙驻中国公使与清廷外务部就派员勘界问题进行协商。[1]至此，澳门划界问题现出端倪。

六月初四日（7月2日），外务部致电张人骏，向其通报《驻法大臣刘式训为宜派员会勘澳门界址事致外务部电文》的内容。

六月初六日（7月4日），外务部致电张人骏，告诉其经过半年的努力争取，葡萄牙政府终于颁行法律，自四月十六日（5月15日）起，澳门不许出口军火。这对今后从澳门走私军火到中国大陆的渠道，起到了一定的遏制作用。

六月十九日（7月17日），葡萄牙公使柏德罗照会大清外务部，声明近来中方所生出的各种事端，"不能不视为有违条约，且伤约中所认本国之权利"。为求得"和衷了结"，葡萄牙政府不日将派员会勘澳门界址。文云：

前于光绪三十四年四月十九、二十三、五月二十五等日接准贵部致本国森大臣照会，并五月二十五日贵部那大臣函交该大臣节略一件一事，本署大臣兹奉本国政府训条，嘱令转行知照贵部，本国政府不日简派委员，以便会同贵国所派之委员，商定澳门与澳门所属之地界址。本国政府不以近来所生各事端，为贵国有意为仇而生，但不能不视为有违条约，且伤约中所认本国之权利。故求贵国自应遵守条约第二条所载，未经定界以前，一切事宜俱依照现实情形毋动等语，并望贵国将湾仔、横琴，并在西历一千八百八十七年十二月初一日订约以前，贵国未尝管守之各处所驻之兵速为退去。本国政府早为本当阻止，至今未阻止者，实因愿意和衷了结而已。但不能不知照贵部者，恐以后两国定界时，归国以前经驻兵之地，便认为俱归己国管理之证据。本国坚执，所有西历一千八百八十七年两国立约以前之时，本国管守之各地，以及所领海面，均永归本国管理，毋庸辩论。相应特请贵王大臣查照可也。[2]

---

[1]《驻法大臣刘式训为宜派员会勘澳门界址事致外务部电文》，《明清时期澳门问题档案文献汇编》（四），第1603号。

[2]《署葡国公使柏德罗为派员赴商澳界事致外务部照会》，《明清时期澳门问题档案文献汇编》（四），第1607号。

七月初四日（7月31日），清外务部就横琴各岛驻兵一事照会葡萄牙公使柏德罗，对其于初四日所发照会予以反驳。声明其"来照所请，将湾仔、横琴各处驻兵退去，并谓立约以前管守各地，应永归贵国管理等节，本部难以承认"[1]。

八月二十一日（9月16日），《香山旬报》在香山县城石岐的西门外天字43号的李崇正堂诞生。它以唤醒国魂，发扬民德，剪除蟊贼，涤荡旧污为宗旨。发挥监督地方行政，改良社会风俗，提倡建设实业，网罗文献作用。报社主编人郑岸父，撰述人有郑道实、李怜庵等。报社人员全不支薪，写稿也没有稿费，还得负责向各方面募捐，补助报社经费。该报的发刊辞曰：

中华开国四千六百有六年，岁在戊申八月之二十一日，我《香山旬报》出世。本报同人，惧《小雅》尽废而中国亡，咸抱大悲，发无边弘愿，为欲令邦人士女，拂拭真智，咸革旧染，兴化厉俗，作我民气，因以恢复自由，振大汉之天声，发扬我邑人耿光，被于中士，乃勖勉而作斯报。扬海潮之音，为民道铎。美满光大，将自今始。我先民陈天觉、马南宝诸公在天之灵，实式凭之。呜呼！风雨如晦，鸡鸣不已。凡我仁、良、隆、黄梁、所、得、四大、黄圃、恭、常、谷、榄、旗十三都五十万诸父老、昆弟、姊妹庶奔走偕来，听我法音，无怖！

《香山旬报》的诞生，为之后的澳门划界工作提供了强大的舆论支持。九月初一日（9月25日），第二期《香山旬报》就开始报道，为了即将开始的中葡澳门划界谈判，张人骏派人深入到前山地界，查明历年来被葡侵占的土地，大概有几处：（一）青洲小岛。该岛界在澳门、湾仔两处之中，在海面之北，近接前山河岸，系光绪十五六年葡人先在该处筑造新路，逐渐圈划，至今直属澳门管辖。（二）旺厦角、龙田村一带。在澳门后有陆地相接，中国原设有讯署炮台，至光绪初年为葡圈管，至十三年吴前抚院亲往勘视，亦未将界址勘定，至二十四年全被圈入。（三）过路环。为澳门出海要道，左为九澳，右即横琴，大于澳门数倍，向由拱北

《香山旬报》总经销处遗址

---

1《外务部为横琴各岛本有中国防营驻扎事致署葡国公使柏德罗照会》，《明清时期澳门问题档案文献汇编》（四），第1608号。

关巡查缉私。光绪初年，葡人即屡欲在该处伸张权力，后竟派轮运兵在该处荔枝湾、石澳各地设营屯驻，硬以军事相管领，并及于湾仔银坑各地。至前山岸海各处所设衙署，原有前山厅署一所、香山县丞署一所，及拱北关税务处、瓦窑、沙尾、大旺厦角等讯署四所，前山牛坑炮台、拉塔石炮台、旺厦角炮台，并小炮台数座，均足为中国原有土地之据。[1]

初十日（10月4日），清廷外务部致电张人骏，告诉其葡萄牙勘界委员三人已经确定，分别为"澳门船政厅方济格沙、工程司美兰达吉第、正翻译官宋次生"。粤省应据此对等安排勘界人员。电云：

> 澳门划界事，八月鱼电（初六日）悉。顷准葡使照称，所有澳门属地及互相争执之处，应交两国委员会订，刻亦暂不再请撤去驻扎之兵。今有必须声明者，在西1887年订约后派兵驻扎之所，即认为该国属地之证，本政府断不谓然。兹本国已派定澳门船政厅方济格沙、工程司美兰达吉第、正翻译官宋次生三员为本国会订澳门并澳门属地委员，现欲会订事宜早日议定，应请将所派委员衔名速复。其委员权限，应于勘明会订后，将如何办理之意，各禀政府，俟批准时，方能定夺。等语。该使照内三员，是否即鱼电澳督派之三人，应由尊处酌派相当委员，会同查勘，即将派出各员衔名电部，以便照知该使。[2]

十一日（10月5日），据《香山旬报》报道，葡领事穆礼时照会张人骏，称有中国"福威"兵轮及小轮等到澳门海面湾泊，不遵澳章。张人骏回复说中国兵轮有独立国尊严特权，葡方无权干涉。《香山旬报》对此报道云："邑属澳门地方，本属中土，葡萄牙租借日久，遂立约永驻，亦只可管理澳曼谷陆地，并无领海之权。谍昨葡领事照会张督，称中国福威兵轮及小轮等到澳门海面湾泊，不遵澳章，于四点钟内任意驶赴他处等语。经张督按约驳复，谓兵轮有独立国尊严特权，澳门系租借永驻，并无领海，毋庸干涉云。"[3]

十五日（10月9日），张人骏致电外务部，指责葡方现派勘界委员皆属无赖，请求其与葡方交涉，改派名誉素好的委员。文曰：

> 顷据前山同知庄允懿禀称，葡派勘界委员方济格沙等三人，率皆澳门无

---

1 《香山旬报》，第二期，戊申九月初一日。
2 《外务部为酌派勘界委员事致两广总督张人骏电文》，《明清时期澳门问题档案文献汇编》（四），第1609号。
3 《香山旬报》，第三期，戊申九月十一日。

赖,平日遇事多与华人为难。等语。骏思此次勘界,事关国土,关系甚重,深恐彼等素有仇华之心,日后会勘更形棘手。可否由钧部照商葡使,改派彼国名誉素好之员?乞钧裁电示。奏留温升道一节,可暂缓办。人骏叩。删。[1]

同日,临时代理粤督一职的胡湘林致电外务部,电文说,初四日,有葡人驾驶小轮船,来到瓦岗寨、粗沙湾、源胜塘、婆湾、复胜塘、得胜塘、日胜塘等地,"令居民等缴纳石山公钞银两",该处居民向官府报案请求保护。因此,请求外务部就葡人越界往瓦岗寨等处收钞一事,与葡使交涉,"以杜狡谋"[2]。

张人骏的总督一职为何要用胡湘林代理呢?估计他是因为积劳成疾,不得不请假疗养一段时间了。

十九日(10月31日),旅澳维持会杨瑞阶等人致电大清外务部,请求借葡萄牙政府政权变更之际,收回澳门。他们在电文中说:"前我国与葡君主所立约章,订明非经中国允许,澳门永远不得转与别人。今葡君失位,另立民主,国旗改换,全澳理应收回。约章俱在,万国难阻。乞筹办法,先发制人,以防英德从中瓜分。葡属旅澳维持会杨瑞阶、黄商霖、崔次堂等叩。"[3]

二十五日(10月19日),广西梧州总商会李户邶等也致电外务部,要求趁葡萄牙君主失位、改换国旗之际,收回澳门。

十月初八日(11月1日),张人骏致电外务部,声称根据香山县局绅、前山恭都局绅、尤山乡绅黄桂丹、屠鼎元、黄福元、杨应麟等禀报,澳门船政厅方济格沙"到澳年余,凌虐华民,较前尤甚。湾仔一带华界渔船均被无端干涉,议罚拘押"。工程司美兰达吉第"动因修理街道,擅拆民房,占筑马路,任意毁坟,并多方勒索商民"。翻译官宋次生"以翻译官遇事唆纵葡官,为虎作伥,舆情极所不服"。要求根据民意,酌据照会葡使,将品行不端的方济格沙等葡方三名勘界委员予以撤换,"改派闻望素孚之员,以便会勘界务"[4]。

---

[1]《两广总督张人骏为请照商葡使改派彼国名誉素好之员任勘界委员事致外务部电文》,《明清时期澳门问题档案文献汇编》(四),第1611号。

[2]《署理两广总督为葡人越界往瓦岗寨等处收钞请诘责葡使事致外务部电文》,《明清时期澳门问题档案文献汇编》(四),第1612号。

[3]《旅澳维持会杨瑞阶等为葡国另立民主全澳理应收回事致电外务部电文》,《明清时期澳门问题档案文献汇编》(四),第1613号。

[4]《两广总督张人骏为葡派勘界官员不洽华情事致外务部电文》,《明清时期澳门问题档案文献汇编》(四),第1617号。

十一日（11月4日），《香山旬报》报道，张人骏召见庄允懿，面授机宜，嘱咐其彻查葡人占界证据："最宜留意于旧日各船领牌及湾泊证据，与当日葡人侵占时人民迁移情形，及该国所出各示谕，及派人经营、派兵驻守各情形。""庄分府奉谕后，即行返署办理矣。"[1]

二十一日（11月14日）、二十二日（11月15日），光绪皇帝和慈禧太后先后驾崩。消息传来，举国震惊。

二十三日（11月16日），广州接到两宫逝世的哀电。同日，广东文武官员集中在一起恭奉电谕。之后，两广督府决定从农历二十六日起，在广州城内的关帝庙和东门的皇华馆举哀三天。《申报》为此报道云：

广东官场于廿六日起在关帝庙、皇华馆两处举哀三日。张督痛哭竟日，目为之肿。绅界亦于廿六日在府学宫哭临。广东沙面各领事署、各洋关及招商局轮船、哈德安河轮船俱下半旗。政界哭临之日，各领事亦均来唁。[2]

同日起，广东各界在广府学宫举行吊唁活动，一律不开锣、不鸣炮。原来挂在各衙门第一道门和第二道门的灯笼、彩门高头牌等全部清除干净，大门两边的门神、对联或用白纸封盖，或以黑色涂抹。同时，在各门口悬挂白色布条。大批官员前往关帝庙、皇华馆参加悼念。官员们身穿清一色的元青袍褂，头戴摘掉红缨的大帽。巡警分局停止审讯，巡警的肩章被摘除下来，服饰全部禁止有红色出现，原有者一律改为蓝色，以志哀思。张人骏每日以泪洗面，痛哭多天，眼睛变得红肿起来。绅界亦于二十六日（11月19日）在府学宫哭祭。广州市民由于不能整容剃发，使城内外的几百间理发铺关了近一个月的门，理发师谋生无路，于是跑到广州府衙门跪求官府在治丧期内发给补贴费。二十四日（11月17日）上午八点整，东较场旗杆上的龙旗下半旗致哀。按照全国统一部署，驻粤清军正进行秋操，平日的旗帜上加上了一条1寸阔、长度与旗相等的白带。原来军官帽子上的红结不见了，马鞍箭囊等装备上的装饰一律去掉，全体官兵左臂上束缚有一条宽2寸的白布。专程从北京前来广州督导练兵的教练处督办吴晋站在检阅台，操场上步兵、骑兵、工兵以及辎车入场，士兵肩上背的枪枪口向下，集中后由各队长官宣读丧诏。然后，全体士兵举起手中的刀枪，长官撇刀行哀礼。号兵吹哀号三遍，掌旗官将旗向前持平，待哀号吹毕才恢复原位。广东沙面各领事馆、各洋行和招商局轮船、哈德安河轮船全部下半旗致哀。

---

1《香山旬报》，第六期，戊申十月十一日。
2《申报》，1908年11月25日，第6页。

十一月初八日（12月1日），住在沙面的各国领事，分别乘坐素色舆轿前往两广总督府进行吊唁。众领事代表的悼词是这样的："忽闻贵国大行皇帝暨大行太皇太后连登仙界宝殿，出人意表，本领袖领事与各国领事同深悲痛。是以今日会同前来，稍伸哀悃。但望贵部堂排除政治之分攘，勿过悲伤。并望新皇帝效先圣之伟模，永享一统太平之福，俾四万万百姓共庆升平之乐。是乃本领袖领事与各国领事之所祷盼焉。"张人骏则出面表示谢忱，并发表答词云："我国不幸，重遭两宫大丧，

慈禧太后葬礼照片

彼国臣民同深哀戚。兹承贵领袖总领事诸君惠临吊唁，本部堂实深致谢。祈皇帝永享一统太平之福，实本部堂与贵领袖总领事诸君所同心共视者也。"二十日（12月13日），大丧已过二十七天，两广督府出来的公牍文字由蓝色改回红色，蓝印变成红印。

二十八日（12月21日），守丧过后的张人骏致电外务部，称葡人为给中国施加压力，计划派兵舰来到澳门。因此，请将南北洋战舰调往粤省，以针锋相对。十二月初四日（26日），外务部给张人骏回电，否定了其要求派兵舰以针锋相对的要求，认为"葡人恃英为助，往往英人出面干预。如我此时遽派兵舰，万一贻彼口实，转难收束。现既严词诘问，应看彼复文如何，再行相机办理"[1]。

十二月初一日（12月23日），《香山旬报》刊登消息称，张人骏的下属已按其"分别列报，以资考核"的要求，重新上报葡人占界之证据。文曰：

澳门占界一事，日前经大吏饬由该厅丞将前后被占地方查报在案。惟大吏现以此等交涉要件，必须有当时侵占年月，及一切证据情形，方足以杜口实，当即饬再详查。惟所占各地，多系陆续暗占蚕食，无甚时日可稽。现特

---

[1]《外务部为葡人违约行为已照诘应缓派兵舰事致两广总督张人骏电文》，《明清时期澳门问题档案文献汇编》（四），第1618号。

就详查所及，足供证据者，分别列报，以资考核。计查青洲岛在澳门、湾仔两处之中，在海面之北，近接前山河岸，系光绪十五六年，葡人先在该处筑造新路，逐渐圈划，至今直属于彼。其望厦角、龙田村一带，在澳界之后，中国原设有讯署炮台，至光绪初年为葡圈管，十三年吴前抚亲临，亦未厘定界址，至卅四年全被圈入。其过路环一处，为澳门出海要区，左九澳，右横琴，大于澳门数倍，向由拱北派轮缉私。光绪初年，葡竟派轮设管，并在荔枝湾、石澳硬以兵力从事。随及于湾仔、银坑各地，然均有中国炮台、官署多所，足为证据云。[1]

十八日（1909年1月9日），外务部致电驻法大臣刘式训，要求其前往葡萄牙首都，与葡方交涉"葡人种种违约举动"。主要是指粤督张人骏所反映的澳门的葡人五点内容：（一）在过路环对海之马料河勒收地钞，拘押华民谢华一名，旋释放。复拘该处居民黎锦等六人，押赴过路环。由二画葡弁搜去番银二元，云抵地钞。且勒令店铺保释，限期完纳公钞；（二）香港好时洋行有电招荷兰工程师，拟向澳门开浚海道，并闻澳门政府已在加刺士商船厂订造浚河机船二艘，将近澳海道掘深；（三）将过路环至九澳一带田土地段悉行丈量，示谕士民，自明年起不得在该处砍伐树木；（四）并闻葡萄牙派游弋兵轮二艘来澳，不日可到；（五）十四日驻澳葡官驾兵船到前山海面，威逼华民，于洋文内各签姓名。外务部特别指出："此事关系重大，希执事从速，亲赴葡部，向葡外部将以上各节切实诘问，务请其迅电澳督，将种种违约举动严行禁阻，并停止遣派兵轮来澳，即将辩论情形再复。再，勘界一事，前因葡派方济格沙三人不洽华情，经本部照致葡使，请政府改派，现复照催，希并商复。"[2]

二十五日（1月16日），外务部再次致电刘式训，再次要求其与葡萄牙交涉疏浚河道、派驻兵舰、更换委员之事。电曰：

顷复接粤督电称，驻澳葡人已在南环测量河道，为开浚计。所派兵轮已到一艘，泊银坑湾之间。该处本系华兵轮所驻泊。闻明正尚有两兵轮前来，探知将于过路湾、横琴两处分泊。现自十佛门以至七姐妹石所有海道，彼肆意占据。等语。查，葡人于澳门附近直欲用强占手段，现在执事计已抵葡两

---

[1]《香山旬报》，第十一期，戊申十二月初一日。
[2]《外务部为希赴葡都诘问葡人种种违约举动等事致驻法大臣刘式训电文》，《明清时期澳门问题档案文献汇编》（四），第1619号。

日，务向葡外部切实诘问，催令撤回兵轮，易员勘界。[1]

二十六日（1月17日），外务部致电张人骏称，葡萄牙有彼此妥协的办法，即中国将驻扎兵队撤退，葡政府亦改派一高官取代原来的三名勘界委员。外务部准备予以驳复。电曰：

昨电计达。顷英使送阅英外部电称，葡使交来葡政府电称，澳官并未侵占争地，而华官在该处新派兵队驻扎，葡外部拟有下开彼此相让调停办法，庶全彼此体面。若中国允将驻扎兵队撤退，葡政府亦愿简派一极大之文官或武官，以代派定之三员。以上办法，是否妥协。等语。葡争澳界，藉英为助，其告英政府，隐彼欺地之谋，而有要我撤兵之语。即使易员，岂真相让。除由本部驳复英使，并电驻英李使向外部声明外，查华兵驻扎之处，英使称系拱北关横琴岛，究竟现驻之兵何时派往，所派地段从前曾否驻过中国兵队，希即查明电复，以凭辩论。[2]

同日，外务部致电驻法大臣刘式训，要求他说："再切告葡外部，务饬驻澳葡官，将一切勒索华民、强占海道举动，概行禁止，并撤回所派兵轮，方可商议办法。否则中国地主之权，不能不自行设法切实保护。若因此互生冲突，所有责任，惟葡政府是问。至易员一节，系因前派之员不洽华情，亦应催令速行改派，以便会勘。"[3]

同日，外务部还致电驻英大臣李经方，要其转告英外务部，英国人既然以调停人自居，就应该主持公道。对于葡人的违约行为，加以禁止，以固邦交。"若意存偏袒，一任葡人肆意妄为"，出现冲突的责任由葡人承担，"英政府无庸过问"。[4]

同日，刘式训致电外务部，汇报其赴葡后于葡萄牙外交部会晤的情形，他说，于二十三日（1月14日）到达葡萄牙，当即根据十八日（1月19日）外务部指示与葡萄牙外交部交涉。葡萄牙外交部坚称："粤督所报多失实，派员遣舰，系属葡国主权，本非他国所宜干涉。葡廷极愿确守光绪十三年订约

---

[1]《外务部为希向葡外部切实诘问催令撤回兵轮易员勘界事致驻法大臣刘式训电文》，《明清时期澳门问题档案文献汇编》（四），第1620号。

[2]《外务部为希查复拱北驻兵情形事致两广总督张人骏电文》，《明清时期澳门问题档案文献汇编》（四），第1621号。

[3]《外务部为葡争澳界，藉英为助希再告葡外部禁止一切举动事致驻法大臣刘式训电文》，《明清时期澳门问题档案文献汇编》（四），第1622号。

[4]《外务部为请向英外部声明葡人违约举动并主持公道事致驻英大臣李经方电文》，《明清时期澳门问题档案文献汇编》（四），第1623号。

时之公例,惟粤近派兵屯驻多处,系更变此公例,如能撤此驻兵,以待会勘,则葡可通融,改派合意之员,并暂缓巡舰赴澳。其已到之炮船一艘,系代替旧船,拟难调回。"[1]

三十日(1月21日),驻法大臣刘式训传来好消息,称当天受到葡萄牙君主接见,葡主表示愿和平解决澳门勘界。葡主说:"贵使来葡商议澳门勘界事宜,中葡敦睦有年,从无嫌隙,我国必尽心力,以和平解决。务望将此意代为陈奏。"[2]宣统元年正月初二日(1月23日),外务部也致电刘式训,请其转告葡萄牙,既然葡萄牙心怀诚意,中国也将"和平商办,以敦睦谊"。至此,勘界问题又出现了转机。

正月初一日(1月22日),云南补用知县童振藻致书外务部,详细陈述了葡萄牙侵犯我国澳门及周边的历史,指出区区一个葡萄牙小国,其国土不及浙江省大;其陆军常备军只有4万,战时约14.6万人;海军仅有铁甲舰1艘,巡洋舰11艘。"即不幸而与我战,我国陆军足与之敌,海军虽弱,亦可与之相持,又何患焉?"[3]

初四日(1月25日),刘式训致电大清外务部,转达葡萄牙外务部所提出的五条勘界办法:(一)争论地方由勘界员会查核断。目前中国撤退兵队,不得视为放弃权利。(二)两国遴派位分相当之员为勘界员。(三)勘界员应查照《丁亥葡京节略》及《中葡条约》第二款会订界址,呈候政府裁决。(四)如两国有意见不合不能裁决之处,应届时察度是否可交公断。(五)葡允撤回巡舰,调开炮舰,并暂时停放收钞,罢浚河道。[4]

同日,刘式训又致电外务部,要求将中方所派勘界委员通报给葡方,"彼此先将姓氏开示,然后派定,以免缪辀。彼又称,调开炮舰,须在派定勘界员之后,俾免舆论诘责"[5]。

---

[1]《驻法大臣刘式训为葡外部称派员遣舰系属主权等事致外务部电文》,《明清时期澳门问题档案文献汇编》(四),第1624号。

[2]《驻法大臣刘式训为葡主礼见愿和平解决澳门勘界事致外务部电文》,《明清时期澳门问题档案文献汇编》(四),第1625号。

[3]《云南补用知县童振藻为陈澳门地势及历年界务交涉大略情形并附葡侵占略图事致外务部呈文》,《明清时期澳门问题档案文献汇编》(四),第1672号。

[4]《驻法兼使葡国大臣刘式训为葡外部所允五条应否照定事致外务部电文》,《明清时期澳门问题档案文献汇编》(四),第1627号。

[5]《驻法兼使葡国大臣刘式训为葡愿彼此将拟派勘界委员姓氏开示等事致外务部电文》,《明清时期澳门问题档案文献汇编》(四),第1628号。

初六日（1月27日），外部致电张人骏，通报刘式训与葡外部磋商澳门勘界办法，决定派高而谦为勘界专员。文曰：

查所商各条，我酌撤兵队，彼调开炮舰，均应在派员之后，且有"不得视为放弃权利"一语，可杜将来借口。公断只可姑存其说，不必预先声明。"暂时"二字应删去。至派员一节，我既不愿彼派在澳葡员，彼亦坚请我派别省大员。本部详加遴选，查有云南交涉司高而谦，情形熟悉，位分相当，拟即奏派该司为勘界专员，令其由滇到粤，禀承尊处指示办理。特先电商，希即酌核电复，以便电知刘使与葡外部定议。[1]

同日，《香山旬报》第16期刊登消息，题为《外部致张人骏准刘使电与葡外部磋商澳门勘界办法》，介绍了刘式训赴葡萄牙交涉的结果。

初七日（1月28日），张人骏致电外务部，同意外务部派云南交涉司高而谦为勘界专员。同时提议从阁读梁学诚、参议杨枢二人中另选一人，作为会办大臣。并提出酌派三四艘兵轮来粤，以期对葡形成威慑作用。他为此指出："光绪二十四年间，因广州湾与法人划界事，雷琼道周炳勋致为法人拘往兵船抵押，经苏提督元春与法提督反复争论，始行释放。并闻苏提督彼时被法船截至广州湾，尔时因我国未派兵船，生此枝节。前车鉴在，届时拟请酌派南北洋乡党兵轮三四艘来粤，藉资震慑，以防有截盟之举。如既派定员后，彼果践言撤舰，我之兵轮驻泊虎门内港，务须毫无痕迹。"[2]

初八日（1月29日），英国驻华公使朱尔典带领翻译梅尔思甘伯乐来到外务部，为澳门勘界事宜递交节略，核实中葡双方对文本的理解是否一致。同时提议，中方在确定勘界大臣并电告刘式训转告葡萄牙政府时，"望同时告知本大臣，免得葡外部得信在前，先告知本国外部，致本大臣报告较迟"。

初十日（1月31日），外务部致电张人骏，否决了张人骏关于另加委派勘界会办大臣及派兵舰的提议。说明因梁、杨二人均为广东籍贯，恐怕葡萄牙不认。"至派轮一节，现在葡廷既有和平解决之言，并允派员后调开彼舰，且有英人居间与闻，截盟一着，必可无虑。若我于此时派轮赴粤，万不能毫

---

[1]《外务部为转告与葡商允各节并拟派云南交涉司高而谦为勘界专员事致两广总督张人骏电文》，《明清时期澳门问题档案文献汇编》（四），第1629号。

[2]《两广总督张人骏为请加派勘界员并届时酌派兵轮以防劫盟之举事复外务部电文》，《明清时期澳门问题档案文献汇编》（四），第1630号。

无痕迹,恐授人口实,徒碍大局。"[1]

同日,外部正式通知刘式训,已经指派高而谦为澳门勘界专员的决定。"希即与葡外部议定,并询明该国改派为谁,速电复。"[2]

十一日(2月1日),《香山旬报》报道,张人骏致电外务部,申明马骝洲近海一带为中国领土,中国应有管领全权。文曰:

> 澳门附近海界向由拱北关派轮巡查管理,历经照办有案。目前张督以葡入侵及该处海界事,迭电外部,请与葡使交涉一切。现闻葡人仍执前词,直视该处海界为在权力范围以内。大吏按接各情,录以马骝洲近海上下一带向为拱北关辖属海线权力所应管及之地,与澳内毫不相涉,中国应有管领全权,并不得指为公海、外海。现已再行电部,商酌交涉云。[3]

十四日(2月4日),刘式训自葡萄牙传回正在磋商的消息,其中涉及中葡之间于1887年签订的《葡京节略》文本,第二款有一单词"Dependances",要求核对准确解释。十六日,外务部复电刘式训,称该单词汉文译为"属澳之地","足见必系确实属澳者,方得谓之属地。中国边海岛屿向隶于府厅州县,从无以此岛属彼岛之事,葡国在澳所管界址,即系节略所称属澳之地,不得谓此外另有澳门属地"。十七日,刘式训自葡萄牙回电外务部,"节略既有'Dependances'字样,自可照葡外部所拟文稿互换。此时我先与解释字义,恐致重生枝节,不若留待勘界时切实声明,较有步骤"[4]。

十六日(2月6日),刘式训再次电告外务部,汇报文稿拟定结果。文曰:

> 遵初十日电,续与葡外部磋商,迭准刘使电称续与葡外部磋商,彼允公断作罢,撤兵、撤舰均在派员后。惟停止收钞、浚海,不言暂时,则须申明以勘界时期为限。迨各节即以允

《勘界大臣马楂度日记》封皮

---

[1]《外务部为不另加派勘界员及派兵轮一节毋庸置疑事复两广总督张人骏电文》,《明清时期澳门问题档案文献汇编》(四),第1632号。

[2]《外务部为遴选云南交涉司高而谦为勘界专员事致驻法兼使葡国大臣刘式训电文》,《明清时期澳门问题档案文献汇编》(四),第1633号。

[3]《香山旬报》,第十三期,己酉元月十一日。

[4]《驻法兼使葡国大臣刘式训为毋庸先行解释字义待勘界时切实声明事复外务部电文》,《明清时期澳门问题档案文献汇编》(四),第1636号。

洽，与商互换文件。彼以撤舰有关主权，不肯形诸公牍，当与商明撤兵亦不列牍为抵制。昨准拟送文稿，所叙浚海一层，浑言纠葛，海道内不兴工程。"纠葛"二字，虑贻日后争索海权之口实，商令删去。彼坚不允，遂将撤兵、撤舰、收钞、浚海四端概不列牍，以免争执。现拟文稿，仅一条，曰两国立即各派一大员，查照《丁亥葡京节略》及《中葡条约》第二款，将澳门及其附属地之界址会勘订定，呈候政府裁决。如此备文互换，是否妥协，乞速核示。[1]

同日，刘式训还致电外务部，葡萄牙勘界委员已经确定，为工程提督马沙铎。文曰：

葡政府拟派工程提督马沙铎（Machado）为勘界专员，外部谓"该员现在葡京，曾充东非洲属地巡抚，与英属两次勘界，均能和衷妥办，拟约华员在香港会齐"等语。[2]

《香山旬报》曾经报道过马沙铎及高而谦为葡中两国澳门划界大臣之事，并且介绍了两人在张人骏干预下产生的过程。该消息曰：

澳门划界大臣，张督之意，本拟派粤中绅士，以其熟识情形，易于措手也。惟葡使不允，故政府改派高而谦，特加头品顶戴，以重其事。惟中国又不承认葡使，现该国政府，已另简陆路提督麦察都为澳门划界大臣，先至香港，与高会商一切，然后往澳勘划云。[3]

十七日（2月7日），外务部致电张人骏，向其电传刘式训关于文稿拟定和马沙铎为勘界委员的详细内容。[4]

同日，外务部致电刘式训，指出："撤兵、撤舰、收钞、浚海四端虽不列牍，仍应由葡外部当面切实声明，必照各节办到，断不翻悔，则与立文稿无异。来电所拟，可即备文互换。至酌撤何处兵队一节，应由粤督酌夺，葡政府不能预行要求，希婉词答复。"[5]

---

[1]《驻法兼使葡国大臣刘式训为将撤兵舰等各端概不列牍并拟定文稿各派一大员会勘界址事致外务部电文》，《明清时期澳门问题档案文献汇编》（四），第1637号。

[2]《驻法兼使葡国大臣刘式训为葡拟派马沙铎为勘界员并约华员在港会齐事致外务部电文》，《明清时期澳门问题档案文献汇编》（四），第1638号。

[3]《香山旬报》，第十五期，己酉二月初一日。

[4]《外务部为不列牍四端及葡派马沙铎为勘界专员事致两广总督张人骏电文》，《明清时期澳门问题档案文献汇编》（四），第1640号。

[5]《外务部为不列牍各端应由葡声明办到及由粤督酌夺撤兵之处事复驻法兼使葡国大臣刘式训电文》，《明清时期澳门问题档案文献汇编》（四），第1641号。

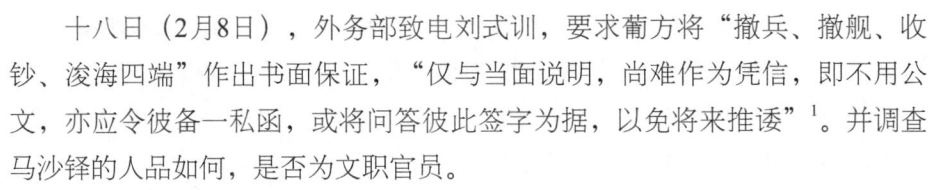

十八日（2月8日），外务部致电刘式训，要求葡方将"撤兵、撤舰、收钞、浚海四端"作出书面保证，"仅与当面说明，尚难作为凭信，即不用公文，亦应令彼备一私函，或将问答彼此签字为据，以免将来推诿"[1]。并调查马沙铎的人品如何，是否为文职官员。

十九日（2月9日），刘式训致电外务部，告知经其十八日午后偕参赞吴尔昌到葡萄牙外务部磋商，拟定于二十八日（18日）中葡双方撤兵、撤舰同时进行。并告知对马沙铎为武职官员，"系告退工程武员，曾充巡抚，办界务颇有声望"[2]。

十九日（2月9日），刘式训再次致电清外务部，告知经当日到葡外务部重新磋商，中葡双方同时撤兵、撤舰的日期又改定于二十二日（2月12日）。电文曰：

晨发电计达。顷晤葡外部，遵十八日电切实与商。彼称"葡勉允撤舰，已属通融，断不能立据贻笑，苟不欲践言，虽立据亦无益，贵国何如此见疑"，等语。一再磋商，彼始允提早实行期限，以示真心和平解决之意。现与订明所有派员、撤兵、撤舰、收钞、浚海各端，均定于西历十二号即二十二日，彼此实行。如此定议，是否可行乞速核示。又，外部面称"马沙铎系告退提督，现作为文职派充专员，人极和平"，等语，拟请允认，免生枝节。[3]

二十日（2月10日），外务部致电张人骏，向其通报刘式训致与葡外部所订撤兵撤舰各端并允认专使电文内容，并要求其"二十二日为期已近，应由尊处酌撤兵队一处，并即知照葡官将撤舰各节同时办理。仍将办理情形，即行电复"[4]。

二十一日（2月11日），清廷正式下旨，任命"头品顶戴、云南交涉使高而谦，着派办澳门勘界事宜，前往广东，会同葡国所派之员，详细履勘，妥

---

[1]《外务部为不列胰四端应备私函或签字为据及请查马沙铎是否文员事致驻法兼使葡国大臣刘式训电文》，《明清时期澳门问题档案文献汇编》（四），第1642号。

[2]《驻法兼使葡国大臣刘式训为已互换文件及三日派定专员事致外务部电文》，《明清时期澳门问题档案文献汇编》（四），第1643号。

[3]《驻法兼使葡国大臣刘式训为派员等各端定于二十二日彼此实行并请允认马沙铎事复外务部电文》，《明清时期澳门问题档案文献汇编》（四），第1644号。

[4]《外务部为请酌撤兵队一处并知照葡官将撤舰各节于二十二日同时办理事致两广总督张人骏电文》，《明清时期澳门问题档案文献汇编》（四），第1646号。

议办理"。但是,要时刻与张人骏沟通,"并商承两广总督张人骏酌核"[1]。可见,张人骏澳门勘界谈判负有一定的领导责任。

同日,外务部给张人骏、高而谦两人发电,通报刘式训在葡萄牙谈判的结果,同时催促高而谦迅速启程赴粤。电曰:

本日电旨计达。澳界事,上年因葡派方济格沙等三人为勘界员,不洽华情,商令改派。嗣葡人在马料河勒收地钞,拟浚海道,且遣兵轮来澳,意在强占。本部照请葡使禁止此等举动,阻派兵轮,并催易员勘界。一面电令刘使亲赴葡都与葡廷交涉。而英人居间调停,要我撤去驻扎兵队。旋经刘使再四磋商,始定彼此派大员勘界,我撤兵队一处,彼撤炮舰,停收钞,罢浚海,均于二十二日实行。此现在派员勘界之缘因也。葡派马沙铎为勘界员,系告退提督,曾充巡抚。据刘使谓,颇有声望,人极和平,本部业已允认。葡外部拟约华员在香港会齐,该员即迅速起程赴粤,先与粤督商酌一切。除所有案卷汇交钞寄外,即遵照并将起程日期电复。外。[2]

同日,《香山旬报》也报道了澳门勘界的消息,称张人骏去年冬天已经对澳门原来的水界、陆界绘有图画,对澳门后来侵占的水界、陆界也绘有图画,"有约可凭,不难清划"[3]。同时报道了云南交涉使高而谦赏给头品顶戴、作为澳门勘界大臣的消息。

同日下午5点30分,接到军机处、外务部命令的张人骏开始致电葡国总领事穆礼时,请其速电澳督将撤舰各端与前山撤兵一同进行之事告知执行。电文云:

沙面大西洋总领事穆鉴:顷准外务部电,准刘钦差电,澳门勘界事订议条款,昨诣葡外部互换文件讫,贵国应撤去寄泊该处炮舰、停收地钞、罢浚海之议,我国应撤原驻防营一处,以示两国和平办理澳门界务之意。均于定西历本月十二号即中历正月二十二日彼此实行。等因。本部堂已电饬前山厅遵照,将原驻关闸内防营一处议撤,应请贵总领事官迅电澳督,将撤炮舰、停收钞、罢议浚海各端,届时与前山厅撤兵队一处并行照办,以符定议。即请示复为荷。粤督张,正月二十一日下午五点三十分发。[4]

---

[1]《军机大臣奕劻等为派高而谦办理澳门勘界事致外务部电旨》,《明清时期澳门问题档案文献汇编》(四),第1647号。

[2]《清宣统朝外交史料》卷一,第25-26页。

[3]《香山旬报》,第十四期,己酉元月廿一日。

[4]《两广总督张人骏为请迅电澳督将撤炮舰各端届时与前山厅撤兵队一处并行事致葡国总领事穆礼时电文》,《明清时期澳门问题档案文献汇编》(四),第1652号。

同日晚上7点，接到军机处、外务部命令的张人骏开始给庄允懿下达指示，要求其于二十二日（12日）适时将关闸内附近茶亭所驻防营一处撤掉，其余不动。因为该处有关闸为限，界址尚属分明。电文云：

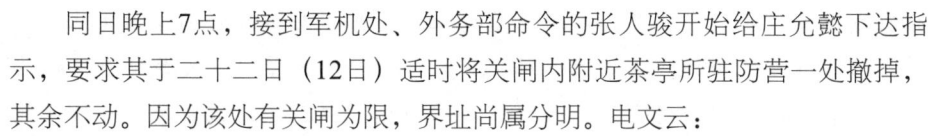

顷接外务部电，刘使效（19日）电称，澳门界务，昨诣葡外部互换文件讫，所有我撤兵队一处，彼撤炮舰、停收地钞、罢浚海各端，订定西本月十八号同时实行。又电称，现又与订明以上各端，均定西历十二号即中历正月二十二日彼此实行，听候两国派员会订，本部已允认。二十二日为期已近，应由尊处酌撤兵队一处，并即知照葡官将撤舰各节同时办理。仍将办理情形，即行电复。等因。现拟撤兵一节，以关闸内附近茶亭所驻防营一处当之，此外各处驻营毋庸更动。因为该处有关闸为限，界址尚属分明，暂将防营撤退，为和平勘办允议之凭证，尚不致堕彼狡谋。现已照会葡领，要其将撤舰各节同时实行，该丞立即亲往澳门附近处觇彼如何举动，届时酌将关闸内驻茶亭勇营相机暂撤，并将临时情形详晰电禀核办。毋稍大意，是为至要。督，个，正月二十一日戌发。[1]

谁知，张人骏本来以为水到渠成的事却又出现了意外。二十二日（2月12日）下午两点，葡萄牙总领事官穆礼时给张人骏照会，声称尚未接到本国指示，因此他那里不敢采取任何行动。该照会曰：

广东两广总督部堂张鉴：顷接来电，所论重要之事，闻之诧异。惟本总领事未接钦差示知，其中或有未清楚之事。贵部堂现接外部主意之电，请将电文照会本总领事，以便办理也。西洋总领事穆。元年正月二十二日午未。[2]

于是，张人骏不得不赶紧把二十一日（2月11日）下午五点半发给葡萄牙总领事穆礼时的照会又给其重发了一遍。

随即，张人骏致电外务部，汇报了澳葡总领事穆礼时未接到本国指示的意外情况，请示下步行动。电云：

昨午接二十日电敬悉。因期迫，遵即电知葡领，云顷准钧部电，据刘钦差电称，澳门勘界事订议条款，昨诣葡外部互换文件讫。贵国应撤去寄泊该处海面炮舰，停收地钞，罢浚海之一议，我国应撤原驻防营一处，以示两国和平办理澳门界务之意，均定于西历本月十二号即中历正月二十二日同时彼

---

[1]《两广总督张人骏为届时酌将关闸内附近茶亭驻营相机暂撤事致前山同知庄允懿电文》，《明清时期澳门问题档案文献汇编》（四），第1651号。

[2]《葡国总领事官穆礼时为未接钦差示知请将外部主意之电照会以便办理事复两广总督张人骏电文》，《明清时期澳门问题档案文献汇编》（四），第1654号。

此实行等因,现已电饬前山厅遵照将原驻关各端,届时与前山厅撤兵队一处并行,以符定议等语。盖撤兵一处,自应以关闸内为最当,因该处有关闸为限,驻兵虽撤,界址仍不清。而该处即彼所谓'猎巴',该驻兵亦在前年规复之列,于撤兵之议相符。兹准该领复电云:'顷接来电,所论重要之事,闻之诧异。惟本总领事未接钦差示知,其中或有未清楚之事。贵部堂既接外务部主意之电,请将电文照会本总领事,以便办理'等语。当仍照前电语意具文照复。合先电陈,俟办理如何情形再达。惟应否请钧部照询葡使,赶令电饬葡领澳督遵照之处,候裁。人骏。养。[1]

下午6点,张人骏又给庄允懿发电,告知葡领未接电示之事,询问澳门方向有无异动。

晚上,张人骏指派手下蔡钧给庄允懿写信,谈了自己的三点担心。蔡钧,浙江仁和人,字和甫。1897年任上海道台,1901年以四品候补京堂任驻日本公使。1903年7月,被清政府召回,在上海办《南方报》。时兼张人骏重要幕僚。蔡钧在信中说:"本日葡领以未奉彼国公使电示为辞,是以误二十二日之期,不知从中又作何狡诡,极应留心访察,随时电禀帅核。总之,可虑者应有三端。我撤兵而彼日后即借口于撤兵之地系属让地于彼,添一无中生有之证据,一也。彼撤舰而由此移泊彼处,我不跟踪理论,彼以前泊出撤还中国,转可以反证移泊处为其领海,又为彼添一占领水面无中生有之证据,二也。彼政府允同时并行,彼故托于不闻不知,内外异向,我实行而彼不实行,利我退步而彼之进步,三也。省中耳目较远,揣测殊难周密,自非由执事设法侦求,少有可疑,即行密陈帅座指授机宜办理,不可或应先行电部抉破,或应就粤设法对待。澳门界务,彼族所极注意之事,现当待勘未勘之际,彼求占地之据,我求保地之据,关键最为重要,前不可一着落人后也。谨遵帅谕,密以奉闻。"[2]

二十三日(2月13日),高而谦分别致电外务部和张人骏,言明已经接到二十一日(2月11日)的任命圣旨,"蒙恩委办澳门勘界事宜,惶悚无极"。表示将克日卸任,然后奔赴广州。

《香山旬报》也随后报道了高而谦即将起程的消息,并且对其授任勘界

---

[1]《两广总督张人骏为议撤关闸内防兵及葡领称撤舰各端未接钦差示知事复外务部电文》,《明清时期澳门问题档案文献汇编》(四),第1656号。

[2]《两广总督张人骏为葡领以未接公使电为辞延误日期其可虑有三事致前山同知庄允懿函》,《明清时期澳门问题档案文献汇编》(四),第1658号。

大臣的复杂背景进行了披露："葡人侵占澳门附近地界，历年交涉，均未划定。光绪三十三年（1907年）始发生划界问题，经胡护院咨请外部派员先行查勘，随于去春派高丞堂而谦来粤。嗣葡使又照请外部奏派划界大臣，经外部咨商张督，闻张督以此举关系重要，非熟悉外交内情、舆图、掌故之人不足以昭折报而保国权，拟保荐曾经出使之粤绅。惟葡使不允许粤人，外部迫得迁就，仍奏派高而谦。因高办理广东洋务多年，且曾查勘此案，现已咨行来粤。查高现任云南交涉使，大约俟接署有人，即行起程也。"[1]

同日，外务部致电张人骏，表示经过核实，葡萄牙外交部已经致电澳督执行撤舰命令了。"究竟该督已否实行，仍希详细查明，彼此同时举办。"[2]

二十四日（2月14日），张人骏致电庄允懿，告诉其澳督罗莎达已接到本国政府关于撤舰的命令，要求其观察澳方动静同步执行。

二十五日（2月15日）下午两点，庄允懿致电张人骏，汇报澳门名为撤舰实为修舰的情况，提出我方拟撤兵方案。文曰：

葡舰已于十八日开行，详查始知赴港修理，并见港报，似非撤回。彼无证实撤舰明文，我未便因其现不在澳即行撤兵，且茶亭一带彼早有作为公地一说，若遽行撤兵，是显有让地之证。查闸关本驻兵三处，如议撤兵，拟撤第二第三两卡，其紧接关闸之第一卡仍留。是否有当，请示遵。澳门现别无举动。[3]

同日，庄允懿又致函给蔡钧，说明葡方撤舰是假，修舰是真。至于其答应的"停收地钞、罢议浚海两端，均属空谈。地钞每年只收一次，近有迫令居民签字，并搜去身带银毫留抵地钞，岂能又复来收取？此停收之说直是骗局。至浚海一事，本是光议并未实行，亦是虚做人情耳"。

广东邮务管理大楼（1897年建）

---

[1]《香山旬报》，第十五期，己酉二月初一日。
[2]《外务部为希详查澳督已否实行撤舰各端事复两广总督张人骏电文》，《明清时期澳门问题档案文献汇编》（四），第1661号。
[3]《前山同知庄允懿为拟撤关闸第二第三卡驻兵且不能遽撤事复两广总督张人骏电文》，《明清时期澳门问题档案文献汇编》（四），第1663号。

澳门之事，且盼妥速和平办结，俾两国睦谊益加敦笃。……葡萄牙必竭尽心力，以和平解决。务望将此议代为陈奏。"[1]

同日，葡萄牙总领事穆礼时照会张人骏，要求他提供去年十二月十九日（1909年1月10日）致电外务部时所说澳葡官员到马料河收钞、拘捕华人的证据，称"若不能指证明确，便是无端造谤，宜即加以责罚""澳门向无西人做贼，若系中国匪类，甚难扮作洋人，而海面之中国贼匪与外国贼匪则最易分辨，况葡萄牙官兵亦一概不通华语耳。"[2]

初四日（2月23日），张人骏致电外务部，就外务部一月二十九日批评他"前后语义轻重悬殊"等语进行辩驳，要求谨防葡萄牙的离间之计。电文曰：

正月二十九日电敬悉。撤舰撤兵，遵正月二十三日钧电，应详查澳督已否实行，彼此同时举办。正月十八日，葡舰已赴港修理。二十一日，葡领于此议尚无所闻。是葡舰之去计，似无与于三端之议参。观去年四月间，迭准钧电，葡使请撤拱北、老望等处驻兵。又刘使电称，葡外部请中国勿置兵澳境。并承钧部电示，遽许撤退即属认为彼界，所关尤大，等因。宥电所陈，特就收地钞、罢浚海、撤炮舰三端，照现办情形而论，可实见诸行事者惟撤舰一节。葡舰以修理为名先去，即无从与我之撤兵同时举办。两国界务交涉，凡先撤兵者，例视为退让示弱。事关极要，理合据实商请裁示。至于收钞则捕人押勒，浚河则测量南环，并开订购机船，招延工司，皆去冬之事，历经电达在案，诚见葡人举动巫巫不遑。其光山澳门围径三数里租地，近已据有全澳，浸淫逮于滨九洲洋之东南各岛；丙午夏秋，潜移水标贴近湾仔；去冬且派舰驻银坑。十二月十五日准钧电，彼政府竟谓常派兵轮前往本国属地，直将认银坑为其所属，欲举澳门四面环岛海面而有之。事势实已日逼，前后语意原无轻重于其间。总之，界务一日未定，轇轕一日不清，卓见无遗。鄙意默察葡人已渐易狡悍为阴柔力抵，粤官屏不与议，于内外协筹周计，最非彼愿。今故议地必择香港，勘员不取粤官。此次复谓骏所言失实，特施种种离间手段。然其术甚浅，钧部谅已烛其狡谋也。高司到粤后，应即从长妥酌办理。际此将勘未勘之时，狡诡举动，有所闻见，仍当随时电陈，

---

[1]《驻法兼使葡国大臣刘式训为三十日往谒葡主其言必竭尽心力和平解决勘界请代为陈奏事致外务部函》，《明清时期澳门问题档案文献汇编》（四），第1675号。

[2]《葡国总领事穆礼时为请饬指证马料河收钞被掳人姓名等若果有其事当究办事复两广总督张人骏照会》，《明清时期澳门问题档案文献汇编》（四），第1676号。

诸乞钧察主持为祷。[1]

初六日（2月25日），张人骏照会穆礼时，向其提供了葡官越界收钞的情节。照会说：

此事先经饬据查明，被拒马料河之华民，有谢华、黎锦、林有、林元、林生、黎生等六人，留押于过路湾勒缴公钞，嗣由永兆昌杂货店担保，始行释放。于该民等身上搜获银毫共二元，系交在该处有两条金线之葡兵官。至于勒令于洋文单据上签名之华人，系据华民谢华、黎锦等等报知该处营官，系于去冬十二月十四日早葡官着人传往过路湾出纸一张，内有许多洋文，逼令各签姓名。各等语。现在贵总领事官以接澳督复文，谓贵国官兵不肯妄作此事，本部堂亦表同情。现已严饬该处文武官弁切实查拿，如再遇有匪徒冒为此事，即行拿究，以安居民。[2]

初八日（2月27日），驻法大臣刘式训致电外务部，称"初六日葡外部派员来告，谓接澳督电称，与粤省交际欢洽，具征中国政府和平维持之力，深为两国邦交庆幸"[3]。

十三日（3月4日），赴任途中的高而谦假借兄长高凤岐病重，"兼程前进，寝馈不安"。遂向外务部请假转道上海探视。其兄"于去年六月即得重病，迭经中外各医调治，迄未能愈。兹闻沉重，万状焦急。窃念而谦童年荒嬉，全赖胞兄教诱，今日始能略明事理，其恩实同再造。现处垂危之秋，大有难全之势。港沪海程只有两日，若不匍匐奔赴，亲侍汤药，恐为天理所不容"。其后又说"如葡员将次到粤，难以稍待，亦恳请改派他员办事，全藉精力。而谦神志业已昏乏，与其误事，不若直陈，无任哀祷之至。而谦一时既难供差，应否先请开缺，俟胞兄吉凶定后，再行泥首官门，听候驱策"[4]。意思是请求开缺辞职。从高而谦的电文中，明显可以看出他已有了为难退缩的意思。

次日，外务部批准高而谦请假省兄之事，但不同意将其开缺。

---

1 《两广总督张人骏为陈葡撤炮舰停收地钞罢浚河实行情形事致外务部电文》，《明清时期澳门问题档案文献汇编》（四），第1677号。

2 《两广总督张人骏为查明葡官于马料河收钞拘禁之华人姓名等事复葡国总领事穆时礼照会》，《明清时期澳门问题档案文献汇编》（四），第1678号。

3 《驻法兼使葡国大臣刘式训为葡外部接澳督称与粤省交际欢洽事致外务部函》，《明清时期澳门问题档案文献汇编》（四），第1681号。

4 《云南交涉使高而谦为乞假省兄并请派他人赴粤办理勘界事致外务部电文》，《明清时期澳门问题档案文献汇编》（四），第1682号。

十七（3月8日）日，粤商自治会为澳门划界之事召开特别大会。虽然是下午开会，但上午十一点，到会者已经是人山人海了。香山恭都、谷都特派绅商代表员赵襄平、杨让如、柳壁如等参加会议。下午两点大会开始。先由香山恭、谷两都特派绅商代表发言。他们表示，由于当天他们那里也要开会，因此只能派代表前来，先将澳门与香山的地图拿来，并将前粤督张之洞的奏折拿来供本会参考，"切实筹商办法，务望同胞毅力坚持，务达目的云云"。随即由胡心登、张嵩云、陈敬淑等十余人发表演说，都纷纷"痛骂袁世凯之误国。及领土、领海关系，尺寸不得轻以与人等语"。大家听了，"鼓掌之声，不绝于耳"。演讲结束，大会进行三项议程："（一）宣布香山恭、谷两都代表杨让如、赵襄平、柳壁如等交来澳门地图。（二）议现奉谕旨，特派高大臣而谦办理澳门划界。查葡人租借陆岸，原有围墙为记，此外水界全系我国海权，外人类皆凭空影射。去年二辰丸私运军火被获之地方，据经纬线为珠江西口大沙沥洋面，系属我国内河，日人妄称公海，葡人竟冒称领海，尤为无稽。今虽公理大明，而袁世凯之甘心卖国，致令举国言羞，此恨绵绵。凡我同胞，今日尤应注意，应如何妥筹输，以保主权，请公议。众议派员前往切实调查，认真办理，不得稍有放弃。（三）议划界大臣高而谦，现将抵粤，兹事重大。凡属国民均应负担义务，分任调查，以匡官之不逮。众赞成。"[1]

十七日（3月8日）这天下午，香山县恭、谷两都人士也在北山乡恭都联沙局召开划界维持会成立大会。这天适逢阴雨，但是绅商学善各界到会者仍有三百多人。大会公举杨瑞初为主席，郑彦球为副主席，黄仲瑜、鲍少勤为宣布，林佩三、容梓庭为纠议员，杨学坡、杨少农为书记员。大会认为，"葡人图占附近地方，狡谋奢望，志在必逞。此次划界，事关都人身命财产，亟宜集合大团，力筹挽救"，恭、谷两都人士当为表率。为此会议决定："（甲）择地设立划界维持会。该会以

1816年的澳门地区地图（局部）

[1]《粤商自治会会议澳门划界事》，《香山旬报》，第十七期。

上保国权，下顾身家为宗旨，必俟划清界限，妥善无误，始行解散。（乙）收回海权。澳本租借，西南倚水为界，原无海界之可分，有张前督宪法原奏及《香山县志》可考。且该海为香山门户，稍为一退让，门户尽失，牵动全局。故收回海权一层，尤为要着。（丙）陆地坚持旧有围墙为限界。其界外已占之地，宜与争回；界外图占之地，万勿退让。（丁）公禀厅县督宪法钦使等处，务恳坚持此旨，与葡力争，以保边隅而维全局。（戊）分电外务部暨同乡京官实力维持，仍分电各埠同胞，转电京省，以为声援助力。以上众均赞成。伍君拔臣献议，电达外务部一层，虽属握要，惟政府一经批驳，即事成画饼。惟以选举代表员面见钦使，并搜齐旧案及地方情形凭据，力请争回，尤为吃重。仍须各人协力帮助，方冀有济。"大会还公举吴星楼郎中领衔，由各乡自行选举代表参加，一齐谒见钦差及驻省办事。其电报费、"办事人舟车饭食"费用由大家捐款。南屏、北山、造贝等乡当堂捐款三百多元。其余各乡代表答应回乡集资捐款。会议决定，划界维持会第二次会议订于二月二十日仍在联沙局召开。会议到下午四点钟方才散会。[1]

事前，恭、谷各都绅商学界还在报纸上刊发传单云：葡人图占附近地方，迭经我都人士齐起力争，现闻政府已派专使划界，事关都人生命财产，种种问题，均须研究。兹订本月十七日暂借北山乡恭都联沙局开会集议，届期务请各都绅商学慈善各界踊跃赴会，切实研究，联请钦使督宪力扶危局，幸毋自弃，是所切祷，此布。

二十二日（3月13日），外务部给张人骏发电，告知其十九日葡萄牙外交部询问中方勘界委员带随员多少人，以便相应配备。请他与高而谦"酌定电复"。

二十三日（3月14日），香山划界维持会杨应麟等按照第二次会议精神，撰文致电外务部，表示对澳葡侵略将"抗死力争"。电云：

澳葡屡图占界，人心愤恨，应电粤督钦此详查澳门陆界旧址，力拒勿让。海非葡有，无界可分，海界主权万勿放弃。敬请宣示派员划界办法，以觇心。稍一徇误，全粤受害，势必抗死力争。[2]

二十七日（3月18日），张人骏回电外务部，汇报说勘界大臣"拟随员五

---

[1]《广东人民成立澳门勘界维持会，邑人研究澳门划界问题》，《香山旬报》，第十七期。

[2]《香山划界维持会杨应麟等为澳葡屡图占界请宣示派员划界办法事致外务部电文》，《明清时期澳门问题档案文献汇编》（四），第1690号。

人为额,已电商高司,俟其由沪来粤酌派"。次日,外务部将此情况通知了刘式训。

闰二月初三日(3月24日),香港中葡界务研究社主席陈席儒等致电军机处、外务部、民政部,要求政府弄清光绪十三年前被澳葡侵占土地和光绪十三年之后所失土地,然后"操纵得宜,尽驱葡人于旧址之内"。否则粤民"以为朝廷示弱,归罪外人,势将暴动频出,其曲在我,遗祸之大,不堪设想"[1]。

同日,庄允懿致电张人骏,报告称今日葡萄牙有一艘军舰停泊鸡颈洋。"闻该处向无兵舰停泊,当即派轮查探属实。该轮食水十三英尺,载长二百四十英尺,有葡兵二百数十名。闻尚有两舰下月可到。鸡颈洋面系属华界,应请电达外部知照葡使速退舰。"[2]

初四日(3月25日),张人骏迅速将庄允懿所汇报的葡萄牙军舰来澳的情况转达给外务部,并接着请示道:"查鸡颈与澳门马二石对峙,为九洲洋进磨刀门第一重门户。葡人本有撤舰待勘之议,乃复添舰驻泊我界,除饬随时查探举动外,应否向葡使诘问,候钧酌并请电示。"[3]

初五日(3月26日),外务部致电张人骏,告知其与葡使诘问结果。电曰:

豪电悉。当即面诘葡使,据称并无所闻。惟澳门报载葡有换防兵二百余人,系属向例,现搭坐荷兰商船到澳,旋即开去,并非兵舰,恐粤省误会。等语。该同知电禀是否探确,希再饬详查,电部核办。[4]

初六日(3月27日)下午三点,张人骏致电庄允懿,要其按外务部指示再行详查。

初九日(3月30日)下午三点,庄允懿回电张人骏,第二次汇报再查结果。电曰:

葡舰一事,同知亲往澳详查。据澳门人言,日前确有葡舰在鸡颈外停泊,因该舰伙食赴澳采办,由小轮送往,故各人皆知。闻舰系双烟筒,译名

---

[1]《香港中葡界务研究社主席陈席儒等为请据约力争领界并巳托人查勘界址事致民政部等电文》,《明清时期澳门问题档案文献汇编》(四),第1699号。

[2]《前山同知庄允懿为确有葡舰泊鸡颈洋面请电外务部知照葡使速撤事致两广总督张人骏电文》,《明清时期澳门问题档案文献汇编》(四),第1694号。

[3]《两广总督张人骏为闻葡兵舰近日驻泊华界鸡颈外洋面应否向葡使诘问事致外务部电文》,《明清时期澳门问题档案文献汇编》(四),第1695号。

[4]《外务部为面诘葡使其称系换防兵搭坐之商船非兵舰希再饬详查事复两广总督张人骏电文》,《明清时期澳门问题档案文献汇编》(四),第1696号。

"华士啰甘嘛"（粤音）。葡使所称载兵一节，系正月之事，与此次无涉，更换葡兵九十余名。惟葡使现不肯承认，则尚非欲强占海界，似可将此事暂缓置议。闻该舰已赴港，现派人往港确查再禀。传闻葡人此次所以派舰前来，实恐临时土人暴动，故各炮台现有整备枪炮之说。至其内情如何，实难探悉，或云葡舰现拟暂不来澳，须俟划界葡使到后始行聚集。合禀闻。[1]

清末洋人绘制的澳门明信片

十一日（4月1日）下午五点，庄允懿再次致电张人骏，汇报葡舰信息。电云：

> 昨派广元管带周炳鉴赴港查探，见有悬葡国旗兵舰，一名"巴地利亚"，即前来澳往港修理之舰。一名"华士啰甘嘛"，即此次在鸡颈外停泊之舰。均系铁甲。等语。理合禀闻。[2]

十二日（4月2日），张人骏将庄允懿近日多次探查的结果一并汇总后，电致外务部。文曰：

> 葡兵舰前泊鸡颈外洋面，名"华士啰甘嘛"，系挂葡旗，并非荷兰商船。现尚与"巴地利亚"同在香港停泊。据"广元"官轮管带周炳鉴查报前来。[3]

三月初一日（4月20日），在上海停留了四十多天的勘界大臣高而谦终于由上海起程并抵达了广州。

初九日（4月28日），葡萄牙公使柏德罗照会大清外务部，要求饬令粤督不得任令广东人民集会、刊文攻击葡人。文曰：

> 查近来广东地方，粤督任令人民时有集会，鼓惑百姓与澳门葡人反对情

---

[1]《前山同知庄允懿为葡称载兵一节系正月之事并现闻葡舰赴港已派人往查事致两广总督张人骏电文》，《明清时期澳门问题档案文献汇编》（四），第1698号。

[2]《前山同知庄允懿为据查确有悬葡国旗兵舰一为往港修理一为停泊鸡颈外洋面事致两广总督张人骏电文》，《明清时期澳门问题档案文献汇编》（四），第1704号。

[3]《两广总督张人骏为查前泊鸡颈外洋面系葡兵舰"华士啰甘嘛"号现仍泊港事致外务部电文》，《明清时期澳门问题档案文献汇编》（四），第1705号。

事，实堪诧异。今我两国已将此事商定妥协，是以令人更为骇然。本国政府现闻有此等之事，甚为奇异不悦，深望贵国政府速为饬令粤督，不得任令人民在所属地方集会，与澳门葡人反对之事，以免蛊惑百姓，耸动贵国勘界大臣，妨碍两国和衷商办界务之意，并请设法禁止中国报纸登载一切攻击葡人之事。[1]

初十日（4月29日），外务部致电张人骏，向其转达葡萄牙照会内容，声称已经答复葡使。说："粤人反对鼓惑各情均无所闻，惟近澳门居民设有澳界研究会，该会既名研究，不过为考查地方历史暨内地与澳门往来公益起见，并无反对煽惑情事，粤督未便禁堵，且于和商界务之意不特无碍，亦复有益。"[2] 并要求其派员随时查禁反葡言论，以杜口实。

同日，张人骏致电外务部，请求为高而谦刻一枚"钦派办理澳门勘界事宜关防"的印章，以便谈判使用。[3]

十一日（4月30日），张人骏复电外务部，认为粤民集会研究等事合法合理、有益无碍，因此政府不应干涉。同时，质问葡方，为何不查禁澳葡具有攻击中方言论的报纸。文曰：

初十日电只悉。粤人集会，研究澳门界务，只系考查地方历史，并无鼓惑耸动之事。诚如钧电，于和商界务有益无碍。大部照复葡使各节，实属至当不易之论。至粤报所登，仅只搜罗记载，采录舆论，亦无鼓惑之意，地方官岂能施禁？近日葡文各报，于澳门界事常有攻击华人之语，葡政府何以并不禁止？转谓粤报反对攻击，殊非平情之论。葡人居澳以来，其虐待华人之事，不一而足，粤民素多恶感。即如光绪三十三年间，澳官强将华人坟墓挖掘烧毁，群情愤激，几至生变。此次一闻勘界，粤人咸望界务早定，庶免葡人侵越凌虐，乃系实情。但所论之事，既无干犯法律，万难强施禁令，转致民情愈激，别生事故。除饬属随时防范劝谕外，谨电复。骏。真。[4]

十五日（5月4日），葡萄牙公使柏德罗照会外务部，声称粤商自治会要暗袭澳门。因此该国海军司令准备派"巴地利亚"号兵船回澳保护，但尚未

---

[1]《署葡国公使柏德罗为请饬令粤督不得任令人民集会并禁止报载攻击葡人事致外务部照会》，《明清时期澳门问题档案文献汇编》（四），第1708号。

[2]《外务部为澳界研究会及报纸近日是否有鼓惑攻击事希随时查禁以杜口实事致两广总督张人骏电文》，《明清时期澳门问题档案文献汇编》（四），第1710号。

[3]《两广总督张人骏为拟由粤刊一勘界关防应否给发事致外务部电文》，《明清时期澳门问题档案文献汇编》（四），第1711号。

[4]《两广总督张人骏为粤民集会所论系查考历史并无干犯法律恐施禁转激民怨事复外务部电文》，《明清时期澳门问题档案文献汇编》（四），第1714号。

被外务大臣批准。请清朝外务部"迅速严设善法，免其决无试为暗袭澳门情事，并切戒生事及与本国为仇之徒不得任意妄为"。[1]

同日，外务部将葡使照会情况转达张人骏，同时要求关注"该使所称究系如何情形，近日自治会是否安静，切望随时密加查察，毋任生事，致生枝节"[2]。

当日，接到外务部电报的张人骏为了稳定社会秩序，防止给澳葡留下口实，立即授意《羊城日报》刊登了《张督因澳门勘界事之示谕》一文。文曰：

督院张，为出示晓谕事。照得澳门勘界事宜，奉旨特派云南交涉使司高来粤，商承本部堂办理，一俟葡员到境，即与开议。闻粤中绅商士庶，于此事颇形注意，近澳居民开会研究，自为查考地方历史及内地与澳门往来公益起见，果能持之有故，言之成理，于和商界务之意不特无碍，且复有益，倘有鼓惑攻击举动，则为法所必禁。现当两国各派大员和商界务之时，凡我绅商士庶自应共明此意，静候勘办，勿滋疑虑，合就晓谕。为此，示仰所属诸色人等，一体遵照勿违。特示。[3]

报纸出来后，张人骏马上于十六日（5月5日）给外务部回电，声明粤人并无预谋袭击澳门的行为，反而是居澳的葡人有反华言行，应予制止。并附上了刊登其示谕的那份《羊城日报》。电报云：

十五日电敬悉。自治会均系良善民人，岂有袭击澳门预备？绅商人等因界务讨论则有之，近已示谕静候和商办理，人情均极静谧。澳门葡人日来集众咨议，仇华之说颇炽。揣葡使之意，特欲藉端调回兵舰。两国撤舰、撤兵候勘，人已共知，一旦调舰回澳，特恐自此疑虑益深。为和商界务计，葡人此举，似属非宜。如何之处，乞钧裁酌复葡使，并乞电示。再，葡人调舰回澳，不知有何狡谋，粤无相当出海兵舰，合陈明。[4]

十八日（5月7日），外务部根据张人骏电文所反映的葡人反华内容，照会葡使柏德罗，并请其立即"电达贵国政府迅电澳督，于该处葡人严加约

---

[1]《署葡国公使柏德罗为澳督闻粤省自治会预备暗袭澳门望严禁事致外务部照会》，《明清时期澳门问题档案文献汇编》（四），第1716号。

[2]《外务部为葡照称自治会预备暗袭澳门望查察事两广总督张人骏电文》，《明清时期澳门问题档案文献汇编》（四），第1717号。

[3]《两广总督张人骏为查无袭击澳门预备且已布告示并葡藉端调舰回澳不知有何狡谋事复外务部电文》，《明清时期澳门问题档案文献汇编》（四），第1718号。

[4]《两广总督张人骏为查无袭击澳门预备且已布告示并葡藉端调舰回澳不知有何狡谋事复外务部电文》，《明清时期澳门问题档案文献汇编》（四），第1718号。

束，毋得集众咨议。并饬葡报不得再登攻击华人之语。实于彼此界务有益。至贵国水师大宪欲饬兵舰回澳一节，业经外务大臣未予准允，良为顾前约而释群疑，本国政府深为纫佩"[1]。

随即，外务部将当日发给葡国公使柏德罗的照会全文转发给了张人骏。

二十日（5月9日），刘式训致电外务部，汇报称葡萄牙现任内阁已经倒阁，外交部长利马氏派员至中国驻葡分使馆会见参赞吴尔昌，称"葡专员马沙铎氏谒见新内阁后，行将起程东渡，应于何月何日在香港与华专员会齐，亦请预示。又称，粤省自治会聚议风潮，葡甚注意，究竟贵国政府是否主持和平"。吴赞昌回答说："粤省自治会聚议属实，中国政府仍主持和平，惟葡廷宜以和平答之，勿使我对于舆论太觉为难。"[2]

二十一日（5月10日），外务部致电张人骏，除了转述刘式训信函内容，还要求其将高而谦准备何时赴港的消息给予答复。

同日，勘界维持会会长郭乃心致函勘界大臣高而谦，信中历数了葡人占据澳门的历史，强调指出"光绪十三年《中葡条约》第三款亦载明：未经大清国首肯，不得将澳门让与他国。可见主权仍在中国，未尝转移于葡人，就法律推求，澳门不过始终一租借地耳"。同时，还附有两封密函，列举了澳葡拆毁香山县县衙、拆毁中国关闸、侵占我炮台、拆毁我界墙等二十五条罪状。请求其"务恳鼎力维持，粤人幸甚！中国幸甚！"[3]

二十二日（5月11日），高而谦致函外务部，汇报其初一日到任后二十天来的工作情况。其中特别肯定了粤省的勘界维持会的作用，文中说道："粤省绅商各界设会维持，自足以为办事者之后劲。而谦在沪，即有会中诸人来见，当经告以如能选择谨密可靠者二三人为代表，自可随时接见筹议，共济艰难，既免宣泄，且不至为反间者所愚，见者均尚谓然。至于会中会外所有搜集证据，自应广加采取，藉收兼听并观之效。"同时还指出懂得葡文的外交人才匮乏的现状，"日前在沪访查，竟难其选"[4]。

---

[1]《外务部为请电澳督严加约束居澳葡人毋集众咨议并饬葡报勿登攻击华人之语事致署葡国公使柏德罗照会》，《明清时期澳门问题档案文献汇编》（四），第1719号。

[2]《驻法兼署葡国大臣刘式训为函致吴尔昌答葡要求撤大横琴兵队及派员勘界事致外务部函》，《明清时期澳门问题档案文献汇编》（四），第1721号。

[3]《勘界维持会郭乃心等为陈澳门勘界管见所及事致澳门勘界专员高而谦函》，《明清时期澳门问题档案文献汇编》（四），第1723号。

[4]《澳门勘界专员高而谦为初一日到粤候葡员将次到地即赴港约期开议事致外务部函》，《明清时期澳门问题档案文献汇编》（四），第1724号。

左上为葡人1871年移建的拱门，左下为1874年葡人强拆的中国建关闸门。
右图中间竖线为关闸马路，两端为新旧闸门间距离

同日，英国公使朱尔典会晤外务部左参议周自齐，出面干涉粤商自治会刊发传单及粤省在澳界撤兵之事，明显偏袒葡萄牙。朱尔典说："广东自治会近日刊布传单，谓葡萄牙在澳门违背条约，苛待中国人民，葡人闻之，甚为不悦。查澳门界务悬搁多年，未能了结，今中葡政府甫经派员前往会勘，而自治会任意妄言，窃恐中国所派之员为其论说所迫，不敢与葡人议结，必将成重大之交涉。英葡两国原有互相扶助之盟约，彼时英政府即不能不帮助葡萄牙，俾该国得受公平之看待。本大臣为保全中葡友谊起见，将自治会传单带来，请贵部阅看，可否由贵部电知粤督，饬将此项传单停止。"周自齐回答道："中葡界务交涉，承贵国格外关切，本国故甚感谢。惟自治会刊印传单一事，本部碍难饬令停止。缘传单内所载澳门窝匪聚赌，确系调查所得，并无一语足伤中葡友谊。中国所派勘界大臣，办事自有权限，尤不至无端受惑。且澳门报纸亦有驳该会之书。此等事，各国皆有，我们可以听其往返辩驳，不必过问。"朱尔典又担心地说，"去年广东曾有抵制洋货风潮，此次自治会之举动，恐又将酿成抵制之事"。周自齐回答道："本国政府前曾电饬粤省，禁止人民倡议抵制，万不能再有此等风潮，我可将贵大臣所言转达各堂斟酌，电知粤督，限制该会，不准倡言抵制"。朱尔典又问道："葡使对本大臣言，中国未按所订条款施行，此语确否？"周自齐否定地说："葡使所言，委实不确。中国已照条款撤退驻兵一处，条款内本未指明撤退何处，

葡使或有误会，疑我未按条款办理。前曾照会本部，谓将复派巡船前往，本部已照复阻止，贵大臣想未知之"。[1]

二十六日（5月15日），葡萄牙公使柏德罗照会清朝外务部，再次要求中方查禁广东地区煽动仇澳之事。文曰：

查前者有粤报数种登载之事并粤人集会所说之言，皆属不实，且语多以本国不利，是以葡报与之辩论。至于前次澳门葡人聚会，当时至者均系该处重要之人，亦有华商多名在内，该会之宗旨为研究澳门居民公益及谋进益之事，几无谈及华人之语。现在本国政府深望贵国政府详为监察该处地方官，令其设法免有鼓动百姓及生乱情事，以至耸动贵国勘界大臣之意。[2]

二十八日（5月17日），外务部致电张人骏，要求高而谦待勘界谈判完成后，立即督促他回到云南原任，"以重边务"。

同时，香山县九澳黑沙两乡耆民张友谅、廖中显、钟量开、傅维广、骆庆开、张仟佑、何日盛、叶敬璋等8人联名致信张人骏，控诉澳葡侵占九澳、黑沙的罪行。旺厦村绅士职员何广成、杨德盛、黄让礼、陈连泰、苏廷珍、沈雄文、地保黄槐禀等7人致函张人骏，控诉澳葡侵占旺厦的罪行。过路环绅士五品把总冼茂棠，五品千总冼茂宽，商民冼镇钊、布正怀、何皆红、何皆福、陈协和、陈协顺、林见远、梁启礼、林旺远，沙主李集怀堂，徐静安堂等13人致函张人骏，控告澳葡侵占过路环的罪行。请求张人骏、高而谦"详查勘驳，据约争回"。

四月初五日（5月23日），葡萄牙公使柏德罗照会外务部，声明"勘界大臣将军马揸度现已于西历本月二十一日（初三日）由理斯波阿起程，前赴香港"。初六日（5月24日），外务部将此消息电告张人骏及高而谦。

初八日（5月26日），葡萄牙外交部会晤刘式训，仍在质问粤方是否已经按葡方的要求撤兵，并且撤往了何处。十一日，张人骏回复外务部，汇报其已按原定计划将前山营关闸内第二卡松林厂驻营撤去。另外告知，"近日据前山同知禀称，葡舰仍复游弋来往"。[3]

---

1 《英国公使朱尔典为自治会刊布传单及撤兵事与外务部左参议周自齐问答》，《明清时期澳门问题档案文献汇编》（四），第1726号。

2 《署葡国公使柏德罗为澳门葡人聚会几无谈及华人之语并请监察地方官勿致有鼓动情事复外务部照会》，《明清时期澳门问题档案文献汇编》（四），第1729号。

3 《两广总督张人骏为已饬撤关闸内第二卡松林厂驻营并据禀葡舰仍游弋事致外务部电文》，《明清时期澳门问题档案文献汇编》（四），第1740号。

十五日（6月2日），刘式训致函外务部，汇报说马沙铎已从英国来到法国巴黎，并与其见了面。刘式训感到澳门勘界谈判之事有英国人在背后插手，为葡人撑腰，为此深感忧虑。他在信中说：

葡国专员马沙铎氏在英小住，遍谒权要，昨道出巴黎来省晤谈。谓即日回葡料理一切，拟搭西5月25号自吉伯拉达峡开行之德邮船前往香港。云云。弟见马沙铎氏年近六旬，而强干能言，历任艰巨，措置裕如，诚系行政干员兼外交手段者。据面称英为葡之盟国，遇事帮忙，此次政府派我为专员，系葡国驻英公使所力保，我在英京时，曾由驻使介绍谒见贵国李使及总税务司。云云。弟查其语气，一若勘界事，主动力全在伦敦者，恐将来为难时，英国必出面干涉。亦可虑之一端也。马氏又称，葡国政界骚动，王室占危，若勘界事不成，恐反对党必借端横击政府，故为王室计，亦深盼贵国和衷办事，彼此通融，彼此事不至决绝为幸。弟答以敝国必主和平，务望贵国于商议时万勿作不和平之举动，则自无决绝之事矣。[1]

面对勘界谈判即将拉开序幕的形势，中葡双方为划界谈判地点的选择进行磋商。中国方面主张谈判在广州举行。但是澳葡当局对广东人民声势浩大的反抗怒潮非常恐惧，极力反对以广州作为谈判地点。他们与港英当局串通，提出以香港为谈判地点，其目的是为了便于葡、英双方联合向中国施加外交压力。清政府迫于无奈只好答应。

十六日（6月3日），粤省善后局向张人骏汇报，按照外务部指示，高而谦"在香港与葡萄牙所派之员约齐开议，将来与各国交际往来会议、筵宴以及随员办公等事，非租赁洋房既不足以壮观瞻，尤不足以昭慎重"。为此，粤省善后局于四月初一日在香港给高而谦租赁了洋房，"在港租定德领事旧居空房二所，为办公之用，每月租银一百八十元，自四月初一日起支，由局按月移送，此外如有需用器具，或租或借，临时再行酌量办理，似应一并照准，俾资办公"[2]。

二十一日（6月8日），小吕宋广东会馆的陈钦文致电张人骏和高而谦，反对中葡将谈判地点设在香港，请求另择妥善地方，以防外来干扰。

五月初七日（6月24日），外务部致电张人骏说："葡使称，有一中国人

---

[1]《驻法兼使葡国大臣刘式训为派员是否照互换文件办理事致外务部函》，《明清时期澳门问题档案文献汇编》（四），第1742号。

[2]《广东善后局为高而谦赁港洋房办公每月租银由局移送事致两广总督张人骏详文》，《明清时期澳门问题档案文献汇编》（四），第1743号。

犯罪逃至澳门，经尊处照会领事商澳督索交，澳督允俟派员前往即交出。现所派之员李炎山，曾于两月前乘兵船赴澳，所书户口纸有打水围字样，该员品行如此，未便再令到澳。应请电粤督改派妥员，定将该犯交还。"[1] 为了不至于陷入澳葡的狡计，张人骏干脆宁可不再索要这个罪犯，也不再改派官员赴澳引渡犯人。五月初九日（6月26日），他在回复外务部的电文中说："葡人藉稽查轮帆各船，迫签入口纸，为影射峡海之计，李炎山不以庄语驳拒，出此游词。前准葡领来文，已将该员记过，照复该领，并申明葡无管海权，中国兵船在中国海面来往，无应向葡官填写入口纸之理。等语。现拟不向提犯，若遽允改派另员，恐适坠彼狡计，俟勘界如何，再作计较。"[2]

五月十一日（6月28日），清廷任命张人骏接替端方的两江总督兼南洋大臣职务。张人骏赴任前，其两广总督由布政使胡湘林代理，后由山东巡抚袁树勋正式接任。但是，经过张人骏将近两年的不懈努力，澳门划界谈判的时机在他离任时已经成熟了。

## 第五节　谈判开启　无果而终

五月初九日（6月26日）下午三点半钟，葡萄牙国勘界大臣马沙铎乘"巨地利"炮船抵达澳门，葡督罗莎达与在澳葡萄牙官绅于妈阁庙前的码头隆重迎接，"岸旁站立军乐队并巡兵百余人"。马沙铎与随员那地顿于四点半钟登岸，码头上鸣放礼炮。然后，马沙铎乘四人肩舆来到位于南湾的澳督衙门暂驻。后离开澳门来到香港，在顷士奇利酒店驻扎办公。

五月十一日（6月28日）下午四点半钟，中方勘界大臣高而谦及随员四人到达香港。港督卢押派员迎接，中国税务司亦到船拜会。十二日（6月28日）十二点半钟，高而谦在与税司同拜港督后，随即拜会葡萄牙领事暨中方在港文武官员，及绅商、同乡、故旧。

十四日（7月1日）下午，葡萄牙划界大臣马沙铎、副大臣仙尼地、随员那顿氏及葡领事等前往云咸街中国划界大臣公馆拜会高而谦。然后两国划界大臣葡萄牙其随员，一同参加葡萄牙领事夫人举行的茶会。宾主尽欢而散。

---

1 《外务部为葡请改派妥员并允将至澳门逃犯交还事致两广总督张人骏电文》，《明清时期澳门问题档案文献汇编》（四），第1745号。

2 《两广总督张人骏为申明葡无管海权其请另派提犯应俟勘界如何再作计较事复外务部电文》，《明清时期澳门问题档案文献汇编》（四），第1747号。

十五日（7月2日）下午，高大臣及其随员吴光宗同往顷士奇利酒店，回拜马沙铎。随后，马沙铎回拜中国税司夏厘士及港府官员。

当年五月出版的《香山旬报》第29期以《中葡划界代表达到香港》为题，记述了高而谦和马沙铎等人到港之后的上述消息。

十五日（7月2日）晚上，高而谦乘坐轮船回到广州，恭贺张人骏升迁。《申报》报道说，他定于三四日之后回到香港。

五月十六日（7月3日），高而谦致电外务部说，中葡两国勘界大臣谈判的地点选在了葡萄牙驻香港总领事的家里。因为那里"尚觉静密，距两国委员住处亦尚适中"[1]。只是屋子正在装修，待该屋装修好后，就开始谈判。

二十五日（7月12日），旅港华商代表崔其标、杨瑞阶致电外务部，指出：勘界在即，高大臣会晤绅商，意存退让，舆情震动，乞电饬毋存退让，致误大局。杨瑞阶等甚至又直接两次致电高而谦，指责其"高大臣既奉命勘界而来，应请驾临澳门，按图查核。今者道路喧传，群议大臣租馆在香港，为将来与葡使会商公所，似有畏让葡人意"。

宣统元年五月二十八日（1909年7月15日），中葡两国关于澳门划界问题的谈判终于在香港正式开始了。此时，张人骏尚未离开广州，仍在幕后指挥着谈判的进行。

二十八日（7月15日）下午两点半至四点，第一次划界谈判在香港举行。中方人员为：大清国钦差大臣、头品顶戴、云南交涉使司交涉使高而谦，参赞、广东府候补知府高玺，参赞、前山海防同知庄允懿，随员翻译、书记、中书科中书许同华。

1909年界约谈判时，葡方提出的澳门领土要求示意图

葡方人员为：大西洋国钦差大臣、提督若坚若瑟马楂度、副大臣、总领事官的美雕先那地，随员、书记都司那顿马嘟嗦。这次会议只是双方的一次礼节性见面，并提出了一些议事规则，没有进行具体的界务谈判。并议定于六月

---

[1]《澳门勘界专员高而谦为择驻港葡领事宅为会议处俟修毕即开议事致外务部电文》，《明清时期澳门问题档案文献汇编》（四），第1750号。

初六日（7月22日）举行第二次谈判。

六月初四日（7月20日），粤东勘界维持会易学清等共同致电外务部，要求"高使向未亲详查勘，今开议又降就在港领署，据理力说难，请电饬坚持旧界，勿得激愤"[1]。

六月初六（7月22日）上午十点钟至十二点钟，中葡划界大臣在香港如期举行第二次会议。[2]马沙铎在会上提出，"葡国永驻管理澳门以及澳属之地"的勘界方案是：包括由关闸起至妈阁庙的整个澳门半岛、青洲、氹仔、路环、大横琴、小横琴、对面山以及附近一切岛屿和水域；自关闸以北到北岭为局外中立区，共计地域达326平方千米，比原来葡萄牙的租居地大30倍。马沙铎还声称，"久占之地，即有主权""澳门全岛所有附属地，全系得自海盗之手，原始即有占据管理之实"。而清政府的基本立场是："葡国永驻管理澳门"的地界应是原葡萄牙租居澳门城东起嘉思栏炮台，往西至水坑尾、大炮台、三巴门，转北至白鸽巢、沙梨头以南的地方，"作为澳门原界，于原界之外，查彼最先占据之地，作为附属"。高而谦按此方针与马沙铎谈判。中葡双方谈判立场太过悬殊，使第一次正式谈判就陷入了僵局。

六月十三日（7月29日）上午九点半至十二点，中葡划界大臣在香港如期举行第三次会议。

六月二十四日（8月9日）上午十点至十一点半，中葡划界大臣在香港如期举行第四次会议。

六月二十五日（8月10日），高而谦致电外务部，声称葡萄牙之所以肆无忌惮，所仗恃者有六点：一是恃"我无租约"；二是恃原条约"洋文系承认占据，商约复承认港口，附属地字样英文又可解为不相连等处"；三是恃"公法向来辟地殖民久占应得主权"；四是恃"粤省从前有明许默认之事"；五是恃"租金久远不纳"；六是恃"若交海牙会判断，彼可处优胜地位"。[3]高而谦表示，自己只能"竭力驳拒"，可见其对谈判一事已毫无信心。

---

1 《粤东勘界维持会易学清等为请电饬高而谦坚持旧界事致外务部电文》，《明清时期澳门问题档案文献汇编》（四），第1757号。

2 《会勘澳门及其属地界务第二次会议简明议案》，《明清时期澳门问题档案文献汇编》（四），第1762号。

3 《澳门勘界大臣高而谦为葡悍言占据澳门有六恃者事致外务部电文》，《明清时期澳门问题档案文献汇编》（四），第1774号。

七月初六日（8月21日）上午九点半至十二点，中葡划界大臣在香港如期举行第五次会议。

八月初二日（9月15日）上午十点至下午一点，中葡划界大臣在香港如期举行第六次会议。

葡萄牙人加紧采用讹诈手段，企图以炫耀武力打开僵持的局面，达到其侵略目的。谈判期间，他们不断向澳门增兵，使澳门驻军由400人增至700多人。同时增派兵舰，扩建炮台，不断加强其作战力量，并侵扰附近各岛各村。[1] 七月十五日（8月30日），香山县恭、谷两都士、商杨绡隔等人致电民政部，指证葡造浅水兵轮两次越界侵入我国内河游弋并示威，要求我方派驻兵舰予以震慑。八月十四日，青岛广东会馆谭士才等致电外务部、陆军部、民政部，称"葡人暗运兵械，而我反撤兵防，危机愈亟，粤民愤甚"，要求调海陆军应对。与此同时，葡萄牙在外交上不断向清政府施加压力。葡外交部宣称，中国如不满足它的索地要求，将把澳门划界问题提交海牙国际法庭"公断"。如果清政府既不妥协，又拒绝接受公断，他们就要把澳门送给其他大国，而向中国宣战。[2] 葡萄牙还企图利用英国势力压清廷屈服。八月初三日（9月16日），英国公使朱尔典公然出面干预中葡谈判，对清外务部宣称，中国应无条件地接受葡萄牙的全部要求，否则就交由海牙法庭"公断"。

面对葡、英两国的恫吓威胁，清政府态度软弱，步步退让。失去张人骏支持的高而谦更是以妥协求早日撤身，竟表示"割弃澳门半岛（由妈阁至关闸），以及青洲、湾仔、路环等地，附近内河和海面由中葡共管"[3] 他认为既然上述这些地方已被葡人占领，或已处于其势力范围之内，"无索回之望"，不如奉送葡人以达成协议，"澳界尚有半得半失之望"[4]。但葡方并不因此而满足，仍坚持索取对面山和大、小横琴岛，全部控制"水界"。清政府想以妥协求和平，结果更助长了侵略者的凶焰。

清政府妥协退让与葡萄牙人的蛮横无理，激起了广东人民的无比义愤。各地勘界维持会纷纷集会，发布抗议文电，声讨葡萄牙的侵略野心。他们要求清政府从速调派军队把守澳门附近关口，并从经济上封锁澳门，制其死命。勘界维持会没有把希望完全寄托在清政府身上，而决定在这岌岌可危

---

1《黄士龙禀陈澳界情形》，郑勉刚著：《澳门界务录》，卷十二。
2《外部致高而谦葡人所占潭仔路环可以龙田旺厦抵换电》《宣统朝外交史料》，卷七。
3《外务部复高而谦葡若借他国势力强占四岛人心不服希婉劝葡使电》。
4《外务部复高而谦葡若借他国势力强占四岛人心不服希婉劝葡使电》。

的局面下，"为自卫计，赶置军火，举办联乡团防"。七月初十日（8月25日），香山县勘界维持会通过"联办九十八乡民团章程"[1]，宣布成立民团，拿起武器，随时准备给侵略者以迎头痛击。

人民的奋起斗争，阻止了划界交涉中的妥协趋势。8月间，外务部给两广总督的电文中，虽然仍在指责勘界维持会"鼓吹舆论，广布危言""造言生事，扰乱治安"，并要求地方官员"严行出示禁止，以免酿成事端"，但勘界维持会所发动的声势浩大的抗议运动，毕竟使清政府不能不有所顾忌。9月间，高而谦会见勘界维持会代表时大放厥词，公然宣称划界交涉有3条出路，即"和平"（接受葡萄牙的全部要索）、"公断"（提交海牙国际法庭裁决），或"战争（谈判破裂诉诸武力）；要求爱国民众接受他的以妥协求和平的方针。勘界维持会代表怒斥高而谦"以弃地弃民为和平办法"[2]。这位谈判大臣深感众怒难犯、民意难违。他向外务部诉苦道："谦处局中，觉反汗之不易，虑旁观之有辞，……既恐识见迂谬，贻误事机，又虑贪得无厌，难以为继。""意见参差如此，民情激烈如彼，稍一不慎，致酿事端。"[3]粤督袁树勋也向外务部进言："现在民间保地之心甚切，勋有地方之责，若未能尽惬民情，此后于地方行政，必因之而生阻碍。"[4]在爱国民众团体的压力下，清政府不得不表示"下系舆情"，在谈判中驳拒葡人的无理要求，并提出将谈判地点移至广州，"藉示粤民团绪，不肯弃地之意"[5]。马沙锋见讹诈手段难以得逞，在十月初一日（11月13日）中午12点第9次会议上以"彼此意见不合""去意义绝"宣布终止了谈判。[6]

此后，中葡双方决定，由清政府外务部与葡萄牙公使在北京继续谈判。但在此期间，宣统二年（1910年）六月，澳葡又借口"剿匪"，派兵进攻路环。岛民奋起自卫，三次打退侵略者的进攻，并夺回葡人在岛上的炮台。其

---

1《香山勘界维持会特别会议评论》，《香山旬报》，第三十四期。

2《论葡人蔑视我国》、《澳门划界近闻》，载《香山旬报》，1909年第三十五期。

3《宣统朝外交史料》，卷五，《高而谦呈外部澳门附属地应否承认乞裁夺电》；卷十，《高而谦呈外部澳门划界葡使奢求只得停议请旨定夺电》。

4《袁树勋致外部澳门事如移省办理应由高使与葡使直接商议电》，《宣统朝外交史料》，卷九。

5《高而谦呈外部澳门划界葡使奢求只得停议请旨定夺电》，《宣统朝外交史料》，卷十。

6《外部致袁树勋澳门界停议请饬维持旧状勿生事端电》，《宣统朝外交史料》，卷十二。

后澳葡增调军舰，倾其全力围攻该岛。六月二十九日（8月4日），葡军在岛上登陆，大肆烧杀抢掠，"村民数百家惨遭锋镝以死"。村民撤退乘坐的渔船，亦被葡舰追逐击沉，38人葬身鱼腹。路环的喋血引起人民的强烈义愤，纷纷要求清政府废约收回澳门。清政府也迫于情势，再次派遣驻法公使刘式训前往里斯本，要求葡萄牙恢复澳门划界谈判。宣统三年年初，葡人又在澳门附近海面和内河航道上大搞疏浚工程，企图通过这种手段取得对内河外海的控制权。六月，在广东人民强大的舆论压力下，粤督张鸣岐派员同澳门葡萄牙当局交涉，要求立即停止疏浚工程；七月初二日（8月25日），广东政府派出新军1000多人、军舰4艘加强前山地区防务，同时照会澳葡当局，要求其立即停止疏浚工程。中国政府加强前山防务使澳葡当局十分惊慌。没过几天，葡人被迫表示"愿化干戈为玉帛"，宣布停止疏浚工程。就这样，断断续续，一波三折，直至辛亥革命爆发，澳门划界交涉才告中断。因此，澳门界址一直未曾正式划定。

清末洋人绘制的俯视澳门明信片（1900年）

　　1979年2月8日，中葡正式建立外交关系。双方达成的协议指出：澳门是中国的领土，目前由葡萄牙政府管理，归还的时间和细节，将在适当的时候由两国政府谈判解决。1987年4月13日，中葡两国政府总理代表两国在北京正式签署《中华人民共和国政府和葡萄牙共和国政府关于澳门问题的联合声明》及两个附件。声明指出："澳门地区（包括澳门半岛、氹仔岛和路环岛，以下称澳门）是中国领土，中华人民共和国政府将于1999年12月20日对澳门恢复行使主权。"1999年12月20日，澳门终于正式回归到祖国的怀抱。张人骏为之苦苦抗争的澳门回归之梦，终于在百年之后得以实现。

## 第七章
## 建特区商战制葡

到了光绪三十三年十二月（1908年12月），香山绅商就有了在湾仔一带开辟商埠的想法，这对张人骏肯定有一定的启发作用。当时的《申报》就曾报道说：

香山澳门海权，现在该邑绅士吴应扬、陈德驹等，议定善后章程，具禀张安帅，并电北京政府。各埠同乡力争在案，兹将善后条议胪列于左：
（一）议先设保守自治会以为善后之基研究公益筹备团防以助官力之不足；
（一）议将湾仔开作商场，由官保护，填筑地亩，建设数房，仿照新宁公益埠办法，以期振兴商务，固我藩篱。将来招股章程另议宣布。[1]

澳门划界启动以后，眼看着占据澳门的欧洲蕞尔小国葡萄牙人狡诈阴险，气焰嚣张，张人骏义愤填膺。他认为"葡人之欲推广澳界者，以有利可图也"，而澳门"地非冲要，每岁所入，全恃妓捐赌饷为大宗，均系吸内地游民之脂髓"。如果能设法使内地游民不入澳门界内，"彼自无所取盈"。因此，"为今之计，莫妙于附近自辟港埠，以为抵制之方"。他决定在澳门附近的香洲也仿照澳门建设一个免税经济特区，在生意上与澳门分庭抗礼，以削弱葡萄牙侵略者的经济命脉。这样既扶植、壮大了广东地方的民族工商业，又可给葡萄牙一点教训，"使彼狡谋莫逞，自然就我范围"。宣统元年九月十九日，给事中陈庆桂所上的奏折，所说出的正是张人骏一年前启动香洲商埠时的真实想法：

广东澳门划界一事，迭经磋议，至今相持未决。臣屡接乡人函电，均以葡人不遵原约，恐酿争端为言，则此中为难情形，谅亦穷于应付。臣以为外人既不肯退让，我若急求藏事，则所丧必多。然虚与委蛇，究难定议。必须另筹办法，为釜底抽薪之计，使彼狡谋莫逞，自然就我范围。盖葡人之欲推

---

[1]《澳门海权善后条议》，《申报》，1908年2月5日，第20页。

广澳界者，以有利可图也。查澳门一港，地非冲要，每岁所入，全恃妓捐赌饷以为大宗，均系吸内地游民之脂髓。我若相戒勿往，彼自无所取盈。为今之计，莫妙于附近自辟港埠，以为抵制之方……似此暗中抵制，在我自开新埠。他国断无干预之权，而此盈则彼绌，澳门之利顿失。葡人亦将废然思返，不再与我争此辟之界。此时开议，自易就范。应请密饬划界大臣，暂勿议决，以缓其势。此即釜底抽薪之计，而亦开辟利源之善策也。[1]

清代香山县地图（局部）

陈庆桂，字香轮，广东番禺县人，光绪六年进士。光绪二十年升任户部主事。光绪二十五年，任福建道监察御史。光绪二十七年，任江南道御史，后升给事中。辛亥革命后，归里不复出。民国间任《广东通志》总纂。著有《陈给谏奏稿》《番禺县续志》《广东文征》等。是广东自治研究社的七名名誉会长之一。

连当时的日本人都已经看出，香洲商埠的成立，"一为招徕华侨，二为夺澳门之繁荣"[2]。

## 第一节 选址香洲 谋划商战

所谓香洲，原是位于香山县最南面、距香山县城一百二十华里、距澳门十三华里的"九洲环"。1840年以前，那里还是一片鱼跃鸥飞的海洋。到了1840年左右，才随着海水的逐渐退却，变成了一片十里海滩。清光绪年间修的《香山县志续编》的地图上，将这块地方用环状虚线圈了起来，故而，人们又把这片新陆地称之为"沙滩环"。"九洲环"附近海域盛产鲜蚝，于是开始有人捕捞。光绪十六年（1890年），始有7户来自惠州的人家到今香洲湾仔沙的地方搭寮定居，以采蚝、捕鱼、种植果菜为业。光绪二十六年（1900年），香山场人鲍翎来此开辟"祥益"蚝塘，继而开设酒坊，盖栏养猪，又

---

[1]《宣统朝政纪》，宣统元年九月十九日。
[2]《广东香洲开埠》，《清国革命乱特报第一号》，1909年，第388页。

开办油米杂货渔具店,招徕盐商、渔船。一些侨商及商贾也随即而至,亦办起了蚝壳灰窑、鱼栏、缯网杂货商店和小船厂等,使该地日见生机。香洲开埠规划设计后,广东劝业道陈望曾以该地介于香山场和九洲之间,便从二者中各取一字,定名为"香洲",经张人骏批准后,劝业道于是便将最初所起的名称"广东实业商埠"易名为"广东香洲商埠",香洲从此正式得名。[1] 故后来《香山县志》称:"香洲埠在恭镇,面临九洲洋,前对野狸洲,后枕山。宣统元年,由邑人王诜集股创辟,禀呈总督张人骏立案,并移节莅埠开幕,以期振兴商业"。

据史料记载,早在清光绪三十一年(1904年),广东台山的归国华侨伍于政就与当地族领李乙南、李乙瑽等人借助新宁铁路修建之机,在广东江门台山的潭江边上耗时三年建立商埠,初名为"宁海埠",取"宁江静海"之意;后易名为"公益埠",意在使"公共得益"。光绪三十四年(1908年),初具规模的"公益埠"在两广总督张人骏的批准下正式营业。开业后的公益埠规模宏大、生意兴旺,很快成为占有用地面积0.33平方千米,拥有13条井字形街道的新宁第二大墟镇,人口最多的时候竟达3万余人,来往省、港、澳的轮船都会在此停泊。[2]

光绪三十三年(1907年),清政府为了增强国力,实施"新政"。中央和地方一起调整官制,整顿吏治,奖励实业,鼓励华侨实业家回国投资。一时间,华侨实业家掀起了一股回国投资、兴办实业的热潮。恰在此时,侨商伍于政又从美国回到香港,想携巨资在祖国兴办实业。一次偶然的机会,伍于政结识了在香港某华侨家里做家庭教师的秀才王诜,王诜听说伍于政曾经在其家乡开办过商埠并获利颇丰,于是建议他在澳门附近开辟一个商埠。

伍于政,字周屏,新宁文章都斗洞堡沙冲村人,花翎道员衔。王诜,字灼三,香山石岐北区黄沙港人,花翎知府衔。从他们二人所捐的官衔看,他们

公益埠老街照片

---

[1]《劝业道为沙滩环开埠事具督院禀稿》,《香山旬报》,第十六期。
[2]《公益镇洋楼街:台山的"纽约城"》,《广州日报》,2011年4月8日。

身份都很高，属于府、道层次的绅士那种，和督抚级的大员应有较多接触。况且伍于政原来所开之公益埠又是经张人骏一手所批的，因此，我们有理由相信，在广东已经任职近十年的张人骏和他们是相识的。此刻，正在急于"招商引资"以图政绩和谋办商埠以制澳门的张人骏见有投资商找上门来，自然欣喜若狂。他不仅极力支持伍于政等人的开办商埠意向，而且一向以办事老成稳重著称的他破天荒地超越职权范围答应给他们申请免税六十年的特殊政策。

俗话说："龙无头不走，鸟无头不飞。"要干一番事业，没有强有力的组织机构是不行的。为此，光绪三十四年（1908年）春，王诜、伍于政着手组建了广东实业商埠公所（相当于如今的开发区管理委员会）负责商埠的筹建工作。埠公所的组成人员为：总理员王诜，副理员伍于政，协理员戴国安、冯宪章，顾问员陈景伊、印程学。此外，还有财务人员、工程技术人员和接待人员等。为了协调商埠与地方的关系，减少当地乡民对商埠各项工作的干扰和阻力，公所还聘请了31位当地乡绅作为公所的名誉成员。其中吉大乡乡绅有曾广浏、叶廷华、叶集宏、叶舜琴、曾锡周、叶显鏐、曾彦传、叶显劭、曾翰生、叶孔岩、曾恪韶、曾恪宽、曾玉池、叶秀康、叶宏芳、叶名山、刘生榆、宋渭川18人，山场乡有吴国贤、鲍鲲、黄福泰、吴寿鹏、鲍祥光、黄渐荣、鲍焕章、鲍炽、鲍桂芬、吴景尧、吴其光、黄嘉祥、吴逊庭13人。[1]

最早透露香洲开办商埠信息的是前山厅同知庄允懿，他在光绪三十四年四月十四日（1908年5月13日）因澳门划界事宜给张人骏的电文中就说：考虑到利用另开商埠对付澳门，恐怕遥遥无期，因此近期还是以选择驻兵为上策。[2]可见，开辟香洲商埠的动议应在此日之前，而且张人骏对此事也是完全知情的。

光绪三十四年五月二十六日（1908年6月24日），上海《申报》第一次披露了香洲开商埠的消息。文中说：

中国居留澳门之富商，因葡官治理地方不甚完善，且穷敛苛征，有加无已，刻以会议多次，拟在对港华地另辟商场，将华商营业移往彼处。业已具

---

[1] 黄鸿钊著：《辛亥革命时期的香山社会》，社会科学文献出版社，2011年版，第84页。
[2] 《署前山同知庄允懿为拟将银坑等处渔船编号发给执照予以保护事清折》，《明清时期澳门问题档案文献汇编》（四），第1569号。

禀粤督，请予批准。[1]

十月十五日（11月8日），张人骏给王诜等公所负责人写亲笔信，给他们打气鼓劲，使这些人信心大增。《香山旬报》就刊登了读信后王诜等人的心情，"窃土广不治，则启敌人之野心；民贫无业，则萃盗贼之渊薮。恭读本年十月十五日宪台示谕，劝以振兴商务，虚己下人，谆谆告诫。宜如何图报，惟查外洋商垦之法，任商人则定地段，报明官署，定限升科。在商人于领垦界内，有保护利益之实力，法简令严，大信恪守。职等念此至重，思本其法于内地"。[2]

王诜在不久后撰写的《开辟香洲埠图记》中就十分豪迈地畅想道："本其山川，相其形势，筑长堤，建楼宇，设巡警，期自治……一张航业以维海利也；一兴渔业以裕鱼盐也；一开石矿以筑堤建造也；一化砂质以振兴工艺也；一讲求农学以改良种植也；一开道路以备铁路车站也。之数者不假外求操券而获，更加以人事之布置，则今日之草粟沙漠，即他年之锦绣山河也。"[3]

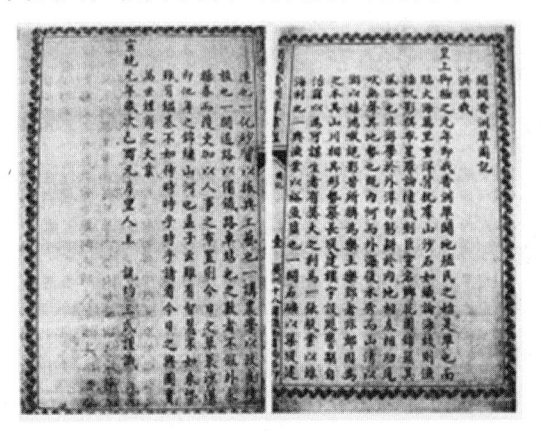

《开辟香洲埠图记》

之后，在张人骏的直接支持和广东省商务总会协理郑观应等人的协助下，伍于政他们很快投入到具体的商埠运作之中。经过多次勘探和测量，王诜、伍于政等人决定将商埠建在沙滩环一带。《香山旬报》介绍该地情况曰："该处地势宽广，土质坚洁，自南至北约六七里，自东至西约四五里，一片平原……以野狸山为之屏障，省港大轮可以行驶，内有汊河，渔船商艇停泊，洵然为天然绝妙商场。"伍于政等人之所以选择香洲，如后来张人骏奏折所称有三利：其一，天然良港。"外滨大洋，内接腹地，平原一片，土质坚凝；陆地则近接澳门，水路则直达省港，而且港湾辽阔，可以停泊渔船，河道流通，可以聚集商艇。"而澳门则"海口狭窄，轮船不便湾泊，地势散漫，

---

1 《澳门华商拟另辟商场》，《申报》，1908年6月24日。
2 《香山旬报》，第十六期，己酉（1909）二月十一日。
3 王诜、伍于政撰：《开辟香洲埠章程》，广州十八甫岭南书局石印，1909年，第1页。

商务无甚起色,若香洲则外滨洋海,内枕群山,四通八达,交通便利,洵天然之商场,此澳门不及香洲者一也"。[1]其二,侨商故里。可作吸引华侨资本的集散地:"粤省侨商称盛,每挟巨资,倾心内向,习于外洋风土,不耐居住城厢乡镇。闻开埠之议,多喜色相告。若成,来归必众,实可为地方培元气。"仅据当年《广东七十二行商报》引述的一份统计显示,当时澳门户口册上,华民有74 568人,葡人有3898人,其他国籍有161人,共78 627人;葡人商务远逊于华人商务。"吾同胞之栖息澳门者,受彼辈之虐待,今香洲埠既成立,以中国之人,践中国之土,士农工商,唯我所欲,藩篱自守,非理之干涉,横强之侮辱,一切可免,此澳门之不及香洲者。"[2]如将澳门的华商吸引过来,威力巨大。其三,后发优势。据光绪二十一年(1895年)中国海关清单,华货销于此埠者,值银9 375 928两,上年则为9 295 373两。[3]"澳门虽然有相当的商业基础,但竞争起来不及香洲,因为澳门实无所谓商务,唯妓院与赌馆二者耳,然此二者固所谓不正当之营业也,故香洲开埠,首以禁赌为先务,良以赌风一盛,人多嗜好,咸簿于储蓄之愿望,而商务受莫大之影响也,此澳门之不及香洲者。"[4]香洲开埠,可谓占尽天时地利人和。

开办商埠,先决条件必须要有土地。因此,光绪三十四年十一月(1908年12月),王诜、伍于政等人与沙滩环荒滩的所有者吉大、山场两乡绅耆曾广浏、曾锡周等26人共同签订了"永远"的租地合同,计划开发成永久商埠。合同主要有八条:第一条规定,所租土地的四至,"其地界以南至崩山角,北至河客山边,东至野狸山,西至荒地山脚为界"。第二条规定,建造商埠后,前十六年的商埠租费作为租地者的租费。"实业公所在该环建造,不论铺户屋宇,大铺每间深八长、阔一丈四尺。每间每年纳回地租银五毛,小铺一半折计。概由公所按计多少,以该铺即以开张者为实,汇齐地租,交到两乡。其铺位在山场者,由山场收;在吉大者,由吉大收。待十六年升科后,每间加缴租银二毫正。查升科后加缴地租,愿为升租纳税起见,现据该厅县核议章程,拟改俟办定后,由两乡所收地租内,每年提出一成,作为地税,毋庸升科。所议加缴地租一节,应饬该职员王诜等,与山场、吉大两乡

---

[1]《澳门与香洲之比较》,《香山旬报》,第二十三期,己酉(1909)三月二十一日。

[2]《澳门与香洲之比较》,《香山旬报》,第二十三期,己酉三月二十一日。

[3]《澳门之历史(录省七十二行商报)》,《香山旬报》,第二十二期,己酉三月十一日。

[4]《澳门与香洲之比较》,《香山旬报》,第二十三期,己酉三月二十一日。

绅耆商明核删，以免参差。"第三条规定，"界内山石，任由实业公所开取"。第四条规定，租地内的坟墓一律迁出，每副骸骨付给迁葬费两元。第五条规定，"沿途勇厂，及修整各乡道路，须与各乡商酌，相助为理"。第六条规定，租地内的民房一律拆迁，"屋料银由实业公所补回"。第七条规定，"吉大蚝塘每年租银280两，山场塘每年租银500两，统由实业公所按年缴纳"。第八条规定，租地内以后"两乡不得私立屋宇铺户，以免干涉公所事权"。[1]

随着土地的落实，王诜、伍于政、戴国安、冯宪章等人所负责的其他的前期筹备工作也基本完成。当年十二月（1909年1月），便正式向广东省劝业道道员陈望曾提出了开埠申请。申请书写道：

> 在香山县属山场、吉大两乡交界处，有民荒一段，土名沙滩环，纵横约七百亩，地高沙绕，屡遇飓风，未尝为灾。兼以渔船不时出入，可以振兴渔利。背后山石高耸，可以凿石填堤。加以讲求种植，诚可为兴商殖民之一助。即因则定地段、划界、签约、绘图、议章，呈请察核批示祗遵。俟办有成效，再行禀请转详督宪，暨商部注册存案。[2]

王诜、伍于政等人并提交章程一份、图纸一份、两乡占地合同及签章名单一份。

接到王诜等人上报的香洲商埠开办申请后，广东劝业道立即批示，要求香山县会同前山厅刻日前往勘明。《申报》对此报道说：

> 香山县职员王诜等，拟在该邑荒地开辟商场，禀奉劝业道。批云：开辟商场，垦植荒壤，诚为农务要政。该职等以县属山场、吉大两乡交界，土名灌环，民荒约七百亩，宜于种植，工艺局亦可藉此振兴，拟划地筑堤，建铺兴办实业商埠，与该两乡绅耆订租立约，议章筹办，洵属根本至计。惟查该处，内河水海是否系属蚝田，果否确系民荒，该职等所议章程按之本处地方能否悉协，现在筹议开办究竟准集资本若干。查该地近前山，应由香山县会同前山厅刻日前往勘明，按照所缴章程迅速察核票复核夺。候分札前山厅、香山县遵照办理。[3]

按照劝业道的指示，十二月二十二日（1909年1月13日），前山厅同知庄允懿立即协同有关人员到香洲进行实地考察。庄允懿等人称赞该地"确系天

---

[1]《立永远租出荒地合约》，《香山旬报》，第十七期，己酉（1909）二月廿一日。
[2]《香山旬报》，第十六期，己酉（1909）二月十一日。
[3]《申报》，1909年2月11日，第11页。

然商港，在广东当推为第一"。并鼓励王诜等创办人要积极组织实施，自己和相关地方官一定将"力任保护"。[1]

宣统元年正月十一日（1909年2月1日），《香山旬报》刊登了《邑属将开商埠》的消息称，香山县拟建商埠的地点"距澳门陆路约十三里许。地甚宽广，横直八百余亩。面临大海，背枕群山。以水程计，由港驾轮约两点半钟，由省驾轮约五点钟，可抵该地。现王君灼三、伍君于政等，拟将该地开作商埠。先筑长堤，后建铺户，冀创设一大商场，振兴实业。吉大确系天然商场，在广东当推第一"。[2]

正月二十五日（2月15日），《香港华字日报》刊登了广东地方官对香洲埠进行实地勘查后，前山同知庄允懿上报给劝业道的有关内容：

> 香山开埠已由地方官勘地详覆，其详文内称：堪得该处地势宽广，土质坚洁，自南至北六七里，自东至西四五里，一片平原，与居民坟墓并无干碍。外滨大洋，以野狸山为之屏障，香港大轮可以行驶；内有河港，可以停泊渔船商艇，洵为天然绝妙商场。同知等伏查近年以来，寄居外洋之华侨，欲回内地，每苦于无可置产，又迫于外人之欺凌，不甘忍受。偶有挟资而归者，土人或反鱼肉之。故惟有托足于香港澳门，几同传舍。今得另辟新埠，实力保护，广为招徕，务为宽恤，价不居奇，不难从如归市，转瞬成都成邑，操券可期。现查该职商伍于政，系新宁公益埠发起人，办理已有成效，绅商亦均信服。所拟章程大致均尚妥协。并据称所有工程师测量、建筑等事，均雇用华人，尤不致有权利外溢之虞。[3]

开办商埠，不仅需要魄力和大量的可行性研究，还要有具体的计划、章程，需要各级政府的批准。宣统元年正月，初步起名为广东实业商埠的负责人王诜等人将实业商埠相关的绘具图说、章程、合约诸多事项呈广东省劝业道核办，也就是在此次报纸刊登消息后，才由庄允懿提请张人骏批准，将"广东实业商埠"改为了"广东香洲商埠"。

二月初一日（2月20日），《香山旬报》发表了尧孙的《香洲商埠之将来》一文，对开辟商埠给予好评，对澳葡强权予以抨击。该文写道："我邑人经商澳门以千万计，岁中用度，所费不赀。然篱下依人，时形亏耗；野心狼子，复逞强权。此我辈所日夜思维，思得一当以塞此漏卮，伸我抑郁者

---

[1]《香山旬报》，第十三期，己酉（1909）元月十一日。
[2]《邑属将开商埠》，《香山旬报》，第十三期，元月十一日，。
[3]《香山县详禀香山开埠事》，《香港华字日报》，1909年2月15日。

也。今建立商埠，恰与毗连，外洋交通，彼此一致。相率旅澳之商民，移萃新辟之商埠，在商民往来进退倍觉自如。宁复有依依恋栈，甘受外人之压制而不来者？偿我损失，去彼凶横，是举之关系靡轻也。"[1]

之后，《香山旬报》第十八期再次发表尧孙《香洲商埠之将来》的评论性文章，对商埠前景极其看好。该文指出："近年以来，华侨之寄居外洋者，幸获巨资，束装归里，而土豪族恶，屡肆欺凌，鹤唳风声，闻者裹足。故常有客死异乡，不复恋怀乡土者，无他，内地保护之未周也。今另辟商埠，实力防卫，则凡我邑人，莫不愿出其途矣。都会之成，旦夕可期也，此诚我香山人之福。"

不久，香洲开埠的规划设计方案得到了广东官方的初步认可。二月初十日（3月1日），《香港华字日报》以《陈道批准商人开辟香洲埠》为题，报道了劝业道道员陈望曾上禀张人骏的文稿内容。并称业经张人骏命名"香洲商埠"。该消息写道：

现劝业道具禀，大意略谓：案据香山县花翎知府衔附贡生王诜、花翎道衔伍于政、花翎知府衔戴国安、花翎运同衔冯宪章等请在香山县属山场、吉大两乡交界处开辟商埠，划界、签约、绘图、议章呈请察核批示祗遵等情到道，据此应由香山县会同前山厅刻日前往勘明禀复核夺。即经分别批示札遵去后，兹据署前山同知庄允懿、署香山县凌令以坛会同禀称，堪得该处地势宽广，土质坚洁，自南至北六七里，自东至西四五里，一片平原，与居民坟墓并无干碍。外滨大洋，以野狸山为之屏障，香港大轮可以行驶；内有汶河，渔船商艇可以停泊，洵为天然绝妙商场。现查该职商伍于政为新宁公益埠发起人，办理已有成效，绅商亦均信服。所拟章程大致均尚妥协。并据称所有工程师测量、建筑等事，均雇用华人，尤不致有权利外溢之虞。似可准予开办，出示晓谕，以昭大信。并查明开埠经费约略核计须银一百七十八万元，询据该职员等折称，由王诜、伍于政、戴国安、冯宪章等四人自备开办经费十万元，另由外埠承认，已有名有数者四十八万元，其余俟发布后再行招认等语。又查明此处距澳门三十余里，省港往来甚为便捷，并至香山各内地稍有周折，如将来广前铁路造成，只须添造支路十余里，则水陆皆交通利便等由，附呈核议章程清折一扣前来。查阅，亦尚周密，似可准予开办。该职商等现拟开设商埠，则巡警亦宜筹及，拟饬于该环内酌留荒地三四十亩，

---

[1] 尧孙：《香洲商埠之将来》，《香山旬报》，第十五期，己酉二月初一日。

以便将来建设巡警及各公所，俾臻完备而保治安。所有该职商等议设商埠，饬属查议核办缘由，是否有当，理合将核正章程，连同合约，列折绘图，禀请宪台察核批示祗遵，以便转饬开办。再，查该商埠现由职道酌核，拟请命名香洲商埠，并候宪台核示遵照。旋奉督宪批，据禀及图折均系，香山县职商王诜等于县属沙滩环地方集资开辟商埠，此实兴商殖民之善策，所呈核正该厅县议定章程尚属妥协，仰即转饬遵照开办，并命名香洲商埠，仍俟开办后再行酌议细章，详情咨部注册立案。此缴图折存。[1]

陈望曾（1853—1929年），字省三，号鲁村，别署安平遗民。祖籍福建漳浦，生于台湾。同治十三年进士。授内阁中书，后署广东雷州、韶州府知府。光绪三十一年二月（1905年3月），广东巡抚张人骏奏请以广州试用知府陈望曾为广州府知府。光绪三十二年（1906年），陈望曾出任整顿粤海关关务处提调。光绪三十四年七月十三日（1908年8月9日），由二品顶戴军机处存记广东候补道试署广东劝业道。宣统元年七月十九日（1909年9月3日），陈望曾升迁为按察使司。

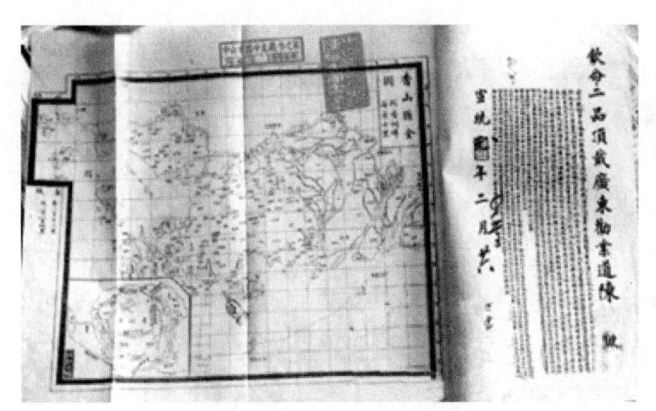

《广东香洲商埠禀奉批准奏咨存案章程》　　宣统元年五月初十日香洲商埠认地执照

二月十一日（3月2日）的《香山旬报》刊登了香洲实业商埠的简要章程。章程如下：

一、宗旨。该环以垦荒殖民，振兴商务，实行公益为旨。二、命名。该环沙石成林，一片平原，建设工艺、种植场所，均为合宜。至渔业更为天然利益，故命名为广东实业商埠。查据现该厅县等勘复，以实业商埠命名，未尽包括。折请酌改饬遵。查该环系在香山县属之九洲洋，拟请改名香洲商埠，似

---

1 《陈道批准商人开辟香洲埠》，《香港华字日报》，1909年3月1日。

较妥切，应候宪台核示遵照。三、择地。该埠择地香山县属山场、吉大两乡民荒一段，南至崩山角，北至河客山边，东至野狸山，西至荒地山脚为界约共七百亩。（崩山角今南村隧道口附近，河客山边今华子石凤凰桥，野狸山今名同，荒地山脚今红山村附近）由创办人永远租出筑堤建户。两乡只收地租，俟十六年报请升科。查现饬据前山厅庄丞，会同香山县凌令，查明折复。该处为山场、吉大两乡蚝塘，据乡里呈验渔照，山场约三分之二，吉大约三分之一，其荒地亦然，与耗塘相连。惟该两乡虽各有渔照，但只能用于海面，不能用之于陆地，指为官荒亦无不可。惟据该乡等自嘉道年间，相承至今，视为世业。今忽欲令议更张，民情必多惶惑。况现值振兴商埠之始，似宜稍示优异，以资观感。拟请俟办定后，再由两乡所收地租内，每年提出一成，作为地税，毋庸升科等情。所议尚属妥协，应饬于章程内，将十六年报请升科一语核删，改为俟办定后，再由两乡所收地租内每年提出一成，作为地税，毋庸升科。四、财政。该埠系创办人员自备资本先行筹办，然后认定酬价，以为筑堤、修路、水渠、水埔及各项公务之用。不招散股，不动公款，不入洋股。五、开地。该埠先于海旁筑成堤岸，然后划分横街道，建铺建屋。先订大中小铺地共一千间，而建铺之长阔丈尺并未议及中铺，其合约内所议每铺纳收地租，亦只议及大小铺两项，中铺亦未议及。拟饬将中铺一节核删，改为大小铺地共一千间，以免参错。六、建造。该埠先立商务公所一间，以便办事。其余学堂、善院、公家花园、休息场、戏场及公家所宜办者，逐渐设立。至附近各乡道路，亦与各乡酌量修整，以便东洋车来往。查巡警为保护商场要政，该绅等现拟开辟商埠，则巡警亦宜筹及。应于该环内酌留三四十亩，以便将来建设巡警及各公所之用。拟饬于公家所宜办者逐一设立，一语之下，加入并于该环内酌留三四十亩，以便将来建设巡警及各公所。七、认地。凡到本埠认地者，须注明省、府、州、县、姓名、职业，由收银处给地票为凭。所认之地，不得转售洋人。即售与华人，亦须到公所报明，方能作准。至地价若干，到时公同认定。查现饬前山厅庄丞会同香山县凌令，查明折复开埠经费，约略核计，须银一百七八十万元。现据该职商折称，由王诜、伍于政、戴国安、冯宪章等人自备开埠经费十万元，另由外部承认已有名有数者四十八万元，其余俟发布后再行招认等语。同知察情形，该埠系认地售价，譬如某户需地若干，自行标插，即缴价若干。所有开河筑堤，修造街道，建筑码头、沟渠等费，即取给于此，无须另行招股。故有不招散股，不招外股之说。闻新宁公益埠，即系如此办理。必须通盘筹定，实须经费若干，方能定地价多寡之数。其开办人之利益，亦即在此。应即责成王诜四人，认真经理。总期款不虚糜，功归实用。其地段酌中定价，禀官核定，不得抑勒居奇，以广招徕，而昭公允等情。所议尚属实情。应饬于至地价若干一语之下，改为酌中定议，禀官核定字样，以昭核实。八、营业。先立石厂一间，以便筑堤建造。并购置轮船来往省港，以便运载。多立鱼栏、山货两行，以招徕渔船。九、规则。洋烟、赌具，一律严禁。至酒楼娼院，认人择地设立。十、权利。该埠乃系创办人自备资本，先行筹办，又蒙列宪保护而成。自确有成效，核算通盘，提出一成，以为花红，作报效国家及创办人之纪念。十一、权限。该埠之立，本欲广辟商场，以维商务；广辟佳场，以维卫生；所办各事，无非从公益上起见。惟工程甚大，数目甚巨，所有认铺银两，由收银处收齐汇付银行，随时起用。至筑堤修路、建造公所各项，由总协理公同议定，支应员照价支给，司数员照数注部。日间食用各数，由管理财政员交支应员管理，每月一结；另由查数员对核清楚，方免浮费。年终刊印征信录，交众公览，以昭大信。总之，公所所推各员，须分清界限，方不至牵制推诿。总协理专管垦荒应行事务，以策划妥善，布置妥当为主义，不必干涉银两，以避嫌疑。协理、直理专管银两数目，以诚信核实为主义，不必干涉别项，以专责成。其余各员，各管各事，务尽厥职。或各员确有见闻高论，亦得面商总协理采择施行。此又和衷共济，相与有成者也。以上各章程，如有未备处，仍须随时改良，呈请核察，以遂完善。[1]

其实，香洲开埠的章程远不止十一条。《香山旬报》刊登的内容，只是有关开发商埠的一部分。王诜等人真正上报给官府的《开辟香洲商埠章程》，一共有四十章，具体包括：（1）宗旨；（2）命名；（3）择地；（4）资本；（5）公费；（6）填地；（7）浚河；（8）长堤；（9）街式；（10）店户式；（11）市场；（12）认地；（13）工程；（14）经理；（15）关税；（16）盐务；（17）建造；（18）保护；（19）保险；（20）养生；（21）义冢；（22）规则；（23）工人规则；（24）铺主铺客规则；（25）营业；（26）学堂；（27）邮政；（28）阅书报所；（29）博物院；（30）公家花园；（31）饷码；（32）井厕；（33）洁净；（34）公款；（35）进支；（36）查数；（37）议事；（38）权利；（39）停工日；（40）总结。

从这四十章的内容来看，章程全面而详细地吸收了外国的城建经验，将

---

[1]《香洲埠之简明要章》，《香山旬报》，第十六期，己酉（1909）二月十一日。

《香山旬报》刊载的《香洲埠之简明要章》

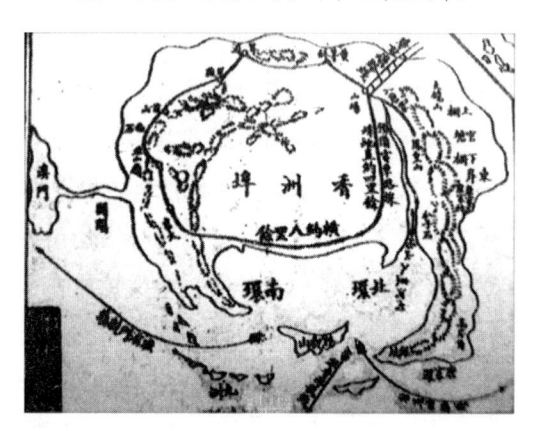

香洲商埠规划图

融资、商业、保险、城建、管理等西方当时的先进做法吸纳其中，未来的商埠规划勾画出一个现代化港口城市的完整蓝图。既有通畅的陆海交通、邮政、店铺、工厂、银行，还有学校、医院、图书馆、公园、读报栏甚至公墓等社会服务设施。章程里还计划筑就一条广州至前山的铁路和通往前山、翠微、下栅、石岐的公路。电车作为当时最流行、最时髦的公共交通工具，也被纳入到了埠区的道路规划之中。对商埠的管理上也提出文化休闲城市要求，星期日及重大节假日放假休息，甚至提出实行民主管理、政务公开制度，"体现了开埠创办人的革新精神和民主思想"。由于该商埠开办的目的之一，就是张人骏与澳门分庭抗礼的斗争策略，因此《章程》中直接贯穿了张人骏的这一民族主义思想，第一章便开宗明义道："欧美以商务立国，以卫生殖民，此文化所以日进也。我国欲救贫弱，输入文明，当从商场、住场起点。况当此外界之风潮激刺，内地之水旱颠连，因以垦荒殖民，振兴商务，讲求土货，挽回利权，使我伟大帝国四百兆同胞绰然立于地球，以共享文明之幸福。"根据开埠章程，香洲开埠采取投资方式吸收建埠资金。但不招散股，不动公款，不入外国人股份。只许华人购地，外国人不得投认，亦不能将所认之地转售与洋人。为了严防澳葡人的渗入和破坏，当时在购置商铺时用到的"广东香洲商埠挂号收条"中写明："此收条乃系华人所用，如有外国人拾得及将此条转卖给外国人者，本埠一概作为废纸，特此声明。"

对于这个未来的商埠，当时在华传教的美国人约翰·斯图亚特·汤姆森曾经做过这样的描述：

从美国、新加坡和香港归来的中国人，无法忍受古老城市的束缚，他们选中了澳门内港上游十英里的地方，开始筑造防波堤和疏浚工程，以建造一个海港。宽阔的街道，整齐的排水沟，漂亮的店铺，寺院，警察局，消防局和消防设施，自来水厂，图书馆，公园，绿地，商业局，电车轨道，电力和燃气，医院，学校，戏院，带花园的房子，汽艇和蒸汽机工作线，还有一个自由的港口，——一切都规划好了。[1]

此外，香洲商埠还考虑到了安置灾民和打工者的需要。《香港华字日报》载文介绍说：

香洲商埠挂号收条

闻香洲开埠拟闰月开工，即行建立住家小屋数百间，以便连年被水灾民失所无依者得以到埠居住，使男女皆以佣工度活。该屋每月约计租银一元，可以两家人口合住，则每家租银不过数毫耳。此亦可以助赈济之一也。[2]

香洲开埠的消息，在澳门商界迅速引起了一场大地震。二月二十一日（5月10日），得知香洲准备开埠之事，澳门绅商于公物会召开大会，商议如何应对香洲开埠的竞争和挑战。《东方杂志》当时报道：

华人到者十余人，葡人到者百余。以律师布那剌士高为主席，华商萧瀛洲为华商代表，律师文道为居澳葡人代表。斯时在场者兼有从葡国官来游澳之葡人十余名。开议时，伯多禄宣布省城自治会所饬责澳门之事，多不实不尽；又言"亟向同胞们警告者：离澳门二点钟水程之处，有一竞争之埠，足以为澳门之大敌。该埠若就天然形胜而论，固多不利便，然人定可以胜天。其经理之人，若持以毅力，不惜工本，竭力图谋，则不难成为南边之上海埠。然就目下情形而论，华人之营谋此等事业，不患其财用不足，如是则足为澳门之危矣。溯自香港开埠通商而后，澳门情景已渐趋于衰败。今有香洲在其附近，与之角胜争雄，倘香洲商务果然发达，则澳门必更形冷落，其不变成村落、大坟场者几希矣。……一闻香洲商埠，吾等即彷徨中夜，再四思维，而欲上陈葡廷，速筹整顿，以保澳门之生命。顾不徒治理海口，敷设铁路已也。盖必须与香洲争衡，方能保澳门之命脉"。葡人打司路化在演说时

---

[1]《北洋之始》，山东画报出版社，2008年版。

[2]《香洲埠注意灾民》，《香港华字日报》，1909年3月16日。

直接透露"香洲与澳争衡然，或是因是使澳门政府知所儆戒"。[1]

二月二十九日（3月20日），张人骏向外务部报送了《粤督张人骏奏香山县绅商择地自开商埠情形折》，这份文件应该是张人骏就香洲开埠事给中央政府的第一份文件。该奏折写道：

两广总督兼管广东巡抚事、臣张人骏跪奏，为香山县绅商择地自开商埠以兴商务而裕民生，谨陈明大概情形，恭折仰祈圣鉴事。

窃维兴商殖民，为今日之要政。粤东交通较早，商务已渐行发达，而户口殷繁，向有人满之患。其久居海外之华侨盈千垒万，欲归则无产可置，无地可栖。偶有挟资而归者，土人或反鱼肉之。是为保招徕计，则创兴廛市，度地居民，在粤省固尤要也。兹有香山县绅商道衔伍于政，知府衔王诜、戴国安，运同衔冯宪章等，探得县属沙滩环地方，内河外海，背倚群山，地势宽平，土质坚洁，东西约四五里，南北约六七里，北而省门，南而港澳，轮舶均可直达，渔船、商艇则有汊河为停泊之区。该绅等谓是天然商场，因即划定地段，与该绅者立约订租，辟为商埠，名其埠曰香洲，已由该绅等四人自备经费，并召集外埠各商分别认助，以资开办。票经劝业道饬据前山厅同知会同香山县勘明禀复，该道复核无异，呈请具奏前来。臣查，泰西首重商务，每不惜广开口岸，以收足国足民之效。中国则限于财力，经始为难。自中外通商以来，各省官辟之埠，如武昌、济南、南宁等处，始稍自占先着，勉挽利权，而绅民之自立者，尚未一见。今伍于政等倡为此举，其热心公益固属根本之谋，而于归国侨民，尤为利便，诚能厚集资本，固结众情，他日斯埠之振兴，当可预决。当此试办之初，又为向来未有之创举，似宜宽以文法，以期乐兴图成。除俟该绅等将开埠细则章程呈缴，到日再行核定咨部外，所有香山县绅商择地自开商埠缘由，理合将办理大概情形，恭折具陈，伏乞皇上圣鉴训示。谨奏。[2]

四月初六日（5月24日），这份奏折获光绪帝朱批："该部知道。钦此。"

## 第二节　一路绿灯　军舰保护

在全社会的广泛关注下，王诜等人的开埠计划有条不紊地进行着。开埠之初，对于开办所需的巨额资金，王诜等人乐观地认为，"开埠经费，约

---

[1]《东方杂志》，1909年第6号第五期。

[2]《粤督张人骏奏香山县绅商择地自开商埠情形折》，《清宣统朝外交史料》卷三，第34页。

略核计需银一百七八十万元",王诜、伍于政、戴国安、冯宪章四人,"自备开办经费10万元,另由外部承认已有名有数者48万元,其余俟发布后再行招认""近年以来,寄居外洋之华侨欲回内地,每苦于无可置产,又迫于外人之欺凌,不甘忍受……今得另开新埠,实力保护,广为招徕……操券可期。"[1] 但是,筹资情况并不像他们所想象的那样顺利,商埠建设一度遇到了困难。此时,张人骏再一次伸出了援助之手。他一方面要求下属千方百计为商埠减轻负担,一方面向朝廷请示给商埠提供借款

《广东香洲商埠票奉批准奏咨存案章程》

利息(相当于今天的无息贷款),他在奏折中写道:"假如筹款百万,约以七厘行息,在官中不过岁筹备七万金,民间有厘之息,必争于出资,计日可以成事。是国家有限之资,他日收无穷之益。"[2]

为了给香洲埠建设提供一个和平稳定的社会环境,防止澳葡反华势力的破坏和捣乱,香洲埠正式施工后,张人骏还专门派去了一艘军舰用以保护。一个民众自建的企业项目,竟然派上了军队的战舰,这在中国历史上只怕也是绝无仅有的孤例。闰二月十一日的《香山旬报》就专题报道了这一内容:

> 香洲新埠,前经劝业道详禀督宪,准予开辟商埠在案。该闻伍君于政、王君诜等,经已规画妥备,日前并请派轮前往保护,俾得建办一切工程。闻大宪准如所请,刻已派出"广贞"兵轮往前停泊,藉期保护。[3]

为了增加商埠的泊船量,增加商埠的收入,地方政府还特意放宽了船只进出港的手续。闰二月十一日(4月1日)《香洲华字日报》报道说,"澳门向例,凡渔船泊潭船等事,必领彼政府牌照方准湾泊。现因香洲埠经已成立,概从宽大,如不领牌者,亦不苛求,且面嘱客商如有苛难旧例,务请条陈,云云"[4]

---

[1]《劝业道为沙滩环开埠事具督院禀稿》,《香山旬报》,第十六期。
[2]《香山旬报》,第四十八期,己酉(1909)十二月初一日。
[3]《本邑新闻续志》,《香山旬报》,第十九期,闰二月十一日。
[4]《香洲开埠之影响》,《香港华字日报》,1909年4月1日。

张人骏对香洲商埠的关心和照顾，简直到了事无巨细的程度，连进埠船商的日用食盐，他都在价格上予以优惠。《香港华字日报》发文说：

> 香洲埠创办人已禀请大吏，该埠不设关厂，作为无税埠。至渔船向来寄泊澳门，将来该埠成立，必相率移泊。惟所需盐斤，外地价廉，内地价高，不无窒碍。亦已禀明大吏，凡渔船到埠，买盐与外地同价，以体恤渔业而挽利权云。[1]

三月二十四日（5月13日），日本政府根据搜集到的大清情报编辑的《清国革命乱特报第一号》，率先刊登出了《广东香洲商埠简章》的内容："（1）当疏通本港内河与外海之水道，以使永无水患。（2）禀请总督免收关税。（3）禀请总督使渔船用盐与外地同价，以体恤渔船。（4）向前山庄分宪具禀，乞特派巡防兵队。此外，另在本港设立警察，保护陆路；设水上警察船两只，保护海路。（5）组织公司，兴办电车、电灯、消防等业。（6）县城与本港之间陆路由绅商修筑，以便人力车来往。"[2]

## 第三节　奠基亲临　舰队助威

在张人骏先上马、后报批的思想指导下，宣统元年三月初三日（4月22日）上午，香洲埠的破土动工典礼正式举行。

日本政府专门搜集大清情报而编辑的《清国革命乱特报第一号》，是国外最早知晓开埠日期的：

> 香洲开埠计划将广东省香洲作为开放口岸，已由劝业道上呈获准，当可开埠。商人等已做好准备，从旧历三月三日起开埠。[3]

为了欢迎广州、港澳客人游览，香洲埠公所特地于开埠头一、二天在《香港华字日报》上提前刊登了广告：

> 香洲初三日开工，特雇美利、利生、利发三轮，请各界同往游观。兹因三轮前往仍恐不敷分载，特改雇顺利大轮船一艘前往。各界欲往游观者，请到本港泰和洋行办房、裕盛银号改取顺利轮船票为荷。准初三早七点钟由港开行，两点钟由香洲返港。顺利船实泊平安码头，美利船实泊琼山码头，利

---

[1]《香洲商埠坦陈二事》，《香港华字日报》，1909年3月16日。
[2]《清国革命乱特报第一号》，1909年5月13日第二十五期，第233页。
[3]《清国革命乱特报第一号》，1909年5月13日第二十五期，第233页。

发船实泊两荣码头。宣统元年三月初一，创办香洲埠公所再启。[1]

初三日（22日）早上七点钟，"海通""顺利"两艘商轮，满载着两千多名香港商人前往香洲参加开埠典礼。虽然香洲就在澳门东北二十余里，但是由于航线复杂，需要经急水门，过伶仃洋，再向西行走，经过整整三个小时，上午十点才到达香洲。此时，野狸洲港口上已经停泊了9艘兵舰，以及澳门拱北关的"龙晴""金星"号两艘缉私轮，这11艘舰艇都是粤督张人骏和水师提督李准带来助阵的。此外，那里还停泊着"大兴"号等无数只客轮，是几百名广州商人、澳门商人乘坐而来的。三四只下轮船正奔忙于客船和港口之间，往岸上送客。踏上竹木栈桥，前面是几十丈长的宽阔大道，直达主席台处的彩棚。大道两旁标语牌林立，士兵们也列队四行分立两侧。彩棚非常宽广，可容纳千人。上面悬挂着无数块匾额，有宁阳商界所赠送的"强国之基"，有香港商界所赠送的"利国利民"，有公益埠商界所赠送的"骏业宏开"，等等，都是吉祥祝福的话。主席台中央设着香案，后面设着炕桌。叶舜琴、曾兆荣、杨应銮、容兆端、梁乔与卢汉墀等乡绅和黄桂丹、何鼎元、廖庆炎、邓鼐、刘鸿宾、林毓华等香山县城绅士在台上应酬，香山县凌知县、杨县丞、前山厅庄允懿、前山向守备等地方官也已到场迎候。下午一点，大雨初霁，礼炮齐鸣，张人骏、李准、陈望曾、吴分统、拱北关税司贺子兰等高官从军舰上登岸，走上主席台，与众官绅坐在炕前略坐片刻，寒暄几句。随即，典礼开始，到会人数有几千人，"开会主席为伍于政，其礼节共分十种：一开会，二行礼，三兴工，四宣布，五祝词答词，六演说，七军乐，八闭会，九茶会，十军乐"[2]。首先，张人骏等人被人引领到香案前，焚香叩头。其次，由张人骏、李准、陈望曾分别委派的代表致辞。张人骏的致辞写道："宣统元年三月三日，为香山县香洲商埠开埠之期，本部堂亲临观礼，是日商民云集，欢忭同声，甚盛事也。爰进在事诸君而言曰：粤东为滨海奥区，民殷物阜，商务之发达，较他省为尤先。近月萃群力以谋公益者，比比然矣。夫益有广狭之不同。竞已然之利，其益狭；开未然之利，其益广。斯埠也，地势开拓，外滨大洋，内依山岭，轮舟便于停泊，阛阓易于经营，洵天造之商场也。今诸君筹集厚赀，就其地创立商埠，所谓开未然之利，当合群力以谋者。异日交通之利便，商务之振兴，百物云屯，梯航骈集，固可翘足而待。而于归国之华侨，亦得以受廛居肆，咸乐聚处于斯。

---

1 《往香洲者看》，《香港华字日报》，1909年4月21日。
2 《香洲行开商埠礼记事》，《香港华字日报》，1909年4月23日。

其为裨益民生,扩充利源,岂不大且溥哉。方今处商战之世,波谲云诡,亟宜各谋自立,恐后争先。今日新埠之辟,诸君既能倡之于前,仍望有以善成于后。大抵维持保护,应由官吏任之。至一切经营缔造,俾他日香洲一埠日新月盛,蔚然为吾粤生色,则在事者之责也,亦在事者之荣也。诸君其勉之哉。"[1]李准的致辞为:"懿哉!大清宣统元年三月初三日,为香洲开埠兴工之辰,本军门从两广总督暨劝业道之后,与观厥盛,因为辞以祝之曰:惟天之下水尽而土,土尽而水,博厚者地以殖吾财,汪洋者海以汇吾利。地与海交,商场斯辟。商之为用,大矣哉。"[2]劝业道陈望曾的颂词,无非是振兴商务之类。此时,"东北风陡作,棚内结彩飀飀作响,海上波浪冲击,少顷大雨倾盆,衣履尽湿"。之后,由各界绅商纷纷祝词。"时有一不知姓名之西装华人,手执颂词,背张督面宣读。读声虽高,而句读上下牵连。时见李水提立其身后,含哂不已。"两点钟,典礼结束,张人骏等退席离开。

据《香洲开埠记事》一文介绍,奠基仪式结束后,张人骏带领水师提督李准、劝业道陈望曾等官员又冒着大雨到商埠各处进行了视察。他们先观看了埠公所、巡警所、石厂、鱼栏等预定空地,然后又踏勘了已建成的街道及两旁商铺,最后又到在建海堤、码头等处进行了查勘。张人骏等人对商埠的规划布局十分满意。

据说,开埠典礼伊始,张人骏还在埠公所大门口亲手安置一块长丈余、宽四尺的大木匾,上刻斗大的楷字:"广东香洲商埠",并落了款。

葡萄牙驻广州总领事穆礼时不知是亲临了会场,还是派了密探到场窥探,反正后来他以《香洲开埠礼介绍》为题,详细记下了香洲开埠的内容:

查新开香洲埠系在香山县属山场、吉大两乡交界处,向属民荒,土名沙滩环,宽横约七百亩,面临大海,背靠群山,素为渔船出入湾泊之所,并有石山可开石矿,为筑堤建地之用。该地约离澳门三十余里。创办香洲埠总理员王诜,别字灼三,香山县人。副理员伍于政,别字周屏,新宁县人。初三日香洲埠行开幕礼,张督宪乘"江固"兵轮,李水提乘"江清"兵轮抵埠。同时到者有劝业道陈望曾,前山庄同知,香山县凌令,香山协李。另绅界、学界、商界、报界之由各埠来观者共万余人,有大小兵轮八艘为之保护。另有由省港各埠所到商船共十四五只,各船俱泊湾前海面。另有小轮三四艘,渡客登岸。上竹桥有大道长数十丈,直达行礼棚。兵队分列两行,棚大可容

---

1 《广东香洲开办商埠志盛》,《己酉大政记》,第二十卷。
2 《申报》,1909年5月1日,第12页。

千余人，中设香案，案后设炕桌，棚前悬挂旗帜甚多，时该处乡绅拱候来宾者共十余人。约一点余钟时，粤督张、水提李、劝业道陈相率登岸，直至棚口，下舆入。众官绅引督宪至炕前略坐，随即引至香案前，行三叩礼毕，随员各出诵词三通，一是张督宪者，一是李水提者，一是陈劝业道者。次由各绅商演说。礼毕，张督兴辞退时，已两点余钟矣。是日崇朝大雨，至午间略放晴光，海平浪静，至各人登岸行礼时，则东北风大作，棚内结彩旗帜等飘拂作响，海上波浪冲击。少顷，大雨倾盆，各人衣履尽湿。查张督会同李水提各官已于初四日返省。查此次开幕到彼处认地者，共有数起。闻此次系皇党亦派多人前往认地，云云。[1]

《香港华字日报》报道说，张人骏此次典礼共派出了9艘兵舰、2艘关轮，共11艘舰船到场，参会人数数千人。穆礼时说，张人骏乘"江固"兵轮、李准乘"江清"兵轮到场，护卫的军舰有八艘，各种商船十四五艘，到会人数万余人。而《香山旬报》报道，张人骏等高官"乘宝璧兵轮前往，暨随同兵弁等兵轮二十九艘，省商界、报界、善界乘大与轮船前往者百余人，港商乘小轮至者亦数百人"[2]。虽然三者在数字上有些差别，但一个小小的商埠奠基仪式，张人骏就出动了十几艘或二十九艘军舰，使用了几十艘轮船，组织参观者上万人，这绝不是为了讲排场、摆谱，而且显示着其捍卫主权、保卫领土的决心和勇气。

嗅觉灵敏的日本人之后爆料："广东香山地方绅士等，一为招徕华侨，二为夺澳门之繁荣，于4月下旬举行了香洲开埠典礼。"[3]

《国风报》过后的报道则干脆挑明了开办商埠的"商战"目的说，"广东香山县绅商，相谋开辟香洲，为一商埠，以与澳门对峙"[4]。

《陕西官报》也及时报道了香洲开埠的消息。可见张人骏此举影响之深。该报写道：

粤督张安帅日前将该省香山开埠后情形具奏闻。香山于三月十日开埠，该地近海滩，又名香洲，附近又有枕山毗连，兼有树木交杂，环抱于海，形式优胜。该埠距澳门十二里，自该埠开办后，所有商务轮船咸称为便，日益

---

[1]《香洲开埠礼介绍》，葡萄牙外交部藏葡国驻广州总领事官档案，卷宗285。
[2]《香洲开埠记事》，《香山旬报》，第二十二期，宣统元年三月十一日。
[3]《广东香洲开埠》，《清国革命乱特报第一号》，第388页。
[4]《广东香洲开埠》，《国风报》，第一年第三期，1910年3月11日（宣统二年二月初一日）。

繁盛，可期厚望。而澳门未免有萧索之象。[1]

香洲开埠典礼后，激起了香洲附近地区的开埠热潮。宣统元年五月初一日（1909年6月18日）的《香山旬报》，就曾以《又将有第二之香洲埠出现》为题报道，在距澳门70余里的香山县南水乡，有人打算再开一个商埠。"邑属黄梁都黄水乡，前对北水，后枕高栏、飞沙两山，右近六灶三灶，左通獭洲赤溪等处，离邑城一百一十余里，离香港一百二十余里，离澳门七十余里，离香洲埠七十余里。该处渔业最盛，又有锑、磁、水晶、煤油等矿产，诚天然的商港也。现有吏拟在该地开辟商埠，特派本邑清乡委员帖令宗晋就近查勘，兹闻帖令已于本月二十日邀同香山自治研究社社员黄君仙裴、黄君会云、梁君侣俦、黄君芷裳等，乘坐宜威轮船到该处查勘一切云。"

连水师提督李准事后也增添了开辟新埠的兴趣，不仅亲自访查，而且派手下吴敬荣赴南水现场勘测。《申报》有过报道说：

粤省三面环海，最利于开辟商埠，近年如公益埠、香洲埠，皆已次第经营，渐著成效。现李水提又查得香山县属之南水地方，亦最合辟作商埠，已派委吴参将敬荣前往查勘矣。[2]

在张人骏的支持下，其担任两广总督的两年间，广东省就先后批准成立了香洲、台山公益埠、广州、潮州、琼州、北海、拱北、三水、江门九个对外开放的商埠。[3]

初五日（24日），《香港华字日报》在《广东新闻》一版特地刊登对张人骏的现场采访，宣传张人骏对香洲商埠的鼎力支持。该文写道：

张督亲往该埠举行奠基礼，闻对于该埠各事以办理缉捕、设置巡警、扩张利权、振兴实业四事为尤注重，并探察该埠沿海一带形势险要，所有照料夫马各事，悉由善后局派员前往预备云。[4]

之后，张人骏将香洲开埠的情况向朝廷及时作了汇报。《中外日报》报道称：

两广总督传咨外务部、农工商部、税务处称：现在广东商人拟集资开香洲为商埠，吸收华侨，广兴商业，已就端绪，前已上奏。此地在虎门以外，内则

---

1 《陕西官报》，宣统己酉第十五期，第84页。
2 《申报》，1909年3月31日，第11页。
3 《清代广东开放之租界、租借地、商埠资料》，广东省地方志编委会办公室、广州市地方志编委会办公室编：《清实录广东史料》（六），第667页，1995年版。
4 《张督对于香洲新埠之政见》，《香港华字日报》，1909年4月24日。

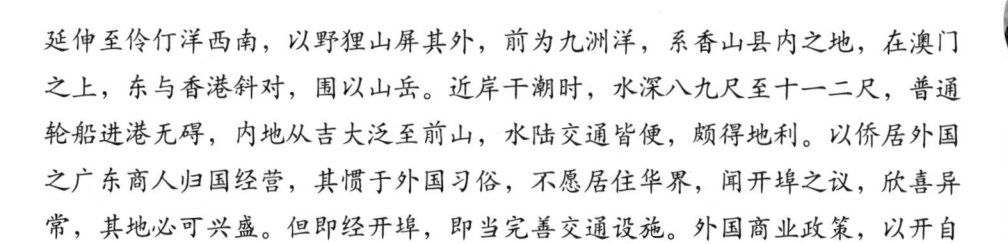

延伸至伶仃洋西南,以野狸山屏其外,前为九洲洋,系香山县内之地,在澳门之上,东与香港斜对,围以山岳。近岸干潮时,水深八九尺至十一二尺,普通轮船进港无碍,内地从吉大泛至前山,水陆交通皆便,颇得地利。以侨居外国之广东商人归国经营,其惯于外国习俗,不愿居住华界,闻开埠之议,欣喜异常,其地必可兴盛。但即经开埠,即当完善交通设施。外国商业政策,以开自由贸易港为首要,南洋各港及香港皆然,故望开放该地作为自由港。云云。[1]

有了张人骏的积极呼吁,中央政府有关部门对此十分重视,农工商部、外务部与地方政府展开了频密的协商,决定由国家税务处从粤关税司中派出调查组,先进行调研。四月十三日,农工商部发出了《农工商部为香山县自开商埠事致外务部咨呈》。四月十八日,农工商部发出了《农工商部为香洲开埠及暂行办法如何电复事致外务部商品流通信函》。二十日,外务部发出了《外务部为香洲免税及行轮事致税务处咨稿》。三十日,督理税务处发出了《督理税务处为抄送香洲开埠电报事致外务部片呈》。中央政府有关部门高效运转,初拟了一系列优惠措施,对香洲开埠之事一路绿灯。

五月十一日(6月28日),《香山旬报》刊登《奏开香洲商埠已奉朱批》一文,云:督院奏香山绅商伍于政等自辟香洲商埠办理情形缘由一折,经将折稿登报,今于宣统元年四月二十二日(1909年6月9日)差弁带回原折,奉朱批"该部知道,钦此"。

十二日(5月30日),张人骏又电请大清外务部、农工商部和税务处3个机关,要求将香洲商埠办成"无税之埠"。为能得到朝廷批准,他不惜冒着朝廷怪罪其擅自同意的风险,声明商埠已经按其免税的意思做好了准备。电文曰:

现据粤商集资开辟香洲商埠,为招回华侨,振兴商业起见,已经议有端绪,奏明在案。查该埠在虎门内外伶仃洋迤西南,野狐狸山屏其外,九洲洋居其前,系香山县属。北据澳门上游,东与香港斜对,山势包抄,近岸处潮退时水深八九尺乃至十一二尺不等,可容寻常轮船。内地由吉大汛至前山,水陆均可通香山城,颇得地利。粤省侨商称盛,每挟巨资,倾心内向,惟习于外洋习气,不耐居住城厢乡镇,闻开埠之议,多喜色相告。开埠若成,来归必众。实可为地方培元气。惟商埠既开,必利交通,乃能发达。西人商战

---

[1] 李少军编译:《武昌起义前在华日本人之时事见闻》,武汉大学出版社,2011年版,第287页。

之局，以开无税口岸为上策，南洋各埠以及香港，皆用此法，商务最旺。良以商场事业，不病在输纳，而病在留难阻滞；亦痛于货之脱卸无期，税之征求难缓，资本愈重，息率愈高，类因致败。无税则既免留滞，税不预纳，所益斯大。故如香港市场贸易必贴士担（注：邮票），收印花税而商不病，取之于货已出售之时，所征在买客，见其易也。我国商务，向少无税口岸，甚为缺憾，意欲于此埠特试其端。况有此无税之埠，商利其便，百货云集，相机内运，既不资仓租保险费，于外埠商运多，则内地税厘亦旺，公家不间接之利。现已由该商等分为免税界限、管理规则、理船章程、保护办法四项，酌采香港向行办法别类，拟议呈核，以凭参合我国法律条例，分别准驳，再行咨明钧部贵处核示。惟现准该商经营开埠，并拟通商免税，事关创办，特将该埠地段情形，先行电请会核示遵，无任盼祷。[1]

宣统二年十二月十七日（1910年12月18日），宣统皇帝下诏，终于批准香洲商埠"暂作无税口岸""嗣后如有商民自辟商埠者，概不得援以为例"。自此，香洲商埠成为大清朝乃至中国历史上的第一个实行"一国两税"特殊政策的"经济特区"。

宣统元年五月十四日（1909年7月1日），张人骏又致电清廷，为香洲商埠请求对洋轮开放的优惠政策。文曰：

近据九、拱两关税司先后申称：华洋各轮多请由香港澳门赴香洲行驶，请示核办前来。查香洲开埠章程，现未议定，本难遽准洋轮前往。惟兹缔造伊始，各商人欲往该埠游历考查者甚多。该端口建造工程，需用材料亦夥，均非由轮载运不可，若概不准往，似于商情不无阻碍。兹拟暂行办法，准华洋轮船前往，只准搭客及该埠所需材料，不准装载别货，各轮仍应赴经过关厂报查；其材料等物，照章完税。俟该埠章程核定，即将此项暂行办法取消。此系特别通融之举，目前不视为定章，以后亦不得援以为例。可否照此办理？乞核明速赐电示。[2]

据载，开埠后不久，一些沙滩环的主人因为"红眼病"发作，找借口闹事，并向总督府提出控告，妄图敲一笔钱财。张人骏接到诉状后，通过调查了解到，出头闹事的乡民黄华武、吴用衡两人，系受时任嘉应州学正吴国贤

---

1 郑砺石著：《辛亥前夕华侨在中山香洲开埠经过》，《中华文史资料文库·华侨华人编》，中国文史出版社，1996年版，第911页。

2 郑砺石著：《辛亥前夕华侨在中山香洲开埠经过》，《中华文史资料文库·华侨华人编》，第911页。

的暗中挑唆。于是，张人骏一方面指使劝业道将无理取闹的黄华武、吴用衡两人扣留做工作，希望他们撤回上诉；一方面令人去做吴国贤的工作，要求他做好二人的上访工作，并威胁其如果做不好工作，便不许上任，甚至将其革职。劝业道又与前山厅同知、香山知县、两乡绅耆、商埠创办者及二位上访人在前山衙门反复调停，黄华武、吴用衡要求收回其出租的100亩荒地，由自己投资建埠，伍于政等坚决不同意。两乡绅耆很不满意黄、吴二人的所作所为，官府方面也认为此风不可长。经过张人骏及手下一段时间的艰苦工作，这场"夺地风波"才得以平息。[1]

五月二十日（6月29日），《香港华字日报》刊登对张人骏的赞誉文章，称其对香洲开埠贡献巨大，"阅历政界二十余载，累居要职，年在六十，有奇精力素强……老于任事，必系有猷有为者也"[2]。

在特殊政策的激励和张人骏的支持下，香洲商埠的建设十分迅猛。奠基仪式结束后，王诜等人立即进入到商埠的建设施工之中。他们先是组织人力用炸药开山取石，采集建筑石料，然后从广州、香港等地雇来建筑工匠几百人，提高建设速度。据6月28日的《香山旬报》报道：两个月内，所有商端口工程皆已次第兴建。其中七丈二尺阔的三马路和三丈六尺阔的二马路，业已修筑竣工。其余四马路中心点九丈阔商务公所前的直马路，也决定将在5天内开工。又拟修筑一大码头于野狸山嘴，以停泊大轮船。由香洲湾筑一石桥通达野狸山，再由山脚边接一石路通至山嘴的码头，以便来往。其水面的

香洲港口附近之店铺与街道

石填、岸边的石堤、办事的公所，各工程皆经有人承办，订期月内开工。其优先建铺原四十间，任由业主于两月内择地建铺。今前来挂号登记认建的商人络绎不绝，不日满额。目前盖搭临时性的蓬厂进行商业经营者共有250余间，其中生意最好的是饮食店，如广华兴每日销货至200余元。然获利之优者

---

1 郑砺石著：《辛亥前夕华侨在中山香洲开埠经过》，《中华文史资料文库·华侨华人编》，第910页。

2 《京省新闻·节录泰晤士报论张人骏》，《香港华字日报》，1909年7月7日。

以蓬厂为最，每井价银六七元。统计全埠工商人已有2000余名，而野狸山附近渔船200余号，其人数若干，未及详查。自埠中开设鱼栏十数间，渔船均就近卖鱼，不再运销澳门了。[1]

到了六月（7月），香山埠已经初具规模。《香山旬报》报道说：香山埠搭有蓬厂约120余座，商人在此经商者皆在蓬厂内做生意，全埠现未有铺户落成，即该埠办事公所现亦支蓬为之。惟工人现有千名左右在此，石匠亦有百名左右。闻现仍陆续招人，约再招200余名前往。工人在该处做工者，每人每日连日可得银三毫七仙，至早晚两膳，各商及工人等，仍要往吉大乡趁市。现该埠扎有高管带巡防营勇数十名。由省去者，现有海客小轮拖渡装载各物前往。该埠现下将山开掘，遇有山坟之处，闻每坟补回迁葬银三元，另酌补地价。据该处商人言，初开埠时，省港来往客商颇多，生意甚好。近则略逊，想亦未建铺户所致。唯王氏对于该埠则经营甚力。日昨曾在澳门设宴，招请拱北关洋务人员，极力商议埠事，不遗余力。[2]

到了八月（9月），香洲埠已经建成店铺350多间，入住商民2000多人。此外，香洲埠已设有税厂一处。西式屋两间工程将竣，一为救火局，一为巡警局。屋宇亦有30间，地基已筑成，内七间将已竣工。现吉利轮船每日穿梭往返香港，估计约有百五十人，兼载伙食、木料。现商埠的居民约有2000，寮屋350间，茶楼、酒肆、肉台、餐馆、苏杭杂货、药材、布匹等店，皆有开设。其邮件则由前山转递。警差现由公司雇有25名，前山驻防队加派25名到埠助理警务。[3]

就这样，仅仅用了四个月的时间，香洲埠就初具规模，具备了正式营业的基本条件，创造了前所未有的"香洲速度"。张人骏带领广东官民在南海边同心协力画下的这个圈，迅速成为晚清中国的经济亮点。

## 第四节　香洲开业　澳门萧条

宣统元年六月二十九日（8月14日），香洲商埠隆重宣告正式营业。

根据《香山旬报》第七十一期的《香洲埠游客纪盛》中的记载，那时的香洲，南北环和公所直街是繁华的中心商业区。聚集油糖酒米、食品药材、

---

1《香洲端口工程述要》，《香山旬报》，第二十八期，己酉（1909）五月十一日。
2《香洲埠近闻》，《香山旬报》，第三十三期，己酉（1909）七月初一日。
3《香洲埠最近之情形》，《香山旬报》，第四十一期，己酉（1909）九月廿一日。

山货陶瓷、金银首饰、皮鞋棉布、家具五金、文具纸张等各行各业，商店总数达40余间，其中包括永兴号、广信隆、广兴祥、义信、欧瑞记等等。每到夜晚灯光如同白昼，一片兴旺，前来游埠者不绝于途，人山人海，新开的日升酒楼、泉香酒楼和合栈茶居等天天顾客盈门。

香洲埠港口码头附近

《香洲埠游客纪盛》还记载说：

香洲迩来中西游客甚盛，日前前任金山正埠许领事偕新任星架波苏领事游观后，翌日又有黎君季裴偕卢黄诸君来游。时埠商演优天影班，五日五夜，四乡来观者，红男绿女，人山人海。初二日虽戏已演毕，游客仍络绎不绝，登山临水，遍览埠场。先到公所索取埠图数张，旋到马路尝饮井水，甚赞美此埠水源之清洁。观于西人每到之地，如此考验，其注重于商务殖民，于此可见一斑。[1]

商埠借鉴上海商铺的格式兴建商业街。初时，建得二层楼6间铺位的20栋，3间铺位的8栋；三层楼的2栋。楼间相隔4米，南北对向，整齐美观，有10多条街道，每至夜晚灯光如昼，热闹非常，被誉为"中环街市"。由此吸引港澳、四邑等地商贾纷纷前来经商，南海各地渔民相继迁来定居。香洲商埠几乎照搬西方的城市规划。甚至考虑到如何吸引劳动力，专门建造800多间可供两户人家临时居住的小茅屋"廉租房"，月租仅1元，很受欢迎。一时间，从惠州、东莞、顺德、南海等地迁入大量移民，香洲人口陡增。一些手工业铺坊也随即产生，引得海外侨商、港澳华商和地方巨贾纷纷前来投资办实业。

到宣统二年（1910年），共建有商铺1600余间，修筑20多米宽的马路一条及码头两座，开辟穗港澳航线。其中，较大型的商铺有"中兴纺织公司"，较出名的商号有"协昌""康正""永利隆"等。海内外记者争相报道香洲商埠的繁荣景象。至宣统三年（1911年），扩建米铺、油粮、杂货、

---

[1]《香洲埠游客纪盛》，《香山旬报》，第七十一期，庚戌（1910）八月十一日。

当铺等近200间。不但游人来访、中外记者纷纷采访报道,也大受国人赞许,张人骏的老友康有为赋诗《贺香洲开埠》一首。甚至,1912年5月4日,张人骏十余年的老对手、新上任的民国大总统孙中山《在视察香洲商埠时的谈话》中,也称赞香洲商埠一带的街道布置,肯定华人建筑事业首屈一指,表示要完备其他事业以巩固民国之领土。[1]

在香洲商埠的有力竞争下,澳门经济迅速萎缩、地价大跌。于是,澳葡当局在划界谈判中,希望中国政府约束香洲商埠不得影响澳门经营,但遭到大清谈判代表的拒绝,澳葡当局不得不在划界谈判中多方让步。

香洲开埠一周年时的照片

宣统元年闰二月初四日(1909年3月25日)《香港华字日报》报道:"澳门彩票已停办。因承充人以近日该票颇不流通,亏累甚多,自愿将存澳政府担饷之银8000元充公,准其退办。""澳门地价大跌。闻有屋一间,六月之内,其价由四千元跌至一千元,可见商务之衰矣。"[2]

香洲开埠对澳门经济的影响,从当时的报道可窥一端倪:

> 澳门界务近正在交涉中,昨外部接粤省报告云,葡政府向以澳门为政府,闻已有江河日下之势,市面日见冷淡,该处签铺票鸦片公司、仁慈堂彩票均无人肯投充承饷,葡人进款,每月短收至数万元,该国财政亦甚奇绌,大约界务问题亦易了结云。[3]

同时,因受内地官民的抵制,由内地前往澳门的旅客人数骤降,番摊赌馆、人力车、猪肉摊贩等行业惨淡经营,与澳葡政府为税务问题发生矛盾,导致人力车夫罢工,肉行要求减税。据《香山旬报》报载:

---

[1]《孙中山集外集补编》,郝盛潮主编,王耿雄等编,上海人民出版社,1994年版。
[2]《澳事拾零》,《香港华字日报》,1909年3月25日。
[3]《划界问题果易了结乎》,《香山旬报》,第二十九期,己酉五月二十一日。

因近澳门行旅冷淡，车主收租日少，联票工务局减费，局员费恤，各车主迫得停工三天，局员出差抽拘；适勘界马使抵澳，遂商令澳督及华民税务司设法转圜，面允酌减，劝令车主复业，讵届领牌之期，反于每元加增五仙，车主遂复停工，事越旬余，商业为之牵动，摊馆受累大重，某赌商出头调处，声言愿由某公司帮助每车牌费银五毫，如不照常开车，恐蹈从前酒牌罢市不成，反受其辱之覆辙，唯车夫现尚观望，而猪肉行又联请减饷，未审澳官如何处置也。[1]

正因为香洲开埠对澳门产生了巨大的威胁，五月二十八日（7月15日）中葡澳门划界第一次谈判，香洲埠就成了谈判的首要话题。《申报》报道，葡萄牙勘界大臣马楂度就香洲埠向中方勘界大臣高而谦提出如下交涉：

中国划界委员高而谦、葡国划界委员马沙铎，于前月二十八日为第一次会晤，开议界务。……谈数分钟始及界务事项，马（注：马沙铎）问前山各地情形及香洲开埠事，高即一一相告，随又谈及澳门商务地界经营各事，然后由两国副委员呈出特奉钦派会议勘划界务敕书，彼此换给阅看。[2]

从谈判纪略中可以看出，葡萄牙谈判代表马沙铎在第一次谈判时的第一句话就是"香洲开埠"的事情，可见其对香洲埠的敏感程度。

《申报》还报道说澳门葡人借澳门划界谈判之际还向高而谦提出了两点要求：

澳门葡人向高大臣而谦要索二事：一、新开香洲新埠，不得有妨害澳门商业之举动；二、在澳华民须入葡国国籍。并谓上二款，若不见允，则划界之事，恐不能定云云。高大臣谓两国大臣，本由两国政府简派来澳，办理划界之事。[3]

葡人对香洲的恐惧，自然令国人高兴。有人在《香山旬报》上刊登文章，颂扬香洲埠建立之"伟哉"。该文写道：

葡使要求高使，则曰香洲埠不能妨害澳门之商业。一若香洲埠成立，足以制其死命者。伟哉香洲埠，其魔力固如此耶，顾吾观各报所载，皆严词批驳，不直葡人是矣。[4]

八月十一日（9月24日），澳门勘界事务葡方大臣马沙铎在日记中这样

---

[1]《澳门地方税之窘状》，《香山旬报》，第三十期，己酉六月初一日。
[2]《中葡勘界委员第一次谈判纪略》，《申报》，1909年7月28日。
[3]《勘界大臣对于葡人要求之抗议》，《申报》，1909年7月25日。
[4]《速香洲埠之成立者葡人也》，《香山旬报》，第三十三期，己酉七月初一日。

写道：

在香山兴建新城与港口，他们在那里投入了大量的资金。因发现远远不能取得预期的成功，便嫁祸于澳门。他们要求政府将香山确立为自由港。（中国）政府不能这么做，否则将使澳门消亡。[1]

马沙铎的这段日记，披露了香洲商埠作为无税口岸对挫伤澳门贸易的"致命危机"所在。这也迫使澳葡当局赴京运作，极力阻滞清政府对香洲"无税"政策的最后审批。

八月十三日（9月26日），马沙铎在日记中又记载，《香港日报》一篇译文中提到了香洲开埠对澳门的威胁，"强调了香洲港的好处以及铲除澳门的必要性，并声称如勘界问题以对我们有利的形式解决，必将引发骚乱"[2]。

九月初二日（10月15日），《香山旬报》又透露，澳门居民由于惧怕划界事决裂而起战端，纷纷迁回内地，房屋几乎无人过问，生意比之平时愈加冷淡，所谓"大西洋注册衙门"，三两星期竟至无一字出入。又风传有某国人纠集一大公司，向澳门政府承揽一切烟酒赌饷花捐、戏捐等，以三十年为期，每年认饷120万元，比斯时赌饷收入倍增，并先借出600万元，为葡政府浚港及一切建筑之用，该某国人等拟于华人原有娼赌各业外，准备以欧洲方式经营，务使澳门成为东方之巴黎云云。不过，由丁此事虚假成分居多，澳政府并未轻易批准。[3]

当时，《字林西报》也撰文指出，其实早在中葡勘界谈判之前，澳门华人富商因澳葡治理不善，已有迁至他处，另辟商场的打算，"中国居留澳门之富商，因葡官治理地方不甚完善，且穷敛苛征，有加无已，刻已会议多次，拟在对港华地另辟商场，将华商营业移往彼处，业已具禀粤督，请予批准"。后来此议未予实施，"因澳门商界情形，多与华商有密切之关系，似未便遽尔舍此他适也"。然而华商心生动摇已是事实。在上述勘界及开埠事件的影响下，澳门经济更加冷落，"澳地近三两月，居民多惧划界事决裂，纷纷迁回内地，房屋几无人过问，生意比之平时愈加冷淡"[4]。

---

1《勘界大臣马楂度葡中香港澳门勘界谈判日记（1909—1910）》，第91页。

2《勘界大臣马楂度葡中香港澳门勘界谈判日记（1909—1910）》，澳门基金会1999年版，第91页。

3《澳门近事》，《香山旬报》，第三十九期，已酉九月初一日。

4 林广志著：《澳门文化丛书：卢九家族研究》，社会科学文献出版社，2013年版，第10页。

九月二十三日（11月5日），葡萄牙勘界大臣马沙铎在日记中感到了来自中国外交和民意上的巨大压力：

> 中国大臣的强硬态度坚定不移，无任何改变的迹象；在他（高而谦）的最后一个备忘录中确定的让步上限与我们的权利相差甚远；会社队骚动仍愈演愈烈，在两广总督向穆礼时领事表示要将其平息之后，变得更为活跃和肆无忌惮。煽动者对中国政府和高的胁迫性显而易见；在此情况下，无法期待两位大臣继续会谈会出现有用的结果。[1]

十一月十一日（12月23日），《香山旬报》刊登《条陈广香铁路事宜》一文，进一步呼吁以香洲制衡澳门：

> 振香洲以制港澳，自葡租澳门，英据香港，吾国递年漏卮外溢，言之涕零，即以华侨往返费而言，每年溢出之款，不下数百巨万。查粤民侨居海外经商者，以数百万计，一往一归，无非取道香港，年以十之一出入计之，已数十万人，人以十元消费计之，已失数百万之巨款。[2]

宣统二年二月十二日（1910年3月22日），《中西见闻录》称，由于澳门生意极淡，"宝生银号、顺合当押及致新洋货店，皆已先后倒闭"[3]。

在澳门的葡萄牙商人则说："惟闻自香洲开埠之后，澳门赌博亦为失色。""一闻香洲商埠，吾等即彷徨中夜，再四思维，而欲上陈葡廷速筹整顿，以保澳门之生命。"在他们看来，香洲开埠，不啻将澳门逼上了绝路："溯自香港开埠通商，而后澳门情形已渐趋于衰败。审今有香洲在其附近与之角胜争雄，倘香洲商务果然发达，则澳门必更形冷落，其不变村落大坟场者几希矣！"[4]

在香洲开埠的影响下，广东其他一些华侨比较集中的地方又先后开辟了"新昌埠""冲菱埠""南水埠""赤脚埠"等。但在当时众多开埠的口岸中，以香洲开辟无税口岸影响最大。

马楂度返回葡萄牙后不久，曾在一部有关澳门勘界的回忆录中透露：

> 若非特殊环境迫使中国处于不能与我们对立的局势，或出现机会令我们

---

[1]《勘界大臣马楂度葡中香港澳门勘界谈判日记（1909—1910）》，澳门基金会，1999年版，第120页。

[2]《香山旬报》，第四十六期，己酉十一月十一日。

[3] 汤开建、陈文源、叶农主编：《鸦片战争后澳门社会生活纪实》，花城出版社，2001年版。

[4] 林广志著：《澳门文化丛书：卢九家族研究》，社会科学文献出版社，2013年版，第12页。

拥有比被认受的逻辑和外交更强烈的理由来支持我们的权利，划界永远不会有结果，除非我们放弃无可争议的权利。[1]

香洲商埠奠基之后，五月十一日（6月17日），清廷任命张人骏接替端方的两江总督兼南洋大臣职务，两广总督由山东巡抚袁树勋接任。为了确保香洲建设不受影响、确保政策的连续性，宣统元年九月二十日（10月22日），估计是在张人骏的授意下，曾经两次弹劾岑春煊的给事中陈庆桂才上了本章开头所摘录的奏折，目的是给继任者先套上一个保险。可惜，尽管张人骏考虑得再周密，他的计谋还是落空了。

宣统二年六月（7月），香洲的一间白铁铺突然失火，六个小时火烧连营，800多间寮屋化成灰烬，几千灾民被逼流离迁徙，远走他方，香洲商埠从此门庭冷落。此时，商埠内部也出现利益纷争，当地绅商落井下石，在香洲附近的野狸岛办了一个所谓的"广东省渔业总埠"，与商埠公所分庭抗礼，并且造谣污蔑王诜、伍于政等主办人没有建埠资金，只是个游说的捐客，靠贩卖土地、石方谋取私利，一时间闹得满城风雨。投资者见清政府对香洲无税口岸迟迟没有批准，以及埠务出现内讧，非常失望，纷纷将资金转移，埠内许多商户无奈关张，整个香洲遭受重创。

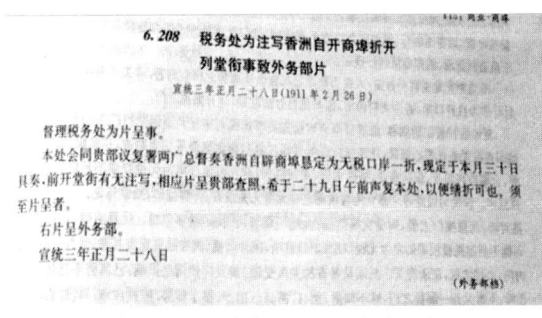

清廷批复香洲埠为无税口岸的文件

除了在香洲开辟商铺，张人骏还曾规划在深圳开辟商埠，这不能不说颇具远见卓识。上海《申报》1909年3月12日就曾经报道张人骏准备开发深圳的文章。该文这样写道："前次粤省大吏议筑广埔铁路，曾定开辟黄埔商场，俾分港澳交通利益。嗣以广埔停办，该商场遂亦置之。现以九广铁路既已兴工，凡该铁路经行之处，自可渐行辟建商场，以兴商务。除新塘、石龙两埠握全线中央，省城东堤岸为该路车首站头，均已拟定扩充外，其余新安之深圳河边，为中英两路涉线要道，将来由香港九龙以接粤路，均以该处为转换要地。水路则赤尾海湾，通利轮船运输，亦甚便利。因拟建辟商场，以握港运之利益。即以省城在堤岸为首场，石龙为中场，深圳为尾场。此外

---

1《勘界大臣马楂度葡中香港澳门勘界谈判日记（1909—1910）》，第169页。

淡水商埠、平山商埠，并拟一律建办。现已派员分往各处，详查情形，商由部中议办。"[1]

"香洲开埠"的历史，是广东人民在两广总督张人骏的领导和策划下，在朝政腐败、国力衰微的情况下，中央和地方政府联合民间爱国力量采取一致对外的行动，是从经济上对澳葡当局扩张行径的有力反击。"香洲开埠"后来虽然以失败而告终，但它在外交、经济上成功地向澳葡政府施加了压力，遏制了葡萄牙当局再次扩张的意图。同时，它开创了中国发展经济特区的先河，为百年之后的特区建设特别是珠海特区建设提供了宝贵历史借鉴。

1979年3月，珠海县改为省辖市建制。同年7月，国务院同意试办珠海特区。1983年10月，从前山公社划出关闸、北岭、夏湾和吉大、白石的7队、8队共14条自然村为珠海经济特区的区域。1984年1月，邓小平同志第一次视察珠海时，高瞻远瞩挥笔题下"珠海经济特区好"。至此，张人骏开办香洲商埠的百年梦想才真正在岭南大地上勃勃绽放。

2007年1月7日，《中山日报》刊登了《香山人最早提出建立"经济特区"》一文，其中一段说，"一般地说，建立经济特区，是邓小平同志的倡议和创举，但是，如果翻阅一下《香山明清档案辑录》一书，我们就会发现，这话未必准确，因为，在清末民初，便有香山人提出建立'经济特区'的想法"。而香山特区的最新谋划并实施者便是张人骏。香洲商埠虽然生命短暂，但是，张人骏以敢为天下先的精神，开创了民办免税经济特区的壮举。他的事迹终将永远铭刻在香洲这片大地上。

---

[1]《申报》，1909年3月12日，第12页。

# 第八章
## 办港大西学中用

张人骏虽然在一生中与外国侵华势力斗争了无数次,但他并不是一个狂热的民族主义者,并不是一味地排外仇外,他所反对的只是那些恃强凌弱、欺侮中国的外国人。对于同情中国、平等相处的外国友人,他不仅不横眉冷对,而且还乐于结交,甚至有成为朋友的。请澳大利亚记者端纳为顾问、与港督卢押做朋友,就是最好的例证。

张人骏和卢押的结交,不仅保持了内地特别是两广督府与港英当局的友好协作,而且直接促成了香港大学的诞生。

卢押(1858—1945年),也译作卢嘉、鲁吉等,是一名英国人。他生于印度,毕业于英国皇家军事学院,后赴印度、阿富汗作战;1885年在尼罗河远征中担任旅长,因功被封为爵士;后担任北尼日利亚的专员兼总司令;1907年7月,获委任为第十四任港督;1912年2月15日任满离港,转任南、北尼日利亚总督;1914年至1919年任全尼日利亚总督;后被英廷加封为终身贵族;1945年逝世。著有《我们的东非帝国》《英属热带非洲的双重委任统治》等书,是对近代香港的发展有着重要贡献的一位港英总督。

卢押在光绪三十三年六月十九日(7月28日)就任第十四任香港总督,而张人骏在该年的七月初四日(8月12日)被任命为两广总督。卢押时年50岁,张人骏时年62岁。大约是一同任职的经历,加之卢押绅士的风度,使得张人骏对于这位比自己小一轮的英国贵族产生了好感,并从此结下了友谊。

上任当年的十二月初七日(1908年1月

*卢押勋爵照片*

10日），张人骏就在广州设西餐招待港督卢押及英国驻广州总领事满思礼，宴会前后鸣放礼炮，演奏军乐，并合影留念，显示出对卢押等人的极大尊重。次日，又安排夫人陈氏做东宴请卢押夫人。其希望与港方友好相处的意愿十分强烈。上海《申报》对此报道云：

张人骏夫人（左二）与卢押夫人（左三）合影（1908年）

初七日午刻，张安帅设筵，邀请港督卢制军、戴中军、布参赞、佛副辅政司、布兵官、李兵官及英国领事官满思礼。至院时，分炮奏乐。安帅率同四司及南澳镇李准迎进洋花厅，次第握手行礼，随款以洋餐，并奏军乐。宴毕，安帅与卢制军各同拍一照，以为记忆。尽欢而散。翌早，安帅赴沙面答拜，以尽东道之谊。至卢制军夫人，订期初八午刻到署拜会，业已饬属预备一切云。[1]

十二月初九日（1908年1月12日），张人骏在写给长子张允言的书信中，也介绍了卢押夫人到家里做客的情形说，"前日，香港总督专诚来见；昨日，其妻又谒见汝母，优礼待之，尽欢而去"[2]。

## 第一节　卢押上任　倡建大学

卢押是个雷厉风行、实心干事的英国人，这大概与他的军人出身有关系。他就任总督不久，就针对香港卫生环境极差、吸食鸦片泛滥的状况，进行了卓有成效的治理。很快，他又发现香港作为一个较大城市，不仅初级教育普及不足，高等教育更是基本缺失。香港25万居民，当时只有85间（所）

---

[1]《申报》，1908年1月18日，第11页。

[2]《致张允言》，张守中编：《张人骏家书日记》，中国文史出版社，1993年版，第111页。

私塾、书院、义学等初级教育学校和一所名为"中央书院"的官立中学。全港中小学在校生仅5000名左右，适龄少儿入学率远远不到百分之十。只有少数上层华人和在港的英国居民子女才能享受到应有的教育。此外，有一所由何启博士捐资创办的香港第一所专上学院香港西医书院和一所1906年弥敦任总督时举办工程技术人员训练班后改为的香港工学院。

光绪三十一年（1905年）清政府废科举后，对中国社会产生了深远的影响，不仅统治阶层失去了吸纳精英的渠道，中国文化也因此失去了传承的机制。当时许多国家的政治家们看到，谁掌握了中国的教育，谁就掌握了中国的精英；谁掌握了中国的精英，谁就掌握了中国的统治权。因此，早在甲午战争后，日本国就捷足先登，鼓动一大批中国青年赴日留学；一些日本人又纷纷进入北京、天津和东北开办的新式学堂。日本人一举吞并中国的野心，让美国人也坐不住了，美国政府干脆用部分庚子赔款创办了清华留美预备学校；德国等其他列强也争相在中国成立大学，以进行自己的文化渗透；只有英国在这方面显得迟钝。故而1905年12月15日，《中国邮报》刊登社论，名为《在香港设立一所帝国大学》。社论在概述了中国的门户开放政策所带来的政治格局变化，比较了日本和英国在中国的势力消长后指出：日本政府正花费巨额金钱，在中国传播它的思想和扩充影响力，并确保它的投资所值。在这一点上，日本人是够聪明的。远在日俄战争之前，甚至在战事期间，日本已在中国各地布置好了它的文化传播者。战后，这些传播者数量必将大增。究竟这种方法的要点是什么？就是现代教育。日本在中国的教师甚多，在北京他们更在学校和大学里控制了重要的职位。……与日本不同的是，我们缺乏一个广泛的制度和向一个目标迈进的明确工作方针。……作为英国在远东的影响之中心与泉地的香港，在教育中国人方面又怎样？……香港所需要的是一所大学。……在香港设立大学，会成为一项帝国的投资，对于英国的繁荣来说，为此目标使用一笔公费是有价值的……如果我们不这样做，正如一位皇室人士所说的："二十世纪的远东是属于日本的。"[1] 三天后，《中国邮报》在社论中继续鼓吹建立香港大学这项"国家投资"，把从事大学教育的人看作是传播西方思想的小军队，创办港大可以培养一批接受英国思想文化的"小英国人"。受这种思想的影响，初任港督的卢押也认为，英国也应该在香港建立一所大学，一来与其他列强国家相竞争，二来让香港人认同

---

[1] 冯可强著：《帝国大学：从历史看香港大学的本质》，《香港教育透视》，广角镜出版社，1982年版，第206-207页。

英国的价值观，以使英国便于在华拓展势力，巩固在香港的统治地位。

清末的香港学生在学堂上课

  上任当年的十二月十四日（1908年1月17日），卢押应邀到圣士提反中学主持首届毕业生毕业典礼。这所中学成立于1903年，创办人为何启、曹善允、周少歧等，当时只有6名学生就读。卢押在致辞时说：香港已经成为一个大城市，但尚欠缺一间大学，实属美中不足。希望热心教育的人士，致力于创办一间大学，为社会培育人才，建设香港。卢押设想以现有的何启、普乐等人创办的西医书院和刚刚开办的香港工学院为基础，合并办成一所综合大学。这一设想，不仅提前得到了《德臣西报》主编W.H.唐纳德的支持，也立即得到了作为圣士提反中学及西医书院校董的何启、曹善允以及一些在场的知名绅商的支持。

  何启（1859—1914年），字迪之，号沃生，广东南海西樵南沙村人，生于香港。早年就读于中央书院，毕业后留学英国，先后获得医学、法学学士学位。1882年携新婚妻子雅丽氏返回香港，初以行医为业，为全港第一位华人执业医生，后从事律师工作。1886年任议政局议员。1887年创办雅丽氏医院以纪念亡妻，并附设了西医书院，何氏在书院兼任名誉秘书与教授，主讲法医科。1903年与曹善允、周少歧等创办圣士提反男校。1909年任香港大学助捐董事会主席，至1912年，将其创办的西医书院并入香港大学。1910年被英国授予爵士荣衔。除了公职外，他还投资地产，晚年与区德、曹善允等合作，设立启德地产公司，向政府投得九龙湾，自行填海，建筑民宅。1929年，港府收回其地产权投资兴建机场，以其名取名为"启德机场"。

曹善允（1868—1953年），祖籍广东省香山县，生于澳门。在香港设有"曹善允律师楼"，是香港开埠早年少有的华人执业律师。亦创有曹存善堂等商号，是香港华商总会名誉值理。他在香港积极参与公共事务，尤其关注香港的教育和医疗发展。在曹善允等呼吁下，1903年，本地华民捐资创建圣士提反男校，1904年，曹善允与何启又创建了圣士提反女校。

卢押在香港创办大学的设想，被其好友、印度裔富豪么地爵士得知。么地也积极表示支持，因为他不仅极富同情心，还非常仰慕卢押夫人。卢押曾写信给夫人弗洛拉说："可爱的老么地，他对你几乎是顶礼膜拜，这个可爱的老家伙。"么地率先承诺捐出15万元巨款作为建造大学校舍之用，另捐出30 000元作为大学的营运资金，为兴办大学的计划注入动力。

位于香港大学本部大楼陆佑堂的么地爵士塑像

么地爵士（Sir Hormusjee Naorojee Mody，1838—1911年），印度帕西人，出生于孟买。他与遮打爵士合伙，成为香港与印度贸易的富商名人，并且是香港有名的教派拜火教袄教徒。

卢押估计，创建一间大学需要一百万元作为基金，另外还要建筑、设备费用，而港英政府只可无偿拨给建校土地，建校款项无法支付。在么地和遮打两位著名绅商的建议下，光绪三十四年二月十六日（1908年3月18日），卢押邀请香港绅商代表与政府官员到港督府开会，即席成立香港大学筹备委员会，负责校园规划与可行性报告研究。筹备委设委员八人，主席一人。主席由遮打勋爵担任，委员有律师兼医生何启、总医官爱建臣、工务司翟咸、状师普乐、皇仁中学监督胡礼、医生谭臣、张人骏的私人顾问端纳和保利氏八人。委员会负责在向东京大学、伯明翰大学、曼彻斯特大学和格拉斯哥大学征求意见后，详细研究制定建设香港大学的可行性报告。

吉席·保罗·遮打爵士（1846—1926年），是亚美尼亚裔香港商人。他于1864年来港定居，后来成为19世纪末与20世纪初香港极具影响力、叱咤商界政界的风云人物。

普乐爵士（1864—1953年），出生于英国伦敦，1887年在取得执业大律师资格后，前往香港执业。1905年12月获非官守太平绅士推选，正式当选为立法局非官守议员，此后在立法局供职近四十年。

香港大学筹备委员会成立后，经过半年的工作，于八月十八日（9月25日）完成了一份令人沮丧的报告书。报告书认为，建立香港大学耗资巨大，根本难以筹措。即使香港大学只设医科和工科，办学经费也要100万英镑才能维持，购置校内用具也需要1万英镑，而建筑费用尚未计算在内。因此，就目前的财力看，建成大学是不可能的。

1900年的香港皇仁书院

就在卢押深感绝望的时刻，何启向他建议，将自己的西医书院与工程学院合并起来，就可成立一间简易大学。因为西医学院和工程学院每年都有香港政府拨付的2500元正常经费，再加上学生的学费，学校开支不成问题。如果么地捐出18万元，社会各界再吸收一些捐款，就可兴建新的校舍。以后慢慢再增设其他学科，一间具有规模的大学就可以逐渐成形了。这给泄气的卢押又带来了希望。

于是，卢押命筹备委员会催收捐款，准备先建小规模的校舍。但是，原来答应捐款的么地声称：筹委会曾经宣布，筹款达到11万英镑时，才可收集捐款，而现在所筹得的捐款，距离11万英镑尚远，因此他有理由把捐款延期交付。卢押本来打算收到么地的捐款后，先兴建两座普通校舍，大学就可以开课，可是么地不肯先期付款，于是，建校的款项只有重新筹措了。

迫不得已，当年九月，卢押又成立了一个香港大学经费筹募附属委员会，由何启出任香港大学劝捐董事会主席，陈席儒出任司库，曹善允兼任名誉秘书，委员包括曹善允、陈少白和伍汉墀等。他们开始了十分艰难的捐款活动。

为了取得各界民众的支持，香港总督卢押还亲自撰写了《港督卢制军香港大学堂劝捐启》。卢押第一次的劝捐启未曾发现全文，但是他在1910年3月22日又为港大撰写了第二次劝捐启，其内容应该与第一次大体一致。该

劝捐启首先介绍了香港大学堂之宗旨，认为华人当时"既群起而负笈于欧美日本，而德法两国，亦已乘机而起，各于其远东属土之内，部署兴学，使其国语风习，濡染华人"。因此英国人也当不甘落后，"亦当以我所长，授诸中国"。同时，列举了香港大学堂比欧美、日本及中国大陆所具有的优势。一是所受学位各国公认，而中国大学则办不到。"香港大学所授之荣衔学位，将可与泰西各大学相等，为泰西所公认。至若中国大学之荣衔学位，欲得公认之期，相去尚远。"二是接受英文教育，"得浸淫于泰西之风习"。而这些即"不能求之于中国之大学，亦不可得之于日本大学者矣""以英文教授，则尤关重要。盖中英交谊，固能藉以增进。而华人毕业生精通英文，则于文学一道，易得其门。商务之途，亦得捷径。英文英语，永占地位之远东。""查北京税务学堂、唐山矿路学堂、山西大学堂、天津北洋大学堂，皆用英文教授，亦可见其趋势之所向矣。"三是学费低廉，一个华人学生留学英国，每年所花费用在200英镑左右，而在香港大学每年的学费、食宿费加在一起"不逾五十磅金"，况且还可能获得奖学金。四是学生家长监管方便，不至于沾染外国的恶习。"约计留学欧美者，十年而后，可以毕业大学而得其文凭。离家既久，而长违父母之面，习染别国之风尚，而变其本有之性质，轻视其本国之政治礼教，虽有爱国之心，每为謷言所惑。又恐离家既远，每以资斧不丰，或独居无偶之故，既不能得泰西之道义，而徒染泰西之恶风。此等缺憾，固已屡见不鲜矣。"而在香港大学读书，"华人子弟修业其间，不致远离亲友，暨同国爱国之心。异日学成机器技师，可助中国筑路开矿，为亿万华人增辟利源，而消除水灾饥馑之苦难，此中国实数其利"。五是不分国家、民族、种族、宗教，平等对待。"香港大学之旨，在于教授生徒，不分种类，不拘宗教。其进学与毕业考试之程度，均与英国各大学同。"六是课程设置合理，中文英文双语教学。"其进学与毕业考试之程度，均与英国各大学同。教授科学则用英文而兼及汉文经史，尤必慎选教习。""现拟先设者为最切用诸科，如工程与医科，则学生得有专门以问世也。文科，则为他日筮仕进身之途也。"七是可获得政府支持。"本大学虽全属自治，不隶于政府，然仍请督宪为本大学总监，并请司道各官会同办理，庶可获政府之协助"[1]。卢押还特别强调，"（本大学）文科则兼包万国公法、各国条约、地理、万国历史、中国古今文学等有用之学，皆为学优而

---

[1]《港督卢制军香港大学第二次劝捐启》，区志坚、彭淑敏、蔡思行著：《香港记忆》，中国法制出版社，2013年版，第80-82页。

仕者之所必需。中国文字一门尤不可少。昔人尝讥印度英国学校卒业诸生，不能通祖国文字者十居其九。吾人所为雅不欲蹈此覆辙也"[1]。

光绪三十三年十二月二十日（1908年1月23日），上海《申报》以《香港大学经费事宜》为题发表消息称："据香港营造司估计，香港大学筑费共需洋二十九万元，此款已由马台君（注：么地）担任。惟其余开办诸费，共需洋一百二十五万元，若能于六个月内筹足此数，则即可动工起建。故港督现已请港民捐助。"[2]

同期的《陕西官报》则刊登了卢押筹捐的消息，并介绍了未来港大的办学宗旨。该文写道：

中国今已将香港总督路格尔（注：卢押）君发起香港大学情形编辑成书，加以论说，并将其报告附于编末。内谓该大学开办费共需英金十一万磅，业由会中筹得四万磅，其余募捐至年底为止。该大学以培植英属香港人民及中国青年为主义，并谓中国近日多遣子弟往西方就学，西方风气与中国不甚相宜，往往学成之后忘其祖国父母者，反不若就学香港较为有益。盖其程度本与外国大学相等也。[3]

此外，光绪三十四年五月十五日（1908年6月13日）出版的《孔圣会旬报》第八十期也刊登了卢押的《港督大学堂劝捐启后书》。八月初九日出版的《浙江教育官报》第十三期也发表了卢押的《香港创设大学堂劝捐导言》。

港督卢押（前排左四）与大清官员合影

---

[1]《二十世纪初中期香港大学的中国学研究》，香港大学中文学院冯锦荣教授讲稿。
[2]《香港大学经费事宜》，《申报》，1909年1月12日，第20页。
[3]《总督路格尔君发起香港大学捐款》，《陕西官报》，1909年，宣统己酉第十六期，第81页。

可是，居住在香港的华人从一开始对捐款建大学之事反应十分冷淡。他们担心："是否只有华人才为大学筹款？华人对大学的管理是否有发言权？学费是否比伦敦的学校低？最后，大学会不会比一所'红头阿三'的大学好不到哪里去？"卢押不得不多次出面保证，"华人绝对能够进入大学管理部门，他们的贡献将'依照捐赠的数额而非捐赠者的社会地位'镌刻在合适的牌匾上"。

为此，身为筹款董事会主席的何启自己也写了一篇《香港创设大学堂劝捐导书》。此外，他还请在香港华人中很有影响力的自己的老师胡礼垣（1848—1916年），撰写了洋洋洒洒长达两千多字的《香港创设大学堂劝捐序》，胡礼垣在劝捐序中，也如卢押一样，历数了在香港开办大学给华人带来的种种好处，然后介绍创建香港大学所要的经费总数及率先捐款者事迹，"此堂约计所费须要储款一百二十五万元，其必需此数者，以每年储款所出之出息须六万元，方足于用也。此是一劳永逸，作一次捐足，以后更不复捐。其建造学堂、学费诸费，约数十万元之谱，已为西人么地君一人担任。至解剖房、及医学舍，约费五万金，则为吴君理卿承当。又曾蒙邓君竹溪身后遗嘱，拨以家产三分之一约万余金，为医学堂存款。其余认捐者虽未明言其数，而已乐助有人，大抵总在过半以上"。最后鼓励大家为港大捐献，"譬为山于平地，羡彼三君既已一篑先施，若造塔于诸天，愿我同人莫懈合尖之力。伏思去岁水灾，本港赈济签题尚集成数十余万之巨款，而况大学堂之为利于无穷者哉？当仁不让，敢布区区，并将港督卢大宪之言译录于后，读者应如卢制军不惮详言，挺身提倡，为我华民谋长久之幸福，胞与之怀，仁言利溥，闻其伟论，咸宜额手欢迎。凡我同情，当因是而愈为踊跃也"[1]。

## 第二节　筹资困难　求助粤督

就在大学捐款举步维艰之际，何启等人想到了热心办学的两广总督张人骏。于是，他和曹善允利用自己是香山人，且拥有清廷捐纳的官衔的身份，带领其他筹款委员一起，到广州总督府找张人骏游说。

何启等人找张人骏求助还有一层原因，那就是张人骏还身负有清政府驻港领事的职责。光绪三十三年十一月（1907年12月）的《申报》曾经报道，张人骏反对在香港专设领事，提出由自己代管。该文写道：

---

[1] 张礼恒著：《何启胡礼垣评传》，南京大学出版社，2011年版，第117-118页。

出使英国李大臣，日前与伍钦使有添设驻港领事之议，外务部亦赞成之。惟闻张督对于此事颇不谓然，以香港距省不远，有事可以由粤直接交涉，若设立领事，则必须受制于驻英钦使，凡有交涉，往返需时，每易贻误，不如仍旧由粤督关照，较为利便。现已据情咨部，请将前议作废。[1]

张人骏一向关心国民的文化教育。早在光绪三十一年（1905年），他由广东巡抚调任山西巡抚后，针对前任巡抚张曾飏创办的我国最早的六所新式官立中等师范学校之一的山西省第一所官立师范学堂（现为太原大学外语师范学院）因资金困难而举步维艰时，立即为学堂筹拨巨款，增设校舍，广收人才，当年即招收学生220名。同时对当年毕业的165名毕业生全部派往山西各县高等小学校担任教员，成为山西近代教育的星星之火。光绪三十三年（1907年），张人骏又支持广州绅商及中国西医医生代表梁培基、陈子光等人组建了广州光华医社，创办了广州光华医学堂（今华南医学院）。创办医学堂缘于"印度警察无故踢死中国人命案"，此外，"无华人自立之医学校，实为重要原因之一""为不受制于外国人，维护中华民族之尊严，挽回医权，必须创立完全由中国人自办的医学校为新医裁育人才"。广州光华医学堂自成立后，"完全由中国人自办，中国人当教师，全部采用中文课本"，并"冲破礼教，首创男女同校""粤督张人骏深嘉该校建设旨趣，因赐书匾额，并捐廉为之倡劝"。光绪三十四年十一月十五日（1908年12月8日），"奉两广总督批准立案，补行开幕典礼，后以此日为校庆日"。光绪三十四年（1908年），张人骏还曾委派留美归国的康乃尔大学农学博士唐有恒负责规划筹建广东全省农业试验场及其附设的农业讲习所。宣统元年三四月（1909年4~5月）间，农业讲习所正式开学，学习科目有农艺、园艺、化学、植物、畜牲、数学、农业经济等，学生修业二年，成为我国近代高等农业教育的开始，也是华南

广州光华医社（1908年）

---

[1]《张督反对添设驻港领事》，《申报》，1907年12月23日，第11页。

农业大学的前身。同年,张人骏以越秀山麓的应元书院和菊坡精舍为校址设立广东存古学堂,以保存国粹为宗旨,以经学、史学、词章三门为主课,学制七年,招收学生九十人。

正是因为张人骏的鼎力支持,光绪三十二年十一月(1906年12月)广东当局奏报学务处的兴学成绩称:广东省共有大小学堂600余间,学生33 000余人。而到了张人骏上任两广总督后的第二年,张人骏在向朝廷汇报兴学成绩时,广东就已经有了新增学堂747所,新增学生30 582人。连同前办学堂之数,共有学堂1559所,学生77 885人。此外,还有中、小学堂及半日制女子学堂等约几百所,未经核准立案者俱不在其内。两年里仅立案在册的学堂数目和在校生人数就增加了一倍以上。[1]

但是,张人骏早就对清政府派送幼童出国留学一事持有异议,他认为学童小小的年龄漂洋过海,离开父母独立生活,很容易在外学坏,更容易受国外另类思想的影响,其结果很可能是将传统的中华文化忘得干净,外国的科学技术也没学多少,倒是学会了一脑子造反思想。他特别对留学日本存有看法,他曾在分析各国对华侵略的方式时指出:"英美以商战,德法以兵战,日本以学战。"[2]意思是说,英美两国靠经济侵略中国,德法靠武力入侵中国,而日本却靠在留日学生和流亡人士中培植亲日势力控制和颠覆中国。这句话可谓是言简意深,一语中的。他还曾说:"日本之于中国,无事不包藏祸心。中国贫弱,自甲午始。而中外达官,迷信崇奉,沉沦不返,一年数千万流入东洋。所谓学成而返,好者不过目的、影响数百新名词,全无实际。否则,革命、排满、自有而已。而不惜以数千年圣贤授受之学,三百年祖宗创垂之典,尽弃所学而学焉。此固开辟至今未有之奇祸也。间岛、辰丸二案,其狡诈之情,亦已毕露。于此而犹不醒悟,尚得谓之人类乎?恨!恨!"[3]徐锡麟在安庆刺杀巡抚恩铭后,张人骏在六月初六日的家书中写道:"安徽一案,连得端午桥来电,大致已悉。日日言维新,日日言游学,所得效验如此。"[4]而张人骏在三十三年九月十八日的日记中,也记有:"蔡和甫

---

[1]《广东省志》第二篇:《政府》,第367页。

[2]《致张允言等》,1908年6月16日,张守中编:《张人骏家书日记》,中国文史出版社,1993年版。

[3]《致张允言等》,1908年4月2日,张守中编:《张人骏家书日记》,中国文史出版社,1993年版。

[4]《致张允言等》,1907年7月15日,张守中编:《张人骏家书日记》,中国文史出版社,1993年版。

京卿自日本回。来晤。询悉东洋国势，并知留学生之为患，虽已设法整顿，然他日必有流弊也。"[1] 连袁世凯的政治顾问、英国记者莫理循都已经看出，"在英国和美国学成归国的中国人都洋溢着强烈的爱国主义。在日本留学的中国人回国之后，几乎无一例外地都成了革命者"[2]。因此，在听了何启等人筹办香港大学的想法后，张人骏表示非常赞同，认为成立香港大学，可以使中国人不出家门就学到西方的科技，从而能促进中国自强。同时，他内心或许也想通过支持创办香港大学，进一步拉近和港英当局的关系，从而使各项工作都能得到香港总督的密切配合。

接到何启等人的请求后，张人骏立即给外务部发电表示支持。宣统元年二月十三日（3月4日），外务部收到了两广总督张人骏拟为香港大学堂捐款事宜的请示电报。电文云：

> 准香港总督卢嘉来函，拟在香港筹设大学堂，分科先立实业、医学两门，推及法政、汉文、经义，敦请名师按照伦敦皇家大学务各程度，毕业学位一律奖给，可免华人游学生出洋耗索靡费，西商子弟……[3]

张人骏关于港大筹款的请示电文

二十三日（3月14日），香港的华商们聚集在东华医院商议港大筹款一事，其中就有张人骏的爱将李准及其他广东官员参加，李准还被选举为筹款的副董事长。会上，李准提到了张人骏准备捐助巨款之事。可见，张人骏对港大的捐助不仅仅是其一个人的意愿，其下属也被号召和行动起来了。当时的《华商联合报》对此报道云：

> 香港华商于华二月二十三日，在东华医院集议香港大学事宜。西贡银行买办曾士基君独捐经费一万元，并担任代向华人捐募十万元。又有徐、区二

---

[1] 《致张允言等》，1907年10月24日，张守中编：《张人骏家书日记》，中国文史出版社，1993年版。

[2] 《清末民初政情内幕——〈泰晤士报〉驻北京记者、袁世凯政治顾问乔·厄·莫理循书信集》，第533页。

[3] 《收粤督电（香港拟设大学堂筹款事）》，《清代外务部中外关系档案史料丛编·中英关系卷》，第404页。

君各捐洋一万元。现已捐得现银三万一千元。广东水师提督李准及其他华官多员亦愿相助，故被选举为副董。事闻，粤督张安帅亦拟捐巨款相助。[1]

闰二月十九日（4月9日），张人骏与卢押共同出席检阅广九铁路及广州火车站奠基典礼，并分别讲话。卢押讲到中英双方互相倚助，方能互赢。张人骏随即称赞卢押的演说"为政治家之名言"。两人这次良好的接触，再次为张人骏捐助港大提供了动力。《申报》报道这次会面道：

香港电云：粤督张人骏昨日查阅广九铁路工程，并举行广东车站安置基石之礼。香港总督罗茹特及本地中国大员多人皆临场观礼。先由该路中国总理举杯祝颂英国一段路工之告成。旋由港督答谢，谓中英两段之路当互相倚助，始能获联络办事之利益。粤督乃起，赞港督之演说，为政治家之名言。旋，英总领事福克司亦举杯祝颂中国一段路工之告成。复由该段总理魏君及中英公司代表怡和洋行罗斯君起而答谢。总工程司葛洛符君（前沪宁铁路无锡至常州一段之总工程司）亦起述答辞，并称自广至九全路工程，预期于一千九百十一年七月间可以告竣。[2]

四月十二日（5月30日），上海《申报》刊登了《粤督请助大学经费》一文，称"粤督张安帅通饬省内各员，酌助香港大学经费。该督并拟提库款"[3]。说明张人骏一方面已动员下属个人捐款，一方面准备动用公款捐助港大。

为了在捐款一事上统一思想、集思广益，张人骏还专门给所属的道员以上的官员写了一封征求意见信。他在这篇名为《粤督函致司、道会商筹助香港大学校经费》的信中写道：

前接香港卢嘉总督来函，议在香港设立大学校，注重实业，俾我内地人士便于就学。以所需经费较多，商请设法筹助，并附送章程等由。又据侨港华商何启、韦玉等联名具禀，请予维持，情词甚为恳切。经将港中所译章程再三批阅，其宗旨以养成我国工商实用人才为主，其学科如工程、机器、电气、测量等类，均为我国目前所急需，医科尤为卫生之要着，文科仍不废我国文学，其入学试验，至毕业学位以及管理诸法，悉与英国各大学无少区别，章程尚属完善。然鄙意之所喜者更有数便：我国实业亟需振兴，此种完全学堂现时尚未成立，世家富室子弟志在功名，且畏劳苦，多趋重于法政一

---

[1]《华商联合报》，1909年4月5日，第3期，第107页。
[2]《申报》，1909年4月10日，第10页。
[3]《粤督请助大学经费》，《申报》，1909年5月30日，第5页。

途；孤寒之士愿习实业者，又苦于力有不及，就学无所。今香港既设此大学，路近费省，华人子弟均可入学，其便一。内地既无完全之实业学堂，势不能不遣派学生赴欧美留学，惟相去祖国动逾数万里，官长之检察难周，父兄之约束不及，少年血气未定，或怠惰荒嬉，致力不勤；或放荡不羁，流于邪僻。此近日留学生最可悲者。香港近在咫尺，子弟就学其间，官长父兄耳目易及，其便二。我国现无深知实业科学之人，所聘外洋教习大都采取虚声，不能真知优劣。而彼中品学兼优之士，以中西居处饮食异宜，多不愿远道来华就吾征聘。今香港大学校系由英人自延教习，访求较易，真赝共知，决不致以下乘滥竽，自玷名誉。而所谓名师者，以香港为英国属地，习惯相同，当亦乐于趋赴教习，既能得人，学生成就必有可观，其便三。我国遣派学生出洋，留东洋者一人岁需学费数百元，留西洋者一人岁需学费数千元，加以往返川费，为数尤属不赀。各省财力同此支绌，深恐难乎为继。若改留学香港，所省何啻结倍蓰？其便四。则香港所设之大学校，窃以为与中国实业前途颇有关系，况印人摩地（注：么地）概念同洲，犹独捐巨款以为建筑之费，其志可敬可嘉。

粤督函致司、道会商筹助香港大学校经费的函件

我国官商岂可不合力赞成，为之协助？究应如何筹劝集款，助成美举，并应否奏明或先就本省绅商劝捐之处，尚望各君子会商妥议，速赐示复。[1]

四月二十四日（6月11日），张人骏致函港督卢押，称自己已经为港大捐款二十万元。这一数目已经超过了印度富商么地承诺的十八万元，显示出张人骏对港大的极力支持。除此之外，张人骏还称，"余款容再竭力代募"[2]。

五月初四日（6月21日），《申报》刊登了张人骏写给卢押的这份公函，以及卢押写给张人骏的感谢信。卢押在信中感谢张人骏"热心教育，踊跃提倡"。两封书信的内容如下：

---

1 《粤督对于香港大学之政见》，《申报》，1909年6月4日，第11页。
2 《粤督函称目下已为香港大学筹备捐款洋二十万圆》，《申报》，1909年6月13日，第10页。

粤督致港督原函云：香港筹设大学，经贵总督美意提倡，闻近来捐款甚形踊跃，成事可望，本部堂殊为欣慰。现已饬筹定项有二十万圆之数，此款备足，可随时汇交，或候贵处应用，函取悉听尊便。此外尚在宽筹，总期为该学堂多集经费，用副雅嘱。

旋接港督覆函云：昨接贵部堂来函，谓已筹定款项二十万圆，捐助本港办理大学堂，并谓此外尚在宽筹，以为该学堂多集经费，仰见贵部堂热心教育，踊跃提倡，殊深感激。至于程度、学级一节，拟与英国头等大学堂如贝明恩等大学相比，不分高下，惟详细章程，尚需时日方能妥定。[1]

现今的许多资料都说张人骏个人为港大捐款20万元，其实是错误的。张人骏作为两广总督，每年的薪金不过一万多元，而他又是个清官，没有灰色收入，因此他根本没能力从个人兜里掏出这么多钱来。当代历史学家胡绳武曾经统计过这样一组数字："张在1902年至1903年，第一次任河南巡抚期间，五次向北京家中共汇出京平银11 000两；1904年广东巡抚任内，三次共汇出银4100两；1906年至1907年第二次河南巡抚任内，六次共汇出银11 800两；1907年至1908年两广总督任内，五次共汇出银18 000两。"[2] 这和"三年清知府，十万雪花银"的传说差得太多。当然，张人骏也并非没有捞钱的机会，光绪三十一年（1905年），张人骏在担任广东巡抚兼管广东海关事务时，"实能破除情面，锐意规画，积弊一清。约计厘剔撙节所得，每年可增出银40余万两"。这些银子本可按惯例偷偷装入自己的囊中，可他硬是交给了国库。因此，该年的四月初三日获得圣谕"张人骏任事实心，深堪嘉尚，着交部从优议叙"的嘉奖。故此民国十七年赵琪修、袁荣叟编纂的《胶澳志·人物志·侨寓》也载："张人骏，直隶丰润人，以翰林外任知府，历官至山东巡抚、河南巡抚、两江总督。诸子亦多显宦。然清廉自持，家无余财。人骏与袁世凯为儿女姻亲。辛亥后，袁屡征之不应，移居青岛以避之。"张人骏的为官清廉可见一斑。他怎么有可能拿得出20万元积蓄捐资助教呢？不过，虽然张人骏捐出的是公款而不是私款，但由于张人骏早就知道"粤省库储奇绌，罗掘久穷，犹赖各项捐输稍资挹注。明知近年捐务势成弩末，各省皆设法争收，劝亦属非易，惟当此财力艰窘之际，并无别款可筹"[3]。因此，能从奇绌的公款当中挤出20万元来，其在科教兴国方面的远见卓识及身体力行也

---

1 《粤督筹助香港大学经费》，《申报》，1909年6月21日，第11页。
2 胡绳武撰：《张人骏家书日记》，中国文史出版社，1993年版，序言，第22页。
3 赵晓华著：《救灾法律与清代社会》，社会科学文献出版社，2011年版，第154页。

是令人敬仰的。

么地爵士原以为自己捐出的18万元是最大的一笔捐款，后来他获知捐款最多的却是两广总督张人骏的20万元时，也不甘示弱，增加捐款至28万元，从而继续保持了捐款第一名的席位。

在张人骏的号召和影响下，清朝的官员和部门也纷纷解囊捐助。外务部捐款一万两，[1] 驻英公使刘玉麟捐款500元。[2]

为了扩大捐款范围，张人骏还发文向国内绅商及南洋各地如西贡、马来西亚、牛岛、澳洲各地、爪哇、新加坡、印度尼西亚等地华侨劝捐。在他的劝导下，海内外华人绅商的捐款人情顿时高涨起来。梅县籍印度尼西亚华侨、以经营橡胶业致富的张煜南、张鸿南兄弟捐款10万元。广东大埔籍印度尼西亚华侨张振勋（字弼仕）向香港大学捐款10万港元。冯平山捐款5万元为基金，同时捐2.5万元作为购书款。本身财力不算丰厚的曹善允，亦捐出五百港元。此外，捐款的著名华商还有陆佑、邓志昂、刘铸伯、吴履卿和郑卓楷等。而英国的太古洋行此时正与华人闹纠纷：他们的收票员踢死了一个上了年纪的华人，华人实行报复性的联合抵制。太古洋行于是慷慨解囊，提供了4万英镑捐赠，以便使华人的抵制运动结束。英商中华社会也提供了4万英镑的捐款。港英当局原来准备为香港大学捐款5万元，但是由于后来成为埃塞克特大主教的威廉·塞西尔勋爵反对，理由是"我们基督徒把更高的道德素养摆在他们（年轻人）面前。纯粹功利主义的大学很容易使年轻人的热情无从释放，将成为滋生革命密谋的温床"。因此，港英当局不得不取消捐款计划，改为每年拨付三百英镑，用来设立爱德华三世国王奖学金。

到了宣统元年十一月初九日（1909年12月21日），港大先后筹得款项148.3万元。《申报》对此报道说："香港大学筹办员决议，即将校屋动工兴筑。现已捐集洋一百十八万三千元，尚有各处华人允捐洋三万五千元。马台

张人骏与港英绅士合影

---

[1]《外务部捐助香港大学经费》，《申报》，1909年7月24日，第5页。

[2]《申报》，1910年11月13日，第27页。

君已允将校屋规模修改，共需筑费洋二十八万五千元。"[1]

据张人骏统计，这些已经到手的捐款中，"计华人约捐65余万，西人约捐60万余元"，可见华人为香港大学的捐款比外国人还要多，他所代表的中国政府对香港大学的捐助更是远远大于英国政府。这一点恐怕是当今许多香港人所不曾知晓的。

在那些应允而未缴纳的捐款之中，有的甚至拖欠到了宣统三年（1911年）还未缴纳，以至广东布政使亲自出面催交，可见广东方面对此事的重视程度。宣统三年闰六月二十九日（1911年8月23日），《申报》刊登消息称：

粤藩司复英领事函云：奉督宪札行各绅题捐香港大学堂经费，尚有未交之款一万三千元，饬即催交，以免##等因。查所欠未交款项一万三千元内，苏绅秉枢一万元、江绅孔殷、高绅康泰、李绅铭恩各一千元，除李绅已交到银七百二十两，兹照数送请察收外，其余江绅、高绅业已分别函催，至苏绅现在因案管押，应俟了结后再行催交。[2]

捐款筹足后，港大准备按贡献确定校董名单。香港大学以英国曼彻斯特、利兹、利物浦、伯明翰等地的新城市大学作模式，制定法例。法例规定设置管理部门，有校董职员会成员41人，评议会成员17人。校务委员会成员则有副校长、助理副校长、教授、全职讲师及教育司。英语为教学语言。初拟名单送到港府华民政务司伊荣审查，他认为名单可行，"他们都是地道的平民，被推荐的唯一原因是他们都很有钱。我看不出有什么理由反对他们当中的任何一个人"。然而，当名单送到两广总督府后，张人骏提出了异议，指出这些人中有两人"是著名的以孙逸仙博士为首的革命党活跃分子"，并让手下的吴道台去和卢押等人交涉。港府的警务专家梅含理在审查了名单后报告说："陈（蔼廷）是一家中文报纸的主编……身着欧式服装……但不是革命党。倘若他真的像孙逸仙博士一样危险，那早就没命了。"

为了确保香港大学不会产生革命党，张人骏还致函给卢押（《张人骏函转香港总督卢嘉拟设大学校》），进行政治把关。他一再提醒卢押等人说："我还听说，华人父母凭经验得知，子女从国外学成归来时沾染了革命思想，成为国家的危害。香港大学将特别留意不鼓励或容忍任何此类有害的学说。"卢押等人表示，既然当时中国社会不适宜接触西方的人文价值观，所

---

1 《申报》，1909年12月23日，第27页。

2 《粤藩函复香港大学捐费情形》，《申报》，1911年8月23日，第11页。

以在香港大学将模仿英国利物浦大学的制度，重理工而轻人文，只设三个学院：医学院、工程学院及文学院。在大学开办后，学生必须入住宿舍，以防外界干扰。港督兼校监。卢押于1910年筹办大学时也强调指出："学生必须在大学议会监管下的宿舍住宿，以培养学生的自律性和道德观。"

六月十四日（7月30日）上午，张人骏卸任两广总督前往香港，广东水师提督李准等人随同送行。官船中午12点到达香港卜公码头，港英政府鸣放十九响礼炮以示欢迎。其后张人骏前往总督府与卢押共进午宴，出席者包括遮打、何甘棠、何启等人。午宴后，众人前往太古船坞参观，并到华商会所出席聚会。十五日（31日）上午11时，张人骏获邀前往遮打爵士的云石堂与因病未出席欢迎仪式的么地会面，出席者包括遮打、何启、李准等人。么地感谢张人骏捐款筹建香港大学，张人骏则透过其文案答谢，指出他虽然调离广州，但"其心尚留恋于此"。这两位对筹建香港大学居功至伟的捐款人惺惺相惜，为张人骏最后一次香港之行画上了完美句号。十五日晚上，张人骏才从香港乘坐"新铭"号轮船取道上海，前往南京。《申报》就报道了张人骏在港期间受到的款待情形：

十六日香港电云：新任江督张人骏由粤启程赴宁履新时，粤省士民欢送颇盛。张督并顺道抵沪。星期五、六两日内，经港督罗茄特、中国澳门勘界专员高尔谦设宴饯饮张督，并往阅看太古公司船坞，旋复登日本邮船"地海丸"赴宴，又往加脱君私邸谒见马台君。马君深谢该督所与香港大学之助力。该督已于昨晚乘招商局"新铭"轮船首途赴沪。[1]

前往南京途经上海短暂停留之时，张人骏还在挂怀香港大学之事。他于六月十九日（8月4日），专门就香港大学问题递上了一份奏折。该奏折曰：

窃臣于宣统元年二月间，接香港英总督卢嘉函称，拟在香港设立大学校，注重实业，以便内地人士就学。因所需经费较多，商请设法筹助，并附送章程。声明无分种族，无限宗教，敦请名师按照伦敦大学程度教授科学，毕业一律给文。又据侨港华商联名具禀，请予维持。情词甚为恳切。经将章程再三考核，其宗旨以养成工商实用人才为主，学科如工程、机器、电气、测量等类，皆我国目前所急需。文科不废中学，亦无偏重之虑。经与司道等反复商论，均以为有利无弊。臣伏念实业向推英国，老师本易取材，学程效法伦敦，造端不同苟简。近年来，中国派遣学生留学东西各国，公私学费年

1《香港欢饯卸任粤督》，《申报》，1909年8月3日，第5页。

掷巨款，远适异邦，动逾万里，少年之士检察不及，流入奇僻，所在多有。香港近在咫尺，风气尚仍华俗，用度既省，耳目易周，自较便益。现由司道设法凑集，先行拨助银二十万元，一面劝谕绅商量为捐助。并将该校程度学位详与考订。近准英领事函复云：以贝明思大学为准，自应俟其将详细规则、科级、奖章照送到日，再为据实奏陈。臣奉命移督两江，去粤在即，理合恭折

《粤督奏陈筹助香港设校经费》

具陈，伏乞圣鉴。[1]

当天，这份奏折就得到了宣统皇帝的朱批，"着袁树勋妥筹接办。奉部知道。钦此"。

## 第三节　港大建成　两督祝贺

宣统二年二月初六日（3月16日），香港大学在港岛般咸道校址举行建校奠基礼，卢押亲自主持并任校长，两广总督袁树勋、两江总督张人骏派代表参加并发表演说。卢押手持用作主礼的镀金"金灰匙"非常精美，上面刻有典礼资料，旁衬有两条飞龙，手柄则有一个龙头雕塑。典礼后，港大将"金灰匙"赠予了卢押。他在奠基礼上自豪地宣布："只要大英帝国一日代表帝国公理，只要它的目标一日是哺育和教育英皇陛下的臣民，以及其属地的邻近国家的人民（指中国内地——引者），它便会不断繁荣昌盛。……历史会记载说：大英帝国的建立，是基于比领土扩张或国势增长更高的理想。……当后世史学家评价东方世界发展时，他们会指着在地图上只有一粒尘埃的本殖民地，形容它是一个产生了巨大影响的中心，它的影响力深刻地改变了占全球人口四分之一的一个国家。""让我们展开丰富的想象……我们正在铸造用友谊和善意把我们与这个伟大帝国……本殖民地就位于其边界……连接

---

1《粤督奏陈筹助香港设校经费》，《申报》，1909年8月13日，第一张第四版。

起来的链条。""这里将孕育出一所卓越不凡、惠泽社会的学府。它往后的发展将远超我们今天的预期,正如建筑物落成之日,也会远超这块卑微的花岗小石。""安知香港大学,亦犹中国日后大学基石而已,基石既立,将来中国学务扩张,实不可限量。……余望本学堂毕业后之人才,将遍布于中国,以所学而益四万万人。"

时任两江总督的张人骏因事不能前往参加这一具有历史意义的盛事,但委派自己的手下爱将魏瀚亲临祝贺。魏瀚在颂词中云:

江、粤两督极喜值理诸君与两粤人合力创设一大学堂,在中国南之香港。今日如新播一种子,翌日萌芽、成树、开花结果,有善无恶,香港与中国咸受其益。观地图形势,香港乃中国之一段,然一段既佳,自能遍及全体。……因此之故,是以香港之有大学堂,为中国人所喜也。如此一益智之树,可以采取其叶,互相递传,遍及中国南省,使有志无力之少年,有地求学。便未开通之人,知学问为强国之要端,亦为人生进境之第一着力之处也。香港之设大学堂,愿其规模日增,他日造福于香港及中国。[1]

1910年香港大学奠基照片

奠基仪式上,卢押往奠基石上抹水泥时,所使用的工具是一件宝石和象牙镶嵌的金铲,现今依然存放在香港大学博物馆,很少人一见。金铲头部呈三角形,象牙的手柄有一个龙头雕塑,龙爪刚刚抓着金属片,龙头前方镶有一颗宝石,与铲片相映成辉,光芒四射。此件宝物另有两件复制品,在奠基仪式上,卢押一件送给了离任的两广总督张人骏,一件送给了张人骏的继

---

[1] 谢荣滚著:《赤子情深——陈君葆传》,广东人民出版社,2012年版,第10页。

港督卢押当时使用的金铲

任者袁树勋，以感谢广东方面一直以来对港大的支持。[1]

二月初十日（3月20日），港督卢押为了香港大学的进一步发展，又一次号召各界为港大捐款，并撰写了《港督卢制军香港大学第二次劝捐启》，启事中除了再次陈述创建港大给海内外华人和其他港人带来的好处外，两次提到前任两广总督张人骏说："设一大学于香港，而助力之各国与之交易，又得均沾其益，允符前粤督张安帅与三宝星议绅何启大律师之言矣""前粤督张制军有言：此大学足以致中英友谊，日益敦睦。此言将实验矣。"[2]从中即可见张人骏在华人当中的影响力和号召力，也可见卢押对张人骏的敬仰与赞美。

宣统三年三月初一日（3月30日），香港大学正式成立。1912年3月11日，香港大学举行开学典礼，首届学生入学。最初开办有医科、文科、理科和工科四个学院，当时工学院学生有31人，医学院学生有21人，文学院学生有20人。全校总共只有72名学生。当时攻读的中国学生每年交学费43元，远较去英国攻读的200英镑学费便宜了许多。卢押在开幕典礼的演讲中阐明了港大的两个宗旨：一是"为中国而立"，即让中国求学西方的人免受远涉重洋、背井离乡之苦；二是"沟通中西文化"。他还说："如果这间大学依照它的创办者所订下的正确方向发展，我怀疑在出席今次盛会的人当中，有没有人深切了解到我们现在展开的工作怎样重要；这间大学可能亦将会对中国的未来，以及中西关系（尤其是中英关系）产生深远的影响。"

1914年，香港大学出版的第一期《学生杂志》，对香港大学的创建过程做一总结。该文写道：

香港大学，自乙巳年已提倡创办，越二年丁未，卢制军建议，尤极力主持，而摩地君即慨然认捐建筑费十五万元，另捐堂中费三万元，迨后建筑已成，共费三十四万五千元，皆摩地君肩任，实倍于初认之数。并声明须

---

[1]《明德百献：香港大学档案文物》部分展品之图片及介绍。

[2]《港督卢制军香港大学第二次劝捐启》，区志坚、彭淑敏、蔡思行著：《香港记忆》，中国法制出版社，2013年版，第80-82页。

筹备堂中常年经费，先有落着。建筑已成，即宜开学，此为大学建筑之始基也。

当大学筹建甫具萌芽，适同时复有扩张香港学堂之议，缘此医学堂经始于丁亥年，名曰：华人医学，经营二十年，至丁未年始克成立。时报名来学者，已及百人，中有三十一人考选合格。此时医学堂尚无校舍，学生惟寄宿于外，及授课于各医院。嗣得邓竹溪君之遗资，拨助银一万元。吴理卿君捐助银五万元。香港政府赐给校地一段。戊申年，其干事部复申请政府拨款建筑校舍、延聘教

香港大学首届毕业典礼

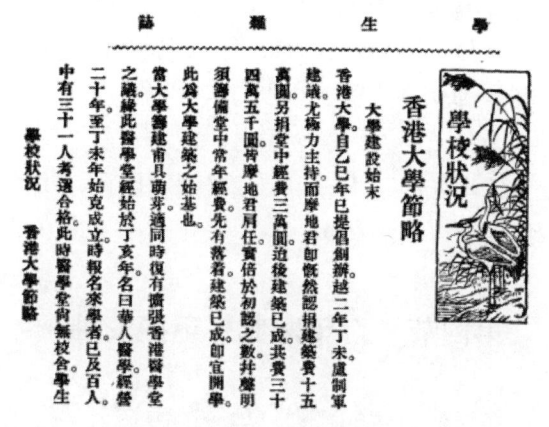

《学生杂志》之《香港大学节略》

员。正值是年三月十八日，邀集值理商议建筑大学之事，遂并确定，俟大学成立，即将医学堂与工艺学堂遵照则例，附设于大学之内。佥以为是。此香港医学堂合并大学之缘起也。

当戊申年会议时，统计全数，除建筑费已有摩地君肩任外，其购置仪器，约尚须一万磅金，常年经费，约尚须十万磅金。若筹不满此数，则摩地君建筑之费，亦属空悬。嗣得太古行及其附属之首行，捐四万磅金。而粤督张仁（人）骏亦驰书四达，劝勉筹资。中国政府复津贴巨款。总税务司赫德君、星架坡（注：新加坡）总督、澳门总督、上海工务局，咸皆致函赞助。而华人劝捐值理何君启、韦君玉、刘君铸伯暨绅商一百人，咸同心协力，广为劝募。于是省澳、惠州、厦门、牛庄、西贡、庇能、新金山，各处华人所捐之款，皆附入香港华人捐款之内。迨己酉岁杪，所捐已达一百二十七万九千一百六十四银元。按之当日预算，购置仪器常年经费应备

数目，已属有盈无绌。最后复得英廷知照国家库务司，每年拨出金三百磅，为学额之赏品，以奖励大学入英籍诸生考取前列者。其获赏之学生，并锡以嘉名曰：义华第七皇之生徒，以示宠异。其时摩地君之捐款，已经领取，校舍次第开工，于庚戌三月十六日行奠基礼。辛亥三月三十日立例告成。壬子三月十一日行开幕礼。当行奠基礼时，督宪宣读理藩院来电，略谓英廷特荣赐摩地君二等宝星。落成时，何君启亦得赐二等宝星。先后行礼，江督（注：张人骏）、粤督（注：袁树勋）皆遣员莅会，迭有演说。其往来函信演说文词及事机曲折，均刊有专书，先后宣布，检阅便悉，兹不具述。[1]

1916年12月，香港大学首届大学生学满毕业。为了体现广东政府几年来一直对港大的支持和参与，14日，时任中华民国广东省省长的朱庆澜专门为港大撰写了311字的颂词。颂词以54句长短句合成，大致分为三段：第一段讲的是古今中外兴学育才的本旨相同；第二段讲的是赞誉英国在香港设置大学，为我国南方兴学之先河；最后一段是勉励占毕业生半数以上的粤籍毕业生要饮水知源，不忘中英政府"糜巨金，策群力"，讲信修睦，益固邦交，以副兴学育才之本旨。

## 第四节　百年盛典　重提安帅

经过一百年的努力，如今的香港大学是已成为一所世界闻名的综合性研究型大学，学科门类齐全，专业包括文科、理科、社会科学、教育、口腔、医学、建筑、工科、法律等。目前设有十所学院，分别为建筑学院、文学院、经济及工商管理学院、牙医学院、教育学院、工程学院、法学院、医学院、理学院、社会科学学院。其他教学单位包括研究生院、专业进修学院、数码港学院。此外还有校外教育部、亚洲研究中心、计算机中心、电子服务中心、电子显微镜中心、语言中心、博物馆及附属医院等一系列教研单位。

为了纪念卢押为创办香港大学所作的贡献，香港将一条环绕太平山的道路命名为卢押道。该道环山向西的一面成为香港八景之一，名曰"天桥雾锁"。香港大学教学楼"卢嘉楼"、宿舍中的"卢嘉舍"都是用他的名字命名。

一个世纪以来，港大先后培养了13万多名毕业生，为香港的繁荣和祖国

---

[1]《香港大学节略》，《学生杂志》，第一卷第二号，第13-14页。

振兴做出了重要贡献，也为人类文明进步事业发挥了积极作用。其中，张人骏的堂侄张子美（1913—1992年）于1932年就学于香港大学经济系，成为新中国著名的翻译家。张人骏的堂侄女张爱玲则于1939年就读于香港大学文学院，成为世界著名的女作家。

2011年，香港中文大学历史系名誉高级研究员、英国皇家亚洲学会（香港分会）名誉院士、香港大学博物美术馆名誉顾问、香港历史博物馆总馆长、香港志编纂委员会副主任及《香港回忆》计划委员丁新豹博士应香港大学毕业生议会之邀请，与港大校友、学生及职员解说港大创校100年的历史时，就提到了张人骏的贡献。他说：

1912年的香港大学本部大楼

1912年的香港大学圣约翰寄宿舍

香港大学创立于1911年，是年适为创校一百周年，正是回顾与反思的理想时机。一直以来，人们对于港大创校时是否为中国而立的说法半信半疑，莫衷一是。但只要翻查早年资料，便不难发现这的确是港督卢押创办港大时的构思，目的在于巩固及加强英国在华的影响力。为了吸引内地莘莘学子来港求学，在学科设计上特别切合当时中国的需求，重点放在医科及工程等实用科目。对于这个计划，英廷及香港的大多数英商反应冷淡，反观香港的少数族裔及华商则热烈响应，南洋的华侨殷商也不甘后人，尤其值得注意的是两广总督张人骏，更是筹款活动的主要捐献者之一。他认同卢押的办学理念之余，更认为港大创立后，内地青年无须渡海赴东瀛求学，学费较为廉宜，更可防止他们受到革命思想的影响。

2011年8月18日，中央电视台《新闻直播间》节目，在播放名为"百年港

大为香港为中国而立"的新闻中，也提到了张人骏的作用：

今年是香港大学的百年诞辰。一百年来，香港大学的命运和祖国紧紧相连。港大亦以一直摸索着为中国而立的意义。……一百年前，时任香港总督卢嘉支持在香港建立一所英国式大学，而当时的两广总督（注：张人骏）和省港工商界则期待成立大学能有助于中国人学习西方的科技，使中国自强，所以说香港大学从诞生之日起就寄托了中国人教育强国的理想。

2012年12月1日晚上，时任台湾"文化部长"的龙应台女士在香港大学陆佑堂也做了一场《我的香港，我的台湾》的精彩演讲，她在讲话中提到了张人骏的历史功绩。她说：

很多外人会说，香港大学一百年前是英国人所创设的。其实不能这么说。我给大家看一个文件，这是一九一零到一九一一年一份原始的文件，因为要创办大学，所以当时的英国总督卢押开始募款，他找到了当时的两广总督张人骏。这个文件是总督（注：张人骏）为创建港大而发出的募款呼吁书。第一行，"己酉（1909）春，港督卢制军抱憾于香港学业未有专门，教育未达极点，慨然以提倡为己任。商诸埠中绅富，绅富伟其议，而感其加惠士林之心，于是合力酬捐，不一载，大款遂集，计华人约捐六十五余万，西人约捐六十万余元"。创建大学的念头固然来自卢押，但是办学的钱，多半来自四面八方，尤其是东南亚的华人。香港大学，孙中山的母校，不是一个简单的所谓"英国人创建的大学"。

龙女士所说的文件为"募款呼吁书"有些不妥，因为张人骏写此篇文章时已经是"大款遂集"。所以，该文更像是一篇张人骏为香港大学的创建经过所写的碑文之类的东西。龙女士能在演讲中提到张人骏，提出香港大学"不是一个简单的所谓'英国人创建的大学'"，颇符历史事实。她对在座的师生所强调的那句话，"叫你们记得张人骏这个名字"，更是对张人骏的应有评价。

就这样，张人骏在担任粤督将近两年的时间里，站在中国对外开放的桥头堡，政治经济的风口浪尖上，目睹了西方列强太多的侵略与践踏，经受了外国人太多的轻慢与骄横。面对侵略者的淫威，他挺身而出，据理力争。与日斗、与英斗、与葡斗，舌战、商战、民战、学战，巧妙运用，打了一场场没有硝烟的战争，一次次捍卫了国家主权和领土，取得了晚清史上少有的一个又一个胜利。在势单力孤的情况下，他善于启发民智，巧借民力，通过一系列轰轰烈烈的群众运动，取得了一次次保国守土的外交胜利。不仅成为晚清官场上一朵独开的奇葩，而且为我国后来的反帝爱国运动提供了经验和借鉴。在他任职的两年间，光是与对外交涉有关的电文、信函往来，现在已发现的数量就有三百多件，平均两天就有一件。由于这些案件没有血与火的生死厮杀，没有刀光剑影的悲壮和惨烈，因此他的事迹未能给全社会带来太多关注的机会，未能给文人们留下挥毫置喙的噱头。但是，张人骏与中国历史上那些被人们熟知的民族英雄比起来，他对于西方列强的侵略行径，比林则徐的虎门销烟，斗争方式更坚决、更策略而富有成效；比左宗棠的收复伊犁，更节省国力、免伤生灵且收效巨大。尤其是，张人骏在粤督任上，放眼长宇，壮怀南海，收复东沙，勘办西沙，运筹得力，守海疆、保海权，成为名副其实的"海洋人物"，浩瀚南海上的"人骏滩""丰润岛"就是对他历史贡献的褒奖。他更应该是我们永远铭记、永远讴歌的民族英雄，就如清末文学家孙雄在其挽诗中所写的那样，"湘阴无忝勋贤裔，公论千秋重左张"。

特别是他在与外国列强斗争的过程中，作为"弱国无尊严"的大清官吏，赢得了对手的钦佩与合作，受到了大清官员中罕有的礼遇，让两广百姓都感到是很有面子的事，"粤人以中国有此体面外交莫不交誉"。故此，两广百姓认为在所有担任过粤督的大清名臣中，让老百姓最敬服者，除了李鸿章，便是张人骏。所以在他因抵制日货运动面临危险时，两万多民众自发聚集到督署，要求护送他安全出境；在他卸任告别广州之时，"商民供张祖道，自督署以达河干，肩摩填咽，观者叹息，共颂功德，送别之盛前此所无也"。还有文人作诗曰："朝廷移公往治之，大河南北皆清朗。百粤车辕待谁攀，同僚所式弥高仰。龙蛇赤手隐经纶，左海青天宏气象。喜怒不形治功成，万目蚩蚩苏其痒。雨畅时若民气和，大麦丰禾都穰穰。训勉属吏如子弟，将以至诚破文纲。惇厚有古大臣风，立身謇谔无依傍。旌节远行不可留，南海清风殊惘惘。……高冠玉佩荐蛟龙，瘴海蛮方驱罔寇。左手诗书右剑戟，男大耕桑女织纺。治国不夸盐铁富，渊有鱼兮山有荡。果能中强局自闳，四民凑至子负穰。乾清坤夷待几时，海内数公如指掌。治世宽猛虽异方，未若包荒与涤荡。古言治国若烹鲜，政水鱼民宜混漾。安得奇才备奔走，肺腑精神共磨荡。责民以礼不嫌苛，倾身下士不惜帑。前有管葛后曾胡，王霸杂治通胼胝。"粤商自治会甚至专门召开大会，形成决议，要为他铸像立碑。在他去世之时，两广同乡会会员仍然惦记着这位前清遗老，闻讯撰写了《广东同乡公奠张安圃协揆诔》，文中痛悼曰："呜呼，维公秩崇

四岳，象应三台，疾风劲草，竣坂龙媒。自昔巡方，迄镇南纪，济猛以宽。遇梦益理，粤人比之。阳春有脚，处脂不润。贪泉可酌，蕃舶薮奸。日二辰丸，我公折之，濒危而安，粤江汤汤。岁为民瘳，洒沉澹灾。以煦以抚，额额粤城。"

连时任盛京海关税务司的塞西尔·阿·弗·包罗，在1909年8月17日写给英国《泰晤士报》驻京著名记者、后来成为袁世凯、黎元洪、冯国璋、徐世昌四位总统顾问的澳大利亚人乔治·厄内斯特·莫理循（G.E.Morrison）的书信中都说，袁世凯和张人骏"远不是完美无缺的官员，但这批人比之接替他们的那些人，强得简直不可以道、里计。依我看来，中国唯一的希望，是让他们回来"。

可惜，张人骏身处朝代更替时期，大清大势已去，历史潮流不可阻挡，以致清朝没来得及给他立传。也许他传统守旧，抱有"一身不为二主"，不事投机政治，他未能投身共和，民国政府对其也熟视无睹，最终成为历史的"弃儿"。当他的子辈们准备为他编写年谱或文集时，他又以"吾平生志事，百无一成。言行不过中庸，在官仅守常职，自审不足纪述"加以拒绝。故此，他的事迹鲜为后人所知。随着大清王朝这座宏伟大厦的轰然倒塌，张人骏这一伟大的民族英雄也和大厦内的所有瑰宝一样，支离破碎，光泽黯然。

如今，我们将散落尘埃的这些历史碎片拼接起来，就不难得出这样的结论：张人骏的粤督二年，就是一个外交年、御侮年、维权年、保疆年。时势造英雄。粤督任上的张人骏，虽身处清末腐败的官场，但以其爱国护民、忠诚履职之精神，为官一任，守土一方，功成名就，而成为一名清末的好官、一名维权保疆的民族英雄……

# 附 件
# 张人骏年谱

始祖张德贤，明永乐二年自山东海丰迁县西南齐家坨。高祖张臣儒，文林郎。高祖张嗣浚，县学生。高祖张栋，县学生。曾祖父，张灼。祖父张印坦（1801—1858年），字信斋，例贡。历任江苏无锡、丹徒、丹阳县知县。父亲张泽仁（1825—1873年），原名张钧，号古虞，又号润农，贡生，张印坦长子。历任江苏泰兴、娄县、华亭县知县。娶妻丰润县何家庄正白旗汉军、道光戊子科举人、临城县教谕佟善抚（1805年—？）之女。二叔张镇（1829—1868年），字式如，幼残疾。三叔张铨。长兄张寿曾（1845—1881年），字容舫，举人，曾任内阁中书舍人，改江苏知县。

**道光二十六年（1846年），1岁**

正月二十九日辰时，张人骏出生。幼名寿康，后改名人骏，字千里，号安圃、健庵、湛存。

**道光二十七年（1847年），2岁**

十月，伯祖父张印塘服阙起复，从丰润回到浙江。因丁忧前在浙东善后局办理局务出力，按照谕旨"俟服阙到浙后以知府补用"。

**道光二十八年（1848年），3岁**

年初，张印塘以补用知府署杭州府兼署嘉兴府知府。

十月二十九日，堂六叔张佩纶出生于嘉兴府。原名张联兴，字幼樵，号绳庵、箦斋。

张人骏从宦江南。

**道光二十九年（1849年），4岁**

伯祖父张印塘升任温州府知府，七月补授安徽宁池太广道。

十月十三日，张印塘进宫召见。

**道光三十年（1850年），5岁**

张人骏祖父张印坦调任无锡知县，捐资组织重修无锡"清宁桥"。

**咸丰元年（1851年），6岁**

五月，伯祖父张印塘因盐务督缉出力，经两江总督陆建瀛保奏，奉旨交部从优议叙，兼署安徽按察使。

秋季，无锡"清宁桥"竣工，为避道光皇帝旻宁名讳改为"清名桥"，立碑记之。

**咸丰二年（1852年），7岁**

二月初六日，张印塘由安徽按察使调任云南按察使。

张人骏祖父张印坦离任无锡知县。

张人骏从叔父张镇学习《孝经大义》。

**咸丰三年（1853年），8岁**

二月初九日，伯祖父张印塘由云南按察使复任安徽按察使。

六月二十三日，因抵御太平军失利，奉上谕"已革安徽按察使张印塘、兼署副将富惠系文武大员，署知县冯元霍系守土之官，不能御贼，均着从重发往新疆充当苦差。……张印塘、富惠、冯元霍、松安、牛镇仍着留于安徽，责令戴罪自効"。

约在本年，曾国藩为张印塘撰写对联曰：瑞木朋生，祥禽倍作；卿云似盖，甘露如珠。

**咸丰四年（1854年），9岁**

年初，张佩纶随家人避地严州，躲避兵火。

闰七月初六日，伯祖父张印塘卒于徽州南源口舟中，由徽州知府刘毓敏送至严州。

**咸丰五年（1855年），10岁**

父亲张泽仁在京铜局报捐知县，指发江苏试用。

张人骏从宦江浙，在杭州读书。

**咸丰六年（1856年），11岁**

三月，父亲张泽仁加捐同知升衔。

四月十一日，张泽仁由部引见，委办苏州团练发审等事。

张镇开始撰写《丙丁杂记》。

**咸丰八年（1858年），13岁**

四月初三日，张泽仁奉上谕：着归候补班补用。

十一月，祖父张印坦在苏州去世。父亲张泽仁丁忧回丰润县老家。

**咸丰十年（1860年），15岁**

闰三月，张泽仁服阕回江苏候补。

太平军攻打苏杭，张人骏随父亲张泽仁避地江苏海门沈熊家。张佩纶一家也被接来海门避难。

**同治二年（1863年），18岁**

张泽仁署理华亭县知县。

**同治三年（1864年），19岁**

考中举人。房师宜绶，字少耕，满洲人，壬戌进士。

**同治四年（1865年），20岁**

张人骏回丰润老家祭祖探亲。

六月初四日，李鸿章上奏，以"勤明干练，守洁才优"，保举候补知县张泽仁补授华亭县知县。六月二十七日奉部批准。

九月初八日，李鸿章上奏保举"直隶州知州用候补知县张泽仁，督团防剿，屡著战功，请赏戴蓝翎"。

十一月，张泽仁署娄县知县。

**同治五年（1866年），21岁**

二月至六月，张镇著有《登楼记》。

四月初六日，长兄张寿曾在京娶祝芝三之女为妻。

四月二十八，张人骏弟兄及家人随二叔张镇、祖母、婶、兄、嫂回苏州。

五月，张人骏一家到娄县父亲任所。

张佩纶一家投奔娄县居住，并拜夏如椿为师学习举业。

**同治六年（1867年），22岁**

八月，父亲张泽仁卸任娄县知县改任华亭知县。

**同治七年（1868年），23岁**

正月至十月，张泽仁兼署娄县知县。张泽仁在华亭捐廉设叶榭义塾。

三月十六日，丁日昌根据华亭知县张泽仁建议上《华亭塘工摊捐兴办疏》。

四月，张人骏中进士二甲第三十四名，授翰林院庶吉士。与陈宝琛、吴大澂、洪钧、何如璋等同年。房师张丙炎（1826—1905年），原名张世铮，字午桥，号药农。

张人骏娶山西汾阳人、江苏清河县县丞韩庆均（字云史）之女为妻（乾隆辛未进士河南陕州知州、候补道韩烛孙女，嘉庆丙辰进士、福建巡抚韩克

均侄女）。住在北京城北半截胡同。

二叔张镇（1829—1868年）卒于华亭。

**同治八年（1869年），24岁**

长子张允言（幼名荣，字伯讷）出生。

张佩纶师从陆廷英（字月湖）。

**同治九年（1870年），25岁**

七月初二日，长女张允淑（字嘉问）出生。

六叔张佩纶、哥哥张寿曾一同中顺天府乡试举人。

华亭知县张泽仁浚莘庄市河、后冈塘、三里港、亭林市河及亭湖。捐资设莘庄义塾。

**同治十年（1871年），26岁**

四月，六叔张佩纶考中二甲第十九名进士，授翰林院庶吉士。

五月十四日，曾国藩上奏保举蓝翎升用直隶州知州、华亭县知县张泽仁因修筑华亭海塘尤为出力，"俟补直隶州知州后以知府用，并赏换花翎"。

十月初四日，曾国藩日记记载对张泽仁印象为"善言语，微有烟气"。

**同治十一年（1872年），27岁**

四月，张人骏散馆，任职编修。

次子张允襄出生。

**同治十二年（1873年），28岁**

三月初四日（3月31日），三子张允方（字叔威）出生。

九月，父亲张泽仁去世。张人骏丁忧三年。

**同治十三年（1874年），29岁**

四月，张佩纶散馆，授职编修。

六月十三日，李鸿章致函张佩纶，言称张泽仁在华亭知县任上亏欠四千四百余两，请其"设法措交，以免后累"。

七月十三日，张佩纶娶朱芷芗为妻。与张人骏同住在北半截胡同。

**光绪元年（1875年），30岁**

九月初九日，张佩纶大考翰詹时，名列二等第三，擢侍讲。

次女张允和出生。

十二月，服阙。赴京供职。

**光绪二年（1876年），31岁**

张人骏担任国史馆协修。

**光绪三年（1877年），32岁**

四子张允恺（字季才）出生。

张人骏考取御史，奉旨记名以御史用。

张佩纶与陈宝琛住在南横街。

六月底及七月初四日，张人骏、张佩纶、陈宝琛、王仁堪、吴观礼、吴可读等人两次游览京郊苇湾。张佩纶等有诗赋之。

**光绪四年（1878年），33岁**

十二月二十八日，刘廷枚到张佩纶家做客，张人骏作陪喝丰润浭酒，张佩纶有诗赋之。

二十九日，张佩纶、张人骏到张之洞家做客，对雪小饮。张佩纶有诗赋之。

**光绪五年（1879年），34岁**

正月初三日，张佩纶、张人骏、张之洞、陈宝琛、王仁堪、黄国瑾等同游慈仁寺。

四月初六日，张佩纶生母毛氏去世。张佩纶丁忧。

五月初五日，张佩纶妻子朱芷芗去世。

七月初五日，张佩纶幼女韵苏夭折。

李鸿藻与沈桂芬在宣武门外下斜街创建畿辅先哲祠，由张之洞负责操办，参与者有张佩纶、张人骏、张曾颰等直隶籍同僚。

**光绪六年（1880年），35岁**

三月初七日，张人骏夫人韩氏去世，张佩纶在天津写信安慰。

八月十四日（9月18日），两淮知县、同知升衔张寿曾调任直隶江苏试用。

九月十二日，张寿曾带病从天津乘轮船赴苏州。

十月十六日（12月17日），张寿曾转任沪局差。

**光绪七年（1881年），36岁**

三月二十一日（4月19日），张寿曾辞去沪局差，转任江苏西路总巡差。

七月十四日（8月8日），西路总巡差张寿曾销假，被委派到松沪总局，负责"解饷兼船木捕盗局差"，当即辞职。

八月，张寿曾病逝于苏州。张人骏编辑其遗稿《容舫随笔》十二卷。

八月二十八日，张佩纶服阕，任翰林院侍讲。

十一月，有人做媒将时任江西布政使的边宝泉之女边粹玉给张佩纶续弦。

十二月初八日，张佩纶为日讲起居注官。

**光绪八年（1882年），37岁**

五月二十二日，侍读学士乌拉布为四川乡试正考官，编修张人骏为副考官。

七月初九日，张佩纶升任右春坊右庶子。

八月，"戊戌六君子"之一刘光第中举，从此与张人骏成为师徒关系并来往较多。

十一月十一日，张佩纶署左副都御史。

**光绪九年（1883年），38岁**

正月，张佩纶任会试知贡举。

正月二十三日（3月2日），张人骏补授湖广道监察御史。

二月，张佩纶续娶边粹玉。

三月，张人骏告假，去江南迎取亲人灵柩。六月销假，补授江南道监察御史。

四月，张佩纶任殿试读卷官。

四月初八日，张佩纶升任翰林院侍讲学士。

八月初三日（9月3日），光绪皇帝和慈禧太后召见张佩纶、桂霖、张人骏、谢谦亨。

初八日（9月8日），张人骏上折，要求正君心，求人才，重民生，不尚虚言，惟求实际。上片：请撤桃园大工保案。上片：直隶道员周金章携银赴皖办赈，侵吞十余万。

八月十四日（14日），御史张人骏奏《条陈时政所宜，请旨施行一折》。

九月十五日（10月15日），张人骏折劾陈湜贻误军务，请勒回籍。

九月二十七日（27日），张人骏折劾唐炯失机，宜理政典刑，或即褫革。

十一月初四日（12月3日），命署左副都御史张佩纶在总理各国事务衙门行走。

十一月初九日（8日），御史张人骏、光禄寺卿尚贤、御史刘恩溥等先后奏《崇文门委员家丁勒罚妄拿各节》。

十二月，张人骏转掌广西道监察御史。

**光绪十年（1884年），39岁**

四月，张人骏上奏《慎持和议并筹战守疏》折。

四月十四日，张佩纶被任命会办福建海疆事宜，通政使司通政使吴大澄会办北洋事宜，内阁学士陈宝琛会办南洋事宜。张佩纶于闰五月十一日抵达福州。

闰五月二十八日午刻，福建水师被法军偷袭而战败，张佩纶自请治罪。

七月十八日，清廷任命张佩纶兼署船政大臣。

十一月十六日，张人骏等参奏山东巡抚陈士杰督修运河草率从事，土方地价多克扣勒索。

十二月十二日，张佩纶被革职，离闽北上。

**光绪十一年（1885年），40岁**

三月底，张佩纶戍边张家口，张人骏送至灌石。四月初一张佩纶到达宣化府。

七月，张人骏奉旨记名以繁缺知府用。

十一月，张人骏升补户科给事中。

**光绪十二年（1886年），41岁**

二月，张人骏奉旨以繁缺道员用。

三月初二日（4月5日），张人骏觐见。

三月初八日，张佩纶继妻边粹玉在北京去世，生病时一直由张人骏负责照顾料理。

三月，张人骏任会试同考官。

八月初三日，张人骏为张佩纶两子请的私塾教师来到张家口戍所。

九月十六日，张人骏母亲佟氏去世，丁忧去职。

**光绪十四年（1888年），43岁**

四月初十日，张佩纶结束流放，离开张家口返回北京。

八月，长子张允言中举。

十月左右，张人骏续娶咸丰三年进士、户部主事、江阴望族陈荣绍之女，都察院副都御使陈名侃之妹陈氏（1858.12.15—1930.2）为妻。

十月十二日，张佩纶与李鸿章三女李经璹结婚。

十二月十六日，张人骏服阙。

**光绪十五年（1889年），44岁**

张人骏回乡省亲。为续修《丰润县志》捐资40两。

五月，长子张允言中光绪己丑科赵以炯榜进士，以主事分发户部使用。

五月二十三日，李鸿章上奏，"知府衔指分广东补用同知张佩绪，请免补本班以知府仍留原省，归候补班补用"。

七月初二日，张人骏补兵科给事中，并奉旨觐见。

长女张允淑嫁王懿荣长子王崇燕。

五子张允亮（字庚楼，别号无咎）出生。小命桂宝，又名桂儿。

九月初二日（9月26日），由给事中升任广西桂平梧郁盐法道，奉旨召见。刘光第作《送张安圃师出任桂平梧道》诗，同乡赵国华赠《张安圃桂林》一诗，堂叔张佩纶作《送健庵之桂林》一诗。

**光绪十六年（1890年），45岁**

闰二月十四日，张人骏由北京到达天津张佩纶寓所，十六日辞别奔广西。

五月二十日，张人骏到达广西省城，不久到达广西盐法道任上。

**光绪十七年（1891年），46岁**

张人骏六子张允靖生。

仲夏，张人骏撰写《迁江县志序》，并任县志监修。

八月十九日，李鸿章上奏，"道员用广东补用知府夏献铭、张佩绪，江苏补用知府王澧，均拟请俟归道员班后加二品顶戴"。

九月，张人骏署理广西按察使。蔡希邠有《喜闻张安圃观察署臬篆并怀》一诗。

十月二十二日，明总督张同敞墓在桂林被盗墓者所盗。刘光第遂赋《重葺张忠烈公墓》，请恩师张人骏"欲乞吾师买桂花，补栽忠烈坟前树"。

**光绪十八年（1892年），47岁**

正月二十九日，张人骏以"心细才长，通达政体"署理广西布政使。四月交卸藩篆。

五月，经两广总督李翰章保荐奉旨交军机处存记。

七月庚子日，张人骏倡导并组织修建平乐县榕津至苍梧县龙母庙道路，修道五百四十九里，造桥梁七十八架。路旁刻有《十二车桥摩崖石刻》以示纪念。

八月，张人骏回盐法道任。

八月十五日，张人骏与赵国华应邀为丰润县暮春开始修建的遥黛山望海亭书写碑记。

九月，张人骏在顺直赈捐案内报捐花翎。

十月二十七日，朝廷以筹拨粮饷军火出力，予广西盐法道张人骏按察使衔。

十二月，经广西巡抚张联桂因前剿办上林等县土匪案内保奏奉旨加按察使衔。

### 光绪十九年（1893年），48岁

正月，张人骏以"深沈精细，措理裕如，堪以署理"，代理广西按察使。

二月十九日，李鸿章上奏，"道员用广东候补知府张佩绪、道员用浙江候补知府徐士恺，均拟请免补本班以道员留省归候补班补用"。

六月，张人骏回盐法道本任。

### 光绪二十年（1894年），49岁

三月，张人骏为蔡希邠所著的《寓真轩诗钞》作序。

十一月初六日（12月2日），张人骏以"才长心细，持正不阿"任广东按察使。

十二月十一日，张人骏奉旨进京召见。

### 光绪二十一年（1895年），50岁

三月，张佩纶一家迁往南京七湾。

闰五月十八日（7月10日），张人骏觐见。

六月初十日（7月31日），张人骏觐见。

七月二十四日，到广州接任广东按察使。

九月初九日（10月26日），孙中山在广州举行起义失败。张人骏悬赏一千两银子通缉孙中山（孙文）。

秋间，门生刘光第到广州旅游，拜见张人骏。

十二月初二日，张人骏由广东按察使升任为广东布政使。

### 光绪二十二年（1896年），51岁

正月初四日（2月17日），新授广东布政使张人骏上折谢恩。

七月十九日（9月4日），督理农工商总局大臣端方有"东南苦涝，西北苦旱，四方以灾告者不绝；广东米价奇贵，越暹船无一至者；藩司张人骏出示劝农，至有把金珠饿死之语"，遂提出振兴务农的计划。

### 光绪二十三年（1897年），52岁

三月初五日，李准及其父被参，时任广东布政使的张人骏负责查处。

三月，张人骏主持编印《广东舆地全图》广州石经堂石印本。张人骏、哈达赫舍里延祉、英启、索尔和碧汉伊尔根觉罗魁元、许振祎、谭钟麟作

序。廖廷相后记。

**光绪二十四年（1898年），53岁**

闰三月初十日，张佩纶三子张志沂出生于南京，乃作家张爱玲之父。

三月二十七日，张允言参加康有为领导的保国会创建活动。

四月十三日（6月11日），戊戌变法运动开始。张人骏长子允言积极参加戊戌变法活动。

七月十三日，刘坤一保奏，"安徽候补道张佩绪，清厘教案甚多，现署芜湖关道，于洋人善于抚驭。以上六员，屡试有效，均能通达时务，不染习气。倘蒙天恩，俯赐录用，予以辅轩之任，俾联玉帛之欢，必能继好敦槃，折冲樽俎，仰酬高厚生成于万一"。

七月十五日（8月31日），上谕：山东布政使着张人骏调补，岑春煊着补授广东布政使，钦此。

八月十三日（9月28日），戊戌六君子之一刘光第被杀害于北京菜市口。

十一月初五日（12月17日），张人骏到京请安，被皇帝、太后召见。

初九日（12月21日），张人骏觐见。

二十七日（1月8日），张人骏觐见。

**光绪二十五年（1899年），54岁**

正月二十九日（3月10日），张人骏到达山东布政使任上。

二月初三日（3月14日），清廷免张汝梅职，以毓贤为山东巡抚。德国使节海靖提出任命毓贤"与交涉实情不合"。

四月二十六日（6月4日），袁世凯奉旨率新军八营由天津小站赴德州"操演行军"，并藉以"弹压"拳民，保护教民。

八月（10月），义和拳首领朱红灯率领平原、长清、高唐、茌平拳民千余人，在平原县苏集乡杠子李庄举行武装起义。改义和拳为义和团，树起"扶清灭洋"大旗。

十一月初四日（12月6日），清廷派袁世凯接替毓贤署理山东巡抚。

十二月二十七日（1月27日），英、法、美、德、意等国公使照会清廷，以义和团、大刀会旗上书"灭洋"二字，要求剪除义和团、大刀会等。

**光绪二十六年（1900年），55岁**

正月至二月，清廷命山东、直隶严禁私立会名，命地方官捕拿严办设厂练拳棒者。

二月十四日（3月14日），清廷实授袁世凯为山东巡抚。袁世凯向张人骏请教如何对待义和拳，张人骏曰："公揣此类妖妄之徒，古来有能成大事者乎？若稔其必败，则宜早决大计，勿为所累。"袁世凯照计而行，果受其益。从此，袁世凯与张人骏义结金兰，并结为儿女亲家。

二月，张允言报捐员外郎。

七月二十一日（8月15日）上午，八国联军攻进入北京城，帝、后西逃至陕西西安。张人骏长女张允淑与亲家王懿荣夫妇投井殉难。湖广总督张之洞得知妻舅王懿荣及家人殉难的消息后，"敬仰悲叹，非言所罄"，特作《读王文敏公绝笔》诗一首。

闰八月十一日（10月4日）左右，张人骏命张允言、张允方弟兄二人由河南奔赴陕西西安护驾。

九月十四日左右，张允言到达西安，张允方因病返回。

十月初四日，张人骏升任漕运总督兼兵部侍郎。

十二月二十三日（2月11日），清廷"赏已革翰林院侍讲学士张佩纶编修，随同直隶总督李鸿章办理交涉事宜"。张佩纶固辞未准。

**光绪二十七年（1901年），56岁**

正月二十二日（3月12日），张人骏交卸山东布政使印信，不日离开山东。

二月二十五日（4月13日），张佩纶到达北京，协助李鸿章与侵华各国谈判交涉，期间因与李鸿章发生分歧，六月初八日请假回到南京。

三月三日（4月21日），清廷成立督办政务处，拟请张佩纶任会办，张佩纶拒辞。

八月，张允言因"办理漕仓出力"，奏补户部山东司主事。不久因张人骏调任山东，父子需要回避，改任湖广司主事。

九月二十六日（11月6日），李鸿章卒，以王文韶为全权大臣，命袁世凯署直隶总督，漕运总督张人骏调任山东巡抚。

十月十二日，张人骏由清江浦起程，月底到达山东任巡抚职。

十月二十八日，上谕张佩纶着以四五品京堂起用。张佩纶再辞。

十二月初二日（1月11日），山东巡抚张人骏与德领事连梓订立开办山东沂州、沂水、诸城、潍县、烟台5处矿务章程草约。其中沂州的采矿区域东至黄海岸，西至沂河边，南抵江苏界，北由府城向东至海边；沂水县的采矿区域，自城外60千米为界。

**光绪二十八年（1902年），57岁**

三月初三日，山东巡抚张人骏奏《密陈筹画布置练兵、防河、培才、筹饷各情形》折，得旨：务当妥为经理，实力整顿，以济时艰。

三月，张允言提升为贵州司员外郎。

四月十九日（5月26日），张允襄任铜川县知县。

四月二十一日（5月28日），张人骏调任河南巡抚兼管河工事务，直隶布政使周馥接任山东巡抚。

五月，四子张允恺、堂弟张志潜、侄子张允厘（张寿曾子）同时中举。

八月初五日（9月6日），张人骏进京觐见。

九月初五日（10月6日），张人骏进宫觐见。

九月二十二日（10月23日），张人骏抵达河南开封任职。

十月十四日，袁世凯生母刘氏举行葬礼，张人骏为主祭人。

十二月初左右，张允襄病逝。

十二月，张允言提升为福建司郎中，因回避改任云南司郎中。

十二月十四日，慈禧太后赏张人骏"福"字一幅。

**光绪二十九年（1903年），58岁**

正月初三日（1月31日），光绪皇帝、慈禧太后赏给张人骏"福"字、"寿"字。

正月初五日，张人骏以河南巡抚身份充任会试知贡举。

正月初七日（2月4日）寅时，张佩纶在南京病逝。

二月十六日（3月14日），张允言等向朝廷奏报了试办银行的建议，很快就获得了同意。同月，光绪皇帝指派徐世昌（时任军机大臣）、陈璧（时任礼部铸印司员外郎）、张允言负责此事，在天津勘定地势，筹建户部造币总厂。

三月初二日，张人骏为长子张允言由户部云南司郎中蒙恩京察记名道府上谢恩折。

三月二十一日（4月18日），德寿调职，以岑春煊署两广总督。李兴锐迁职，以张人骏为广东巡抚。

三月二十三日，户部主事张允言随户部侍郎那桐等赴日本参加大阪第一次劝业博览会并考察银行金融等事，五月初九日回京。

闰五月二十六日（7月20日），两宫召见张允言，"慈圣（慈禧）于六叔（张佩纶）犹问行踪，闻其已殁，顾上大有嗟惜之意"（《张人骏家书日记》）。

七月十一日（9月2日），堂弟张志潭（字伯远）赴河南秋试。中顺天五十六名举人。

张人骏主持修建的芦汉铁路黄河大桥建成通车。

八月十八日（10月8日），张人骏从河南卸任起程，赴广州任广东巡抚一职。二十六日从信阳乘火车到汉口，随即去拜访湖北巡抚端方，逗留五日后乘"江裕"号轮船东下，九月初四日到达南京，拜会两江总督魏光焘，并到张佩纶家祭奠。九月初七日乘"江永"号轮船继续到上海，十九日离沪，二十二日（11月10日）到达香港，拜见港督后，下午离港起程。二十三日（11日）抵达广州。

九月二十四日（11月12日），张人骏接任广东巡抚一职。

九月二十六日，徐世昌与张允言、瑞丰结拜为兄弟。

秋天，张人骏结识了澳大利亚记者出身、《德臣西报》编辑威廉·亨利·端纳（1875—1946年），并聘其为政府顾问。辛亥革命后端纳相继给孙中山、张作霖、张学良做顾问，最后给蒋介石做顾问将近十年。

**光绪三十年（1904年），59岁**

十月十二日，张人骏奉旨兼管粤海关监督一职。之后他一年增收节支四十余万两并全部交公，受到朝廷嘉奖。

**光绪三十一年（1905年），60岁**

正月十一日，慈禧太后、光绪帝赐张人骏"福"字一方。

正月二十一日（2月24日），《申报》报道，张人骏认为两广督抚同处一城，或因意见一致形同虚设，或因争权夺利相互掣肘，不如合而为一，既事权专一，又节省编制。因此多次奏请裁撤自己所担任的广东巡抚一职。现朝廷已同意裁并，但等粤督岑春煊从广西督办军务回省后再行操办。

二月初三日，张允言进宫见驾。

六月十七日（7月19日），在张人骏一再建议下，广东巡抚予以裁撤，此后由两广总督兼管巡抚事务。张人骏调署山西巡抚。

七月初四日（8月4日），张人骏交卸广东巡抚印信。

八月二十九日（9月27日），大清银行试建成立，张允言以正三品京衔出任银行总监督，成为中国第一位国家银行行长。

九月十三日（10月11日），张人骏到达山西太原。

九月二十二日（10月20日），张人骏接职上任山西巡抚。

十一月，山西近千名学生游行集会，举行了史上著名的反对英国福公司

在山西办矿的"护矿运动"。张人骏亲自接见马骏等学生代表，答应为晋民争矿而竭尽全力。

十一月十五日（12月11日），张允恺以荫用通判随五大臣之一的载泽等赴英、法、德、比利时、日本等国考察宪政。考察结束后未回国，留在德国使馆任职。

**光绪三十二年（1906年），61岁**

二月十八日（3月12日），清廷再次任命张人骏为河南巡抚。

十月十四日（11月29日），针对美国传教士李立生等人违法在鸡公山购地开发别墅一事，河南巡抚张人骏具折上奏并提出查办意见。于光绪三十三年达成了《鸡公山租屋避暑章程十条》，维护了中国的领土与主权。

十二月，张人骏奏请速定学律。

**光绪三十三年（1907年），62岁**

六月十九日（7月28日），英国人卢押到香港就任港督后，号召社会人士热心教育，集资捐建香港大学。

七月初三日（8月11日），日本商人西泽吉次带领120名工人入侵我国东沙岛。

七月初四日（8月12日），河南巡抚张人骏升任两广总督。

七月十一日（8月19日），张人骏和继任豫抚林绍年交接完毕。

十九日（27日）从开封府起程，带着续弦夫人陈氏及一些家眷坐车轿前往郑州。

二十日上午，张人骏一行由郑州坐火车去武汉，专程拜访同期升任大学士、军机大臣的原湖广总督张之洞。然后乘"江新"号轮船由鄂赴沪。

二十五日，孙中山、黄兴、王和顺在两广组织发动钦廉防城起义。

三十日上午十点，张人骏到达上海，拜访同乡好友、两江总督端方及总理南北洋海军兼广东水师提督萨镇冰等人。

八月初六日，张人骏一行换乘"泰顺"号轮船赶赴广州。

八月初八日（9月15日），张人骏携带部分家眷到达广州总督府。

八月，端方向外务部报告了东沙岛被日人侵占的情况，并将情报电告两广总督张人骏，强调此岛"确是中国之地，不可置之不问"。外务部立即致电张人骏，请他火速查清。为此张人骏开始了为期两年的搜集证据与交涉。

九月初六日，新任东三省总督徐世昌以"才识优长，留心政治，或志行坚卓，学有本原"，请旨调陆军部郎中张志潭等五人到黑龙江省使用，任其秘书。

十一月初二日（12月6日），英国的缪华舰队借口英国"西南"号商船被劫事件到达西江，开始了肆无忌惮的侵略行径。

十二月初九日（1月12日），在张人骏及两江民众的抗议下，英国兵舰撤出西江。

**光绪三十四年（1908年），63岁**

正月初四（2月5日），中午，日本大阪轮船株式会社之"二辰丸"火轮到广州海面走私军火，被广东水师缉获。"二辰丸"事件爆发。

正月，张人骏与端方等11位督抚担任北京大学留日学生编译社名誉社长。编译社以"讲求实学，输入文明供政界之研究，增国民之知识"为宗旨。

十五日（2月14日），日本公使就"二辰丸"被扣之事向清廷提出抗议。在日本政府的威逼之下，清廷逐渐妥协退缩。

二月十五日（3月17日），张人骏就西泽侵入东沙岛一事照会日本驻广州总领事，要求令西泽撤离该岛。之后开始频繁交涉。

同日（17日），孙中山抵达新加坡住在东陵乌节律111号，张人骏派人行刺，因清朝驻新加坡副总领事杨云史通风报信行刺未成。

十七日（3月19日），在清廷要求下张人骏被迫释放"二辰丸"，并为之升旗、鸣炮、赔款道歉。

十八日（3月20日），在粤商自治会领导发动下，广州开始了中国第一次抵制日货运动，并很快波及全国甚至海外侨胞。

二十五日（27日），黄兴发动钦、廉、上思起义，这是孙中山领导的第七次革命军事行动。十一月十九日，两广总督张人骏指出，"此次钦廉之乱，实系逆首孙汶为主谋"。

三月初三日（4月3日），香洲无税商埠破土动工，并举行盛大典礼。张人骏出席、致辞，并亲笔题字"广东省香洲商埠"并落款。

三月，南洋大臣、两江总督端方奏请清廷，在江宁城设立南洋第一次劝业博览会。

六月初三日（7月1日），中国第一家正式的国家银行——"大清银行"正式成立，张允言任大清银行正监督。

二十四日（22日），南洋劝业会董事会在上海成立。

七月初十日（8月16日），张人骏创办的广州自来水公司宣布开始营业，至年底获水供应的有7500户。广州市成为我国最早使用自来水的城市之一。

九月初六日，张志潭由陆军部郎中被徐世昌提升为黑龙江省法科兼军政科参事。

九月初八日（10月2日），日本驻广州领事向张人骏提出赔偿"二辰丸"21.8万日元的要求，被其拒绝。之后此事不了了之。

九月初九日，御史江春霖上《劾军机大臣袁世凯权势太重疏》。

十月二十一日（11月14日），光绪帝驾崩。

二十二日（15日），慈禧太后去世。

十二月十一日，清廷以袁世凯"患足疾"，将其开缺回籍养病，剥夺了他的一切军政大权。

十二月十八日，张人骏上《两广总督张人骏奏遵设广东设立咨议局筹办处折》。

年底，抵制日货运动基本结束。

**宣统元年（1909年），64岁**

二月二十日（3月11日），宣统皇帝、隆裕皇太后赏给张人骏《大清会典》一部。

二月二十九日，张人骏上奏《广东第一年筹办宪政及第二年开办各事情形折》。

闰二月初五日（3月26日），张人骏电告外务部，粤方已经在《柔远记》中找到了东沙岛属于我国的证据。

闰二月初（3月底），张人骏派水师副将吴敬荣首次前往西沙群岛勘查。

闰二月十四日（4月4日），日方在大量证据面前，承认东沙岛属于中国领土，但要中国保护西泽在岛上的合法权益。中日双方从此进行谈判赎回东沙岛之事。

四月初一日（5月19日），派水师提督李准、副将吴敬荣、刘义宽等率兵170余人分乘"伏波""深航""广金"诸舰，登西沙群岛，勘明岛屿15座，命名勒石，于永兴岛升旗鸣炮，公告中外，重申南海岛屿为中国神圣领土。其中一岛名"丰润岛"。

四月二十四日（6月11日），张人骏在香港大学捐献资金严重不足的情况下，慨然捐出库银二十万元，成为港大第二捐款大户。

五月初八日，御史胡思敬弹劾端方"十罪二十二款"，内阁发交两广总督张人骏调查。张人骏上奏调查结果后，十二月十六日朝廷以端方"尚无罔利行私实情，惟束身不检，用人太滥，难辞疏忽之咎。现在业已革职，即著毋庸置议"了结。

五月十一日（6月28日），上谕：调两广总督张人骏为两江总督兼南洋大臣。未到任前，着江宁布政使樊增祥护理。

六月十四日（7月30日），张人骏卸任两广总督前往香港，受到港督卢押欢迎，并逗留两天。十五日晚上从汕头乘坐"新铭"轮船取道上海。

十八日（8月3日）早，张人骏到达上海，并逗留五天。

十九日（4日），张人骏专门就香港大学问题递上一份奏折。严复拜访张人骏。

二十三日（8日）上午乘火车赴南京接任两江总督一职。

七月十三日（28日），谕命南洋大臣、两江总督张人骏为南洋劝业会正会长，并命各省督抚积极筹办。所有赛品，准其分别豁免税厘。

二十一日（9月5日），张人骏以"在闸北创办自来水一事系为保守利权起见"，批准上海道在闸北建设日供水量9000吨自来水厂的建议。

八月初五日（9月20日），张人骏、江苏巡抚瑞澄等陪同海军大臣洵贝勒、萨镇冰查勘江阴炮台并在京口检阅海军。

八月初八日，安徽蒙台、凤城一带李大志等率领两千多饥民起事，抢劫军械马匹等无数。经两江总督张人骏与安徽巡抚朱家宝派兵镇压，历时几个月才得以平息。

二十七日（10月11日），继任两广总督袁树勋与日本领事达成协议，中方给付西泽13万元广东毫银，赎回东沙岛及西泽在岛上建设的所有设施。

九月初一日（13日）上午，江苏咨议局正式成立，张人骏出席开幕式并讲话。

十月初一日（11月13日），广东派王仁棠、张斌元与日本副领事掘义贵等人乘坐"广海"号军舰，前往日本商人占领的东沙岛进行接收。

初七日（11月19日），东沙岛接收完毕，王仁棠及水师官兵鸣炮升旗，在东沙岛举行了庄严的庆祝仪式。

同日，《申报》报道，"江督张安圃制军以筹办海军为强国之要图，刻拟筹办江防事宜。由江苏、安徽、江西三省设法筹款，迅速举办。所有江西之湖口，为紧要门户，且为各国兵舰游弋之处，亟宜增修新式炮台、添制兵舰，以重江防"。

十月初三日，端方在慈禧出殡时因拍照惊扰隆裕皇太后，被李国杰弹劾。十一日被革去直隶总督官职。

十二月，清廷准予张人骏收受德国皇帝所赠宝星。

十二月二十一日（1910年2月8日），五子张允亮与袁世凯长女袁伯祯（1885—1956）在河南彰德县结婚。"中国洋灰大王"王锡彤操办。

**宣统二年（1910年），65岁**

正月辛酉日，御史江春霖奏袁世凯"老奸窃位，多引匪人"。历数袁世凯交通亲贵、把持台谏、引进私属、勾结疆臣等十二大罪状，其中说到，两江总督张人骏是袁世凯的亲戚，通过袁世凯而攀附奕劻。结果张人骏以"陛下均置不问"了事。

二月初六日（3月16日），香港大学举行奠基礼，港督卢押亲自主持并任校长。张人骏委托魏瀚出席并致辞。

二月庚寅日，张人骏上奏，请求在上海自建自来水厂。

三月十九日，江苏宿迁发生饥民抢掠面粉厂事件，在张人骏对灾民及时赈济下，一个月后事件得以平息。

四月二十八日（6月5日），南洋劝业会在江宁开幕，到会的内地客人5000余人，外宾83人。张人骏亲自到会主持并讲话。

六月十五日（7月21日），因为橡胶股票风波，上海正元、谦余钱庄倒闭。之后，多家著名钱庄倒闭。虽经张人骏请示后清廷两次出手救市，南京、镇江、扬州、苏州、杭州、宁波六大经济重镇仍然先后倒闭了18家著名钱庄和票号。受它们的牵连，除苏州外，上述五大城市的民族资本金融机构全被冲垮，为清政府统治的终结埋下了伏笔。

七月二十五日，张人骏上《两江总督张人骏奏厘定外省官制宜以旧制为本量加损益折》。曾提出五则：一曰督抚权限：分别为奏事权、军政权、外交权；二曰司道分合；三曰道府存废；四曰审判办法；五曰地方自治实行监督。

七月，南京建成金陵电灯官厂，开始供电。第二年电灯用户有800户。

秋季，张人骏倡修苏州寒山寺，并与程德全合写《募修寒山寺启》，次年立于寒山寺钟楼中央。

九月十六日（10月18日），第一届全国运动会在南京召开，至二十日结束。运动会原名"全国学校区分队第一次体育同盟会"，这是为配合南洋劝业会而召开的。辛亥革命后追认为第一届全国运动会。

十月二十八日（11月29日），南洋劝业会在江宁闭幕，张人骏主持闭幕式并亲自颁奖。大会评选出龙井茶等一等奖66名，张裕葡萄酒等二等奖214

名，婺源毛峰茶等三等奖426名，金华火腿等四等奖1218名，五等奖3345名。

十二月十三日（1月12日），张人骏兼任白票党副首领。前陕甘总督升吉甫为正首领。

十二月十六日，内阁侍读学士延昌奏参江督张人骏纵用武臣，庇匪殃民。

**宣统三年**（1911年），**66岁**

二月（3月），江苏省咨议局召开临时会议，对督抚的宣统三年宁属预算案做出了重大修改，张人骏十分恼火，仍按原方案执行，张謇和议员们集体辞职以示抗议。

三月初五日（4月3日），张允言降职改为大清银行提调。

四月十五日（5月13日），朝廷接江督张人骏拟请开缺电。即于晨集议电覆，谓现在东南多故，正赖镇定，勿得遽萌退志。张人骏电奏坚请告退，留中不发。又电致庆邸，详诉咨议局侵越权限、意存要挟。

二十日（5月18日），端方被重新起用，委任为川汉粤汉铁路督办大臣，奉命入川平息保路运动。

五月初五日（6月1日），中国最早的马克思主义宣传者江亢虎在杭州惠兴女校联合大会上演讲《社会主义与女学之关系》，浙江巡抚增韫欲治其罪，幸得张人骏力保得免。之后，江亢虎与张人骏、李哲濬商议在龙潭山中办农赈会（也就是共产主义性质的试验场），得到张人骏批准。后因辛亥革命爆发未果。

八月（10月），五子张允亮毕业考列优等，奖给举人出身，以主事职分度支部补用。

八月十九日（10月10日），武昌新军举行起义并获得成功，辛亥革命爆发。

二十三日（14日），清廷任命袁世凯为湖广总督，以挽救危局。

二十七日中午，张人骏致电袁世凯，请其迅速带兵到达湖北剿灭革命党："武昌居天下上游，自古用兵所必争之地。今以勘乱属公，是朝廷为天下大局计，非为一时一省计，郭令公之平怀恩何让古贤！深盼速驾。"

当天，袁世凯给张人骏复电予以拒绝曰："鄂兵全变，各路零星援兵绝少，急切难到。部军皆有专帅，讵易会调。凯现赴鄂，无地驻足，亦无兵节制，用何剿抚？"

九月初八日（10月29日），朝廷电令张人骏迅即派员将原湖广总督瑞澂拿解来京交法部严讯治罪，其湖广总督印信着张人骏派员收取赍送袁世凯军营。

十一日（11月1日），清廷宣布解散皇族内阁，任命袁世凯为内阁总理

大臣。

十八日（11月8日），张人骏手下的统制徐绍桢率领第九路新军在秣陵关起义，分路攻打南京。"迨夜十点半钟，谣传张人骏被害或谓服毒。"实际上张人骏与铁良被张勋软禁于北极阁避难，二十日早晨回署。

十九日（11月9日），广东水师提督李准宣布广东起义，电邀胡汉民来广州。

二十二日（12日），《申报》传闻，清廷曾有密电令张人骏与民军和平解决，以符停战之谕，故张督已有让城之意，惟张勋仍主力战，防军抢劫愈烈。

十月初三日（23日），李哲濬上书张人骏，请求其宣布两江独立。

初七日（27日），署理四川总督端方与弟弟端锦率武汉新军第八镇第十六协第三十一标及三十二标一部入川平息保路运动，因手下新军起义，弟兄二人在资州被杀。

十一日（12月1日），上午8点，天堡城被革命军占领。上午9时半，张人骏与将军铁良先后到日本驻南京总领事馆避难，因为此前日本天皇电谕领事馆要保护满清大员。下午，张人骏派人与革命军首领徐绍桢议和未果。

十二日（2日）凌晨，张人骏、将军铁良、提督张勋及张人骏之子张允方（或张允亮）、总营务处李实忱、杨绍寅等十余人，在日本一个工兵小队的保护下，从清凉门用绳兜缒城而下，来到江中的日本军舰。上午，江浙联军攻下南京。

十六日（6日），张人骏在一直停泊江中的日本军舰上决定由沪返津。于是日本军舰从南京起航，次日早晨抵达上海。张人骏欲下船探视家眷，被李实忱劝止。

十七日（7日）中午，张人骏等在日本领事秘密安排下，转乘日本邮船会社"西京丸"号商船，由日本人横山友弓的陪同保护下前往旅顺。14日抵达旅顺后住在日本饭店。遂电请原东三省总督锡良汇来了四千两救急。

二十六日（16日）左右，张人骏一行抵达沈阳，"与赵尔巽合谋夺取南京"。东三省总督赵尔巽推荐时任奉天巡防统领的张作霖带兵两万赴徐州协助张人骏夺取南京。

二十九日（19日）左右，张人骏、铁良及随员一起，由沈阳乘坐"开平"号轮船到秦皇岛，再乘火车前往天津，于十一月初三日（22日）抵达天津利顺德西饭店暂住。

十一月初十日（12月29日），孙中山在南京当选为临时大总统。

**民国一年（1912年），67岁**

1月1日（十一月十三日），孙中山在南京宣誓就职，办公地址在张人骏曾经办公的西式花厅（1910年建）。

23日（十二月初五日），张人骏奏陈南京失守详情，并以年衰久病为由，请另简贤员，接替江督职任。得旨："失守地方，本属咎有应得。惟念该督效力有年，此次与铁良、张勋坚守苦战，援绝城陷，情尚可原。既据奏称病难速痊，着开缺听候查办。"同时，以江南提督张勋护理江督。

24日（初六日），护理两江总督张勋派记名总兵吕凤山前往天津张人骏家里，取走两江总督银质关防一颗。

26日（十二月初八日），袁世凯密令手下段祺瑞等将领上书朝廷，要求共和。

2月12日（二十五日），袁世凯逼迫6岁的宣统皇帝宣布退位，清朝灭亡。"宣统逊位，张安圃甚哀感，涕泗满襟。"

15日（二十八日），袁世凯当选中华民国临时大总统，屡欲授张人骏高官被拒。张人骏切齿曰："袁世凯欺人寡妇孤儿，以取天下，其罪视曹孟德尤过之。"

年初，张人骏到青岛寓居。

5月，张人骏游崂山。傅增湘《崂山游记》曰：官桥石屋路旁巨石有张人骏题名，时为壬子三月。

5月下旬，李准抵青岛后看望张人骏。

8月3日，徐世昌游崂山后晚上会晤张人骏。

本年，张允恺任驻德国公使馆二等秘书。

**民国二年（1913年），68岁**

4月23日，张允言任杭州关监督。

10月10日，袁世凯当选为中华民国首任大总统。

12月15日，张志潭以黑龙江代表身份当选为中华民国政治议会议员。

**民国三年（1914年），69岁**

3月25日，张人骏与周馥、吕海寰、赵尔巽、劳乃宣等九人在青岛周馥家中饮宴，组成"十老会"，且合影留念，每人赋诗。时年六十九岁。

5月22日，张志潭任归绥民政厅长。

6月初，袁世凯欲授予张人骏副国务卿之类的高官，被张人骏回电拒绝。

7月8日，张志潭担任新设立的绥远道道尹。

9月26日，日本借第一次世界大战爆发进攻占领青岛的德国军队，张人骏乃迁居天津英租界戈登路（今湖北路一号）居住。

秋，李准一家自香港来到天津，住在戈登路十八号，与张人骏成为邻居。

冬季，李准送张人骏篆书四条屏《归去来辞》，落款"安帅年伯大人训正，甲寅冬侄李准学"。

**民国四年（1915年），70岁**

3月31日，张允言被授予上大夫并加少卿衔。

4月17日，张志潭被授予上大夫。

8月14日，杨度串联孙毓筠、李燮和、胡瑛、刘师培及严复，联名发起成立"筹安会"，支持袁世凯恢复帝制。张人骏对此深感不满。

9月26日，张允言调任山海关监督。

10月19日，张允亮任财政部试署佥事。

12月12日，袁世凯称帝，改号洪宪。"项城僭号，（张人骏）几失声而哭，朱经田劝止之，张曰：公为民国疆吏，余乃清室故官，喜忧不同，啼笑自异。朱大窘。"

**民国五年（1916年），71岁**

5月11日，驻德使馆二等秘书张允恺回国另用。

5月19日，张志潭辞去绥远道道尹一职。担任国务院秘书厅帮办。

6月6日，袁世凯去世。

**民国六年（1917年），72岁**

1月3日，张志潭升任国务院内务部次长，兼督办京都市政事宜（注：相当于北平市市长）、外交委员会副会长。并授予二等文虎章。

2月26日，张允亮任财政部试署佥事。

6月4日，张志潭以内务部次长代理部长一职。

7月1日，溥仪复辟。7月3日吕海寰、张人骏等10位旧臣联名致电张勋请转达祝贺。

7月2日，溥仪任命张志潭为民政部右侍郎。

7月2日，张志潭任讨逆军秘书长，段祺瑞为总司令。

7月4日，溥仪任命徐世昌为太傅，张人骏、周馥为协办大学士，授岑春煊、赵尔巽、陈夔龙等13人为弼德院顾问大臣。张人骏未赴任。

7月17日，段祺瑞第二次出任国务院总理，张志潭任国务院秘书长兼参战事务处机要处长。

7月30日，免去张允言山海关监督职务。

11月23日，段祺瑞离职，张志潭代行总理职务。

12月7日，张志潭辞去国务院秘书长职务。

**民国七年（1918年），73岁**

1月27日（十二月十五日），张人骏夫人陈氏六十大寿，周学熙赠联。

3月1日，张志潭被任命为督办参战事务处机要处处长。

3月24日，张志潭第二次被任命为段祺瑞内阁国务院秘书长。

5月2日，张志潭被任命为国务院参议。

10月13日，张允恺被授予三等嘉禾章。

12月18日，张志潭担任外交委员会委员。

12月21日，张志潭担任公府财政委员会委员。

**民国八年（1919年），74岁**

1月16日，张志潭任钱能训内阁署国务院陆军部次长，19日授予陆军少将加中将衔。

5月，吕海寰请张人骏补录"十老会"诗作以便成册。

10月7日，张人骏为临榆县王缙雯夫妻书写《王缙雯及妻徐氏合葬志》，柯劭忞撰文，罗振五篆盖。

10月13日，张志潭被授予中将军衔。

11月28日，张志潭拟任农商部总长的提案被参议院否决，该职改由内务部总长田文烈兼任。

12月31日，张志潭、徐恩元均给予一等大绶嘉禾章。

**民国九年（1920年），75岁**

人骏无一日废书不观，暇恒以临碑帖自娱。陈宝琛时以太保授读毓庆官，每于岁首休沐日来会，晤语穷日。

8月9日，张志潭被任命为靳云鹏内阁署国务院内务部总长兼督办京都市政事宜。

9月30日（八月十九日），堂侄女张爱玲出生在上海公共租界西区的麦根路313号。

10月12日，内务总长张志潭兼赈务处督办，并晋给一等大绶宝光嘉禾章。

**民国十年（1921年），76岁**

春天，好友张曾扬卒于天津，张人骏悲伤不已，此后只有陈宝琛一人间或来往。

2月14日，张允亮被晋给四等嘉禾章。

5月14日，张志潭改任颜惠庆内阁交通部总长。

7月1日，中德复交后，张允恺以驻丹麦二等秘书代理驻德国大使。

7月11日，任命一等秘书张允恺署理驻德使馆代办。

11月22日，署理驻德使馆一等秘书张允恺加参事衔。

12月25日，张志潭辞去交通部总长一职。

**民国十一年（1922年），77岁**

3月27日，张志潭被授予一等文虎章。

10月20日，张允亮被授予二等大绶嘉禾章。

**民国十二年（1923年），78岁**

7月2日，张允恺离职回国。

12月1日，张允亮为泉币司帮办。

本年，张志潭任国内公债局局长。

本年，张爱玲一家搬到天津英租界32号路61号大宅，她后来在散文《天才梦》中写道："我三岁时能背诵唐诗。我还记得摇摇摆摆地立在一个满清遗老的藤椅前朗吟'商女不知亡国恨，隔江犹唱后庭花'，眼看着他的泪珠滚下来。"这位老人就是张人骏。其《小团圆》中的"二大爷"也是张人骏。

**民国十三年（1924年），79岁**

3月（正月），张人骏乡举重逢，逊帝溥仪赏其"太子少保"衔，并颁御书匾额。

5月27日，张允恺免去驻德国代理大使一职回国，任农商部宪政实施筹备委员会委员。

9月20日，任命张允恺为督办京师市政公所专办。

6月20日，张志潭兼任财政整理委员会副会长。

11月5日，溥仪被国民军赶出了紫禁城，成为了一个普通的平民。张人骏闻讯后眼疾加重，几近失明。

**民国十四年（1925年），80岁**

2月24日，溥仪由北京日本公使馆秘密来到天津，在张园居住，张人骏前去入觐。

3月4日，逊帝溥仪为张人骏庆贺八十大寿。"八旗才子"奭良作词《惜余春慢·代寿张安帅八十》以示祝贺。

**民国十五年（1926年），81岁**

5月13日，张志潭复任颜惠庆内阁交通部总长。

7月（季夏），张人骏撰写丰润《董氏族谱序》。

本年，长子张允言去世。

**民国十六年（1927年），82岁**

1月12日，张志潭因身体不佳提请辞职，退隐天津。

2月2日（春节），陈宝琛来探望。走后张人骏对儿子口述遗嘱："吾本中材，谨慎一生，幸而至此；人寿八十，岂复为短；君子曰终，或庶几乎。汝辈宜体我意，食贫守道，勿隳志气、堕家声。丧葬宁俭，尽礼而已，毋事浮屠。""国事至此，吾以负罪之身，叠蒙殊宠，而无涓埃之报，实不敢自以为荣，转深以自愧也。"

2月6日，溥仪派员到张人骏府上探视，张人骏正冠接待。

2月8日（正月初七日），张人骏逝世。溥仪派"镇国将军"奠酹，并颁御书"忠贞清亮"匾额，赐祭一坛，予谥"文贞"。好友陈宝琛撰写《祭张安圃同年文》，康有为有《张安甫（圃）相国哀词》一诗。周学熙撰写挽联，陈三立有诗《张安圃师挽词》，赵尔巽有哀挽诗。《广东同乡公奠张安圃协揆诔》。

3月，张人骏灵柩归故里入葬。

# 后 记

之所以研究张人骏，纯属事发偶然，得益于网络。

大约在2003年，家里购买了电脑，接通了网络。闲暇之余，喜欢上网浏览历史文章，特别是有关丰润的人物、事件。清末才子张佩纶由于时人称之为"张丰润"，使家乡丰润之名叫遍全国，因此对其钦佩之至，自然也就成为了本人关注的重点。可是经过一段时间的搜集、梳理后，发现张佩纶身后还有一位比他历史贡献更大、官职更加显赫的人物，那就是他的堂侄张人骏。于是，张人骏就作为本人研究的副方向确定下来。

张人骏一生屡列封疆、守土有功，晚清时的许多重大历史事件都与他有关。但因其做事低调、不善张扬，并且拒绝门生弟子们为他结集立传，以致今天我们不能得见一本他的诗集、文集。世上流传的，只有其曾孙、著名书法家张守中先生近年才发现整理的《张人骏家书日记》《张人骏墨迹选》和《晚清重臣张人骏考略》三本书。里面收录的日记仅有一年、书信不足百篇、照片不过数帧，考略失于简单。比起社会上对张人骏同期人物张之洞、袁世凯、王懿荣等人的研究专著来，简直有天壤之别。

为此，在著名红学家、作家王家惠先生的鼓励下，在张人骏的后人张守中、张恭慈、张允侥等先生的支持下，研究张人骏成为我十余年来义不容辞的一份使命，并且有了一定的收获。

考虑到张人骏一生的业绩，重点集中在总督两广和两江之时，因此，笔者打算将其传记分为两部分来写，即《两广总督张人骏》和《末代江督张人骏》。至于其担任粤督江督前后的事迹，只能视本人创作精力待定。

特别感谢丰润籍红学家宋庆中先生、宝坻县藏书家宋健先生，在本书创作关键时期为我提供了搜索神器，使我能在短时期内补充到更多的珍稀资料。感谢南海问题专家、北大博士张良福先生为本书出版牵线搭桥，并慨然作序。感谢海洋出版社的编辑们在本书编审、出版过程中，所做出的努力。为了让世人充分了解张人骏维护中国南海诸岛领土主权和海洋权益的丰功伟绩，为了给丰润、唐山乃至河北打造一张货真价实的历史名片，我所付出的一切都是值得的。

刘天昌<br>二零一六年七月完成于跟庐